普通高等教育"十一五"国家级规划教材
职业教育·道路运输类专业教材

路基路面工程

（第3版）

栗振锋　李素梅　主　编
　　　　　郑敏楠　副主编
王东升　张德才　主　审

人民交通出版社股份有限公司
China Communications Press Co.,Ltd.

内 容 提 要

本书为普通高等教育"十一五"国家级规划教材。全书分为路基工程和路面工程两部分,主要阐述了路基路面设计理论、施工方法与施工质量检测等。本书紧密结合高职高专教育的特点,尤其对路基路面施工和质量检测等方面作了较为详细、全面的论述,使本书具有较好的工程实践性。

本书主要作为高职高专道路桥梁工程技术专业等交通土建类专业用教材,也可供应用型本科生和有关的工程技术人员参考使用。

本书配有课件,为方便教学,老师可加入职教路桥教学研讨群(QQ561416324)获取课件。

图书在版编目(CIP)数据

路基路面工程 / 栗振锋,李素梅主编. — 3 版. — 北京:人民交通出版社股份有限公司,2018.12 (2025.7重印)
ISBN 978-7-114-14771-5

Ⅰ.①路… Ⅱ.①栗… ②李… Ⅲ.①路基工程—高等学校—教材 ②路面—道路工程—高等学校—教材 Ⅳ.①U416

中国版本图书馆 CIP 数据核字(2018)第 288943 号

普通高等教育"十一五"国家级规划教材
职业教育·道路运输类专业教材

书　　名:	路基路面工程(第3版)
著 作 者:	栗振锋　李素梅
责任编辑:	岑　瑜　李　瑞
责任校对:	赵媛媛　张　贺
责任印制:	张　凯
出版发行:	人民交通出版社股份有限公司
地　　址:	(100011)北京市朝阳区安定门外外馆斜街 3 号
网　　址:	http://www.ccpcl.com.cn
销售电话:	(010)85285911
总 经 销:	人民交通出版社股份有限公司发行部
经　　销:	各地新华书店
印　　刷:	北京市密东印刷有限公司
开　　本:	787×1092　1/16
印　　张:	23.5
字　　数:	600 千
版　　次:	2005 年 8 月　第 1 版 2009 年 7 月　第 2 版 2018 年 12 月　第 3 版
印　　次:	2025 年 7 月　第 3 版　第 11 次印刷　总第 37 次印刷
书　　号:	ISBN 978-7-114-14771-5
定　　价:	48.00 元

(有印刷、装订质量问题的图书由本公司负责调换)

前言 Preface 第3版

2005年8月交通土建高职高专统编教材《路基路面工程》第1版出版。2008年1月,本教材第2版入选普通高等教育"十一五"国家级规划教材,并于2009年7月出版。为使《路基路面工程》更好地传承,进一步融合现代路基路面工程的最新成果,教材编写组在广泛吸取高职院校使用建议的基础上,紧密结合最新颁发的标准和规范,对知识体系进行了进一步梳理,对原版教材中相关名词术语进行了细化解释,便于教师更好地讲解。本次修订力争在保持原《路基路面工程》适用性好、规范结合度高的前提下,满足新时期高职教学的最新要求,实现传承和创新。在此,也向前两版参与编写和审定的专家和学者表示衷心的感谢。

本教材由栗振锋教授、李素梅副教授主编。第一篇路基工程部分:第一、二、三、五、七章及第八章的第一、二、三、六、八节由云南交通职业技术学院李素梅编写;第四、六章及第八章的第四、五、七节由新疆交通职业技术学院李珣辉编写。第二篇路面工程部分:第一、三、四章由太原科技大学栗振锋编写;第五章由西安科技大学景宏君编写;第二章和第六章由武汉交通职业学院罗露露编写;第七章由吉林交通职业技术学院李月姝编写。本教材案例和数字化教学资源由陕西交通职业技术学院郑敏楠负责编写和制作。

为了更好地体现本教材的科学性和工程实践性,特邀哈尔滨工业大学王东升副教授和北京华路祥交通技术有限公司张德才高级工程师担任本书主审,两位主审对本版教材的体系框架、方向和具体的内容等提出了非常详尽的修改意见,在此向他们辛苦的工作表示衷心的感谢。

对于人民交通出版社股份有限公司岑瑜和李瑞编辑在本版教材的出版过程中给予的大力支持和帮助,在此深表谢意。

本书编写过程中参考了较多的书籍,尤其是最新的标准和规范等,已列于参考文献中,对文献中的编著者表示诚挚谢意。

限于编者水平,书中缺点和错误在所难免,敬请各位读者提出宝贵的意见,以便及时修订和完善。

编 者
2018 年 4 月

第2版 前言 Preface

2005年8月交通土建高职高专统编教材《路基路面工程》第1版出版。2008年1月本教材入选普通高等教育"十一五"国家级规划教材。近三年来,高职高专教育也出现了一些新特点,应用型教育更加明确,社会的需求使本系列教材必须鲜明地体现针对性、先进性、实用性和可操作性等。结合2008年4月交通土建高职高专规划教材编审委员会珠海工作会议精神,体现"校企合作、工学结合"的新理念,按照教育部高等教育"十一五"国家级规划教材编写的指导思想和有关原则,通过教学实践和工程实践,在第1版的基础上,结合新规范和新技术,对教材内容做了修订,在此,也特向第1版参编人员表示感谢。

本教材由栗振锋博士主编,李素梅副主编。执笔情况如下:第一篇第一、二、三、五、七章及第八章的第一、二、三、六、八节由云南交通职业技术学院李素梅编写,第四、六章及第八章的第四、五、七节由新疆交通职业技术学院李珣辉编写;第二篇第一、三、四、五章由太原科技大学栗振锋编写,第七章由吉林交通职业技术学院李月姝编写,第二章和第六章由内蒙古河套大学霍轶珍编写。

为了更好地体现本教材的科学性和实用性,特邀重庆交通学院凌天清教授(博士)担任本书主审,在此向他表示衷心的感谢。

人民交通出版社卢仲贤和郑蕉林编辑在本书的出版过程中给予了大力支持和帮助,在此深表谢意。

本书的编写参考了较多的书籍,列于参考文献中,对文献中的编著者表示诚挚谢意。

限于编者水平，书中缺点和错误之处在所难免，敬请读者批评指正。

编　者
2008 年 12 月

第1版 前言
Preface

本教材根据2004年乌鲁木齐全国交通职教路桥专业教学与教材建设研讨会精神编写。在编写过程中,遵照交通土建高职教材编审的原则意见,体现针对性、先进性、实用性和可操作性等,并以现行的最新规范为准则,结合现在的实际生产状况,较为全面地反映本学科的内容。

教材在论述基本概念、基本理论、基本设计方法以外,结合高职学生的特点和就业去向,着重在路基路面的施工和质量检测方面做了阐述,使读者学后能够对工程施工过程有较为全面的理解和掌握。

本教材包括路基工程和路面工程两部分内容。路基工程部分主要论述了一般路基的设计、路基的稳定性、路基的防护和加固、挡土墙设计与施工、路基排水、土质和石质路基的施工过程和质量要求等。路面工程部分则重点论述了路面基层特点和施工、沥青路面的设计和施工、水泥路面的设计和施工、路面结构排水等方面。

本教材由栗振锋、李素梅、文德云主编。具体编写分工:第一篇第一、第二、第三、第七、第八章第一、第二、第三、第四、第十节由云南交通职业技术学院李素梅编写,第四、第五及第八章的第五、第六、第八节由贵州交通职业技术学院肖志红编写,第六章由新疆交通职业技术学院李珣辉编写,第八章的第七节由李珣辉、李素梅编写;第二篇第一、三、四、五章由山西交通职业技术学院栗振锋编写,第七章由吉林交通职业技术学院李月姝编写,第二章和第六章由黑龙江工程学院王剑英编写。湖南交通职业技术学院文德云负责全书总体布局安排,提出了编写大纲,并逐章进行了完善和修改。

交通土建高职高专统编教材编审委员会特邀重庆交通学院凌天清教授(博士)担任本书主审,凌教授十分认真、细致地审核了全书,并提出了许多宝贵的修改意见,在此向凌教授深表谢意。

2005年6月初,在武汉召开了审稿会,参加审稿的人员有:人民交通出版社的卢仲贤和岑瑜编辑、湖南交通职业技术学院的文德云老先生、南京交通职业技术学院的李建才、吉林交通职业技术学院的李月姝、云南交通职业技术学院的李素梅、山西交通职业技术学院的栗振锋等。在文德云老前辈的指导下,对初稿进行了修改、调整和优化,文德云老先生不辞劳苦、一丝不苟的精神让与会人员深深感动。

在本教材的编写和审稿中,曾得到人民交通出版社卢仲贤和岑瑜编辑的大力支持和帮助,在此深表谢意。

本书的编写参考了较多的书籍,列于参考文献中,对文献中的编著者表示诚挚感谢。

限于编者水平和出版时间要求紧,书中缺点和错误之处在所难免,敬请读者批评指正。

编　者

2005年6月

本教材配套资源索引

本教材根据教学所需,以知识点为对象,以可视化、结构化为呈现方式,建设形成了具有体系性、多样性、易用性的数字化教学资源,学生可通过扫描对应页码处的二维码观看学习。

资源编号	资源名称	资源类型	对应本书页码
1	圆形均布荷载作用下路基中的应力分布	动画	12
2	路基湿度来源示意(大气降水)	动画	13
3	路基湿度来源示意(边沟入渗)	动画	13
4	路基温克勒地基模型的原理示意	动画	23
5	路基边坡稳定分析方法(Bishop法)	动画	49
6	挡土墙抗滑稳定性验算及失稳示意	动画	86
7	沥青路面低温缩裂的机理	动画	259

目 录

第一篇 路基工程

第一章 / 绪论 ········· 003
- 第一节 公路的组成部分及路基的工程特点 ········· 003
- 第二节 对路基的要求及影响路基稳定的因素 ········· 005
- 第三节 路基土的分类及工程特性 ········· 007
- 第四节 公路自然区划 ········· 010
- 第五节 路基土的受力及路基工作区 ········· 012
- 第六节 路基水温状况及干湿类型 ········· 013
- 第七节 路基土的力学特性及其强度指标 ········· 019
- 思考题 ········· 024

第二章 / 一般路基设计 ········· 026
- 第一节 路基设计的一般要求 ········· 026
- 第二节 路基横断面设计 ········· 027
- 第三节 路基设计的基本要素 ········· 030
- 第四节 路基其他附属设施 ········· 037
- 思考题 ········· 039

第三章 / 边坡稳定性分析 ········· 040
- 第一节 概述 ········· 040
- 第二节 路基稳定性分析与设计验算 ········· 043
- 思考题 ········· 060

第四章 / 路基防护与加固设计 ··· 061
 第一节 概述 ··· 061
 第二节 坡面防护 ·· 062
 第三节 冲刷防护 ·· 067
 第四节 湿软地基加固 ·· 070
 思考题 ··· 073

第五章 / 挡土墙设计 ··· 074
 第一节 概述 ··· 074
 第二节 重力式挡土墙设计的依据 ······························· 078
 第三节 重力式挡土墙的设计 ·· 082
 思考题 ··· 091

第六章 / 路基排水设计 ··· 092
 第一节 路基排水的意义和要求 ··································· 092
 第二节 路基排水设施的构造与布置 ···························· 093
 思考题 ··· 107

第七章 / 路基施工准备工作 ··· 108
 第一节 概述 ··· 108
 第二节 路基施工准备工作内容 ··································· 110
 第三节 路基施工的主要机械与应用要点 ···················· 119
 思考题 ··· 130

第八章 / 路基施工 ··· 131
 第一节 填方路堤施工 ·· 131
 第二节 土质路堑开挖 ·· 138
 第三节 路基压实 ·· 142
 第四节 防护工程施工 ·· 148
 第五节 挡土墙的施工 ·· 155
 第六节 石质路基施工 ·· 160

第七节　路基整形、检查验收及维修 …………………………………… 166
第八节　路基工程质量标准 …………………………………………… 168
思考题 …………………………………………………………………… 179

第二篇　路面工程

第一章／绪论 ……………………………………………………………… 183
第一节　我国路面工程的发展概况 …………………………………… 183
第二节　对路面的基本要求 …………………………………………… 184
第三节　路面结构层次划分 …………………………………………… 185
第四节　路面的类型 …………………………………………………… 187
思考题 …………………………………………………………………… 188

第二章／路面基层 ………………………………………………………… 189
第一节　概述 …………………………………………………………… 189
第二节　碎（砾）石类基层 …………………………………………… 190
第三节　半刚性基层 …………………………………………………… 201
第四节　试验段的铺筑 ………………………………………………… 222
第五节　施工质量标准与控制 ………………………………………… 222
思考题 …………………………………………………………………… 226

第三章／沥青路面设计 …………………………………………………… 227
第一节　概述 …………………………………………………………… 227
第二节　我国的沥青路面设计方法 …………………………………… 228
思考题 …………………………………………………………………… 256

第四章／沥青路面施工 …………………………………………………… 257
第一节　概述 …………………………………………………………… 257
第二节　影响沥青路面稳定性及耐久性的因素 ……………………… 258
第三节　沥青路面对材料的要求 ……………………………………… 261
第四节　沥青混合料的配合比设计法 ………………………………… 267
第五节　沥青路面的施工机械 ………………………………………… 270

第六节　沥青路面的施工工艺 …………………………………………… 278
　　　第七节　沥青面层施工质量评定标准 …………………………………… 294
　　　第八节　沥青路面施工中的一些问题及原因 …………………………… 297
　　　思考题 …………………………………………………………………… 299

第五章／水泥混凝土路面设计 …………………………………………………… 300
　　　第一节　概述 …………………………………………………………… 300
　　　第二节　水泥混凝土路面结构组合设计 ………………………………… 301
　　　第三节　水泥混凝土路面板厚设计 ……………………………………… 304
　　　第四节　水泥混凝土路面接缝设计 ……………………………………… 311
　　　第五节　水泥混凝土路面面层配筋设计 ………………………………… 314
　　　思考题 …………………………………………………………………… 317

第六章／水泥混凝土路面施工 …………………………………………………… 318
　　　第一节　水泥混凝土路面对材料组成的要求 …………………………… 318
　　　第二节　常用的水泥混凝土路面施工机械 ……………………………… 325
　　　第三节　水泥混凝土路面的施工 ………………………………………… 327
　　　第四节　水泥混凝土路面的质量控制 …………………………………… 342
　　　思考题 …………………………………………………………………… 347

第七章／路面排水设计 …………………………………………………………… 348
　　　第一节　路面排水要求及一般原则 ……………………………………… 348
　　　第二节　路面表面和中央分隔带排水 …………………………………… 350
　　　第三节　路面内部排水 …………………………………………………… 354
　　　思考题 …………………………………………………………………… 358

课程教学大纲 ………………………………………………………………………… 359

参考文献 …………………………………………………………………………… 361

PART 1 第 一 篇
路基工程

第一章 绪 论

公路的组成、路基工程特点，影响路基稳定的因素及对路基的要求，路基土的工程特性及工程分级，公路自然区划，路基受力状况与路基工作区，路基湿度状况与平衡湿度预估方法，路基填土高度要求，路基土的应力应变特性与路基土的强度指标及要求。

第一节 公路的组成部分及路基的工程特点

一、公路组成部分

公路是一种暴露于自然界中的线形工程构造物，其中线是一条空间曲线。公路中线及中线两侧一定范围内的地物、地貌在水平面上的投影称为路线平面图；在公路中线的立面上的投影展绘而成的图形称为路线纵断面图；在中心桩处垂直于公路中线方向的剖面图称为路基横断面图。

公路的基本组成部分包括路基、路面、桥梁、涵洞、隧道、通道、天桥、交叉工程、防护工程、排水设施等人工构造物。此外，还有各种沿线交通安全、管理、服务、环保等附属设施。

路基是按照路线位置和一定技术要求修筑的带状构造物，是路面的基础，承受由路面传递传来的行车荷载。

路床是指路面底面以下 80cm 或 120cm 范围内的路基部分，分为上路床和下路床两层。路面底面以下 0~30cm 的路基范围称上路床。交通荷载等级为轻、中、重时，路面底面以下 30~80cm 称为下路床；当交通荷载等级为特重或极重时，路面底面以下 30~120cm 称为下路床。

路槽是指为铺筑路面，在路基上按设计要求修筑的浅槽。

路肩是指行车道外缘至路基边缘部分，用作路面的横向支承，分为硬路肩和土路肩两部分，硬路肩部分可作为临时停车带。

路基边坡是指在路基两侧的坡面部分,主要作用是保证路基稳定。为防止水流冲刷,常在坡面上采用干砌片(块)石、浆砌片(块)石、混凝土预制块、水泥混凝土、喷射混凝土、钢丝网或栽植灌木、草皮等对坡面进行防护和加固。

路基排水设施是指为保持路基稳定而设的地面和地下排水构造物,包括边沟、排水沟、截水沟、急流槽、渗沟、盲沟等。

公路主要组成部分见图 1-1-1。

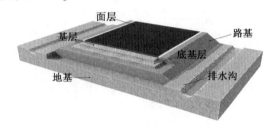

图 1-1-1　公路主要组成部分

二、公路路基的分类和路基工程特点

公路路基按其形式不同,分为整体式路基和分离式路基;按其材料不同,分为石质路基、土质路基、土石混填路基、轻质材料路基等;按其填挖方式不同,分为填方路基、挖方路基、填挖结合路基等;按其所处环境不同,分为一般路基和特殊路基等。

路基工程土石方量大,沿线分布不均匀,不仅与路基工程相关的设施,如路基排水、防护与加固等相互制约,而且同公路工程的其他项目,如桥涵、隧道、路面及附属设施相关性很大。路基工程项目较多,如土方、石方及圬工砌体等,在设计、施工方法与技术操作方面各不相同,且耗费劳动力多,工程投资大。例如,平原、微丘区的三级公路,每公里土石方数量为 8000～16000m³,山岭、重丘区的三级公路每公里土石方可达 20000～60000m³,高速公路的工程量更为庞大。根据部分资料分析,一般公路的路基修建投资占公路总投资的 25%～45%,个别山区公路可达 65%。此外,路基施工改变了沿线原有自然状态,挖、填、借、弃土石方对当地生态平衡、水土保持和农田水利等方面产生的影响。路基工程对公路工程施工进度的影响较大,土石方相对集中或条件比较复杂的路段,往往是影响公路施工进度的关键。实践证明:路基的施工质量将直接影响路面工程的使用质量并关系到公路投入正常使用的安全性和耐久性。

三、路基工程与其他有关工程的关系

1. 路基设计与路线设计的关系

路线设计中,线形的布置和设计高程的控制,必须考虑路基的稳定性、工程难易、土石方数量大小和占用农田多少及环境保护等因素。如在多雨的平原区,地面平坦,地下水源充沛,地下水位较高,河沟纵横交错,因此保证路基稳定性的最小填土高度是路线设计高程的主要控制因素之一;在山岭区,地形变化大,地面自然坡度大,路线设计高程主要由纵坡和坡长所控制,但也要从土石方填挖尽量平衡和路基附属工程合理等方面综合考虑。因此,路基设计与路线设计是相辅相成的。

2. 路基设计与路面设计的关系

在路面结构设计中,应把路基和路面各结构层看作是一个有机整体。因为路基是路面的基础,路基的强度与稳定性,是保证路面强度与稳定性的基本条件,提高路基的强度与稳定性,可以保证路面的整体性与稳定性,也可为适当减薄路面厚度、降低路面造价创造条件。因此,路基设计与路面设计应作为整体综合考虑。

3. 路基工程与桥涵工程的关系

桥头引道路基,与桥位选择和桥孔设计关系密切,勘测与设计时应相互配合;路基与涵洞等结构物,亦应配合恰当。故在路线纵断面设计中应考虑路基与桥涵在布置与高程方面的关系;处在河滩的桥头引道路基,还应进行稳定性设计与验算。

4. 路基工程与隧道工程的关系

隧道内的路基应具有足够的承载力,足够的水稳定性,要求设置良好、完善的排水设施。隧道洞口两端路基与隧道内路基的纵坡、高程、路基材料及布置应配合恰当。

第二节　对路基的要求及影响路基稳定的因素

一、对路基的要求

1. 符合规范要求

路基横断面形式及尺寸,应符合《公路工程技术标准》(JTG B01—2014)的有关规定。

2. 具有足够的整体稳定性

路基的整体稳定性是指在车辆及自然因素作用下,路基整体不产生过大变形和破坏的性能。路基是直接在地面上填筑或挖去一部分土石方建成的。路基修建后,改变了原地面的天然平衡状态。因此,为防止路基结构在行车荷载及自然因素的共同作用下发生不允许的变形或破坏,必须因地制宜地采取一定的措施来保证路基整体结构的稳定性。

3. 具有足够的强度

路基的强度是指在行车荷载作用下,路基抵抗变形与破坏的能力。因为行车荷载及路基路面的自重使路基和地基产生一定的压力,这些压力可使路基产生一定的变形,当变形超过一定限度时,会直接损坏路面的使用品质。为保证路基在外力作用下,不致产生超过容许范围的变形,要求路基应具有足够的强度。

4. 具有足够的水温稳定性

路基的水温稳定性是指路基在水和温度的作用下保持其强度的能力,包括水稳定性和温度稳定性。路基在地面水和地下水作用下,其强度将会显著地降低。特别是季节性冰冻地区,由于水温状况的变化,路基将产生周期性冻融,形成冻胀和翻浆,使路基强度急剧下降。因此,对于路基,不仅要求有足够的强度,而且还应保证在最不利的水温状况下,强度不致显著降低,这就要求路基应具有足够的水温稳定性。

二、影响路基稳定的因素

路基是裸露在大气中的线形结构物,其稳定性在很大程度上由当地自然条件所决定。因此,应深入调查公路沿线的工程地质状况和自然条件,分析研究从整体到局部,从大区域到具体路段的自然情况,掌握其规律及对路基稳定性的影响,因地制宜地采取有效的工程措施,以达到正确进行路基设计、施工和养护的目的。

影响路基稳定的主要因素有:

(1) 地质条件和水文地质条件

沿线的地质条件,如岩石的种类、成因、节理,风化程度和裂隙情况,岩层走向、倾向、层理和厚度,有无夹层或遇水软化的夹层,以及有无断层或其他不良地质现象(岩溶、冰川、泥石流、地震等)。沿线软土的性质及分布情况,冻土的性质及分布情况等。水文地质条件如地下水位,有无层间水、裂隙水、泉水。这些因素对路基的稳定性有直接的影响。

(2) 水文条件与气候条件

水文条件,如公路沿线地表水的排泄,河流洪水位、常水位,有无地表积水和积水时期的长短,河岸的淤积情况等。气候条件,如气温、降水、湿度、冰冻深度、日照、蒸发量、风向、风力等都会影响公路沿线地面水和地下水的状况,并且影响到路基的水温情况。水文条件与气候条件都会严重影响路基的稳定性。

(3) 路基设计质量

路基设计质量是指路基断面尺寸、形式是否符合要求,基底处理方案是否合理,边坡取值是否恰当,填方、挖方布置是否合理,是否满足路基填土高度要求,防护、加固工程设计是否合理,以及排水设计是否满足要求等。

(4) 路基施工质量

路基施工质量是指路基填、挖方法是否合理,填料选择、施工方案、施工程序是否恰当,路基压实方法是否恰当,压实度是否满足要求,以及采用大爆破时,方案是否符合设计要求,是否按操作规程施工,工程质量是否达到标准要求等。

(5) 养护措施

养护措施包括一般措施及在设计中、施工中未及时采用或在养护中由于情况变化而应加以补充的改善措施。

上述因素中,地质条件和水文地质条件是影响路基稳定的首要因素,水是造成路基病害的主要原因之一。因此,设计前应详细进行地质与水文的勘察工作,针对具体条件及各种因素的综合作用,采取正确的设计方案与施工方法,确保路基工程质量。

三、保证路基强度和稳定性的措施

由于路基的强度和稳定性,受水文、温度、土质等的影响,为保证路基强度和稳定性,必须进行深入调查研究,细致分析各种自然因素与路基的关系,抓住主要问题,采取有效措施。保证路基稳定性的一般措施如下:

(1) 合理选择路基断面形式,尽量避免高填深挖,正确确定边坡坡率。
(2) 选择满足路基强度和回弹模量的路基填料,并采取正确的施工方法。
(3) 充分压实路基,提高路基的强度和水稳定性。
(4) 设置完善的防排水系统或防冻害设施,以及必要的路基防护工程。
(5) 保证路基有足够高度,使路基工作区保持干燥状态。

(6)设置隔离层或隔温层,切断毛细水上升,阻止水分迁移,减少负温差的不利影响。

(7)注意控制路基工后沉降量,防止路基不均匀变形。

对于软土地基路段,为保证路基的稳定性,还应做好以下工作:

(1)选择正确的软土地基加固处理方法。

(2)选择适合的填料。

(3)选择正确的施工工艺等。

第三节 路基土的分类及工程特性

一、路基土的分类

根据《公路土工试验规程》(JTG E40),我国公路用土依据土的颗粒组成特征、土的塑性指标和土中有机质存在的情况,分为巨粒土、粗粒土、细粒土和特殊土四类,并进一步细分为12种土。土的颗粒组成特征用不同粒径粒组在土中的百分含量表示。不同粒组的划分界限及范围如表1-1-1所示。土的分类总体系,如图1-1-2所示。

粒 组 划 分 表　　　　　　　　　　　　表1-1-1

200		60	20	5	2	0.5	0.25	0.075		0.002	单位:mm
巨粒组			粗粒组						细粒组		
漂石(块石)	卵石(小块石)	砾(角砾)			砂				粉粒		黏粒
		粗	中	细	粗	中	细				

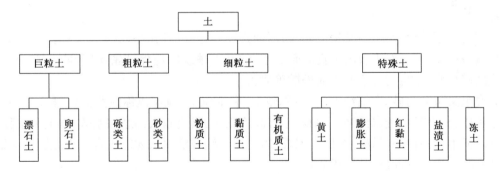

图1-1-2 土的分类总体系

1. 巨粒土

试样中巨粒组质量多于总质量75%的土称漂(卵)石;巨粒组质量为总质量50%~75%(含75%)的土称漂(卵)石夹土;巨粒组质量为总质量15%~50%(含50%)的土称漂(卵)石质土;巨粒组质量少于或等于总质量15%的土,可扣除巨粒,按粗粒土或细粒土的相应规定分类定名。

2. 粗粒土

试样中巨粒组土粒质量少于或等于总质量15%，且巨粒组土粒与粗粒组土粒质量之和多于总土质量50%的土称粗粒土。粗粒土分砾类土和砂类土两种：砾粒组质量多于砂粒组质量的土称为砾类土，砾粒组质量少于或等于砂粒组质量的土称为砂类土。

3. 细粒土

试样中细粒组土粒质量多于或等于总质量50%的土称细粒土。细粒土中粗粒组质量少于或等于总质量25%的土称粉质土或黏质土；细粒土中粗粒组质量为总质量25%～50%（含50%）的土称含粗粒的粉质土或含粗粒的黏质土；试样中有机质含量多于或等于总质量的5%，且少于总质量10%的土称有机质土，有机质含量多于或等于总质量10%的土称为有机土。

4. 特殊土

特殊土包括黄土、膨胀土、红黏土、盐渍土和冻土。黄土、膨胀土、红黏土按塑性指数（I_p）和液限（W_L）划分。黄土属低液限黏土，$w_L < 40\%$；膨胀土属高液限黏土，$w_L > 50\%$。红黏土属高液限粉土，$w_L > 55\%$。盐渍土按照土层中所含盐的种类和质量百分率进行分类，分为弱盐渍土、中盐渍土、强盐渍土、过盐渍土。冻土按冻结状态持续时间分为多年冻土、隔年冻土和季节性冻土。

二、土的工程性质

公路用土具有不同的工程性质，在选择路基填筑材料以及修筑稳定土路面结构层时，应根据不同的土类分别采取不同的工程技术措施。

1. 巨粒土

巨粒土有很高的强度和稳定性，是填筑路基很好的材料。对于漂石土，在码砌边坡时，应正确选用边坡值，以保证路基稳定。对于卵石土，填筑时应保证有足够的密实度。

2. 粗粒土

砾类土由于粒径较大，内摩擦力亦大，因而强度和稳定性均能满足要求。级配良好的砾类土混合料，密实度好。对于级配不良的砾类土混合料，填筑时应保证密实度，防止由于空隙大而造成路基积水、不均匀沉陷或表面松散等病害。

砂类土又可分为砂、含细粒土砂（或称砂土）和细粒土质砂（或称砂性土）三种。

砂和砂土无塑性，透水性强，毛细水上升高度很小，具有较大的摩擦系数，强度和水稳定性均较好。但由于黏性小，易松散，压实困难，需要振动法或灌水法才能压实。为克服这一缺点，可添加一些黏质土，以改善其使用质量。

砂性土既含有一定数量的粗颗粒，使路基具有足够的强度和水稳性，又含有一定数量的细粒土，使其具有一定的黏性，不致过分松散。砂性土一般遇水疏散快，不膨胀，干时有足够的黏结性，扬尘少，容易被压实。因此，砂性土是修筑路基的良好材料。

3. 细粒土

粉质土为最差的筑路材料。它含有较多的粉土粒，干时稍有黏性，但易被压碎，扬尘大，浸水时很快被渗透，易成稀泥。粉质土的毛细作用强烈，毛细上升高度快，上升高度一般可达

0.9~1.5m。在季节性冰冻地区,水分积聚现象严重,造成严重的冬季冻胀,春融期间出现翻浆,故又称翻浆土。如遇粉质土,特别是在水文条件不良时,应采取一定的措施,改善其工程性质,达到规定的要求后方可使用。

黏质土透水性很差,黏聚力大,因而干时坚硬,不易挖掘。它具有较大的可塑性、黏结性和膨胀性,毛细管现象也很显著,用来填筑路基比粉质土好,但不如砂性土。浸水后黏质土能较长时间保持水分,因而承载能力小。对于黏质土如在适当的含水率时加以充分压实和有良好的排水设施,筑成的路基也能获得稳定。

有机质土(如泥炭、腐殖土等)不宜作路基填料,如遇有机质土均应在设计和施工上采取适当措施。

4. 特殊土

黄土属大孔和多孔结构,具有湿陷性。膨胀土受水浸湿发生膨胀,失水则收缩。红黏土失水后体积收缩量较大。盐渍土潮湿时承载力很低。因此,特殊土也不宜作路基填料。

三、路基土的工程分级

《公路工程标准施工招标文件》(2018年版)第七章"技术规范"第200章第201节中规定,路基土石划分的标准是:在公路路基土石挖方中用不小于112.5kW推土机单齿松土器无法松动,须用爆破或用钢楔大锤或用气钻方法开挖的,以及体积大于或等于$1m^3$的孤石为石方,余为土方。

为便于选择施工方法和施工机具,确定工程量和费用,在施工中,路基土、石按其开挖难易程度,可分为六级,如表1-1-2所示。

土、石工程分级 表1-1-2

土、石等级	土、石类别	土、石名称	钻1m所需时间			爆破$1m^3$所需炮眼长度(m)		开挖方法
			湿式凿岩一字合金钻头净钻时间(min)	湿式凿岩普通淬火钻头净钻时间(min)	双人打眼(人工)	路堑	隧道导坑	
Ⅰ	松土	砂类土、腐殖土、种植土、中密的黏性土及砂性土、松散的水分不大的黏土,含有30mm以下的树根或灌木根的泥炭土						用铁锹挖,脚蹬一下到底的松散土层
Ⅱ	普通土	水分较大的黏土、密实的黏性土及砂性土、半干硬状态的黄土、含有30mm以上的树根或灌木根的泥炭土、碎石类土(不包括块石土及漂石土)						部分用镐刨松,再用锹挖,以脚蹬锹需连蹬数次才能挖动
Ⅲ	硬土	硬黏土、密实的硬黄土,含有较多的块石土及漂石土;各种风化成土块的岩石						必须用镐先全部刨过才能用锹

续上表

土、石等级	土、石类别	土、石名称	钻1m所需时间		双人打眼（人工）	爆破1m³所需炮眼长度（m）		开挖方法
			湿式凿岩一字合金钻头净钻时间（min）	湿式凿岩普通淬火钻头净钻时间（min）		路堑	隧道导坑	
Ⅳ	软石	各种松散岩石、盐岩、胶结不紧的砾岩、泥质页岩、砂岩、煤、较坚实的泥灰岩、块石土及漂石土、软的节理多的石灰岩	7以内		0.2以内	0.2以内	2.0以内	部分用撬棍或十字镐及大锤开挖，部分用爆破法开挖
Ⅴ	次坚石	硅质页岩、砂岩、白云岩、石灰岩、坚实的泥灰岩、软玄武岩、片麻岩、正长岩、花岗岩	15以内	7~20	0.2~1.0	0.2~0.4	2.0~3.5	用爆破法开挖
Ⅵ	坚石	硬玄武岩、坚实的石灰岩、白云岩、大理岩、石英岩、闪长岩、粗粒花岗岩、正长岩	15以上	20以上	1.0以上	0.4以上	3.5以上	用爆破法开挖

第四节 公路自然区划

我国各地气候、地形、地貌、水文地质等自然条件相差很大，而这些自然条件与公路建设密切相关。为区分不同地理区域自然条件对公路工程影响的差异性，并在路基路面的设计、施工和养护中采取适当的技术措施和采用合适的设计参数，以体现各地公路设计与施工的特点、侧重必须解决的问题，更有利于保证公路的质量和经济合理性，特制定公路自然区划。

为使自然区划便于在实践中应用，结合我国地理、气候特点，将全国的公路自然区划分为三个等级。一、二级区划的具体位置与界限，详见《公路自然区划标准》（JTJ 003—86）所附"中华人民共和国公路自然区划图"，本教材从略。

1. 一级区划

根据不同地理、气候、构造、地貌界限的交错和叠合，将我国分为七个一级自然区。即：

Ⅰ. 北部多年冻土区；

Ⅱ. 东部湿润季冻区；

Ⅲ. 黄土高原干湿过渡区；

Ⅳ. 东南湿热区；

Ⅴ. 西南潮暖区；

Ⅵ. 西北干旱区；

Ⅶ. 青藏高寒区。

2. 二级区划

二级区划仍以气候和地形为主导因素，但具体标志与一级区划有显著差别。一级自然区划的共同标志为气候因素潮湿系数 K 值（即年降水量与年蒸发量之比），地形因素是独立的地形单元。二级区划的划分则需因区而异，将上述标志具体化或加以补充，其标志是以潮湿系数 K 为主的一个标志体系。

根据二级区划的主导因素与标志，在全国七个一级自然区内又分为33个二级区和19个副区（亚区），共有52个二级自然区。它们的名称见表1-1-3，各二级区的区界、自然条件对工程的影响详见有关标准。

公路自然区划名称表　　　　表1-1-3

Ⅰ 北部多年冻土区	Ⅳ$_7$ 华南沿海台风区
Ⅰ$_1$ 连续多年冻土区	Ⅳ$_{7a}$ 台湾山地副区
Ⅰ$_2$ 岛状多年冻土区	Ⅳ$_{7b}$ 海南岛西部润干副区
Ⅱ 东部温润季冻区	Ⅳ$_{7c}$ 南海诸岛副区
Ⅱ$_1$ 东北东部山地润湿冻区	Ⅴ 西南潮暖区
Ⅱ$_{1a}$ 三江平原副区	Ⅴ$_1$ 秦巴山地湿润区
Ⅱ$_2$ 东北中部山前平原重冻区	Ⅴ$_2$ 四川盆地中湿区
Ⅱ$_{2a}$ 辽河平原冻融交替副区	Ⅴ$_{2a}$ 雅安乐山过湿副区
Ⅱ$_3$ 东北西部润干冻区	Ⅴ$_3$ 三西、贵州山地过湿区
Ⅱ$_4$ 海滦中冻区	Ⅴ$_{3a}$ 滇南、桂西润湿副区
Ⅱ$_{4a}$ 冀热山地副区	Ⅴ$_4$ 川、滇、黔高原干湿交替区
Ⅱ$_{4b}$ 旅大丘陵副区	Ⅴ$_5$ 滇西横断山地区
Ⅱ$_5$ 鲁豫轻冻区	Ⅴ$_{5a}$ 大理副区
Ⅱ$_{5a}$ 山东丘陵副区	Ⅵ 西北干旱区
Ⅲ 黄土高原干湿过渡区	Ⅵ$_1$ 内蒙古草原中干区
Ⅲ$_1$ 山西山地、盆地中冻区	Ⅵ$_{1a}$ 河套副区
Ⅲ$_{1a}$ 雁北张宣副区	Ⅵ$_2$ 绿洲-荒漠区
Ⅲ$_2$ 陕北典型黄土高原中冻区	Ⅵ$_3$ 阿尔泰山地冻土区
Ⅲ$_{2a}$ 榆林副区	Ⅵ$_4$ 天山-界山山地区
Ⅲ$_3$ 甘东黄土山地区	Ⅵ$_{4a}$ 塔城副区
Ⅲ$_4$ 黄渭间山地、盆地轻冻区	Ⅵ$_{4b}$ 伊犁河谷副区
Ⅳ 东南湿热区	Ⅶ 青藏高寒区
Ⅳ$_1$ 长江下游平原湿润区	Ⅶ$_1$ 祁连-昆仑山地区
Ⅳ$_{1a}$ 盐城副区	Ⅶ$_2$ 柴达木荒漠区
Ⅳ$_2$ 江淮丘陵、山地湿润区	Ⅶ$_3$ 河源山原草甸区
Ⅳ$_3$ 长江中游平原中湿区	Ⅶ$_4$ 羌塘高原冻土区
Ⅳ$_4$ 浙闽沿海山地中湿区	Ⅶ$_5$ 川藏高山峡谷区
Ⅳ$_5$ 江南丘陵过湿区	Ⅶ$_6$ 藏南高山台地区
Ⅳ$_6$ 武夷南岭山地过湿区	Ⅶ$_{6a}$ 拉萨副区
Ⅳ$_{6a}$ 武夷副区	

3. 三级区划

三级区划是二级区划的进一步划分。三级区划的划分方法有两种：一种是按照地貌、水文和土质类型将二级自然区进一步划分为若干类型单元；另一种是继续以水热、地理和地貌等为标志将二级区划细分为若干区域。

第五节 路基土的受力及路基工作区

一、路基受力状况

圆形均布荷载作用下路基中的应力分布

路基承受着路基路面自重和车辆荷载的共同作用。理想的设计应使路基受力时只产生弹性变形，即当车辆驶过后，路基能恢复原状，以保证路基相对稳定，而不致引起路面破坏。

路基土在车轮荷载作用下所引起的垂直压应力 σ_1 可以用式(1-1-1)近似计算。计算时，假定车轮荷载为一圆形均布垂直荷载，路基为一弹性均质半空间体，则得：

$$\sigma_1 = K \frac{P}{Z^2} \tag{1-1-1}$$

式中：P——一侧车轮荷载(kN)；
K——系数，一般取 $K=0.5$；
Z——圆形均布荷载中心下应力作用点的深度(m)。

路基路面自重在路基内深度为 Z 处所引起的垂直压应力 σ_2 按式(1-1-2)计算。计算时，近似将路面材料当作路基材料。

$$\sigma_2 = \gamma Z \tag{1-1-2}$$

式中：γ——土的重度(kN/m³)；
Z——应力作用点深度(m)。

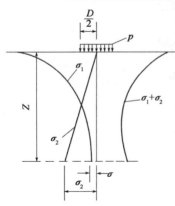

图 1-1-3 土基应力分布图

虽然路面材料的重度比路基土重度大，但是路面结构层的厚度相对于路基深度而言很小，可以忽略，故近似将路面材料及路基土视为均质土体计算。

路基内任一深度处的垂直压应力包括车轮荷载引起的垂直应力和路基引起的垂直压应力，两者的共同作用如图1-1-3所示。

二、路基工作区

在路基某一深度 Z_a 处，车轮荷载引起的垂直应力 σ_1 与路基土自重引起的垂直应力 σ_2 之比大于0.1的应力分布深度范围称为路基工作区,即车轮荷载作用影响较大的路基土范围。在工作区范围以外的路基,车轮荷载对路基土强度及稳定性影响很小,可略去不计。

路基工作区深度 Z_a 可用式(1-1-3)计算:

$$Z_a = \sqrt[3]{\frac{KnP}{\gamma}} \quad (1\text{-}1\text{-}3)$$

式中:Z_a——路基工作区深度(m);

P——一侧车轮荷载(kN);

K——系数,一般取 $K=0.5$;

γ——土的重度(kN/m³);

n——系数,$n=10$。

由式(1-1-3)可见,路基工作区随车轮荷载的加大而加深。

由于路基路面不是均质体,路基工作区的实际深度随路面强度的增加而减小,因此,要较精确计算 Z_a,应按路面当量厚度计算公式(见"路面工程"相关内容)将路面折算为与路基同一性质的整体后,再进行计算。若路面厚度换算为与路基同一性质的当量厚度,若其值 Z_0,则实际路基工作区深度应为 $Z_a - Z_0$。

路基工作区内,路基土的强度和稳定性对保证路面结构的强度和稳定性极为重要,所以,对工作区深度范围内的土质选择和路基的压实度应提出较高的要求。

当工作区深度大于路基填土高度时,行车荷载的作用不仅施加于路堤,而且施加于天然地基上部土层,因此,天然地基上部土层和路堤应同时满足工作区的要求,均应充分压实,如图 1-1-4 所示。

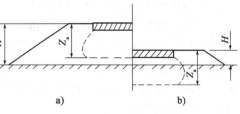

图 1-1-4 工作区深度和路基高度
a)路堤高度大于 Z_a;b)路堤高度小于 Z_a

第六节 路基水温状况及干湿类型

一、路基湿度来源

大气降水二维码　　边沟入渗二维码

路基的强度与稳定性在很大程度上与路基的湿度,以及大气温度引起的路基的水温状况有密切的关系。路基在使用过程中,受到各种外界因素的影响,使湿度发生变化。路基湿度的来源可分为以下几个方面:

(1)大气降水——大气降水通过路面、路肩边坡和边沟渗入路基。

(2)地面水——边沟的流水、地表径流水因排水不良,形成积水,渗入路基。

(3)地下水——路基下面一定范围内的地下水浸入路基。

(4) 毛细水——路基下面的地下水,通过毛细作用,上升到路基。

(5) 水蒸气凝结水——在土的空隙中流动的水蒸气,遇冷凝结成水。

(6) 薄膜移动水——在土的结构中,水以薄膜的形式从含水率较高处向含水率较低处流动,或由温度较高处向冻结中心周围流动。

上述各种导致路基湿度变化的水源,其影响程度随当地自然条件和气候特点以及所采取的工程措施不同而异。

二、大气温度及其对路基水温状况的影响

路基湿度除了受水的影响之外,另一个重要影响因素是当地大气温度。湿度与温度变化对路基产生的共同影响称为路基的水温状况。沿路基深度出现较大的温度梯度时,水分在温差的影响下以液态或气态由热处向冷处移动,并积聚在该处。这种现象在季节性冰冻地区尤为严重。

我国华北、东北和西北地区多为季节性冰冻地区。这些地区的路基在冬季冻结的过程中会在负温度坡差的影响下,出现水分积聚现象。气温下降到0℃以下,路面和路基结构内的温度也随之由上而下地逐渐降低到零下。在负温度区内,自由水、毛细水和弱结合水随温度降低而相继冻结,于是土粒周围的水膜减薄,剩余了许多自由表面能,增加了土的吸湿能力,促使水分由高温处向低温处移动,以补充低温处失去的水分。由试验得知,在温度下降到-3℃以下时,土中未冻结的水分在负温差的影响下实际上已不可能向温度更低处移动,因此,负温度区的水分移动一般发生在0℃至-3℃等温线之间。在正温度区内,因0℃等温线附近土中自由水和毛细水的冻结,形成了与深层次土层之间的温度坡差,从而促使下面的水分向0℃等温线附近移动。而这部分上移的水分便又成了负温度区水分移动的补给来源。这就造成了上层路基水分的大量积聚。

积聚的水冻结后体积增大,使路基隆起而造成面层开裂,即冻胀现象。春暖化冻时,路面和路基结构由上而下逐渐解冻。而积聚在路基上层的冰先融解,水分难以迅速排除,造成路基上层的湿度增加,路面结构的承载能力大大降低。若是在交通繁重的地区,经重车反复作用,路基路面结构会产生较大的变形,严重时,路基土以泥浆的形式从胀裂的路面缝隙中冒出,形成了翻浆。冻胀和翻浆的出现,使路面遭受严重损坏。

当然在季节性冰冻地区并不是所有的道路都会产生冻胀与翻浆,对于渗透性较高的砂类土以及渗透性很低的黏质土,水分都不容易积聚,因此不易发生冻胀与翻浆,而相反,对于粉质土和极细砂则由于毛细水活动力强,极易发生冻胀与翻浆。

三、路基土的基质吸力与饱和度

采用平均稠度表征路基湿度,一方面无法反映非黏性土的湿度状态,另一方面单以含水率表征湿度,也难以准确反映它对回弹模量的影响。因此,《公路路基设计规范》(JTG D30—2015)采用饱和度来表征路基土的湿度状态。土的饱和度既反映了含水率,也包含了密实度的影响。

路基土饱和度按式(1-1-4)计算:

$$S_r = \frac{w_v}{1 - \frac{\gamma_s}{G_s \gamma_w}} \quad \text{或} \quad S_r = \frac{w}{\frac{\gamma_w}{\gamma_s} - \frac{1}{G_s}} \tag{1-1-4}$$

式中：S_r——饱和度(%)；

w_v——体积含水率(%)；

w——质量含水率(%)；

γ_s、γ_w——土的干密度和水的密度(kg/m³)；

G_s——土的相对密度。

路基平衡湿度的预估主要基于非饱和土土力学的土—水特征曲线(饱和度或含水率—基质吸力关系曲线)(参见土力学相关教材)。只要知道路基土的基质吸力，就可以通过土—水特性曲线预估路基湿度状况(饱和度)。受地下水控制的，采用地下水模型预估路基基质吸力；受气候因素控制的，采用 TMI 模型预估路基基质吸力，TMI 值按式(1-1-5)计算：

$$\text{TMI}_y = \frac{100R_y - 60DF_y}{PE_y} \tag{1-1-5}$$

式中：R_y——y 年的水径流量(cm)；

DF_y——y 年的缺水量(cm)；

PE_y——y 年的潜在蒸发量(cm)。

不同自然区划的 TMI 值是由全国 400 多个气象观测站的气象资料计算、统计和归并后分别得到的。考虑到理论计算相对复杂，《公路路基设计规范》(JTG D30—2015)给出了查表法，不同自然区划的 TMI 值见表 1-1-7。

利用预估的路基土基质吸力结合土—水特性曲线，就可以预估路基土的饱和度。

四、毛细水上升高度

毛细水上升的最大高度与毛细管的直径成反比，不同类型的土由于其颗粒组成的差异，形成的毛细孔径也有较大差别，因而毛细水上升的最大高度与土的类型有密切联系。

毛细水在不同土质条件下的上升高度可采用海森公式(1-1-6)进行估算。

$$h_0 = \frac{C}{ed_{10}} \tag{1-1-6}$$

式中：h_0——毛细水上升高度(m)；

e——土的孔隙比；

d_{10}——土的有效粒径(mm)；

C——系数，与土粒形状及表面洁净情况有关，一般取 $1 \times 10^{-5} \sim 5 \times 10^{-5}$(m²)。

毛细水上升高度的影响因素复杂，用于计算的土质物理参数往往不准确，由经验公式计算得到的毛细水上升高度与现场实测结果有时相差较大。不少学者根据现场测试或室内试验的结果，对于不同类型的土质，分别给出了相应的毛细水上升高度推荐值。其中黏土约为 6m，砂质黏土或粉土约为 3m，砂土约为 0.9m。

按粒径不同，分别给出了砾石、砂和粉土的毛细水上升高度推荐值，如表 1-1-4 所示。

不同土质毛细水上升高度　　　　　　　　　　　　表 1-1-4

土组名称	颗粒粒径 d_{10}（mm）	孔隙比 e	毛细水（cm）	
			上升高度	饱和毛细水头
粗砾	0.82	0.27	5.4	6
砂砾	0.20	0.45	28.4	20
细砾	0.30	0.29	19.5	20
粉砾	0.06	0.45	106.0	68
粗砂	0.11	0.27	82	60
中砂	0.03	0.36	165.5	112
细砂	0.02	0.48~0.66	239.6	120
粉土	0.006	0.93~0.95	359.2	180

五、路基平衡湿度状况和路基平衡湿度预估方法

1. 路基平衡湿度状况

路基平衡湿度是指公路建成通车后，路基在地下水、降雨、蒸发、冻结和融化等因素作用下，湿度达到相对稳定的平衡状态，此时的湿度称为路基平衡湿度，即路基湿度达到与周围环境相平衡的稳定状态时的湿度。路基平衡湿度（用饱和度来表示）状况可依据路基的湿度来源分为潮湿、中湿、干燥三类。

2. 路基平衡湿度预估方法

路基设计时依据路基工作区深度（Z_a）、路床顶面至地下水位的相对高度（h）、地下水位高度（h_w）、毛细水上升高度（h_0）及路基填土高度（h_t）、路基土组类别确定路基干湿类型，并预估路基结构的平衡湿度，如图 1-1-5 所示。

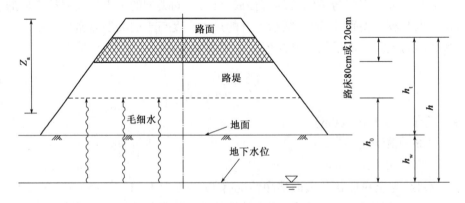

图 1-1-5　路基湿度划分示意图

h_t-路堤填土高度，$h_t \geq 0$ 时为路堤，$h_t < 0$ 为路堑；h_w-地下水位高度；h_0-毛细水上升高度；h-路床顶面至地下水位的相对高度；Z_a-路基工作区深度

潮湿类路基的湿度由地下水控制，即地下水或地表长期积水的水位高，路基工作区（Z_a）

均处于地下水毛细润湿区影响范围内,路基平衡湿度由地下水或地表长期积水的水位升降所控制。

干燥类路基的湿度由气候因素控制,即地下水位很低,路基工作区(Z_a)处于地下水毛细润湿面之上,路基平衡湿度完全由气候因素变化所控制。

中湿类路基的湿度兼受地下水和气候因素影响,即地下水位较高,路基工作区(Z_a)被地下水毛细润湿面分为上、下两部分,下部受毛细水润湿的影响,上部则受气候因素影响。

潮湿类路基的平衡湿度可根据路基土组类别及地下水位高度,按表1-1-5确定距地下水位不同高度处的饱和度。

各路基土组距地下水位不同高度处的饱和度(%)　　　　表1-1-5

土 组	计算点距地下水或地表长期积水水位的距离(m)						
	0.3	1.0	1.5	2.0	2.5	3.0	4.0
粉土质砾 GM	69~84	55~69	50~65	49~62	45~59	43~57	—
黏土质砾 GC	79~96	64~83	60~79	56~75	54~73	52~71	—
砂 S	80~95	50~70	—	—	—	—	—
粉土质砂 SM	79~93	64~77	60~72	56~68	54~66	52~64	—
黏土质砂 SC	90~99	77~87	72~83	68~80	66~78	64~76	—
低液限粉土 ML	94~100	80~90	76~86	73~83	71~81	69~80	—
低液限黏土 CL	93~100	80~93	76~90	73~88	70~86	68~85	66~83
高液限粉土 MH	100	90~95	86~92	83~90	81~89	80~87	—
高液限黏土 CH	100	93~97	90~93	88~91	86~90	85~89	83~87

注:1. 对于砂(含级配好的砂 SW、级配差的砂 SP),D_{60}大时,平衡湿度取低值,反之,取高值。
　　2. 对于其他含黏粒的土,小于0.075mm的颗粒含量大和塑性指数高时,取高值,反之,取低值。

干燥类路基的平衡湿度可根据路基所在自然区划的湿度指标 TMI 和路基土组类别确定。即先根据不同自然区划由表1-1-6查取相应的 TMI 值,再按路基所在地区的 TMI 值和路基土组类别,根据表1-1-7插值查取该地区相应的路基饱和度。

不同自然区划的 TMI 值范围　　　　表1-1-6

区 划	亚 区		TMI 范围	区 划	亚 区	TMI 范围
I	I₁		−5.0~−8.1	II	II₄	−10.7~−22.6
	I₂		0.5~−9.7		II₄ₐ	−15.5~17.3
II	II₁	黑龙江	−0.1~−8.1		II₄ᵦ	−7.9~9.9
		辽宁、吉林	8.7~35.1		II₅	−1.7~−15.6
	II₁ₐ		−3.6~−10.8		II₅ₐ	−1.0~−15.6
	II₂		−7.2~−12.1	III	III₁	−21.2~−25.7
	II₂ₐ		−1.2~−10.6		III₁ₐ	−12.6~−29.1
	II₃		−9.3~−26.9		III₂	−9.7~−17.5

续上表

区 划	亚 区	TMI 范围	区 划	亚 区	TMI 范围
Ⅲ	Ⅲ$_{2a}$	-19.6	Ⅴ	Ⅴ$_{3a}$	-7.6~47.2
	Ⅲ$_3$	-19.1~-26.1		Ⅴ$_4$	-2.6~50.9
	Ⅲ$_4$	-10.8~-24.1		Ⅴ$_5$	39.8~100.6
Ⅳ	Ⅳ$_1$	21.8~25.1		Ⅴ$_{5a}$	24.4~39.2
	Ⅳ$_{1a}$	23.2	Ⅵ	Ⅵ$_1$	-15.3~-46.3
	Ⅳ$_2$	-6.0~34.8		Ⅵ$_{1a}$	-40.5~-47.2
	Ⅳ$_3$	34.3~40.4		Ⅵ$_2$	-39.5~-59.2
	Ⅳ$_4$	32.0~67.9		Ⅵ$_3$	-41.6
	Ⅳ$_5$	45.2~89.3		Ⅵ$_4$	-19.3~-57.2
	Ⅳ$_6$	27.0~64.7		Ⅵ$_{4a}$	-34.5~-37.1
	Ⅳ$_{6a}$	41.2~97.4		Ⅵ$_{4b}$	-2.6~-37.2
	Ⅳ$_7$	16.0~69.3	Ⅶ	Ⅶ$_1$	-3.1~-56.3
	Ⅳ$_{7b}$	-5.4~-23.0		Ⅶ$_2$	-49.4~-58.1
Ⅴ	Ⅴ$_1$	-25.1~6.9		Ⅶ$_3$	-22.5~82.8
	Ⅴ$_2$	0.9~30.1		Ⅶ$_4$	-5.1~-5.7
	Ⅴ$_{2a}$	39.6~43.7		Ⅶ$_5$	-20.3~91.4
	Ⅴ$_3$	12.0~88.3		Ⅶ$_{6a}$	-10.6~-25.8

各路基土组在不同 TMI 值时的饱和度(%)　　　　　　　　　表 1-1-7

土 组	TMI					
	-50	-30	-10	10	30	50
砂 S	20~50	25~55	27~60	30~65	32~67	35~70
粉土质砂 SM	45~48	62~68	73~80	80~86	84~89	87~90
黏土质砂 SC						
低液限粉土 ML	41~46	59~64	75~77	84~86	91~92	92~93
低液限黏土 CL	39~41	57~64	75~76	86	91	92~94
高液限粉土 MH	41~42	61~62	76~79	85~88	90~92	92~95
高液限黏土 CH	39~51	58~69	85~74	86~92	91~95	94~97

注：1. 砂的饱和度取值与 D_{60} 相关，D_{60} 接近 2mm 时取低值，D_{60} 接近 0.25mm 时取高值。
　　2. 粉土质砂、黏土质砂或细粒土的饱和度取值与细粒土含量和塑性指数相关，细粒土含量高、塑性指数大时取低值，反之取高值。

中湿类路基的平衡湿度可参照图 1-1-6，先分路基工作区上部和下部，分别确定其平衡湿度，再以厚度加权平均计算路基的平衡湿度。地下水毛细润湿面以上的路基工作区，按路基土组类别和 TMI 值确定其平衡湿度；地下水毛细润湿面以下的路基工作区，按路基土组类别和距地下水位的距离确定其平衡湿度。

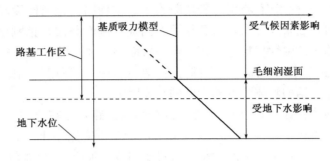

图 1-1-6　中湿类路基的湿度状况

六、路基填土高度要求

路基填土高度的作用是为了避免水分对路床(路基工作区)性能产生显著影响,使路基土强度产生过大衰减,造成路基工作区承载力不足。

路基高度应满足下列要求:满足公路等级所对应的路基设计洪水频率及其设计洪水位;不含路面厚度的路基高度不宜小于中湿状态路基临界高度;不含路面厚度的路基高度不宜小于路基工作区深度;季节性冰冻地区,不含路面厚度的路基高度不宜小于道路冻结深度。

路基合理高度宜按式(1-1-7)计算确定。

$$H_{op} = \text{MAX}\{(h_{sw} - h_0) + h_w + h_{bw} + \Delta h, h_1 + h_p, h_{wd} + h_p, h_f + h_p\} \quad (1\text{-}1\text{-}7)$$

式中:H_{op}——路基合理高度(m);

h_{sw}——设计洪水位(m);

h_0——地面高程(m);

h_w——波浪侵袭高度(m);

h_{bw}——壅水高度(m);

Δh——安全高度(m);

h_1——中湿状态路基临界高度(m);

h_p——路面厚度(m);

h_{wd}——路基工作区深度(m);

h_f——季节冻土地区路基冻结深度(m)。

第七节　路基土的力学特性及其强度指标

一、路基土的应力-应变特性

路基是路面结构的支承体,路基土的应力-应变特性对路基路面结构的整体强度和刚度有很大影响。路面结构的损坏,除了它本身的原因外,路基的变形过大是重要的原因之一。

路基土的变形包括弹性变形和塑性变形两部分,过大的塑性变形将导致柔性路面产生车辙和纵向不平整,对于刚性路面,将引起板块断裂等。柔性路面是指刚度较小、抗弯拉强度较低,主要靠抗压、抗剪强度来承受车辆荷载作用的路面。刚性路面是指刚度较大、抗弯拉强度较高的水泥混凝土路面。弹性变形过大将导致沥青面层和水泥混凝土面板产生疲劳开裂。在路面结构总变形中,路基土的变形占很大部分,占70%~95%,所以提高路基土的抗变形能力是保证路基和保持路面结构整体强度和刚度的重要因素。

路基土为弹塑性体,由固相、液相、气相三部分组成。路基土在应力作用下呈现的变形特性同理想的线性弹性体有很大差别。压入承载板试验是研究路基土应力-应变特性最常用的一种方法。这种方法以一定尺寸的刚性承载板置于路基土顶面,逐级加荷卸荷,记录施加于承载板上的荷载及由该荷载引起的沉降变形,根据试验结果绘出路基土顶面压力与回弹变形的关系曲线,如图1-1-7a)所示。根据弹性力学理论,可用试验测得的回弹变形计算出路基土的回弹模量。

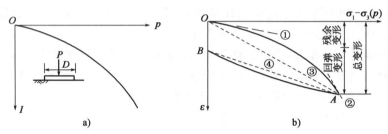

图1-1-7 土的应力-应变关系曲线

假如土体为理想的线性弹性体,则压力与变形呈直线关系,回弹模量为一常量,而从图1-1-7a)看出,回弹模量不是常量,因此表现出了土体的非线性特性。

通过试验可知,土体在应力作用下产生的变形除回弹变形外,路基土还产生了不可恢复的残余变形。如图1-1-7b)所示,当荷载卸除,应力恢复到零时,曲线由A回到B,OB即为塑性或残余变形,表现出了路基土的弹塑性性质。

虽然路基土的应力-应变关系如此复杂,但是在评定路基土应力-应变状态以及进行路面设计时仍然可用模量值来表征。采用局部线性化的方法取定模量值,即在曲线的某一个微小线段内,近似地将它视为直线,以它的斜率作为模量值。按照应力-应变曲线上应力取值方法的不同,模量有初始切线模量、切线模量、割线模量、回弹模量四种,分别为图1-1-7b)中的①、②、③、④直线的斜率。前三种模量中的应变值包含残余应变和回弹应变,而回弹模量则仅包含回弹应变,反映了路基土的弹性性质。在路面设计中通常用回弹模量表征路基土的抗压强度指标。

二、路基土的强度指标

路基土强度是指路基土在外力及自重作用下抵抗相对滑动位移变形和竖向垂直位移变形的能力。根据路基土简化的力学模型,以及土体破坏的原因,表征路基土强度的指标主要有路基土的承载能力和抗剪强度。

(一)路基土的承载能力

路基土的承载能力指路基土在一定应力下的抗变形能力。用于表征路基土承载力的参数指标有回弹模量、地基反应模量、加州承载比(CBR)等。

1. 路基土回弹模量

路基土回弹模量表示路基土在弹性变形阶段内,在垂直荷载作用下,抵抗竖向变形的能力。路基回弹模量能较好地反映路基所具有的部分弹性性质,所以,在以弹性半空间体地基模型表征路基的受力特性时,可以用回弹模量表示路基在瞬时荷载作用下的可恢复变形性质。我国公路水泥混凝土路面、沥青路面设计方法中,都以回弹模量作为路基的强度指标。

现场测定路基土回弹模量时,采用一定直径的刚性承载板用加载卸载的试验方法测试确定,具体参见《公路土工试验规程》(JTG E40);室内测定路基土和粒料回弹模量采用动三轴试验仪测试确定,具体参见《公路路基设计规范》(JTG D30—2015)附录 A。

《公路路基设计规范》(JTG D30—2015)规定:新建公路路基设计以路床顶面回弹模量为设计指标,以路床顶面竖向压应变为验算指标。路面结构设计的路基回弹模量设计值 E_0 应符合下列要求:路基在平衡湿度状态下,路床顶面回弹模量不应低于现行《公路沥青路面设计规范》(JTG D50)和《公路水泥混凝土路面设计规范》(JTG D40)的有关规定路基包括上路床和下路床,因此路基顶面回弹模量即为路床顶面回弹模量,路床顶面回弹模量要求见表1-1-8。沥青路面路床顶面竖向压应变的计算值应满足沥青路面永久变形的控制要求;水泥混凝土路面路床顶面竖向压应变可不作控制。

路床顶面综合回弹模量要求($[E_0]$)(不小于)(MPa)　　　　　　　　表1-1-8

交通荷载等级	极重	特重	重	中等	轻交通
沥青路面	70	60	50	40	
水泥混凝土路面	80			60	40

新建公路路基回弹模量设计值 E_0 可由标准状态下的路基回弹模量 M_R 按式(1-1-8)通过湿度调整系数和模量折减系数确定,并应满足式(1-1-9)的要求。

$$E_0 = K_s \cdot K_\eta \cdot M_R \quad (1-1-8)$$

$$E_0 \geq [E_0] \quad (1-1-9)$$

式中:E_0——平衡湿度状态下路基回弹模量设计值(MPa);

$[E_0]$——路面结构设计的路基回弹模量要求值(MPa)(见表1-1-8);

M_R——标准状态(最佳含水率、最大干密度)下路基回弹模量值(MPa),按下列方法确定:

① 路基填料的回弹模量应按《公路路基设计规范》(JTG D30—2015)附录 A 通过试验获得。

② 受试验条件限制时,可根据土组类别及粒料类型由表1-1-9和表1-1-10查取。

③ 初步设计阶段,也可按式(1-1-10)和式(1-1-11)由填料的 CBR 值估算标准状态下的回弹模量值:

$$M_R = 17.6 CBR^{0.64} \quad (2 < CBR \leq 12) \quad (1-1-10)$$

$$M_R = 22.1 CBR^{0.55} \quad (12 < CBR < 80) \quad (1-1-11)$$

K_s——路基回弹模量湿度调整系数,为平衡湿度(含水率)状态下的回弹模量与标准状态下的回弹模量之比,按表1-1-11和表1-1-12确定;

K_η——干湿循环或冻融循环条件下路基土模量折减系数,通过试验确定。初步设计时,非冰冻地区可根据土质类型、失水率确定,季节性冰冻地区可根据冻结温度、含水率确定,折减系数可取 0.7～0.95。非冰冻地区粉质土、黏质土,失水率大于 30%,取小值,反之取大值;粗粒土取大值。季节冻土地区粉质土、黏质土冻结温度低于 -15℃,冻前含水率高,取小值,反之取较大值;粗粒土取大值。

标准状态下路基土回弹模量参考值 表 1-1-9

土 组	取值范围(MPa)	土 组	取值范围(MPa)
砾(G)	110～135	粉土质砂(SM)	65～95
含细粒土砾(GF)	100～130	黏土质砂(SC)	60～90
粉土质砾(GM)	100～125	低液限粉土(ML)	50～90
黏土质砾(GC)	95～120	低液限黏土(CL)	50～85
砂(S)	95～125	高液限粉土(MH)	30～70
含细粒土砂(SF)	80～115	高液限黏土(CH)	20～50

注:1. 对砾和砂,D_{60}(通过率为60%时的颗粒粒径)大时,模量取高值,D_{60}小时,模量取低值。
2. 对其他含细粒的土组,小于 0.075mm 颗粒含量大和塑性指数高时,模量取低值,反之,模量取高值。
3. 同等条件下,轻、中等及重交通荷载时路基回弹模量取较小值,特重、极重交通条件下取较大值。

标准状态下粒料回弹模量参考值 表 1-1-10

粒料类型	取值范围(MPa)	粒料类型	取值范围(MPa)
级配碎石	180～400	级配砾石	150～300
未筛分碎石	180～220	天然砂砾	100～140

潮湿类路基的回弹模量湿度调整系数 表 1-1-11

土质类型	砂	细粒土质砂	粉质土	黏质土
路基工作区顶面	0.8～0.9	0.5～0.6	0.5～0.7	0.6～1.0
路基工作区底面	0.5～0.6	0.4～0.5	0.4～0.6	0.5～0.9

注:1. 砂的回弹模量调整系数,D_{60}大时取高值,D_{60}小时取低值。
2. 细粒土质砂的回弹模量调整系数,细粒含量大、塑性指数高时取低值,反之取高值。
3. 粉质土和黏质土的回弹模量调整系数,路基高度低时取低值,反之取高值。

干燥类路基的回弹模量湿度调整系数 表 1-1-12

土 组	TMI					
	-50	-30	-10	10	30	50
砂(S)	1.30～1.84	1.14～1.80	1.02～1.77	0.93～1.73	0.86～1.69	0.8～1.64
粉土质砂(SM)	1.59～1.65	1.10～1.26	0.83～0.97	0.73～0.83	0.70～0.76	0.70～0.76
黏土质砂(SC)						
低液限粉土(ML)	1.35～1.55	1.01～1.23	0.76～0.96	0.58～0.77	0.51～0.65	0.42～0.62
低液限黏土(CL)	1.22～1.71	0.73～1.52	0.57～1.24	0.51～1.02	0.49～0.88	0.48～0.81

注:1. 砂的回弹模量调整系数,D_{60}大时(接近2mm)取低值,D_{60}小时(接近0.25mm)取高值。
2. 粉土质砂、黏土质砂或细粒土的回弹模量调整系数取值与细粒土含量和塑性指数相关,细粒土含量高、塑性指数大时取低值,反之取高值。

新建公路路基可根据路基相对高度、路基土组类别及其毛细水上升高度,确定路基干湿类型,预估路基结构的平衡湿度。对潮湿类(地下水控制类)路基的回弹模量湿度调整系数 K_s 可参照表1-1-11查取;对干燥类(气候因素控制类)路基的回弹模量湿度调整系数 K_s 可参照表1-1-12查取;对中湿类(兼受地下水和气候因素影响类)路基的回弹模量湿度调整系数 K_s,可按路基工作区内两类湿度来源的上部和下部分别确定其湿度调整系数,并以路基工作区上、下部的厚度加权计算路基总的回弹模量湿度调整系数。

2. 加州承载比(CBR)

加州承载比是美国加利福尼亚州提出的一种评定路基及路面材料抗变形能力的指标。承载能力以材料抵抗局部荷载压入变形的能力表征,并以高质量标准碎石的承载能力为标准,以它们的相对比值表示CBR值。

一般采用贯入量为2.5mm时的单位压力与标准压力之比作为材料的承载比(CBR)。即标准试件在贯入量为2.5mm时所施加的试验荷载与标准碎石材料在相同贯入量时所施加的荷载之比值,以百分率表示。

CBR试验有室内试验与现场试验两种。现场试验应通过试验分析,寻找与室内试验之间的关系,换算为室内试验CBR值后,再用于路基施工强度检验或评定。其具体试验方法请参阅《公路土工试验规程》(JTG E40)。常用路基土的CBR值见表1-1-13。

常用路基土的CBR值　　表1-1-13

土　类	CBR(%)
级配良好的砾石,砾石—砂混合料	60~80
级配差的砾石,砾石—砂混合料	35~60
均匀颗粒的砾石和砂质砾石;粉质砾石,砾石—砂—粉土混合料	40~80
黏土质砾石,砾石—砂—黏土混合料;级配良好的砂,砾石质砂;粉质砂,砂—粉土混合料	20~40
级配差的砂或砾石质砂	15~25
黏土质砂,石砂—黏土混合料	10~20
粉土,砂质粉土,砾石质粉土;贫黏土,砂质黏土,砾石质黏土,粉质黏土	5~15
无机质粉土,贫有机质黏土,云母质黏土或硅藻土	4~8
有机质黏土,肥黏土,有机质粉土	3~5

3. 地基反应模量 K_0

在刚性路面设计中,除用弹性模量表征路基土强度外,也常用路基反应模量 K_0 作为设计指标。该力学模型假设地基上任一点的反力与该点的挠度成正比,而与其他点无关,即路基土相当于由互不联系的弹簧组成,如图1-1-8所示。这种地基力学模型首先由捷克工程师文克勒(E. Winkler)提出,因此,又叫文克勒地基。地基反应模量 K_0(N/cm^3)为地基反力 p(MPa)与挠度 ω(m)之比,即:

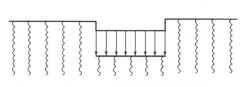

图1-1-8　文克勒地基力学模型

路基温克勒地基模型的原理示意

$$K_0 = \frac{p}{\omega} \quad (1\text{-}1\text{-}12)$$

地基反应模量 K_0 值,用承载板试验确定。承载板的直径为 76cm,采用一次加载法,施加的荷载由两种方法控制:当地基较为软弱时,用 0.127cm 的回弹变形值控制承压板的荷载;当地基较为坚硬,回弹变形值难以达到 0.127cm 时,以单位压力 $p=0.07\text{MPa}$ 控制承载板的荷载,这是考虑到混凝土路面下路基承受的压力通常不会超过这一范围而确定的。

式(1-1-12)表征特定力学模型下路基土的应力与应变关系,但由于路基土是非线弹性体,其强度还随土质、密实度、水温状况及自然条件而变,因此,在应用各项指标进行路面设计和对路基土强度进行评价时,必须与路面结构设计方法相配合,把路基路面的设计力学模型与具体条件及要求联系起来。

当路基填料 CBR、路床顶面回弹模量和竖向压应变、路基湿度状态等不能满足要求时,应根据气候、土质、地下水赋存和料源等条件,经技术经济比选后,采取换填、处治、排水、加筋等措施。换填可采用粗粒土或低剂量无机结合料稳定土,并合理确定换填深度;对细粒土可采用砂、砾石、碎石等进行掺和处治,或采用无机结合料进行稳定处治。细粒土处治设计应通过物理力学试验,确定处治材料及其掺量、处治后的路基性能指标等;水文地质条件不良的土质挖方路基或者潮湿状态填方路基,应采取设置排水垫层(垫层是设于基层以下的结构层,主要起隔水、排水、防冻以改善基层和土基工作条件作用)、毛细水隔离层、地下排水渗沟等措施;季节性冻土地区各级公路的中湿、潮湿路段,应结合路面结构进行路基结构的防冻验算。必要时,应设置防冻垫层或保温层。

(二)抗剪强度指标

路基土的抗剪强度指土体抵抗剪切破坏的能力。路基土的抗剪强度对分析土坡稳定以及挡土墙后土压力计算具有十分重要的意义。

路基土的抗剪强度通常用库仑公式表示:

$$\tau = c + \sigma\tan\varphi \tag{1-1-13}$$

式中:τ——土的抗剪强度(kPa);

σ——剪切破坏面上的法向总应力(kPa);

c——土的单位黏聚力(kPa);

φ——土体的内摩擦角(°)。

c、φ 值即为土的抗剪强度指标,反映了土体抗剪强度的大小,是路基土非常重要的力学指标。

路基土的抗剪强度测试方法有多种。若用三轴压缩试验测定,在一定围压下进行轴向加载,可以模拟土体受荷时发生的应力情况。如果试验时可以完全控制排水,水分可以从孔隙流出或排出,则路基土的抗剪强度完全可以按库仑公式(1-1-13)表示。

思考题

1. 对路基有哪些要求?为什么?
2. 简述影响路基稳定的因素。
3. 路基填料应如何选择?

4. 何谓路基平衡湿度？用什么指标表示？有几种湿度状况类型？
5. 简述路基平衡湿度预估方法。
6. 简述路基填土高度要求。
7. 何谓路基工作区？
8. 路基土的强度指标有哪些？
9. 如何确定路基土回弹模量设计值？

第二章 CHAPTER TWO
一般路基设计

路基设计的一般要求，路基横断面的形式，路基设计基本要素与设计要点，路基附属设施。

一般路基通常是指在正常的地质和水文等条件下，填方边坡高度或挖方边坡高度不超过规范允许范围的路基。通常，一般路基可以结合当地的地形、地质情况，直接套用标准横断面图，而不必进行个别论证和验算。

第一节 路基设计的一般要求

路基设计应根据当地自然条件和工程地质条件，选择适当的路基横断面形式和边坡坡率，河谷地段不宜侵占河床，可视具体情况设置其他结构物和防护工程。

公路路基属于带状结构，随着天然地面的高低起伏而高程不同。路基设计须根据路线平、纵、横设计，合理布置，为路面结构提供具有足够宽度的平顺路基。

路基承受行车荷载作用，其强度与稳定性应满足规范规定的要求，并通过路基路面综合设计来达到。坚固的路基，不仅是路面强度与稳定性的重要保证，而且能为延长路面使用寿命创造有利条件。

为了确保路基的强度与稳定性，使路基在外界因素作用下，不致产生不允许的变形，在路基的整体结构中还必须包括各项附属设施，有路基排水、路基防护与加固，以及与路基工程直接相关的设施，如弃土堆、取土坑、护坡道、碎落台、堆料坪及错车道等。

由于路基高程与原地面高程有差异，且各路段岩土性质的不同，各处附属设施的布置也不尽相同，因此各路段的路基横断面形状差别很大。路基横断面形式的选定和各项附属设施的设计,都是路基设计的基本内容。

路基设计的内容一般包括以下几个方面:

(1)路基主体工程

路基主体设计包括选择路基横断面形式,确定路基宽度、路基高度、路基边坡坡率,选择路堤填料与压实标准等。

(2)路基排水

根据沿线地表水及地下水分布情况,进行沿线排水系统的总体布置,以及地面排水设施和地下排水设施的设计。

(3)路基防护与加固

路基防护与加固设计包括坡面防护、冲刷防护及支挡结构物的布置、构造设计与计算等。

(4)路基工程的其他附属设施

路基工程的其他附属设施设计包括取土坑与弃土堆、护坡道与碎落台、堆料坪与错车道等的布置与设计。

第二节 路基横断面设计

路基设计高程低于天然地面时,需要开挖;路基设计高程高于天然地面时,需要填筑。由于填挖情况的不同,典型的路基横断面形式可归纳为路堤、路堑、半填半挖及零填零挖四种形式。

一、路堤

路堤是指高于原地面的填方路基,在结构上分为上路堤和下路堤,上路堤是指路床底面以下 0.7m 厚度范围的填方部分,下路堤是指上路堤以下的填方部分。图 1-2-1 是路堤的几种常见横断面形式。按路堤的填土高度不同,划分为低路堤、一般路堤、高路堤。填土高度小于路基工作区深度的路堤为低路堤;填方边坡高度高于 20m 的路堤为高路堤;填土高度度大于路基工作深度、填方边坡高度低于 20m 的路堤为一般路堤。随其所处的条件和加固类型的不同,还有沿河路堤、护脚路堤、挖渠填筑路堤等。

由于路堤通风良好,排水方便,且对填料的性质、状态和密实程度可以按要求加以控制。因此,路堤式路基病害较少,是工程上经常采用的一种形式。

一般路堤可按常规设计,采用规定横断面尺寸,可不作特殊处治。原地面倾斜的全填路堤,当倾斜度陡于 1:5 时,需将原地面挖成台阶(土质地面),台阶宽度应不小于 2.0m,向内倾斜横坡大于 4%,或将原地面凿毛(石质地面)。原地面倾斜度陡于 1:2.5 时,宜设置石砌护脚等横断面形式,且必须按陡坡路堤进行稳定性验算。沿河路堤浸水部分,其边坡应按规定放缓或采取防护与加固措施。地面横坡较陡时,为防止填方沿山坡向下滑动,并节省用地,可设置石砌护脚或挡土墙。

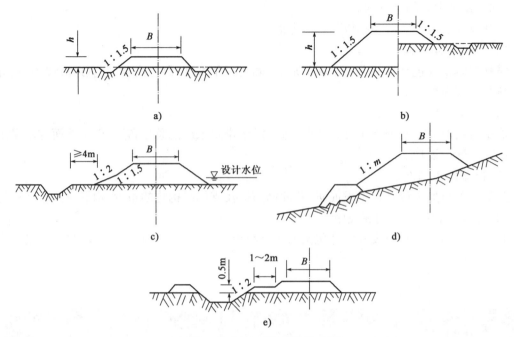

图 1-2-1　路堤的几种常用横断面形式
a)矮路堤；b)一般路堤；c)沿河路堤；d)护脚路堤；e)挖渠填筑路堤

低路堤因易受地面水的影响，设计时路基两侧均应设置边沟以确保满足最小填土高度要求，力求不低于规定的临界高度，使路基处于干燥或中湿状态。低路堤的高度通常接近或小于路基工作区深度，除填方路堤本身要求满足规定的施工要求外，天然地面也应按规定进行压实，达到规定的压实度，必要时基底需进行特殊处治与加固，如清除基底、换土、设隔离层、排除地下水等，以保证路基路面的强度和稳定性。

高路堤的填方数量大，占地多，为使路基稳定和横断面经济合理，需进行单独设计。

二、路堑

路堑是指低于原地面的挖方路基。图 1-2-2 所示是路堑的几种常见形式，有全挖路基、台口式路基及半山洞路基。

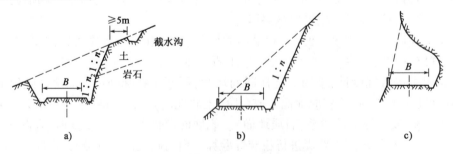

图 1-2-2　路堑的几种常用横断面形式
a)全挖路基；b)台口式路基；c)半山洞路基

路堑的开挖破坏了原地面的天然平衡,其边坡稳定性主要取决于地质、水文、边坡坡率和边坡高度。挖方边坡可视高度和岩土层情况设置成直线形、折线形或台阶形,并根据地质和水文条件选择合适的边坡坡率。

水文状况对路堑的影响较大,地质条件越差,水的破坏作用越明显,因此,路堑排水至为重要。为此,挖方的坡脚处应设置边沟,以汇集和排除路基范围内的地表径流或边坡渗水。路堑的上方应设置一道或多道截水沟,以拦截和排除流向路基的地表径流。挖方弃土应设置在路堑下方。开挖边坡坡面易风化时,在坡脚处应设置不小于1.0m的碎落台,坡面可采用防护措施。

挖方路基土层处地下水文状况不良时,可能导致路面的破坏。所以路堑以下的天然土层,要压实至规定的密实程度,必要时还需翻挖重新分层填筑或换土,或采取加铺隔离层,设置必要的地下排水设施等措施予以处理。

陡峻山坡上的半路堑,路中线宜向内侧移动,尽量采用台口式路基[图1-2-2b)],避免因路基外侧出现少量填方而导致的稳定问题。遇有整体性的坚硬岩层,为节省石方工程,可采用半山洞路基[图1-2-2c)]。

路堑由天然地层开挖而成,其构造取决于当地的自然条件,如岩土类型、地质构造、水文等。此外路堑设计成巷道式,受排水、通风、日照影响,病害多于路堤,且行车视距差、行车条件和景观要求也有所降低,施工难度大。所以设计时,应尽量少用很深的长路堑,必需时要特别注意选用合适的边坡坡率和边坡形式,以确保边坡的稳定可靠;同时加强排水,处治基底,保证基底水温情况不产生恶化。在确定路线走向和进行路线平、纵面设计时,要兼顾到日照、积雪、通风等因素,尽可能选用大半径平竖曲线和缓和纵、横坡度等技术指标。等级较高的公路,还必须进行平面、纵面线形的组合设计,兼顾道路景观和环境协调,以改善路堑的行车条件。

三、半填半挖路基

半填半挖路基是指在一个横断面内,部分为填方,部分为挖方的路基。

图1-2-3是半填半挖路基的几种常见横断面形式。位于山坡上的填挖结合路基,通常取路中心的高程接近原地面的高程,以减少土石方数量,保持土石方的横向平衡。若处理得当,路基稳定可靠,是较经济的断面形式。

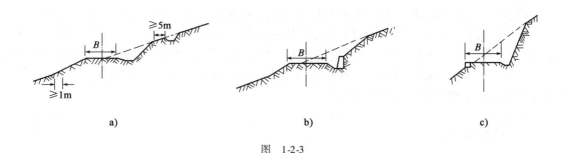

图 1-2-3

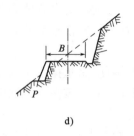 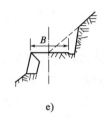 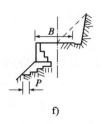 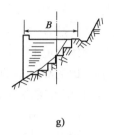

图 1-2-3　半填半挖路基常用横断面形式

a)一般挖填路基；b)矮挡土墙路基；c)护肩路基；d)砌石护坡路基；e)砌石护墙路基；f)挡土墙支撑路基；g)半山桥路基

从路基稳定性需要考虑，陡坡路基一般应"宁挖勿填"或"多挖少填"；在陡峭山坡上，尤其是沿溪路线，为减少石方的开挖数量，避免大量废方阻塞溪流，又需要少挖多填。因此，填挖结合的路基，在选定路线和进行线形设计时，应统筹考虑，进行路线的平、纵、横三者综合设计，权衡利弊，择优而定。

半填半挖路基兼有路堤和路堑两者的特点，因此，应同时满足相关规范对路堤和路堑的要求。

四、零填零挖路基

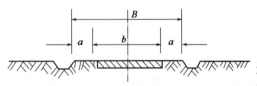

图 1-2-4　零填零挖路基横断面的基本形式
B-路基宽度；b-路面宽度；a-路肩宽度

图 1-2-4 是零填零挖路基的基本横断面形式。这种路基虽然节省土石方，但排水非常不利，且原状土密实程度往往不能满足要求，易发生水淹、雪埋、沉陷等病害，因此，应尽量少用或不用该类路基，干旱的平原区和丘陵区、山岭区的山脊线方可考虑。为保证路基的稳定性，需要检查路槽底面以下 30cm 范围内的密实程度，必要时翻松原状土重新分层碾压，或换填土层。同时路基两侧应设置边沟，以利排水。

第三节　路基设计的基本要素

路基宽度、路基高度、路基边坡坡率是路基设计的基本要素。路基宽度取决于公路技术等级；路基高度（包括路中心线的填挖高度，路基两侧的边坡高度）取决于路线的纵坡设计及地形；路基边坡坡率取决于土质、地质构造、水文条件及边坡高度，并由边坡稳定性和横断面经济性等因素比较确定。就路基稳定性和横断面经济性的要求而言，路基的边坡坡率及相应的防护、加固措施，是路基设计的基本内容。

一、路基宽度

路基宽度是指在一个横断面上两路肩外缘之间的宽度。路基宽度一般为车道宽度与路肩宽度之和,但因技术等级及具体要求不同,当设有中间带、加(减)速车道、爬坡车道、错车道、慢行道或路用设施(如护栏、照明、绿化)等时,应将这些宽度计入路基宽度。路基宽度组成如图 1-2-5 所示。路面供机动车行驶,两侧路肩可保护路面稳定,并兼供错车、临时停车及行人和非机动车通行,中间带起到分隔交通、诱导视线的作用。

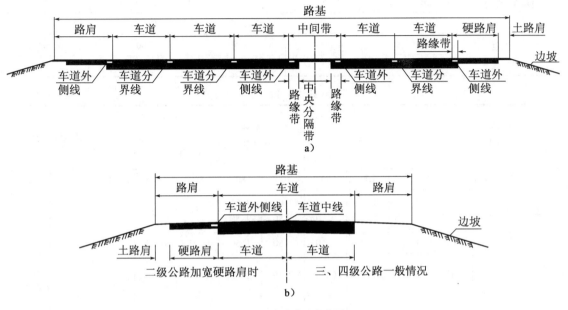

图 1-2-5　公路路基宽度图
a)高速公路和一级公路;b)二级、三级、四级公路

各级公路路基宽度应按《公路工程技术标准》(JTG B01—2014)的规定进行设计。车道宽度及车道数根据设计通行能力及交通量大小而定,每个车道宽度应符合表 1-2-1 规定,各级公路车道数应符合表 1-2-2 规定;高速公路和一级公路整体式断面必须设置中间带,中间带由中央分隔带和两条左侧路缘带组成,高速公路和作为干线的一级公路,中央分隔带宽度应根据公路项目中央分隔带功能确定,作为集散的一级公路,中央分隔带宽度应根据中间隔离设施的宽度确定,可参考表 1-2-3 确定;各级公路均应设置右侧路肩,高速公路、一级公路应在右侧硬路肩内设置右侧路缘带,其宽度为 0.50m,各级公路右侧路肩宽度应符合表 1-2-4a 规定,高速公路和一级公路采用分离式断面时,应设置左侧路肩(包括硬路肩和土路肩),左侧硬路肩宽度包含左侧路缘带宽度,左侧路肩宽度应符合表 1-2-4b 规定。

车　道　宽　度　　　　　　　　　　　　　　　表 1-2-1

设计速度(km/h)	120	100	80	60	40	30	20
车道宽度(m)	3.75	3.75	3.75	3.50	3.50	3.25	3.00(单车道时为 3.50)

各级公路车道数　　　　　　　　　　　　　　表 1-2-2

公路等级	高速、一级公路	二级公路	三级公路	四级公路
车道数	≥4	2	2	2(1)

注:四级公路应采用双车道,交通量小或困难路段可采用单车道。

中 间 带 宽 度　　　　　　　　表 1-2-3

设计速度(km/h)		120	100	80	60
中央分隔带宽度（m）	一般值	3.00	2.00	2.00	2.00
	最小值	2.00	2.00	1.00	1.00
左侧路缘带宽度（m）	一般值	0.75	0.75	0.50	0.50
	最小值	0.75	0.50	0.50	0.50
中间带宽度（m）	一般值	4.50	3.50	3.00	3.00
	最小值	3.50	3.00	2.00	2.00

路 肩 宽 度　　　　　　　　表 1-2-4a

公路等级（功能）		高 速 公 路			一级公路（干线功能）		一级公路（集散功能）和二级公路		三级公路、四级公路		
设计速度(km/h)		120	100	80	100	80	80	60	40	30	20
右侧硬路肩宽度（m）	一般值	3.00 (2.50)	3.00 (2.50)	3.00 (2.50)	3.00 (2.50)	3.00 (2.50)	1.50	0.75	—	—	—
	最小值	1.50	1.50	1.50	1.50	1.50	0.75	0.25			
土路肩宽度(m)	一般值	0.75	0.75	0.75	0.75	0.75	0.75	0.75	0.75	0.50	0.25（双车道）0.50（单车道）
	最小值	0.75	0.75	0.75	0.75	0.75	0.50	0.50			

注：1. 正常情况下，应采用"一般值"；在设爬坡车道、变速车道及超车道路段，受地形、地物等条件限制路段及多车道公路特大桥，可论证采用"最小值"。
2. 高速公路和作为干线的一级公路以通行小客车为主时，右侧硬路肩宽度可采用括号内数值。

分离式断面高速公路、一级公路左侧路肩宽度　　　　　　　　表 1-2-4b

设计速度(km/h)	120	100	80	60
左侧硬路肩宽度(m)	1.25	1.00	0.75	0.75
左侧土路肩宽度(m)	0.75	0.75	0.75	0.50

二、路基高度

路基高度是指路堤的填筑高度和路堑的开挖深度，是路基设计高程与地面高程之差。新建公路路基设计高程为路基边缘高程，在设置超高、加宽地段，则为设置超高、加宽前的路基边缘高程；改建公路的路基设计高程可与新建公路相同，也可采用路中线高程；设有中央分隔带的高速公路、一级公路路基设计高程是指中央分隔带外侧边缘的高程。由于原地面沿横断面方向往往是倾斜的，因此，路基宽度范围内的路基高度有差别，为此，路基高度有中心高度与边坡高度之分。路基中心高度指路基中心线处设计高程与原地面高程之差，而路基两侧的边坡高度指填方坡脚或挖方坡顶与路基边缘的相对高差。当原地面平坦时，路基两侧边坡高度相等，而山坡地面上，两者不等。

路基高度由路线纵坡设计确定。要综合地考虑地形、地质、地貌、水文等自然条件,桥涵等构造物与交叉口的控制高度、纵向坡度的平顺、土石方工程数量的平衡,以及路基的强度与稳定性等因素,确定出合理的路基高度。

由于深路堑不仅挖方工程量大,施工面狭窄,行车条件差,且边坡稳定性差。而高填方占地面积大,工程量集中,且往往同桥涵等人工构造物连成一体,受水的浸蚀和冲刷较严重。因此,从路基稳定性出发,在填挖较大的路段,要认真考虑路基的高填与深挖的可行性,并进行单独设计。

路堤的最小填筑高度,应根据临界高度,并结合沿线具体条件和排水及防护措施,按照公路等级及有关的规定确定,一般应保证路基处于干燥或中湿状态。

沿河及受水浸淹的路基,其高度一般应根据《公路工程技术标准》(JTG B01—2014)所规定的设计洪水频率(表1-2-5),求得设计水位,再增加0.5m的安全高度;如果河道因路堤压缩河床而使上游有壅水,或河面宽阔而有风浪,那么还应增加壅水的高度和波浪冲上路堤的高度。沿河浸水路堤的高度,应高出上述各值之和,以保证路基不致被淹没,并据此进行路基的防护与加固。

路基设计洪水频率 表1-2-5

公路等级	高速公路	一级公路	二级公路	三级公路	四级公路
设计洪水频率	1/100	1/100	1/50	1/25	按具体情况确定

三、路基边坡坡率

确定路基边坡坡率是路基设计的基本任务。为保证路基稳定,路基两侧应做成具有一定坡度的坡面。公路路基的边坡坡率,用边坡高度 H 与边坡宽度 b 的比值表示,取 $H=1$,用 $1:m$ 或 $1:n$ 的形式表示。如图1-2-6中的1:0.5(路堑边坡)或1:1.5(路堤边坡)。

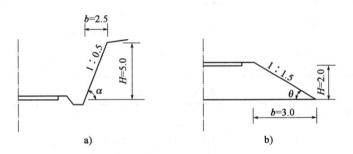

图1-2-6 路基边坡坡率示意图
a)路堑;b)路堤

路基边坡坡率的大小,取决于边坡的土质、岩石的性质及水文地质条件等自然因素和边坡的高度,并关系到路基的稳定和工程投资。如何恰当地设计边坡坡率,既使路基稳定,又节省造价,在路基横断面设计中至关重要。一般路基的边坡坡率可根据多年工程实践经验和设计规范推荐的数值确定。

（一）路堤边坡

根据路堤填料不同，路堤边坡分为土质和石质两种情况。

1. 土质路堤边坡

路堤的边坡坡率，应根据填料的物理力学性质、气候条件、边坡高度以及基底的工程地质和水文地质条件等合理选定。一般土质路堤边坡坡率按表1-2-6选用。

路堤边坡坡率　　表1-2-6

填料类别	边坡坡率	
	上部高度($H \leq 8m$)	下部高度($H \leq 12m$)
细粒土	1:1.5	1:1.75
粗粒土	1:1.5	1:1.75
巨粒土	1:1.3	1:1.5

边坡高度大于20m的路堤，边坡形式宜采用阶梯形，边坡坡率应由稳定性分析计算确定。

对于浸水路堤，设计水位以下部分视填料情况，边坡坡率采用1:1.75~1:2，在常水位以下部分可采用1:2~1:3，并视水流情况采取加固措施。

2. 石质路堤边坡

当公路沿线有大量天然石料或开挖路堑的废石方，可用以填筑路堤时，填石路堤可采用与土质路堤相同的路堤断面形式。填石路堤的边坡坡率应根据填石料种类、边坡高度和基底的地质条件确定。但当采用易风化岩石和软质岩石填筑路堤时，边坡坡率应按土质路堤边坡设计。在路堤基底良好时，填石路堤边坡坡率不宜陡于表1-2-7、表1-2-8规定。

填石路堤边坡坡率　　表1-2-7

填石料种类	边坡高度(m)			边坡坡率	
	全部高度	上部高度	下部高度	上部	下部
硬质岩石	20	8	12	1:1.1	1:1.3
中硬岩石	20	8	12	1:1.3	1:1.5
软质岩石	20	8	12	1:1.5	1:1.75

岩石分类表　　表1-2-8

岩石类型	单轴饱和抗压强度(MPa)	代表性岩石
硬质岩石	≥60	1. 花岗岩、闪长岩、玄武岩等岩浆岩类； 2. 硅质、铁质胶结的砾岩及砂岩、石灰岩、白云岩等沉积岩类； 3. 片麻岩、石英岩、大理岩、板岩、片岩等变质岩类
中硬岩石	30~60	
软质岩石	5~30	1. 凝灰岩等喷出岩类； 2. 泥砾岩、泥质砂岩、泥质页岩、泥岩等沉积岩类； 3. 云母片岩或千枚岩等变质岩类

当边坡采用码砌，且码砌石块最小尺寸不小于300mm的路堤，其边坡坡度应根据具体情况决定，也可参考表1-2-7采用。

陡坡上的路基填方可采用砌石路基,如图 1-2-7 所示。砌石应用当地不易风化的开山片石砌筑。砌石顶宽不小于 0.8m,基底以 1∶5 的坡率向路基内侧倾斜,砌石高度 H 不宜超过 15m,墙的内外坡度可依砌石高度,按表 1-2-9 选定。

砌 石 边 坡 坡 率   表 1-2-9

序 号	砌石高度(m)	内坡坡率	外坡坡率
1	≤5	1∶0.3	1∶0.5
2	≤10	1∶0.5	1∶0.67
3	≤15	1∶0.6	1∶0.75

(二)路堑边坡

路堑是在天然地面上开挖后形成的路基结构形式。其边坡坡率与边坡的高度、坡体土石性质、地质构造特征、岩石的风化和破碎程度、地面水和地下水等因素有关。

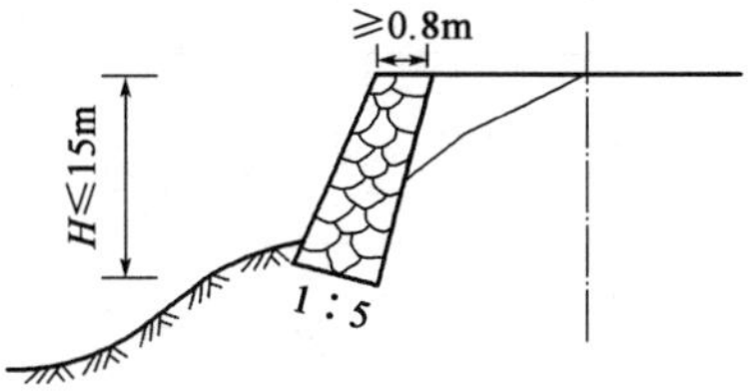

1. 土质路堑边坡

土质(包括粗粒土)路堑边坡形式及坡率,应根据边坡高度、工程地质与水文地质条件、排水措施、施工方法等,结合稳定的自然山坡和人工边坡的经验数据及力学分析综合确定。

图 1-2-7 砌石路基示意图

土质路堑边坡形状可分为直线形、上陡下缓折线形、上缓下陡折线形和台阶形四种形式。根据土的组织结构、均匀及密实程度和可塑状态、边坡高度,合理选择。

一般情况下,具有一定黏性土质的挖方边坡,坡率取值为 1∶0.5～1∶1.5,个别情况下,可放缓至 1∶1.75,当边坡高度不大于 20m 时,不同高度、不同密实程度的土质挖方边坡坡率可参照表 1-2-10、表 1-2-11 确定。

土质路堑边坡坡率   表 1-2-10

土 的 类 别		边 坡 坡 率
黏土、粉质黏土、塑性指数大于 3 的粉土		1∶1
中密以上的中砂、粗砂、砾砂		1∶1.5
卵石土、碎石土、圆砾土、角砾土	胶结和密实	1∶0.75
	中密	1∶1

注:1. 黄土、红黏土、高液限土、膨胀土等特殊土质挖方边坡形式及坡度按特殊路基规定确定;
   2. 土的密实程度的划分见表 1-2-11。

土的密实程度划分表   表 1-2-11

分级	试坑开挖情况
较松	铁锹很容易铲入土中,试坑坑壁容易坍塌
中密	天然坡面不易陡立,试坑坑壁有掉块现象,部分需用镐开挖
密实	试坑坑壁稳定,开挖困难,土块用手使劲才能破碎,从坑壁取出大颗粒处能保持凹面形状
胶结	细粒土密实度很高,粗颗粒之间呈弱胶结,试坑用镐开挖很困难,天然坡面可以陡立

2. 岩石路堑边坡

岩石路堑边坡形式及坡率,应根据地质构造与岩石特性、边坡高度、施工方法,对照相似工程的成功经验选定。岩石的种类、风化和破碎程度及边坡的高度是决定坡率的主要因素,当岩质路堑边坡高度不大于 30m 时,无外倾软弱结构面的边坡可根据这些因素按表 1-2-12、表 1-2-13 确定岩体类型,并按表 1-2-14 确定边坡坡率。

岩石边坡的岩体分类　　　　　　　　　　　　　　　表 1-2-12

边坡岩体类型	判定条件			
	岩体完整程度	结构面结合程度	结构面产状	直立边坡自稳能力
Ⅰ	完整	结构面结合良好或一般	外倾结构面或外倾不同结构面的组合线倾角大于75°或小于35°	30m 高边坡长期稳定,偶有掉块
Ⅱ	完整	结构面结合良好或一般	外倾结构面或外倾不同结构面的组合线倾角75°~35°	15m 高边坡稳定,15~30m 高的边坡欠稳定
	完整	结构面结合差	外倾结构面或外倾不同结构面的组合线倾角大于75°或小于35°	
	较完整	结构面结合良好或一般或差	外倾结构面或外倾不同结构面的组合线倾角小于35°,有内倾结构面	边坡出现局部塌落
Ⅲ	完整	结构面结合差	外倾结构面或外倾不同结构面的组合线倾角35°~75°	8m 高的边坡稳定,15m 高的边坡欠稳定
	较完整	结构面结合良好或一般	外倾结构面或外倾不同结构面的组合线倾角75°~35°	
	较完整	结构面结合差	外倾结构面或外倾不同结构面的组合线倾角大于75°或小于35°	
	较完整(碎裂镶嵌)	结构面结合良好或一般	结构面无明显规律	
Ⅳ	较完整	结构面结合差或很差	外倾结构面以层面为主,倾角多为35°~75°	8m 高的边坡不稳定
	不完整(散体、碎裂)	碎块间结合很差		

注:1. 边坡岩体分类中未含由软弱结构面控制的边坡和倾倒崩塌型破坏的边坡;
　　2. Ⅰ类岩体为软岩、较软岩时,应降为Ⅱ类岩体;
　　3. 当地下水发育时,Ⅱ、Ⅲ类岩体可视具体情况降低一档;
　　4. 强风化岩和极软岩可划为Ⅳ类岩体;
　　5. 表中外倾结构面系指倾向与坡向的夹角小于30°的结构面;
　　6. 岩体完整程度按表 1-2-13 确定。

岩体完整程度划分　　　　　　表 1-2-13

岩体完整程度	结构面发育程度	结构类型	完整性系数 K_V
完整	结构面 1~2 组,以构造节理和层面为主,密闭型	巨块状整体结构	>0.75
较完整	结构面 2~3 组,以构造节理和层面为主,裂隙多呈密闭型,部分为微张型,少有充填物	块状结构、层状结构、镶嵌碎裂结构	0.35~0.75
不完整	结构面大于 3 组,在断层附近受构造作用影响较大,裂隙以张开型为主,多有充填物,厚度较大	碎裂状结构、散体结构	<0.35

注:镶嵌碎裂结构为碎裂结构中碎块较大且相互咬合、稳定性相对较好的一种结构。

岩石挖方边坡坡率　　　　　　表 1-2-14

边坡岩体类型	风化程度	边坡坡率	
		$H<15m$	$15m \leqslant H<30m$
Ⅰ类	未风化、微风化	1:0.1~1:0.3	1:0.1~1:0.3
	弱风化	1:0.1~1:0.3	1:0.3~1:0.5
Ⅱ类	未风化、微风化	1:0.1~1:0.3	1:0.3~1:0.5
	弱风化	1:0.3~1:0.5	1:0.5~1:0.75
Ⅲ类	未风化、微风化	1:0.3~1:0.5	—
	弱风化	1:0.5~1:0.75	—
Ⅳ类	弱风化	1:0.5~1:1	—
	强风化	1:0.75~1:1	—

注:1. 有可靠的资料和经验时,可不受本表限制;
　　2. Ⅳ类强风化包括各类风化程度的极软岩。

由于地表岩层和自然条件,以及路基的构造要求与形式变化极大,岩石路堑边坡坡率难以定型,表列数值为一般条件下的经验值,运用时应结合当地的工程地质条件和水文条件,参考各地现有自然稳定山坡和人工成型稳定的山坡,加以对比选用。必要时应进行个别设计和稳定性验算。

对于土质挖方边坡高度超过 20m、岩石挖方边坡高度超过 30m 和不良地质地段的路堑边坡,应进行单独勘察设计和稳定性验算,以及采取排水、护坡与加固等技术措施。

第四节　路基其他附属设施

路基工程除其主体工程及主要附属设施外,还包括相关的其他附属设施如取土坑、弃土堆、护坡道、碎落台、堆料坪及错车道等,均需正确合理地进行设置。

一、取土坑与弃土堆

为填筑路基在公路沿线或以外选定的地点取土所留下的整齐土坑,称为取土坑。利用挖方填筑路基所剩余的土或不宜填筑路基而废弃的土堆积而成的有规则形状的土堆,称弃土堆。

路基土石方的填挖平衡,是公路路线设计的基本原则,但往往难以做到完全平衡。土石方数量经过合理调配后,仍会存在部分借方和弃方,路基土石方的借弃,首先要合理选择地点,即确定取土坑或弃土堆的位置。一般应从土质、数量、用地及运输等方面考虑选点;其次要结合沿线农田水利,改地造田,尽量做到不毁农田,不占或少占良田,维护自然生态平衡,防止水土流失,做到"借之有利、弃之无害"。借弃所形成的坑或堆,要求尽量结合当地地形,充分加以利用,并注意外形规整,弃堆稳固。对高等级公路及城郊附近干线更应注意。

取土坑一般设置在地势较高一侧。其深度或宽度,应视填土数量、施工方法及用地许可条件而定。平原区一般深度为1.0m。为防止坑内积水,路基坡脚与取土坑之间,当堤顶与坑底高差超过2m时,需设宽度大于或等于1.0m的护坡道,坑底设纵横排水坡及相应设施,大致如图1-2-8所示。

河流淹没地段及桥头引道两侧一般不设取土坑。河滩上的取土坑,应与调治构造物的位置相适应,一般距离河流水位界10m以外。此类取土坑不得长期积水及危害路基或构造物的稳定。

开挖路基的废方,应妥善处理,充分利用,如用于公路、农田水利、基建等;对无法加以利用的弃土,做到弃而不乱,并应防止乱弃而造成水土流失,以免危害路基及农田水利,淤塞河道,特别要注意不堵塞天然排水通道。为此,废方一般选择在沿线附近低洼荒地或路堑的下坡一侧堆放,当地面横坡缓于1:5时,可设在路堑两侧。沿河路基废石方,当条件允许时,可以部分占用河道,但不能造成河道上游壅水,危及路基及附近农田等。如需在路堑上侧弃土,要求堆弃整平,顶面具有适当横坡,并设置平台、三角土埂及排水沟渠,如图1-2-9所示,宽度d与地面土质有关,一般不小于5.0m,当路堑边坡较高,土质较差时,可按路堑深度加5.0m计算。积沙或积雪地段的弃土堆,为有利于防沙防雪,一般设在迎风一侧,并具有足够距离。此外,浅而开阔的路堑两旁不得设弃土堆。

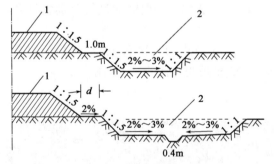

图1-2-8 路旁取土坑示意图
1-路堤;2-取土坑

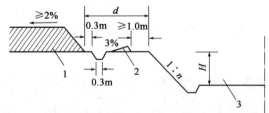

图1-2-9 路旁弃土堆示意图
1-弃土堆;2-平台与三角土埂;3-路堑

二、护坡道与碎落台

护坡道是保护路基边坡稳定性的措施之一,护坡道是指当路堤较高时,为保证边坡稳定,在取土坑与坡脚之间,或在边坡纵向,保留有一定宽度的平台。设置护坡道的目的是加宽边坡横向距离,减缓边坡平均坡度。护坡道越宽,越有利于边坡稳定,但工程量会随之增加,不经济。根据实践经验,护坡道宽度至少为1.0m,并随填土高度而增加。一般情况下,护坡道宽度d视边坡高度而定:$h \leqslant 3.0$m时,$d=1.0$m;$h=3 \sim 6$m时,$d=2$m;$h=6 \sim 12$m时,$d=2 \sim 4$m。

碎落台是指在路堑边坡坡脚与边沟外侧边缘之间或边坡上为防止碎落物落入边沟而设置的一定宽度的纵向平台,如图1-2-10所示。其作用是供零星土石碎块下落时临时堆积,以保护边沟不致阻塞。碎落台宽度一般为1.0~1.5m,若边坡坡度较高或边坡土质较差,可放宽至2.0~3.0m。对风化严重的岩石边坡或不良土质边坡,为防止塌方,碎落台可修成矮墙,其顶部宽度应大于0.5m,墙高1~2m。碎落台上的堆积物应定期清理。

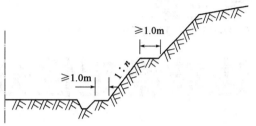

图1-2-10　碎落台示意图

三、堆料坪与错车道

路面养护用矿质材料,可就近选择路旁合适地点堆置备用,亦可在路肩外缘设堆料坪。其面积可结合地形与材料数量而定,一般每隔50~100m设一个堆料坪,长5~8m,宽2m。高级路面或采用机械化养路的路段,可以不设堆料坪,或另设集中备用料场,以维护公路外形的视觉平顺和景观优美。

错车道是指在单车道公路可通视的一定距离内,供车辆交错避让而设置的一段加宽车道。通常应每隔200~500m设置一处错车道。按规定错车道的长度不得短于30m,两端各有长度为10m的出入过渡段,中间10m供停车用。单车道的路基宽度为4.5m,而错车道地段的路基宽度为6.5m。错车道是单车道路基的一个组成部分,应与路基同时设计与施工。

思考题

1. 何谓一般路基?
2. 简述路基典型横断面形式及其特点。
3. 路基宽度包括哪些部分?
4. 路基填方坡率应根据哪些因素确定?
5. 岩石路堑边坡坡率如何确定?
6. 简述路基设计要素。

第三章
CHAPTER THREE
边坡稳定性分析

边坡的稳定分析原理及方法，高路堤、深路堑、浸水路堤、陡坡路堤的边坡稳定分析与设计验算。

一般路基设计可套用典型横断面图，不必进行边坡论证和验算，然而对于高路堤、深路堑、陡坡路堤、浸水路堤以及不良地质地段的路基，应进行个别分析、设计及验算，以确定安全可靠、经济合理的路基断面形式，或据以寻求相应的防护与加固措施。

路基的稳定性，除施工质量等因素外，一般取决于边坡和地基的稳定性，填筑在陡坡上的路堤，还取决于路堤在陡坡上的滑动稳定性。地基的稳定，涉及水文地质、地带类型、填土高度与经济因素。本章主要对土质路基边坡的稳定性、陡坡路堤的整体稳定性等作简要介绍。

第一节 概述

一、边坡稳定原理及方法

路基边坡的稳定性，与岩土性质、结构、边坡高度及坡率等因素有关。根据对已产生滑坍现象边坡的大量观测，边坡滑塌破坏时，会形成一滑动面。滑动面的形状主要因土质而异，有的近似直线平面，有的呈曲面，有的则可能是不规则的折线平面。为简化计算，近似地将滑动破裂面与路基横断面的交线假设为直线、圆曲线或折线。砂性土及碎（砾）石土，因有较大的内摩擦角 φ 及较小的凝聚力 c，其破坏滑动面近似于直线平面。黏性土的凝聚力 c 较大，而其内摩擦角 φ 较小，边坡滑塌时，滑动面近似于圆曲面。

路基边坡稳定分析与验算的方法有很多，归纳起来有力学验算法和工程地质法两大类。力学验算法又叫极限平衡法，是假定边坡沿某一形状滑动面破坏，按力平衡原理建立计算式进

行判断。按边坡滑动面形状不同,可分为直线、曲线、折线三种。力学验算法采用以下假定作近似计算:

(1)不考虑滑动土体本身内应力的分布;
(2)认为平衡状态只在滑动面上达到,滑动土体成整体下滑;
(3)极限滑动面位置要通过试算来确定。

路基边坡稳定分析,一般情况下,可只考虑破裂面通过坡脚的稳定性;路基底面以下含有软弱夹层时,还应考虑滑动破裂面通过坡脚以下的可能;边坡为折线形,必要时应对通过变坡点的滑动面进行稳定性验算。验算时可根据不同的土质,区分不同情况加以选择。

二、边坡稳定性分析的计算参数

1.路基土的计算参数

边坡稳定分析所需路基土的计算参数包括:路基土的重度 $\gamma(kN/m^3)$、内摩擦角 $\varphi(°)$、黏聚力 $c(kPa)$。《公路路基设计规范》(JTG D30—2015)规定,高路堤、陡坡路堤、深路堑等边坡稳定性分析的强度参数应根据填料来源、场地情况及分析工况的需要,选择有代表性的土样进行室内试验,并结合现场情况确定。试验方法应符合下列要求:

(1)路基填土的强度参数 c、φ 值,可采用直剪快剪或三轴不排水剪试验获得。不同工况下试样制备要求见表1-3-1。当路基填料为粗粒土或填石时,应采用大型三轴试验仪或大型直剪试验仪进行试验。

路堤填土强度参数试验试样制备要求 表1-3-1

分析工况	试样要求	适用范围
正常工况	采用填筑含水率和填筑密度;当难以获得填筑含水率和填筑密度时,或进行初步稳定分析时,密度采用要求达到的密度,含水率采用击实曲线上要求密度对应的较大含水率	用于新建路堤
	取路基原状土	用于已建路堤
非正常工况Ⅰ	同正常工况试样要求,但要预先饱和	用于降雨入渗影响范围内的填土
非正常工况Ⅱ	同正常工况试样要求	—

注:1.正常工况:路基投入运营后经常发生或持续时间长的工况。
2.非正常工况Ⅰ:路基处于暴雨或连续降雨状态下的工况。
3.非正常工况Ⅱ:路基遭遇地震等荷载作用的工况。

(2)地基土的强度参数 c、φ 值,宜采用直剪固结快剪或三轴固结不排水剪试验获得。

(3)分析高路堤沿斜坡地基或软弱层带滑动的稳定性时,应结合场地条件,选择控制性层面的土层试验获得强度参数 c、φ 值。可采用直剪快剪或三轴不固结不排水剪试验。当存在地下水影响时,应采用饱水试件进行试验。

(4)分析岩体边坡时,岩体和结构面抗剪强度指标宜根据现场原位试验确定。试验应符合现行《工程岩体试验方法标准》(GB/T 50266)的规定。当无条件进行试验时,可采用现行《工程岩体分级标准》(GB 50218)、表1-3-2和反分析等方法综合确定。岩体结构面的结合程度可按表1-3-3确定。边坡岩体性能指标标准值可按地区经验确定。重要边坡应通过试验确定。岩体内摩擦角可由岩块内摩擦角标准值按岩体裂隙发育程度与表 1-3-4 所列的折减系数的乘积确定。

结构面抗剪强度指标标准值　　　　　　　表 1-3-2

结构面类型		结构面结合程度	内摩擦角 φ(°)	黏聚力 c(MPa)
硬性结构面	1	结合好	>35	>0.13
	2	结合一般	35~27	0.13~0.09
	3	结合差	27~18	0.09~0.05
软弱结构面	4	结合很差	18~12	0.05~0.02
	5	结合极差(泥化层)	根据地区经验确定	

注：1. 表中数值已考虑结构面的时间效应。
　　2. 极软岩、软岩取表中低值。
　　3. 岩体结构面连通性差时，取表中的高值。
　　4. 岩体结构面浸水时取表中的低值。

结构面的结合程度　　　　　　　表 1-3-3

结合程度	结构面特征
结合好	张开度小于 1mm，胶结良好，无充填；张开度 1~3mm，硅质或铁质胶结
结合一般	张开度 1~3mm，钙质胶结；张开度大于 3mm，表面粗糙，钙质胶结
结合差	张开度 1~3mm，表面平直，无胶结；张开度大于 3mm，岩屑充填或岩屑夹泥质充填
结合很差、结合极差（泥化层）	表面平直光滑，无胶结；泥质充填或泥夹岩屑充填，充填物厚度大于起伏差；分布连续的泥化夹层；未胶结的或强风化的小型断层破碎带

边坡岩体内摩擦角折减系数　　　　　　　表 1-3-4

边坡岩体特性	内摩擦角的折减系数	边坡岩体特性	内摩擦角的折减系数
裂隙不发育	0.90~0.95	裂隙不发育	0.80~0.85
裂隙较发育	0.85~0.90	裂隙较发育	0.75~0.80

（5）粉煤灰等其他路基填筑材料应通过试验确定其黏聚力 c 和内摩擦角 φ 值，同时应通过试验确定其他材料参数，满足材料选用要求。

对于多层土体稳定性验算参数，可采用以层厚为权重的加权平均值法，按式（1-3-1）进行计算。

$$\begin{cases} c = \dfrac{c_1 h_1 + \cdots + c_n h_n}{\sum h_i} \\ \tan\varphi = \dfrac{\tan\varphi_1 \cdot h_1 + \cdots + \tan\varphi_n \cdot {}_n}{\sum h_i} \\ \gamma = \dfrac{\gamma_1 h_1 + \cdots + \gamma_n h_n}{\sum h_i} \end{cases} \quad (1\text{-}3\text{-}1)$$

式中：c_i, φ_i, γ_i——第 i 土层的黏聚力、内摩擦角、重度，$i=1,2\cdots n$；
　　　h_i——第 i 土层的厚度，$i=1,2\cdots n$。

2. 边坡稳定分析的坡率取值

边坡稳定分析时，对于折线形边坡或阶梯形边坡，在验算通过坡脚破裂面的稳定性时，一般可取坡率平均值或坡脚点与坡顶点的连线坡率。

3. 汽车荷载当量高度换算

路堤除承受自重作用外,同时还承受行车荷载的作用。在进行边坡稳定性分析时,需要将车辆按最不利情况排列,并将车辆的设计荷载换算成当量土柱高(即以相等压力的土层厚度来代替汽车荷载),以 h_0 表示。

当量土柱高度 h_0 的计算式为：

$$h_0 = \frac{NQ}{\gamma BL} \tag{1-3-2}$$

式中：N——横向分布的车辆数,单车道 $N=1$,双车道 $N=2$；

Q——一辆货车的重力(标准车辆荷载为 550kN)；

γ——路基填料的重度(kN/m^3)；

L——一辆货车纵向分布长度(m)：

$$L = l_1 + l_2 + l_3$$

l_1——前后轴(或履带)的总距(m),公路—Ⅰ级和公路—Ⅱ级荷载,$l_1 = 12.8m$；

l_2——前轮着地长度的一半(m),$l_2 = 0.1m$；

l_3——后轮着地长度的一半(m),$l_3 = 0.1m$；

B——横向分布车辆轮胎最外缘之间总距(m)：

$$B = Nb + (N-1)d$$

b——一辆货车后轮的轮胎外缘之间的距离(m)；

d——相邻两辆货车后轮之间的净距(m)。

荷载可以分布在行车道(路面)的范围内,考虑到实际行车可能有横向偏移或车辆停放在路肩上,也可认为 h_0 厚的当量土层分布在整个路基宽度上。

第二节 路基稳定性分析与设计验算

路堤稳定性分析包括路堤堤身的稳定性、路堤和地基的整体稳定性、路堤沿斜坡地基或软弱层带滑动的稳定性等内容,而路堑稳定性分析主要针对路堑边坡。虽然在填挖方式上有区别,但二者稳定性分析的基本原理相同,有所区别的是失稳危险滑动面的预期、选用的计算指标、容许的安全系数大小等方面。本节将对高路堤、深路堑、陡坡路堤、浸水路堤稳定性分析的主要方法原理进行介绍,并结合现行规范中的计算要求,从实际操作角度给出具体的方法选用规则、参数确定及安全系数控制标准。

路基稳定性分析时,取单位长度路段路基进行计算。

一、高路堤、深路堑边坡稳定性分析

路基填土边坡高度大于20m的路堤称为高路堤；土质挖方边坡高度大于20m或岩石挖方

边坡高度大于30m的路堑称为深路堑。高路堤、深路堑边坡稳定性分析主要有直线法和圆弧法两种。前者适用于砂类土,后者适用于黏性土。圆弧法主要又分为圆弧条分法(瑞典法)及简化毕肖普法(Bishop)。

(一)直线法

1. 均质砂类土路堤边坡

如图1-3-1a)所示,验算时先通过坡脚或变坡点,假设一直线滑动面AD,路堤土楔体ABD沿假设破裂面AD滑动,其稳定系数K按式(1-3-3)进行计算。

$$K = \frac{R}{T} = \frac{Q\cos\omega\tan\varphi + cL}{Q\sin\omega} \tag{1-3-3}$$

式中:R——沿破裂面的抗滑力(kN);
T——沿破裂面的下滑力(kN);
Q——土楔体重力与路基顶面换算土柱的荷载之和(kN);
ω——破裂面对于水平面的倾斜角(°);
φ——路堤土体的内摩擦角(°);
c——路堤土体的单位黏聚力(kPa);
L——破裂面AD的长度(m)。

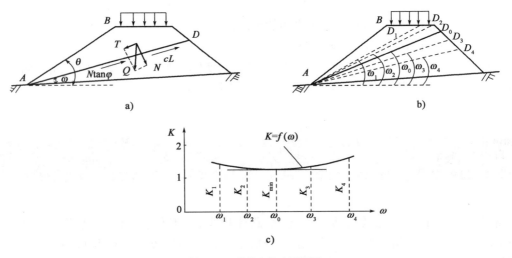

图1-3-1 路堤直线法计算图

进行边坡稳定性分析时,先假定路堤边坡值,然后通过坡脚A点,假定3~4个可能的破裂面ω_i,如图1-3-1b)所示,按式(1-3-3)求出相应的稳定系数K_i值,得出K_i与ω_i的关系曲线,如图1-3-1c)所示。在$K=f(\omega)$关系曲线上找到最小稳定系数值K_{min},及对应的极限破裂面倾斜角ω值。

由土工试验所得的c、φ值有一定的局限性,为了保证边坡有足够的安全储备量,稳定系数$K_{min} \geq [K]$(规范规定的稳定安全系数参见表1-3-5和表1-3-6),但K值亦不宜过大,以免工程不经济,所以K一般不宜大于1.5。

高路堤与陡坡路堤稳定安全系数 表1-3-5

分析内容	地基强度指标	分析工况	稳定安全系数	
			二级及二级以上公路	三、四级公路
路堤的堤身稳定性、路堤和地基的整体稳定性	采用直剪的固结快剪或三轴固结不排水剪指标	正常工况	1.45	1.35
		非正常工况 I	1.35	1.25
	采用快剪指标	正常工况	1.35	1.30
		非正常工况 I	1.25	1.15
路堤沿斜坡地基或软弱层滑动的稳定性	—	正常工况	1.30	1.25
		非正常工况 I	1.20	1.15

注：区域内唯一通道的三、四级公路重要路段，高路堤与陡坡路堤稳定安全系数可采用二级公路的标准。

路堑边坡稳定安全系数 表1-3-6

分析工况	路堑边坡稳定安全系数	
	高速公路、一级公路	二级及二级以下公路
正常工况	1.20~1.30	1.15~1.25
非正常工况 I	1.10~1.20	1.05~1.15

注：1. 路堑边坡地质条件复杂或破坏后危害严重时，稳定安全系数取大值；地质条件简单或破坏后危害较轻时，稳定安全系数可取小值。
2. 路堑边坡破坏后的影响区域内有重要建筑物（桥梁、隧道、高压输电塔、油气管道等）、村庄和学校时，稳定安全系数取大值。
3. 施工边坡的临时稳定安全系数不应小于1.05。

由于砂类土黏结力很小，一般可忽略不计，即取 $c=0$，则式(1-3-3)可表示为：

$$K = \frac{R}{T} = \frac{Q\cos\omega\tan\varphi}{Q\sin\omega} = \frac{\tan\varphi}{\tan\omega} \tag{1-3-4}$$

由式(1-3-4)可知，当 $K=1$ 时，$\tan\varphi=\tan\omega$，抗滑力等于下滑力，滑动面土体处于极限平衡状态，此时路堤的极限坡率等于砂类土的内摩擦角，该角相当于自然休止角；当 $K>1$ 时，路堤边坡处于稳定状态，且与边坡高度无关；当 $K<1$ 时，则不论边坡高度多少，都不能保持稳定。

2. 均质砂类土路堑边坡

如图1-3-2所示，土楔体 ABD 沿假设破裂面 AD 滑动，其稳定系数 K 按式(1-3-5)进行计算。

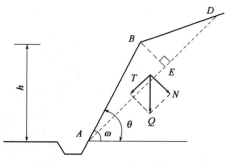

图1-3-2 路堑直线法计算图

$$K = \frac{R}{T} = \frac{Q\cos\omega\tan\varphi + cL}{Q\sin\omega} = (f+a)\cot\omega + a\cot(\theta-\omega) \tag{1-3-5}$$

式中：θ——边坡倾斜角(°)；
φ——路堑土体的内摩擦角(°)，$f=\tan\varphi$；

c——路堑土体的单位黏聚力(kPa);
a——参数,$a = 2c/\gamma h$,γ 为土的重度(kN/m³);
Q——土楔 ABD 的重力(kN),按 1m 长度计;
其他符号意义同前。

对式(1-3-5)求导,取 $dk/d\omega = 0$,则得 $K_{\min}$ 对应的最危险滑动面倾角 ω_0 值及其 $K_{\min}$ 值分别按式(1-3-6)和式(1-3-7)进行计算。

$$\cot\omega_0 = \cot\theta + \sqrt{\frac{a}{f+a}}\csc\theta \tag{1-3-6}$$

$$K_{\min} = (2a+f)\cot\theta + 2\sqrt{a(f+a)}\csc\theta \tag{1-3-7}$$

利用式(1-3-7)可求得路基边坡角为 θ 的最小稳定系数 $K_{\min}$ 值,也可在其他条件固定时,反求稳定的边坡坡率,或计算路基的限制高度。

(二) 圆弧滑动面法(圆弧法)

圆弧法假定滑动面为一圆弧,它适用于边坡有不同土层、均质土边坡、部分被淹没、均质土坝、局部发生渗漏、边坡为折线或台阶形的黏性较大的土路堤和路堑的稳定性分析。

圆弧法是将圆弧滑动面上的土体划分为若干竖向土条,依次计算每一土条沿滑动面的下滑力和抗滑力,然后叠加计算判断整个滑动土体的稳定性。

圆弧法的计算精度主要与分段数量有关,分段越多则计算结果越精确。分段还可以结合横断面特性,如划分在边坡或地面坡率变化之处,以便简化计算。

1. 危险滑动圆弧圆心辅助线确定

为了迅速地找到最危险滑动圆心,减少试算工作量,根据经验,最危险滑动圆心在一条辅助线上。确定危险圆弧圆心辅助线的方法有 4.5H 法和 36°法。

(1) 4.5H 法

如图 1-3-3 所示,具体步骤如下。

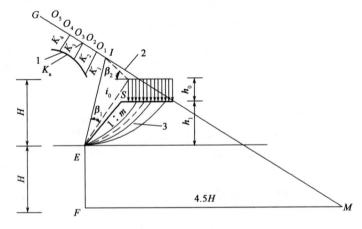

图 1-3-3 最危险滑动面圆心确定
1-K 值曲线;2-圆心辅助线;3-最危险滑动圆弧

①自坡脚 E 点向下作垂直线,垂直线长度 $H = h_1 + h_0$,(若不考虑荷载则 $H = h_1$)得 F 点。
②自 F 点向右作水平线,在水平线上量取 $4.5H$ 得 M 点,M 点为圆心辅助线上一点。
③确定平均边坡坡率 i_0,并连接 E、S 虚线(不考虑荷载时,S 点为路肩外边缘点,$H = h_1$)。根据 i_0 值查表 1-3-7 得 β_1 和 β_2。

辅助线作图角值表　　表 1-3-7

边坡坡率 i_0	边坡倾斜角 α	β_1	β_2	边坡坡率 i_0	边坡倾斜角 α	β_1	β_2
1:0.5	60°	29°	40°	1:3	18°25′	25°	35°
1:1	45°	28°	37°	1:4	14°03′	25°	36°
1:1.5	33°41′	26°	35°	1:5	11°19′	25°	37°
1:2	26°34′	25°	35°				

④自 E 点以 ES 线为一边,逆时针转 β_1 角得一边线;自 S 点以水平线为一边,顺时针转 β_2 角得另一边线。两边线的延长线相交于 I 点,I 点即为圆心辅助线上的另一点。
⑤连接 M、I 点,并向左上角延长至 G,则 MG 即为危险圆弧圆心辅助线。
如果内摩擦角 $\varphi = 0$,I 点即为最危险滑动面的圆心;如果内摩擦角 $\varphi > 0$,最危险滑动面的圆心在 MI 辅助线的延长线上。

(2) 36°法

为简化计算,圆心辅助线可通过路基边缘点或荷载当量高度边缘 E 点作一水平线,顺时针转动 36°得一射线,该射线即为危险圆弧圆心辅助线,如图 1-3-4 所示。

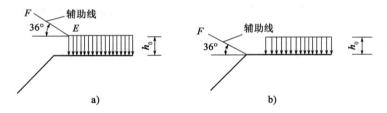

图 1-3-4　36°法绘辅助线图

在上述两种方法中,36°法较简便,但精度比 $4.5H$ 法差,不过对于 1:1~1:1.75 的边坡及滑动面通过坡脚的情况两种方法均可使用。以上两种方法可不计车辆荷载换算的土层厚度,所得结果出入不大,从而使计算简化。

2. 圆弧条分法(瑞典条分法)

瑞典条分法简称瑞典法,具体有数解法及其简化的表解和图解法,数解法最为常用,下面主要介绍数解法。

1) 基本假定

圆弧法条分法分析边坡稳定时,一般假定滑动面为圆弧;土为均质和各向同性;滑动面通过坡脚;不考虑土体的内应力分布及各土条之间相互作用力的影响。

2) 验算步骤

(1) 通过坡脚任意选定一个可能的圆弧滑动面,其半径为 R,取路线纵向单位长度为 1m。

将滑动土体分成若干个大致相等宽度的垂直土条,其宽度一般为 2~4m,并建立如图 1-3-5 所示的坐标系。

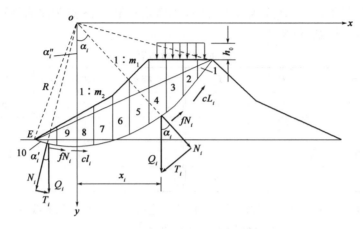

图 1-3-5　圆弧条分法边坡稳定性验算

(2)计算每个土条土体重 Q_i,并引至圆弧线上,分解为:
切向分力:
$$T_i = Q_i \sin\alpha_i \tag{1-3-8}$$

法向分力:
$$N_i = Q_i \cos\alpha_i \tag{1-3-9}$$

式中:α_i——通过第 i 条土体重心引垂线与圆弧相交,即交点法线与铅垂线的夹角;
其余符号意义同上。

为简化计算,可利用 $\sin\alpha_i = x_i/R$ 求第 i 条圆弧的中点法线与铅垂线的夹角(α_i)。由得:

$$\alpha_i = \frac{\arcsin x_i}{R}$$

(3)以 o 点为圆心,半径 R 为力臂,计算滑动面上各力对 o 点的滑动力矩。要注意的是,在 oy 轴右侧的土条 T_i 为正;而在 oy 轴左侧的土条 T_i' 值为负,力矩与滑动方向相反,起到抗滑作用,应在滑动力矩中扣除。由此,绕圆心 o 点的滑动力矩 M_s 为:

$$M_s = R(\sum T_i - \sum T_i') \tag{1-3-10}$$

(4)绕圆心 o 点的抗滑力矩 M_r 为:

$$M_r = R(\sum N_i f + \sum cL_i) \tag{1-3-11}$$

(5)稳定系数 K:

$$K = \frac{M_r}{M_s} = \frac{R(\sum N_i f + \sum cL_i)}{R(\sum T_i - \sum T_i')} = \frac{f\sum Q_i \cos\alpha_i + cL}{\sum Q_i \sin\alpha_i - \sum Q_i \sin\alpha_i'} \tag{1-3-12}$$

式中:L——滑动圆弧的总长度(m);
f——内摩擦系数,$f = \tan\varphi$;

c——黏聚力（kPa）。

（6）依上述方法，假定若干个可能的滑动圆弧，分别求出各个滑动面的稳定系数 K，从中得出 K_{min} 值。K_{min} 值所对应的滑动面就是最危险滑动面。

最危险滑动面的求法是在圆心辅助线 MI 上，选定 o_1、o_2…o_n 为圆心，通过坡脚作对应的圆弧，计算各滑动面的稳定系数 K_1、K_2，…，K_n，通过 o_1、o_2…o_n 分别作 MI 的垂线，并按一定比例表示各点 K_i 的数值，绘出 $K=f(o)$ 的关系曲线，找到 K_{min}，对应的就是最危险滑动圆心及最危险滑动面，如图 1-3-3 所示。

（7）用 K_{min} 值与 $[K]$（规范规定的稳定安全系数参见表 1-3-5 和表 1-3-6）进行比较判断路基稳定性。当 $K_{min} > [K]$ 时，路基稳定；当 $K_{min} < [K]$ 时，可采取相应的措施如放缓边坡、更换填料等，重新按上述方法进行稳定性验算，直至满足稳定性要求为止。

3）注意事项

（1）在进行计算时，要求依图确定 R、α_i、x_i，其中 R、x_i 可直接在图上量取，α_i 不宜用量角器丈量，需通过 $\alpha_i = \arcsin x_i/R$ 求得。

（2）作图要严格按比例，一般选用 1:50 的尺寸。

（3）当滑动面划入基底以下时，土条重力 Q_i 应按基底线分上、下两部分计算。

瑞典法简单实用，适用于手算分析，目前采用较多。

3. 简化毕肖普（Bishop）法

由于瑞典条分法忽略了土条间力的作用，因此，每一土条力和力矩是不平衡的，只满足整个土体力矩平衡。由此求得的安全系数偏低 10%～20%，误差随破裂面圆心角和孔隙压力的增大而增大。

为克服瑞典条分法的不足，提高分析计算精度，毕肖普在瑞典条分法基本假定基础上，考虑了土条间力的作用，提出了相应稳定系数计算公式。

如图 1-3-6 所示边坡，第 i 个土条上的作用力有 5 个为未知，毕肖普在求解时补充了两个假设条件：忽略土条间竖向剪力 X_i 及 X_{i+1}；对滑动面上的切向力 T_i 的大小作了规定。

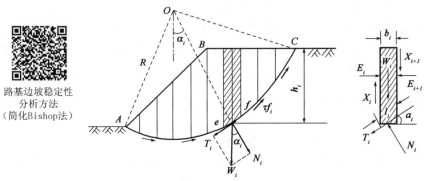

图 1-3-6 简化毕肖普（Bishop）法计算图

根据第 i 个土条力的竖向平衡条件可得：

$$W_i - T_i\sin\alpha_i - N_i\cos\alpha_i = 0 \tag{1-3-13}$$

若边坡稳定系数为 K，则土条 i 滑动面上的抗剪强度只发挥了一部分，毕肖普假设滑动面

上抗剪强度与切向力相平衡,即:

$$T_i = \frac{1}{K}(N_i \tan\varphi_i + c_i l_i) \tag{1-3-14}$$

将式(1-3-14)代入式(1-3-13)得:

$$N_i = \frac{W_i - \dfrac{c_i l_i}{K}\sin\alpha_i}{\cos\alpha_i + \dfrac{1}{K}\tan\varphi_i\sin\alpha_i} \tag{1-3-15}$$

由前述圆弧法边坡稳定系数含义及 $b_i \approx l_i\cos\alpha_i$ 得边坡稳定系数 K:

$$K = \frac{\sum\limits_{i=1}^{n}\dfrac{W_i\tan\varphi_i + c_i b_i}{\cos\alpha_i + \dfrac{1}{K}\tan\varphi_i\sin\alpha_i}}{\sum\limits_{i=1}^{n}W_i\sin\alpha_i} \tag{1-3-16}$$

取:

$$m_{ai} = \cos\alpha_i + \frac{1}{K}\tan\varphi_i\sin\alpha_i \tag{1-3-17}$$

则:

$$K = \frac{\sum\limits_{i=1}^{n}\dfrac{1}{m_{ai}}(W_i\tan\varphi_i + c_i b_i)}{\sum\limits_{i=1}^{n}W_i\sin\alpha_i} \tag{1-3-18}$$

式中:l_i——第 i 个土条滑弧长(m);
　　　b_i——第 i 个土条宽度(m);
　　　W_i——第 i 个土条的自重及竖向外力(kN)。

由于稳定系数 K 的计算式中包含系数 m_{ai},而 m_{ai} 中也包含 K,所以须用迭代法求解,即先假定一个 K 值,求得一个 m_{ai} 值,代入式(1-3-18)求得 K 值,若此 K 值与假定不符,则以此 K 值重新计算 m_{ai} 值,再求得 K 值,如此反复迭代,直至假定 K 值与计算 K 值接近或相等为止。

二、浸水路堤稳定性分析

建在桥头引道、河滩及河流沿岸,季节性或长期浸水的路堤称浸水路堤。浸水路堤的稳定性受水位涨落、路堤填料透水性等因素影响。在稳定性分析时除考虑自重和行车荷载作用外,还要考虑水的浮力和渗透动水压力的作用。水的浮力取决于浸水深度,渗透动水压力则视水的落差(坡降)而定。

1. 渗透动水压力的作用

如图1-3-7所示,当河中水位上升时,水从边坡的一侧或两侧渗入路堤内;而当水位降落时水又从堤身向外渗出。由于土体内渗水速度与水位升降速度较堤外缓慢,当堤外水位上升时,堤内水位的比降曲线(又称浸润曲线)成凹形;反之,则成凸形。渗透速度随土的性质而异。其中对路基边坡安全最不利的状况是河流水位从高水位骤然下降到低水位时,路堤内外形成较大水位高差,路堤内的水向边坡外渗流形成由内向外的渗透动水压力,因落水迅猛,渗流速度高,坡降大,动水压力容易带出路堤内的细土颗粒,使路堤产生变形,甚至失稳破坏。

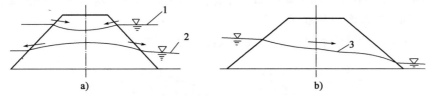

图 1-3-7 浸水路堤水位变化示意图
a)双侧渗水;b)单侧渗水
1-涨潮;2-落潮;3-浸润曲线

透水性强的砂性土路堤,动水压力较小;纯黏性土路堤经人工压实后,透水性差,动水压力也不大;介于二者之间的土质路堤,如粉质亚砂土或粉质亚黏土等,动水压力较大,浸水时的边坡稳定性较差。遇水膨胀及易溶或严重风化的岩土,浸水时路堤边坡的稳定性更差。

2.渗透动水压力的计算

凡用黏性土填筑的浸水路堤(不包括渗透性极小的纯黏土),均须计算渗透动水压力。如图 1-3-8 所示,渗透动水压力作用于浸润线以下土体的重心,平行于水力坡降,可按式(1-3-19)进行计算:

$$D = I\Omega_0 \gamma_w \tag{1-3-19}$$

式中:D——作用于浸润线以下土体重心的渗透动水压力(kN/m);

Ω_0——浸润曲线与滑动面之间的土体面积(m^2);

I——渗流的平均水力坡降(取用浸润曲线的平均坡降);

γ_w——水的重度,取 9.8 kN/m^3。

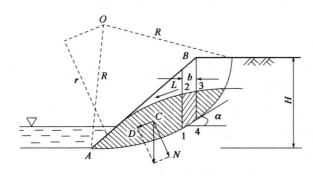

图 1-3-8 渗透动水压力计算图

渗流的平均水力坡降 I 随填料而异。表 1-3-8 为常用填料的平均值,供计算时参考。

平均 I 值参考表　　　　表 1-3-8

土类	粗砂	中砂	细砂	粉砂	低液限黏土	中液限黏土	高液限黏土	很高液限黏土
I	0.003~0.006	0.006~0.015	0.015~0.020	0.015~0.05	0.02~0.05	0.05~0.10	0.10~0.15	0.15~0.20

3. 浸水路堤边坡稳定性验算

浸水路堤的稳定性,应假定路堤最不利的情况进行验算。通常假定滑动面为圆弧,最危险滑动面通过坡脚。常用圆弧条分法进行边坡稳定性验算,其原理和验算步骤与非浸水时的条分法相同,但土条要分成浸水和干燥两部分计算,并计入浮力和动水压力。浸润线以上和以下土体分别按土的天然重度和湿重度计算。

采用瑞典条分法计算浸水路堤,其稳定系数 K 可按下式计算:

$$K = \frac{M_r}{M_s} = \frac{R(f\sum N + cL)}{R\sum T + Dr} = \frac{f_c \sum N_c + f_B \sum N_B + c_c L_c + c_B L_B}{\sum T_c + \sum T_B + D(r/R)} \quad (1\text{-}3\text{-}20)$$

式中:K——稳定系数;

M_r——抗滑力矩;

M_s——滑动力矩;

D——渗透动水压力;

r——渗透动水压力作用线距圆心的垂直距离;

$f_c \sum N_c$——浸润线以上部分沿滑动面的内摩擦力总和;

$f_B \sum N_B$——浸润线以下部分沿滑动面的内摩擦力总和;

f_c, f_B——分别为浸润线以上和浸润线以下土的内摩擦系数;

c_c, c_B——分别为浸润线以上和浸润线以下土的黏聚力;

L_c, L_B——分别为浸润线以上和浸润线以下部分沿滑动面的弧长;

N_c, N_B——分别为浸润线以上和浸润线以下部分土重在滑动面上的法向分力;

T_c, T_B——分别为浸润线以上和浸润线以下部分土重在滑动面上的切向分力。

三、陡坡路堤稳定性分析

路堤沿斜坡地基或软弱层带滑动的稳定性可采用不平衡推力法进行分析计算。

(一)陡坡路堤

填筑在地面横坡陡于 1∶2.5 的路堤称陡坡路堤。陡坡路堤除保证边坡稳定性外,还要分析路堤沿地面陡坡下滑的整体稳定性。

陡坡路堤产生下滑的原因是地面横坡较陡、基底土层软弱、强度不均匀,以及地面水或地下水的共同作用,导致路堤下滑力增大,接触面或软弱面土体抗剪强度显著降低。

陡坡路堤的滑动面,可能发生在如图 1-3-9 所示的几种位置。

稳定性验算时所采用的数据,按规范规定的试验方法及条件通过试验获得。当滑动面上、下层土的性质不一致时,一般取两者当中强度值较小的一组。设计时应估计到未来可能发生的情况,对各个可能的危险滑动面分别计算。

(二)陡坡路堤整体稳定性分析

陡坡路堤整体下滑时,若滑动面为圆弧面,可按前述圆弧法进行计算分析;若滑动面为直线或折线平面,仍用力平衡原理在滑动面上的极限平衡条件进行计算分析,但稳定性的表达式不同,稳定指标为剩余下滑力 E。

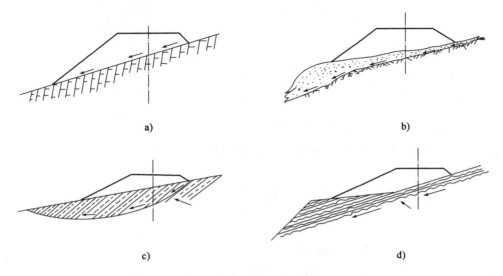

图 1-3-9 陡坡路堤可能的滑动面

a)基底为岩层时可能滑动面;b)基底有不稳定覆盖层时可能滑动面;c)路堤在陡坡软弱层作圆弧滑动;d)路堤随下卧基岩为页岩的岩层向外滑动

剩余下滑力 E 是指滑动面上的土体下滑力 T 与抗滑力 R 之差值,并考虑安全系数 K(按规范规定取值),按下式进行计算:

$$E = T - \frac{R}{K} \tag{1-3-21}$$

1. 直线滑动面陡坡路堤整体稳定性验算

如图 1-3-10 所示,滑动面为单一坡度的倾斜面。滑动面以上土体的剩余下滑力 E 按下式计算:

$$E = T - \frac{R}{K} = Q\sin\alpha - \frac{1}{K}(Q\cos\alpha\tan\varphi + cL) \tag{1-3-22}$$

式中:T——切向力,$T = Q\sin\alpha(\text{kN})$;
　　　Q——滑动面上部土体自重加换算土层重力（kN）;
　　　c——滑动面上软弱土体的黏聚力(kPa);
　　　φ——滑动面上软弱土体的内摩擦角(°);
　　　L——滑动面长度(m);
　　　α——滑动面相对水平面倾斜角(°)。

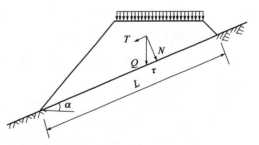

图 1-3-10 陡坡路堤单坡直线滑动面

2. 折线滑动面陡坡路堤整体稳定性验算

当滑动面为多个坡度的折线倾斜面时,如图 1-3-11 所示,可将滑动面上土体按折线段垂直划分为若干土条,自上而下依次计算各土条的剩余下滑力,根据最后一个土条的剩余下滑力的正负值判断路堤的整体稳定性。

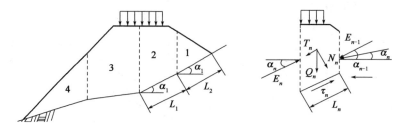

图 1-3-11 陡坡路堤折线形滑动面分析示意图

最后一个(第 n 个)土块的最终剩余下滑力(E_n)按下式计算：

$$E_n = [T_n + E_{n-1}\cos(\alpha_{n-1} - \alpha_n)] - \frac{1}{K}\{[N_n + E_{n-1}\sin(\alpha_{n-1} - \alpha_n)]\tan\varphi_n + c_n L_n\}$$

(1-3-23)

式中：E_n——第 n 个土条的剩余下滑力(kN)；

T_n——第 n 个土条的自重 Q_n 与荷载 P_n 的切向下滑力(kN)，$T_n = (Q_n + P_n)\sin\alpha_n$；

N_n——第 n 个土条的自重 Q_n 与荷载 P_n 的法向分力(kN)，$T_n = (Q_n + P_n)\cos\alpha_n$；

α_n——第 n 个土条滑动面的倾斜角(°)；

φ_n——第 n 个土条滑动面上软弱土层的内摩擦角(°)；

c_n——第 n 个土条滑动面上软弱土层的黏聚力(kPa)；

L_n——第 n 个土条滑动面的长度(m)；

E_{n-1}——上一个(第 $n-1$)土条传递而来的剩余下滑力(kN)；

α_{n-1}——上一个(第 $n-1$)土条滑动面的倾斜角(°)。

计算时，若第 i 土条的 $E_i \leq 0$，说明无剩余下滑力向下一土条传递，不计入下一土条。当最后一个土条的剩余下滑力 $E_n \leq 0$，说明路堤稳定；反之，则应采取稳定或加固措施。

四、路基稳定性分析方法及稳定系数的规定

路基边坡稳定性分析需要根据不同情况选用不同的分析方法，并确定相应计算参数的取值。这里主要介绍《公路路基设计规范》(JTG D30—2015)中推荐方法及稳定系数的规定。

1. 高路堤与陡坡路堤稳定性分析

路堤稳定性分析包括路堤的堤身稳定性、路堤和地基的整体稳定性、路堤沿斜坡地基或软弱层带滑动的稳定性等内容。

(1)高路堤与陡坡路堤稳定性分析应考虑以下三种工况

正常工况：路基投入运营后经常发生或持续时间长的工况。

非正常工况Ⅰ：路基处于暴雨或连续降雨状态下的工况。

非正常工况Ⅱ：路基遭遇地震等荷载作用的工况。

(2)高路堤与陡坡路堤稳定性分析方法

路堤的堤身稳定性、路堤和地基的整体稳定性，宜采用简化 Bishop 法进行分析计算；路基

沿斜坡地带或软弱层带滑动的稳定性分析可采用不平衡推力法进行分析计算。

（3）高路堤与陡坡路堤稳定安全系数

各级公路高路堤与陡坡路堤稳定系数不得小于表1-3-5所列系数值。对非正常工况Ⅱ，路基稳定性分析方法及稳定安全系数应符合现行《公路工程抗震规范》（JTG B02）的规定。

2. 深路堑稳定性分析

（1）深路堑稳定性分析应考虑以下三种工况

正常工况：边坡处于天然状态下的工况。

非正常工况Ⅰ：边坡处于暴雨或连续降雨状态下的工况。

非正常工况Ⅱ：边坡处于地震等荷载作用状态下的工况。

（2）深路堑稳定性分析方法

规模较大的碎裂结构岩质边坡和土质边坡宜用简化 Bishop 法计算。

对可能产生直线形破坏的边坡宜采用平面滑动面解析法进行计算。

对可能产生折线形破坏的边坡宜采用不平衡推力法进行计算。

对结构复杂的岩质边坡，可配合采用赤平投影法和实体比例投影法分析及楔形滑动面法进行计算。

当边坡破坏机制复杂时，宜结合数值分析法进行分析。

（3）深路堑边坡稳定安全系数

各等级公路路堑边坡稳定系数不得小于表1-3-6所列稳定安全系数值。对非正常工况Ⅱ，路堑边坡稳定性分析方法及稳定安全系数应符合现行《公路工程抗震规范》（JTG B02）的规定。

当路基稳定性不满足要求时，应采取相应稳定措施。一般可从路基断面形式选择、路堤填料选择、基底处理方法、边坡防护与加固措施等方面考虑。

五、路基稳定性设计示例

例1-3-1

某路堑挖深 $H = 6.0 \text{m}$，土工试验并考虑最不利季节影响，取 $\varphi = 25°$，$c = 14.7 \text{kPa}$，$\gamma = 17.64 \text{kN/m}^3$，试设计该路堑边坡值。

解： 拟用直线单坡，并令 $K_{\min} = 1.25$ 得：

$$a = 2c/\gamma h = (2 \times 14.7)/(17.64 \times 6.0) = 0.2778, f = \tan 25° = 0.4663$$

代入式（1-3-7）得：

$$1.25 = (2 \times 0.2778 + 0.4663)\cot\theta + 2 \times [0.2778 \times (0.4663 + 0.2778)]^{1/2}\csc\theta$$

简化，并整理得：

$$\sin^2\theta - 0.872\sin\theta - 0.083 = 0$$

解方程得：

$$\sin\theta = 0.9586, \theta = 73°27'21'', \cot\theta = 0.297 \approx 0.3$$

因此,边坡坡率可采用 1:0.3。

例 1-3-2

有一段三级公路高路堤,顶宽 8.5m,高 25m,初步拟定横断面如图 1-3-12 所示。折线形边坡,上段坡高 8m,坡比 1:1.5,下段坡高 17m,坡比 1:1.75。填料重度 $\gamma = 19.2\text{kN/m}^3$,单位黏聚力 $c = 42.5\text{kPa}$,内摩擦角 $\varphi = 15°$,设计荷载为公路—Ⅱ级汽车荷载。试验算其稳定性。

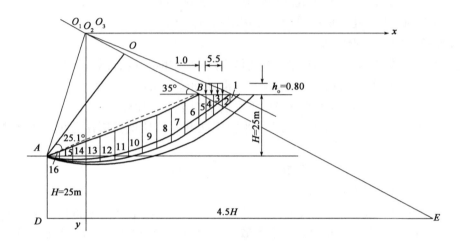

图 1-3-12 圆弧法验算边坡稳定性图示(单位:m)

解: 采用简化毕肖普法验算

(1) 用坐标纸以 1:50 比例尺绘制出路堤横断面。

(2) 将公路—Ⅱ级汽车荷载换算成当量土柱高。路基宽度内能并排两辆货车,据式(1-3-2),则车辆荷载(公路—Ⅱ级荷载的重车为 550kN)换算土柱高为:

$$h_0 = \frac{\sum G}{\gamma LB} = \frac{2 \times 550\text{kN}}{19.2\text{kN/m}^3 \times 5.5\text{m} \times 13\text{m}} = 0.80\text{m}$$

(3) 用 4.5H 法确定圆心辅助线。将坡顶和坡脚连成一直线(如图 1-3-12 中虚线所示)。根据该连线的坡比,从表 1-3-7 查得辅助角 $\beta_1 = 25.5°, \beta_2 = 35°$,分别自坡脚作 β_1 和坡顶点作 β_2,两直线相交于 O 点;在坡脚 A 点作垂线 $AD = H = 25\text{m}$,过 D 作水平线 $DE = 4.5H = 112.5\text{m}$,连接 OE,滑动曲线圆心即在 EO 的延长线上。

(4) 绘出不同位置的过坡脚的滑动曲线。本计算以第 1 条滑动曲线为例,$R = 47.5\text{m}$。

(5) 将圆弧土体分段。本例第一条滑动曲线分为 16 段。

(6) 滑动曲线每一分段中点与通过圆心纵坐标 y 之间的夹角 $\sin\alpha_i$,计算结果见表 1-3-9,计算公式如下:

$$\sin\alpha_i = \frac{X_i}{R}$$

式中：X_i——各分段中点的横坐标值；
　　　R——滑动曲线半径。

(7)计算每一分段面积。将曲线形底部近似取直线，各分段图形简化成矩形、梯形或三角形，求出其面积，其中包括换算土柱部分的面积。

(8)计算各分段的重量Q_i。以路堤1m长计算，得$Q_i = \gamma \cdot A_i$。

(9)计算各土条$Q_i \sin\alpha_i$、$\cos\alpha_i$、$Q_i \tan\varphi_i$。

(10)假定$K=1.35$，计算各土条m_{ai}及$(Q_i \tan\varphi + c_i b_i)/m_{ai}$，算得$K=5247.67/3941=1.332$。

(11)再假设$K=1.33$，重复上述步骤，算得$K=5244.4/3941=1.3307≈1.33$，故$O_1$滑动面的稳定系数为$K_1=1.33$。

(12)查表1-3-5得$[K]=1.35$，因为$K_1=1.33<[K]=1.35$，所以路堤边坡不稳定。

各土条的计算项结果见表1-3-9。用同样方法可以求得另外滑动曲线的稳定系数。

圆弧条分法验算边坡稳定性计算表　　　　　　表1-3-9

土条号	土条宽 b_i (m)	土条高 h_i (m)	土条重 Q_i (kN/m)	x_i (m)	$\sin\alpha_i$	$Q_i \sin\alpha_i$ (kN/m)	$\cos\alpha_i$	$Q_i \tan\varphi$ (kN/m)	m_{ai} $K=1.35$	m_{ai} $K=1.33$	$(Q_i\tan\varphi+c_ib_i)/m_{ai}$ $K=1.35$	$(Q_i\tan\varphi+c_ib_i)/m_{ai}$ $K=1.33$
1	2.16	2.6	108	40.0	0.842	91	0.539	29	0.706	0.709	171.10	170.38
2	2.0	6.4	246	38.3	0.806	198	0.592	66	0.752	0.754	200.80	200.26
3	2.75	9.5+0.81	544	35.9	0.756	411	0.655	146	0.805	0.808	326.60	325.50
4	2.75	12.4+0.81	697	33.2	0.699	486	0.716	187	0.854	0.857	355.80	354.60
5	1.0	14.1	271	31.3	0.659	179	0.752	73	0.882	0.884	130.95	130.66
6	4.0	14.8	1137	28.8	0.606	689	0.795	305	0.915	0.917	519.10	517.99
7	4.0	14.8	1137	24.8	0.522	593	0.853	305	0.957	0.958	496.30	495.80
8	4.0	14.4	1106	20.6	0.433	479	0.901	296	0.987	0.988	472.10	471.66
9	4.0	13.6	1045	16.8	0.354	370	0.935	280	1.005	1.006	447.76	447.30
10	4.0	12.6	968	12.8	0.269	260	0.963	259	1.016	1.017	422.20	421.80
11	4.0	11.4	876	8.8	0.185	162	0.983	235	1.02	1.021	397.06	396.70
12	4.0	9.8	753	4.8	0.101	76	0.995	202	1.015	1.015	366.50	370.15
13	2.8	8.1	436	1.4	0.030	13	0.999	117	1.005	1.005	234.80	234.80
14	3.2	6.4	393	-1.6	-0.034	-13	0.999	105	0.992	0.992	242.90	242.90
15	4.0	4.3	330	-5.2	-0.110	-36	0.994	88	0.973	0.972	265.20	265.40
16	3.75	1.5	108	-8.4	-0.177	-19	0.984	29	0.949	0.949	198.50	198.50
Σ						3941					5247.67	5244.4

例1-3-3

某二级公路沿河路堤，高度$H=13.0$m，路基宽度10m，设计水位自坡脚向上7.0m。采用中液限黏土填筑，经试验得：$\varphi_c=26°$（干），$\varphi_B=22°$（湿），$c_c=14.7$kPa（干），$c_B=7.84$kPa

（湿），土的孔隙率 $n=0.31$，水力比降 $I=8\%$，水的重度为 $10\mathrm{kN/m^3}$，土的湿重度 $18.13\mathrm{kN/m^3}$，土的重度 $25.48\mathrm{kN/m^3}$，换算土柱高度 $1.0\mathrm{m}$，试设计该路堤横断面。

解： 1. 初拟路基横断面形式

参照沿河路堤常用形式，初拟断面如图 1-3-13 所示，设护坡道以上填土高度 $5.5\mathrm{m}$。

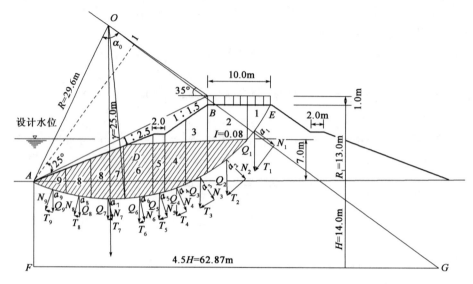

图 1-3-13 浸水路堤稳定性计算图式

2. 稳定性验算

(1) 按 1:50 比例绘横断面图，荷载当量土柱布置在整个路基宽度上；

(2) 用 $4.5H$ 法作圆心辅助线，将路基左侧坡顶与坡脚连成一直线，此线与水平线的倾角为 α：

$$\alpha = \arctan[(13+1.0)\mathrm{m}/(2.5\times 7.5 + 2 + 1.5\times 5.5)\mathrm{m}] = 25°46'$$

查表 1-3-7 得 $\beta_1 = 25°$，$\beta_2 = 35°$，由此两角引直线相交于 I 点；从坡脚 A 引垂线 $AF = 14\mathrm{m}$，再引 $FG = 4.5H = 63\mathrm{m}$ 水平线得 G 点，连接 GI，即得辅助线；

(3) 设滑动面通过坡脚 A 及路基右侧边缘 E，在辅助线上定出圆心 O；

(4) 从路中心线高程相应于设计洪水位处，引相应的水力坡降线，与路基边坡相交。找出浸润线以下的土体重心，平行于浸润线，画出动水压力 D；

(5) 将滑动体划分为九个土条，并在图上量得 $R=29.6\mathrm{m}$，$r=25\mathrm{m}$，干土条 $L_1 = 7.3\mathrm{m}$；

(6) 分别量取各土条重心与 y 轴的间距 X_i，计算 α_i；

(7) 分别量取各土条干、湿面积 F_i，分别计算重力 Q_i，其中浸水土的容重为：

$$\gamma_B = (\gamma_s - \gamma_w)(1-n) = (25.48 - 10)\times(1-0.31)\mathrm{kN/m^3} = 10.68\mathrm{kN/m^3}$$

(8) 量滑动圆弧两端点 AE 弦长，计算圆心角 α 和弧长 L，浸水圆弧长 $L_2 = 38.7\mathrm{m}$；

(9) 分别计算各土条圆弧面上的法向力 N_i 与切向力 T_i；

(10) 计算动水压力 D：

$$D = l\gamma_w \sum F_i = (0.08 \times 10 \times 209) = 167.2 \text{(kN/m)}$$
$$f_c = \tan\varphi_1 = 0.4877, f_B = \tan\varphi_2 = 0.404$$

以上所有计算结果,见表 1-3-10。

条分法浸水路基稳定性验算表　　　　表 1-3-10

土条号	a(m)	α	$\sin\alpha$	$\cos\alpha$	F_i(m²)		Q_i(kN)		Q_1+Q_2	$N_i=Q_i\cos\alpha$		$T_i=Q_i\sin\alpha$		L(m)
					F_1FL	F_2	Q_1	Q_2		N_{i1}	N_{i2}	T_{i1}	T_{i2}	
1	24.1	54°30′30″	0.8142	0.5807	20.0	—	362.2		362.2	210.3		271.3		7.3
2	19.3	40°41′	0.6520	0.7583	28.0	15.0	870.2	160.2	1030.4		781.4		671.8	
3	14.5	29°20′	0.4899	0.8718	20.4	22.6	369.9	241.4	611.3		532.6		299.5	
4	10.8	21°24′	0.3649	0.9311	10.5	25.1	190.4	268.1	458.5		426.9		167.3	
5	8.0	15°40′	0.2703	0.9628	4.0	26.4	72.5	282.0	354.5		341.3		95.8	38.7
6	5.5	10°42″	0.1858	0.9626	6.5	42.7	117.8	456.0	573.8		552.3		106.6	
7	-0.5	0°58′	0.0169	0.9999	0.3	39.7	5.4	424.0	429.4		429.4		-7.3	
8	-4.5	8°44′	0.1520	0.9884	—	27.5		293.7	293.7		290.3		-44.6	
9	-8.7	17°05′	0.2938	0.9553	—	10.0		106.8	106.8		102.1		-31.4	

(11) 求稳定系数 K:

$$K = \frac{M_r}{M_s} = \frac{R(f\sum N + cL)}{R\sum T + Dr} = \frac{f_c\sum N_c + f_B\sum N_B + c_cL_c + c_BL_B}{\sum T_c + \sum T_B + D(r/R)} = 1.15$$

(12) $K < 1.25$,不符合稳定性要求。现重新拟定断面,将平台以下坡率改为 2.75;

(13) 仿照上述步骤,重新假设几个滑动面,经计算,满足设计要求。因此,决定采用此形式路堤横断面。

例 1-3-4

一陡坡路堤,其横断面如图 1-3-14 所示。已知填料重度 $\gamma = 18.7 \text{kN/m}^3$,内摩擦角 $\varphi = 20°52′$,不计黏聚力 c,车辆荷载换算高度 $h_0 = 0.93$。若安全系数 $K = 1.30$,试验算该路堤是否稳定。

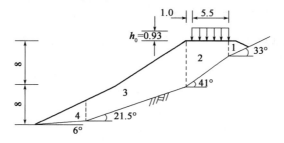

图 1-3-14　不平衡推力法(尺寸单位:m)

解:根据路堤边坡和原地面形状,将路堤划分为 4 个土条。按式(1-3-23)计算各块土体剩余下滑力,计算过程见表 1-3-11。

按折线法验算边坡稳定性的计算结果   表1-3-11

土块号	面积 A_i (m^2)	$Q_i = \gamma A_i$ (kN/m)	α_i	$\alpha_{i-1} - \alpha_i$	$Q_i \sin\alpha_i$ (kN/m)	$\dfrac{Q_i \cos\alpha_i \tan\varphi}{K}$ (kN/m)	$E_{i-1}\cos(\alpha_{i-1}-\alpha_i)$ (kN/m)	$E_{i-1}\sin(\alpha_{i-1}-\alpha_i)\tan\varphi/K$ (kN/m)	E_i (kN/m)
1	3.18	59.47	33°	—	32.39	14.62	—	—	17.77
2	31.9+5.111	692.18	41°	-8°	454.11	153.18	17.60	-0.72	319.25
3	105.58	1974.35	21.5°	19.5°	723.60	538.65	300.94	31.25	454.64
4	14.82	277.13	6°	15.5°	28.97	80.82	438.10	35.62	350.63

由计算结果可知,最后一块土体的剩余下滑力 $E_4 = 350.63 \text{kN} > 0$,路堤不稳定,需采取措施加以处理。

思考题

1. 路基边坡稳定性与哪些因素有关?
2. 直线滑动面法、圆弧滑动面法、不平衡推力法分别适用于何种路基稳定性分析?
3. 简述条分法验算路堤边坡稳定性的步骤。
4. 浸水路堤与普通路堤的边坡稳定性验算有何区别?
5. 简述陡坡路堤整体稳定性分析的步骤。
6. 图1-3-15为一路堤横断面,已知填料为砂性土,重度 $\gamma = 18.62 \text{kN/m}^3$,内摩擦角 $\varphi = 35°$,黏聚力 $c = 0.98 \text{kPa}$,问该路堤边坡会不会沿滑动面AB产生滑动?
7. 如图1-3-16所示一高路堤横断面,设填土重度 $\gamma = 18.13 \text{kN/m}^3$,黏结力 $c = 1.47 \text{kPa}$,内摩擦角 $\varphi = 20°30'$,$R = 40\text{m}$,$\psi = 85°$,其余条件如图1-3-16所示,试计算该滑动面稳定系数 K。已知:滑动土体各分条的面积分别为: $A_1 = 15\text{m}^2$,$A_2 = 24.25\text{m}^2$,$A_3 = 40\text{m}^2$,$A_4 = 15\text{m}^2$。

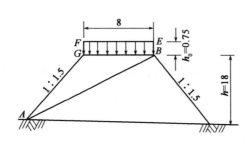

图1-3-15 路堤横断面图(尺寸单位:m)

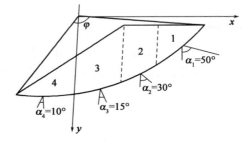

图1-3-16 高路堤横断面图(尺寸单位:m)

第四章 CHAPTER FOUR
路基防护与加固设计

路基防护与加固的意义和作用,防护与加固设施的类型与构造,软弱地基的加固方法。

第一节 概述

一、防护与加固的意义

由岩、土填挖而成的路基,改变了原地层的天然平衡状态,并处在各种错综复杂的自然因素及行车荷载的长期作用下,故路基可能产生各种变形和破坏。为保证路基稳定和防止路基病害,除做好路基排水外,还必须根据当地水文、地质及材料等情况,采取有效的措施,对各类土、石质边坡及软弱地基予以必要的防护与加固。

路基防护与加固的意义在于防止路基病害、保证路基稳固、改善环境、保护生态平衡、美化路容,提高公路的使用品质。

二、防护与加固工程设施

路基防护与加固工程设施,按其作用不同可分为边坡坡面防护、冲刷防护、支挡建筑物及湿软地基加固四大类。

1. 坡面防护

坡面防护是指为防止边坡受雨水冲刷及各种自然因素对坡面的破坏作用而在坡面上所做的各种铺砌和栽植的总称。

坡面防护主要用以防护易受各种自然因素影响而破坏的土质与岩石边坡。常用类型有植物防护、骨架植物防护和圬工防护。

2. 冲刷防护

冲刷防护用于防止水流对路基的冲刷与淘刷,可分为直接防护和间接防护两类。直接防护的类型有植物防护、铺石、抛石、石笼等。间接防护主要指设置导治结构物,如丁坝、顺坝、防洪堤、拦水坝等,必要时需疏浚河床、改变河道,改变水流方向,避免或减缓水流对路基的直接破坏作用。

3. 支挡构筑物

支挡构筑物用以防止路基变形或支挡路基本体或山体的位移,以保证其稳定性,常用的类型有路基边坡支撑(挡土墙、土垛、石垛及其他具有承重作用的构造物)和堤岸支挡(沿河驳岸、浸水挡土墙)。驳岸与浸水挡土墙主要区别在于:前者主要起防水作用,后者既起防水作用,又能支挡路基的土侧压力。

4. 湿软地基加固

湿软地基加固是用各种有效方法处治含水率高、空隙比大、承载力低的湿软地基,以防路基沉陷、滑移或发生其他病害。

第二节 坡面防护

对受自然因素作用易产生破坏的边坡坡面,应根据气候条件、岩土性质、边坡高度、边坡坡率、水文地质条件、施工条件、环境保护、水土保持要求等因素,按表1-4-1经技术经济比选后选择适宜的防护措施。

坡面防护工程类型及适用条件　　　　表1-4-1

防护类型	亚类	适用条件
植物防护	植草或喷播植草	可用于坡率不陡于1∶1的土质边坡防护。当边坡较高时,植草可与土工网、土工网垫结合防护
	铺草皮	可用于坡率不陡于1∶1的土质边坡或全风化、强风化的岩石边坡防护
	种植灌木	可用于坡率不陡于1∶0.75的土质、软质岩和全风化岩石边坡防护
	喷混植生	可用于坡率不陡于1∶0.75的砂性土、碎石土、粗粒土、巨粒土及风化岩石边坡防护,边坡高度不宜大于10m
骨架植物防护	—	可用于坡率不陡于1∶0.75的土质和全风化、强风化的岩石边坡防护
工程防护	喷护	可用于坡率不陡于1∶0.5的易风化但未遭强风化的岩石边坡防护,高速公路、一级公路和环境景观要求高的公路不宜采用
	挂网喷护	可用于坡率不陡于1∶0.5的易风化、破碎的岩石边坡防护,高速公路、一级公路和环境景观要求高的公路不宜采用
	干砌片石护坡	可用于坡率不陡于1∶1.25的土质边坡或岩石边坡防护

续上表

防护类型	亚类	适用条件
工程防护	浆砌片石护坡	可用于坡率不陡于1:1的易风化岩石和土质边坡防护
	护面墙	可用于坡率不陡于1:0.5的土质和易风化剥落的岩石边坡防护

一、植物防护

植物防护主要适用于允许流速小于1.2~1.8m/s的季节性水流冲刷及较缓的土质边坡，依靠成活植物的发达根系，深入土层，使表土固结。不同的植被，还可起到交通诱导、安全、防眩、吸尘、隔音作用，同时美化路容，协调环境。因此，在适宜于植物生长的土质边坡上，应优先采用植物防护。

1. 植草防护

植草防护适用于边坡不陡于1:1，地面径流速度不超过0.6m/s，适于草类生长的土质边坡。一般选用根系发达、茎干低矮、枝叶茂盛、生长力强、多年生长的草种，并尽量采用几种草籽混种。植草的最小土层厚度不应小于0.15m，灌木最小土层厚度不应小于0.30m。

2. 铺草皮防护

铺草皮适用于快速绿化，地面径流速度不超过0.6~1.8m/s的土质边坡。草皮宜选用根系发达、茎矮叶茂的耐旱草种，不宜采用喜水草种。草皮厚度宜为60~100mm的带状或块状，其规格大小视施工情况而定。铺草皮前应将坡面整平，必要时加铺50~100mm种植土层。草皮铺砌形式有叠铺(分水平、垂直和倾斜叠置)、平铺(平行于坡面满铺)和方格网式等。每块草皮钉2~4根竹木梢桩，使草皮与坡面固结。

植树适用于坡率缓于1:0.75的边坡，或在边坡以外的河岸及漫滩外。树种应选用能迅速生长且根深枝密，适于当地气候的低矮灌木类。

3. 三维植被网防护

三维植被网防护适用于砂性土、土夹石及风化岩石，且坡率缓于1:0.75的边坡防护。三维网固定于坡面，起固筋作用，网包能很好地固定填充土。三维植被网中的回填土采用客土或土、肥料及含腐殖质土的混合物。

4. 湿法喷播

湿法喷播适用于土质边坡、土夹石边坡、严重风化岩石且坡率缓于1:0.5的路堑和路堤边坡及中央分隔带、立交区、服务区及弃土堆绿化防护等。以水为载体将种子喷播于坡面上，达到快速绿化、稳固边坡的目的。

5. 客土喷播

客土喷播适用于风化岩石、土壤较少的软质岩石、养分较少的土壤、硬质土壤、植物立地条件差的高大陡坡面和受侵蚀显著的坡面。当坡率陡于1:1时，宜设置挂网或混凝土框架。喷混植生(种植土、草纤维、缓释营养肥料、黏合剂、保水剂等按一定比例混合)的厚度不宜小于0.10m，种植土、草纤维、缓释营养肥料、黏合剂、保水剂等混合材料应通过试验确定。符合要求后加入专用设备充分混合,喷射到坡面,达到快速绿化的目的。

二、骨架植物防护

骨架植物防护适用于土质和强风化的岩石边坡,防止边坡被雨水侵蚀,避免土质边坡面上产生沟槽,其形式多样,主要有拱形骨架、菱形(方格)骨架、人字形骨架、多边形混凝土空心块等。浆砌片石(混凝土块)骨架植物防护既能稳定路基边坡,又能改善环境景观,与周围环境自然融合,是目前高速公路边坡防护的主要形式之一,值得广泛推广应用。

浆砌片石或水泥混凝土骨架植物护坡适用于缓于1∶0.75的土质和全风化岩石边坡。当坡面受雨水冲刷严重或潮湿时,坡率应缓于1∶1,若降雨量较大且集中地区,骨架宜做成截水沟型,断面尺寸由降雨强度计算确定,并与周围景观相协调。骨架宽度宜为200~300mm,嵌入边坡土深度200~300mm,主骨架间距一般为2.0~4.0m。

多边形水泥混凝土空心块植物护坡视需要设置浆砌片石或混凝土骨架;多边形空心预制块的混凝土强度不低于C20,厚度不小于150mm。空心预制块内应填充种植土,喷播植草。

锚杆混凝土框架植物护坡适用于土质边坡和坡体中无不良结构物、风化破碎的岩石路堑边坡。锚杆采用非预应力的全长黏结型锚杆,锚杆间距、长度应根据边坡地质情况确定。锚杆保护层厚度不应小于20mm。框架应采用钢筋混凝土,混凝土强度不应低于C25,框架几何尺寸应根据边坡高度和地层情况等确定,框架内宜植草。

三、工程防护

当不宜使用植物防护或考虑就地取材时,采用砂石、水泥、石灰等材料进行坡面防护。

1. 护坡

护坡可分为干砌片石护坡、浆砌片石护坡和水泥混凝土预制块护坡。

干砌片石护坡适用于坡度缓于1∶1.25的土质路堑边坡或边坡易受地表水冲刷及有少量地表水渗出的地段。干砌片石护坡一般可分为单层铺砌和双层铺砌两种,且护坡厚度不宜小于0.25m。为提高路基整体强度,防止水分侵入,干砌片石宜用砂浆勾缝。当水流流速较大,波浪作用强,有漂浮物等冲击时,不宜采用干砌片石护坡的边坡,宜采用浆砌片石护坡,其厚度不宜小于0.25m,并应设置伸缩缝和泄水孔。浆砌片石边坡坡率应缓于1∶1。无论是干砌片石或浆砌片石,均应在片石下面设置砂砾或碎石垫层,厚度不宜小于0.10m,以起到整平作用,并可防止水流将干砌片石层下面的边坡细土粒带走,能使结构层具有一定的弹性,增加对波浪、流冰及漂浮物的抵抗力。石砌护坡坡脚应修筑墁石基础。在无河水冲刷时,基础埋置深度一般为护坡厚度的1.5倍。沿河受水流冲刷时,基础应埋置在冲刷线以下0.5~1.0m处,或采用石砌深基础。如图1-4-1所示。

水泥混凝土预制块护坡适用于石料缺乏地区的路基边坡防护。预制块的混凝土强度不应低于C15,在严寒地区不应低于C20。

2. 喷护

常用的喷护方法有喷浆和喷射混凝土。喷护材料可采用砂浆或水泥混凝土,喷浆防护厚度不宜小于50mm,砂浆强度不应低于M10,喷射混凝土防护厚度不宜小于80mm,混凝土强度不应低于 C15，混凝土中集料最大粒径不宜超过 15mm。喷护坡面应设置伸缩缝及泄水孔，伸缩缝间距为 15~20m，泄水孔间距 2~3m，孔径 100mm。

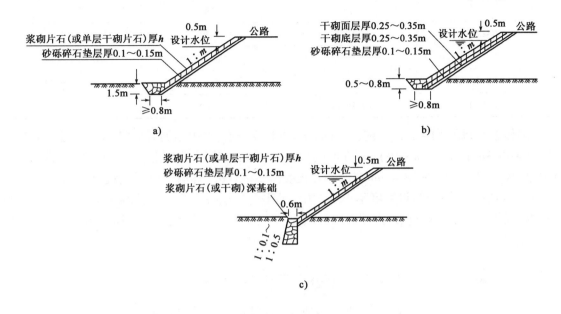

图 1-4-1 砌石防护
a) 单层石砌护坡；b) 双层石砌护坡；c) 深基础石砌护坡
注：m 值应缓于或等于 1:15；h 值干砌为 0.25~0.35m，浆砌为 0.25~0.4m。

3. 锚杆挂网喷浆(混凝土)防护

锚杆挂网喷浆(混凝土)防护适用于坡面为碎裂结构的硬质岩石或层状结构的不连续地层以及坡面岩石与基岩分开并有可能下滑的挖方边坡。先在清挖出的密实、稳定的基岩上，钻孔、安装锚杆、灌浆；然后挂上纤维网柱或钢丝网柱；最后用高压泵喷射混凝土，钢筋网喷射混凝土厚度不应小于 0.10m，且不应大于 0.25m，钢筋保护层厚度不宜小于 20mm。

4. 勾缝与灌浆

勾缝与灌浆适用于较坚硬不易风化的岩石路堑边坡，节理裂隙多而细者用勾缝，大而深者用灌浆。勾缝与灌浆应密实，防浸水。

5. 护面墙

护面墙适用于易风化或严重风化破碎的软质岩石或容易产生碎落坍方的岩石路堑边坡或易受侵蚀的土质路堑边坡。其目的是使边坡免受自然因素影响，防止雨水下渗，以保护边坡。护面墙沿着边坡坡面修建，不能承受土侧压力。边坡不宜陡于 1:0.5（窗孔式护面墙防护边坡不应陡于 1:0.75；拱式护面墙适用于边坡下层岩石较完整而上部需防护的路段，边坡应缓于1:0.5）。护面墙的单级护坡高度不宜大于 10m，并应设置泄水孔和伸缩缝。表 1-4-2 为护面墙常用尺寸表。冰冻地基墙基应埋置在冰冻线以下 250mm；若为软基，可设拱形结构物跨过。

护面墙的厚度参考值 表1-4-2

护面墙高度 H	路堑边坡	护面墙厚度(m)	
		顶宽 b	底宽 d
H≤2	1:0.5	0.40	0.40
H≤6	>1:0.5	0.40	0.40 + H/10
6 < H ≤ 10	1:0.5~1:0.75	0.40	0.40 + H/20
10 < H ≤ 16	1:0.75~1:1	0.60	0.60 + H/20

墙体纵向每隔10~15m设缝宽20mm的伸缩缝一道,缝内用沥青麻筋填塞。墙身上下左右每隔2~3m设100mm×100mm方形或直径为100mm圆形泄水孔,孔后设砂砾反滤层。为增加墙体稳定性,墙背每3~6m高设一宽度为0.5~1.0m耳墙。根据边坡基岩或土质的好坏,每6~10m高为一级,设宽度不小于1.0m的平台。在缺乏石料地区,墙身可采用片石铺砌成方格或拱式边框,方格或框内用石灰炉渣、三合土或四合土等混合料抹面。图1-4-2为护面墙示意图。

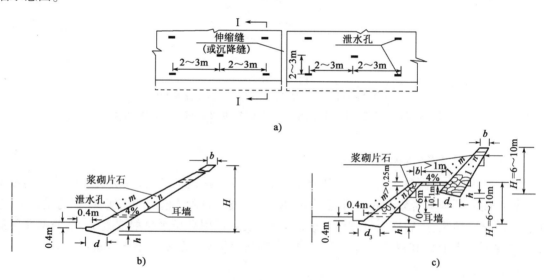

图1-4-2 护面墙示意图
a)正面;b)剖面Ⅰ-Ⅰ;c)两级护面墙

四、封面、捶面(高速公路路基边坡不宜采用)

封面适用于坡面较干燥、未经严重风化的各种易风化岩石边坡,但不适用于由煤系岩层及成岩作用很差的红色黏土岩组成的边坡。封面厚度为30~70mm,防护年限8~10年。面积较大时每隔5~10m设一10~20mm的伸缩缝。为防表面开裂,并增加抗冲蚀能力,可在表面涂软化点稍高于当地气温的沥青作保护层。

捶面适用于边坡率缓于1:0.5、易受冲刷的土质边坡或易风化剥落的岩石边坡。其厚度不宜小于100mm,防护年限10~15年。

第三节　冲刷防护

沿河路基受水流冲刷时,应根据河流特性、水流性质、河道地貌、地质等因素,结合路基位置,按表1-4-3经技术经济比较后,选用适宜的防护工程类型或采取导流或改移河道等措施。

冲刷防护工程类型及适用条件　　　　表1-4-3

防护类型		适 用 条 件
植物防护		可用于允许流速为1.2~1.8m/s、水流方向与公路路线近似平行、不受洪水主流冲刷的季节性水流冲刷地段防护。经常浸水或长期浸水的路堤边坡不宜采用
砌石或混凝土护坡		可用于允许流速为2~8m/s的路堤边坡防护
土工织物软体沉排、土工膜袋		可用于允许流速为2~3m/s的沿河路基冲刷防护
石笼防护		可用于允许流速为4~5m/s的沿河路堤坡脚或河岸防护
浸水挡墙		可用于允许流速为5~8m/s的峡谷急流和水流冲刷严重的河段
护坦防护		可用于沿河路基挡土墙、护坡的局部冲刷深度过大、深基础施工不便的路段
抛石防护		可用于经常浸水且水深较大的路基边坡或坡脚以及挡土墙、护坡的基础防护
排桩防护		可用于局部冲刷深度过大的河湾或宽浅性河流的防护
导流	丁坝	可用于宽浅性河段,保护河岸或路基不受水流直接冲刷而产生破坏
	顺坝	可用于河床断面较窄、基础地质条件较差的河岸或沿河路基防护,以调整流水曲度和改善流态

一、直接防护

直接防护是在稳定的边坡上直接加固的一种措施,其特点是不干扰或很少干扰原来的水流性质。除了植物防护和砌石护坡外,抛石、石笼、浸水挡墙均属直接防护。由于植物防护和砌石护坡已在前面介绍过,所以在本节只介绍抛石、石笼、土工膜带、驳岸(浸水挡土墙详见专门挡土墙书)。当水流流速为2~3m/s时,可采用土工膜带进行防护;当水流流速为3.0~5.0m/s时,宜采用抛石防护;流速大于5.0m/s,或过多压缩河床,造成上游壅水时,则改用石笼防护或设置驳岸、浸水挡土墙等支挡结构物。

1. 土工织物软体沉排、土工膜袋

土工织物软体沉排、土工膜袋适用于允许流速为2~3m/s的河岸路基冲刷防护。

土工织物软体沉排是一种在土工织物上以块石或预制混凝土块为压重的护坡结构。土工织物软体沉排一般适用于水下工程及预计可能发生冲刷的河床和岸坡土面上,主要有单片垫和双片垫两种结构形式。单片垫是利用土工织物拼接成大面积的排体;双片垫是将两块单片垫重叠后按一定距离和形式将两片垫连接在一起而构成管状或格状空间,其中再填充透水性砂石料,以起到防冲与反滤的作用。

土工膜袋是一种双层织物袋,袋中充填流动性混凝土或水泥砂浆或小粒径石料混凝土,凝固后形成高强度和高刚度的硬结板块。可用于替代干砌块石、砂浆块石等修建堤坡、堤脚,构筑丁坝、堤坝主体,还可用于堤坝崩塌、江河崩岸险情的抢护。

2. 抛石防护

抛石防护是指为防止河岸或构造物受水流冲刷而抛填较大石块的防护措施(图1-4-3)。

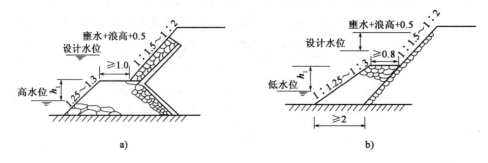

图1-4-3 抛石防护(单位:m)
a)适用于新建公路;b)适用于旧路路堤抛石垛

流速大、水很深、波浪高的路段,抛石应采用较大粒径的石块。抛石垛的边坡坡度不应陡于抛石浸水后的天然休止角(1.25~1.3),石料粒径应大于300mm。抛石厚度不应小于所用最小石料粒径的两倍。

3. 石笼防护

石笼防护是指为防止河岸或构造物受水流冲刷而设置的装填石块的笼子(图1-4-4)。

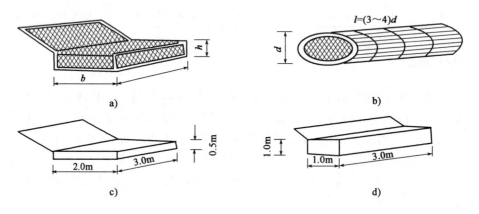

图1-4-4 石笼的形式
a)圆形;b)圆柱形;c)扁形;d)柱形

一般河段,常用镀锌铁丝、高强度聚合物土工格栅或竹木石笼;急流滚石河段,可在铁丝笼内灌注小石子水泥混凝土,或采用钢筋混凝土框架石笼。用于防止冲刷淘底时,一般在河床上将石笼平铺并与坡脚线垂直;若防护岸坡或坡脚,则用垒码形式,但岸坡较缓时,也可平铺于坡面并定于基底(图1-4-5)

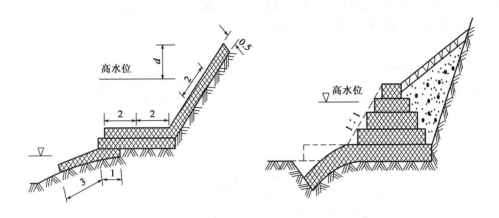

图 1-4-5　铁丝石笼防护（尺寸单位：m）

二、间接防护

常用的间接防护为导流坝。导流结构物一般有丁坝、顺坝及必要的改河工程。图 1-4-6 为导流结构物综合布置图例。

丁坝指坝体轴线与导线（河岸）正交或成较大角度的斜交导流构造，适用于宽浅变迁性河段。其作用是将水流引离河岸。丁坝的横断面形式和尺寸应根据材料种类、河流的水文特性等确定，坝顶宽度根据稳定性计算确定。丁坝长度应根据防护长度、丁坝与水流方向的交角、河段地形、水文条件及河床地质情况等确定，垂直于水流方向上的投影长度不宜超过稳定河床宽度的 1/4，用于路基防护的丁坝宜采用漫水坝或潜坝，丁坝与水流方向的交角宜小于或等于 90°。丁坝要求设置多个形成坝群，坝间距离应小于前坝的防护长度。

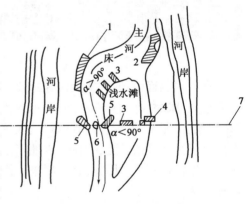

图 1-4-6　导流构造物综合布置图例
1-顺坝；2-顺坝；3-丁坝；4-丁坝；5-导流坝；6-桥墩；
7-路中线

顺坝指坝轴线基本沿导流线边缘布置，使水流较顺缓地改变流向，起疏导水流作用。它适于河床断面较窄、基础地质条件较差的河岸或沿河路基防护。顺坝坝长与被防护段长度基本相等，顺坝与上、下游河岸的衔接，应使水流顺畅，起点应选择在水流匀顺的过渡段，坝根位置应宜设在主流转向点的上方。坝顶宽度应根据稳定性计算确定，坝根应嵌入稳定河岸内不小于 3m。

当顺坝较长，距离河岸间距较大时，为防止高水位时水流溢入坝内岸坡和坡脚，促进格间淤积，使坝体与河岸相连，在顺坝与河岸之间设置一道或几道横格，形成格坝。如图 1-4-7 所示。

改河移道可以将直接冲刷及淘刷路基的水流引离路基。挖滩改河，清除孤石，有利布置路线，可减少桥涵。但改移河道及水流改向，影响大且投资高，故改河通常在较短的河道上进行，并力求顺河势,使新河槽符合河流特征,不致使水重归故道。以上导流构造物的布置和选择需经多方论证,慎重考虑,确有必要时方可按设计实施。

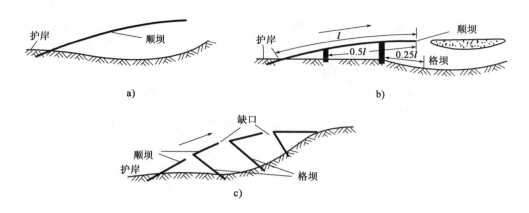

图 1-4-7　顺坝与格坝的布置图例
a)非封闭顺坝;b)格坝;c)开口式格坝

第四节　湿软地基加固

在土木工程中,地基加固极为重要,常是各种建筑物成败的关键。湿软地基主要指天然含水率过大、胀缩性高、具有湿陷性、承载力低,在荷载作用下容易产生滑动或固结沉降的土质地基,如软土、泥沼、泥碳、湿陷性黄土、人为垃圾、松散杂填土、膨胀土、海(湖)沉积土等。路基直接修筑在这些地基上,往往会因地基承载力不足或在自然因素作用下产生过大的变形,导致路基产生各种破坏。因此,有必要采取措施对湿软地基予以加固。而湿软地基加固关键是治水和固结。

一、换填土层法

换填土层法是采用人工、机械或爆破等方法,将基底一定深度及范围的湿软土层(厚度小于 3m)挖除,换以强度大、稳定性好的砂砾、卵石、碎石、石灰土、素土等回填,并分层压实至规定的密实度。如当地石料丰富,亦可直接在路基基底抛投片石,将湿软土层挤出基底范围,以提高路基强度,这种方法称为抛石挤淤法。换填砂垫层,可起到加速软弱土层排水固结,提高承载力,减少沉降量的作用。各种回填材料,其应力分布规律、极限承载力、沉降特点,基本上与砂砾垫层相接近。因此,换填土层厚度、宽度以砂砾垫层作为计算模型。

砂垫层厚度,可按直线变形体理论计算;或者假定应力通过基础按 30°刚性角向下扩散,砂垫层底面呈梯形分布。一般地,砾垫层厚度在 0.6～1.0m 之间,坡脚两侧各多铺筑 0.5～1m 宽的襟边。

二、碾压夯实法

采用压实功能较大的振动压实机械,对非黏性土及松散杂填土、地表松散土,如矿渣、碎砖瓦等建筑垃圾填土,予以碾压,可提高地基强度,降低压缩性。振动时间长,效果好,但时间过长对压实无明显提高。对细颗粒填土,振动时间以 3~5min 为宜;对建筑垃圾,振动碾压时间应略大于 1min。实施中应视具体情况而定。

重锤夯实加固地基,是利用起重设备将锤体直径为 1~1.5m,质量为 1.5t 左右的钢筋混凝土截头圆锥体(底部垫钢板),提升 2.5~4.5m 高度后,自由落下,锤体冲击夯实土基。这种方法可显著地提高地基表层土的强度,降低湿陷性黄土的湿陷性,使杂填土表层强度一致。重锤夯实次数,以最后两次的平均夯沉量不超过规定值来控制,一般黏性土和湿陷性黄土为 10~20mm;砂土为 5~19mm。实践表明,夯实次数一般为 8~12 遍,作用厚度可达锤底直径的一倍左右。

在重锤夯实的基础上发展的强夯法,它的夯锤重达 8~12t(甚至 200t),自由落差 8~20m(最高达 40m)。经过对土基的强力夯击,利用冲击波和动应力,使地基土密实,达到土基加固的目的,可显著地提高承载力 2~5 倍,降低压缩性 2~10 倍。加固厚度达 10~20m。该项技术尽管迄今仍没有一套成熟、完善的理论和设计方法,但已在土木工程中得到广泛应用。

此外,还有机械碾压和振动压实法等碾压夯实技术。

三、排水固结法

排水固结法是在湿软地基中设置垂直排水井,缩短排水距离,运用堆载或真空预压,挤出土中过多含水率,加速土体固结,达到挤紧土粒,提高土体抗剪强度的目的。因此,该法适用于含水率过大、土层较厚的软弱地基。按垂直排水井材料的不同,可分为砂井法和排水板法。

1. 砂井法

用锤击、振动、螺钻、射水等方式成孔,在孔内灌入中、粗砂而成的排水柱体。砂井表面铺设 0.5~1.0m 厚的砂垫层或砂沟。砂井直径多为 300~400mm,间距 2~4m,平面上呈三角形或正方形布置,尤以三角形布置效果为佳;其深度以穿越地基可能的滑动面为宜。

为了缩短砂井排水距离,往往预先在直径约 70mm 的圆筒状编织袋里装满砂,然后放入成孔中。此法称袋装砂井法,该法能保证砂井的密实性和连续性,成孔时对土层扰动少,并具有施工机具简单、施工速度快、成本低等优点。袋装砂井井距一般为 1~1.4m,其他条件与普通砂井相同。

2. 排水板法

用纸板、纤维、塑料或绳子代替砂井的砂,做成排水井,其原理和方法完全与砂井排水法一致。目前基本上以带沟槽的塑料芯板作为排水板,因此,又称塑料板排水法。

塑料排水板法在施工中要严格控制间距和深度。塑料板在插入过程中,要防止淤泥进入板芯,以免堵塞排水通道,影响排水效果。塑料板接长时,应采用滤水膜内平搭接的连接方式,搭接长度不得小于 20cm,严格控制塑料板接长质量。

排水固结速度与堆载量大小、加载速度、砂井直径、间距、深度等因素有关。常用砂井堆载预压和真空预压等方法。

砂井堆载预压是在软基上设置砂井后,配合堆载预压,使地基在预压荷载下加速固结,以提高地基强度。就路基而言,加载工作往往由直接填土取代。填土速度根据施工工期、地基强度增长情况分级填筑,以每昼夜地面沉降量不超过15mm、坡脚侧向位移不超过5mm来控制。

真空预压是通过降低砂垫层和竖向排水体中的孔隙水压力使被加固地基中的排水体和基体间形成压差,并在此压差作用下,迫使土中水排除,使土体固结,强度提高。

四、挤密法

土基成孔后在孔内灌以砂、石、土、石灰土或石灰等材料,捣实形成直径较大的桩体。利用桩体横向之间的相互挤紧作用,使地基土粒相互紧密,减少孔隙,桩体与原土组合成复合地基,提高地基承载力,达到加固地基的目的。

1. 加固土桩

加固土桩是将石灰、水泥或其他可以将土固化的材料,通过带有回转、翻松、喷粉与搅拌的专用机械,从地基深部起,自下而上将软土和固化剂强制拌和,形成具有较高强度的竖向加固土桩。从工艺上分为干法和湿法搅拌桩。适用于中、深层软土地基补强加固。

2. 粒料桩

粒料桩是指软土地基成孔后,将碎石、砂砾、砂等散粒材料挤压入孔内,形成密实桩体,与软土形成复合地基,共同承担荷载,以提高地基土的承载能力。常用砂桩加固。

砂桩加固范围,一般要求各边比基础宽1.0m左右,桩径0.2~0.3m。砂桩间距要求与地基土加密的程度有关。经验表明,群桩面积约占松散土加固面积的20%,通常间距为桩径的3~5倍。桩的平面布置以梅花形较好。桩的长度与加固土层厚度及加固要求有关。软土层较薄,砂桩可穿透软土层。如软土层过厚则通过计算桩底处软土的应力,要求其值小于或等于软土容许承载力。

砂桩和砂井相比,虽然形成相似,但两者有着本质的区别。砂桩是分散体,承载力较低,其主要作用是挤密地基土。砂桩主要适用于处理松砂、杂填土和黏粒含量不大的普通黏性土。砂井的主要作用是排水固结,因而适用过湿软土层。

五、化学加固法

化学加固一般是用压力将化学溶液或胶结剂通过注浆管均匀地注入软基土层中,经过短暂时间后,使土颗粒胶结成一个整体,达到对土基加固的目的,并能起到防渗作用。目前化学溶液主要有下列几类:水玻璃溶液为主的浆液,丙烯酸氨为主的浆液,水泥浆以及纸浆废液为主的浆液等。

化学加固施工工艺主要有压力灌注、电动硅化和高压旋喷法几种。压力灌注及电动硅化法一般是将浆液注入土中赶走孔隙内的水或气体,从而占据其位置,然后将土胶结成整体。高压旋喷法是利用高压(20~25MPa)射流的强度使浆液与土混合,从而在射流影响的有效范围内使土体速凝成一圆柱形的桩,桩径达0.5~1.0m。

六、土工合成材料加固法

土工合成材料指以人工合成的聚合物制成的各种类型产品，是岩土工程中应用的各种合成材料的总称。有土工网、土工格栅、土工织物、土工垫、土工复合排水材料等。

由于土工合成材料具有强度高、韧性好等力学性能，因此，它能增强土的强度，承受拉应力，并使结构物所承受的应力均匀分布，从而有效地防止局部破坏，解决松软地基的加固问题。

思考题

1. 为什么要对路基进行必要的防护？
2. 防护与加固工程的区别是什么？
3. 路基防护与加固工程，按作用的不同，可分为哪几类？各类的作用是什么？
4. 常见坡面防护有哪几类？各类防护适用于哪种情况？
5. 路基直接防护与间接防护主要有哪些区别？
6. 常见湿软地基加固的措施有哪几种？各种方法的原理是什么？适用性如何？

第五章 CHAPTER FIVE
挡土墙设计

挡土墙的分类、构造、用途,重力式挡土墙构造、布置、设计依据及设计计算方法。

第一节 概述

一、挡土墙用途

挡土墙是指承受土体侧压力的墙式构造物。在公路工程中,它广泛地用于支撑路堤填土或路堑边坡,以及桥台、隧道洞口和河流堤岸等处。

挡土墙各部分名称如图 1-5-1a)所示。靠近回填土或山体的一面称为墙背;外露的一面称为墙面,也称墙胸;墙的顶面部分称为墙顶;墙的底面部分称为基底或墙底;墙面与墙底的交线称为墙趾;墙背与墙底的交线称为墙踵;墙背与铅垂线的夹角称为墙背倾角 α。

二、挡土墙的分类及使用条件

(一)挡土墙的分类

按照挡土墙设置的位置,挡土墙可分为路堑墙、路堤墙、路肩墙和山坡墙等类型,如图 1-5-1所示。

按照挡土墙的结构形式,挡土墙可分为重力式挡土墙、锚定式挡土墙、薄壁式挡土墙、加筋土挡土墙等。

按照挡土墙的墙体材料,挡土墙可分为石砌挡土墙、石笼挡土墙、混凝土挡土墙、钢筋混凝土挡土墙、钢板挡土墙等。

（二）挡土墙的使用条件

按照挡土墙设置的位置不同,其用途也不同。

路堑墙设置在路堑边坡底部,主要用于支撑开挖后不能自行稳定的边坡,同时可减少挖方数量,降低挖方边坡的高度,如图 1-5-1a)所示。

路堤墙设置在高填土路堤或陡坡路堤的下方,可以防止路堤边坡或基底滑动,同时可以收缩路堤坡脚,减少填方数量,减少拆迁和占地面积,如图 1-5-1b)所示。

路肩墙设置在路肩部位,墙顶是路肩的组成部分,其用途与路堤墙相同。它还可以保护临近路线的既有重要建筑物,如图 1-5-1c)所示。沿河路堤,在傍水的一侧设置挡土墙,可以防止水流对路基的冲刷和侵蚀,也是减少压缩河床的有效措施,如图 1-5-1d)所示。

山坡墙设置在路堑或路堤上方,用于支撑山坡上可能坍滑的覆盖层、破碎岩层或山体滑坡,如图 1-5-1e)、图 1-5-1f)所示。

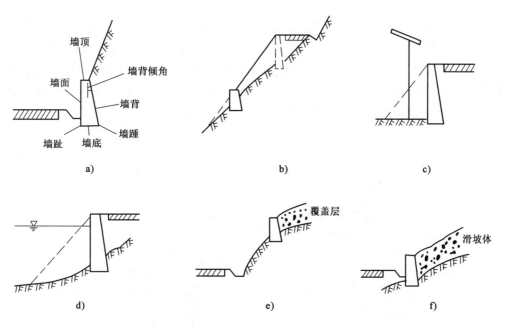

图 1-5-1　设置挡土墙的位置
a)路堑墙;b)路堤墙(虚线为路肩墙);c)路肩墙;d)浸水挡土墙;e)山坡挡土墙;f)抗滑挡土墙

根据挡土墙结构形式的不同,其使用条件也不同。

1. 重力式挡土墙

重力式挡土墙是依靠墙身自重抵抗土体侧压力来维持其稳定的挡土墙。一般多用片(块)石砌筑,在缺乏石料的地区有时也用混凝土修建,在地下水较多的土质、风化破碎岩石路段可用石笼挡土墙。图 1-5-1 所示的挡土墙均为重力式挡土墙。重力式挡土墙形式简单,施工方便,可就地取材,适应性较强,故被广泛应用,但其圬工数量较大,对地基的承载能力要求较高。

2. 加筋土挡土墙

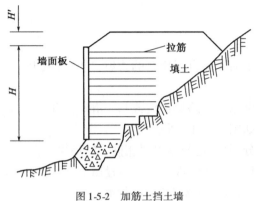

图1-5-2 加筋土挡土墙

加筋土挡土墙分为有面板加筋土挡土墙和无面板土工格栅加筋土挡土墙。有面板加筋土挡土墙是填土、拉筋、面板三者的结合体，如图1-5-2所示。面板的作用是阻挡填土坍落挤出，迫使填土与拉筋结合为整体；依靠填土和拉筋之间的摩擦力平衡墙后土侧压力。无面板加筋土挡土墙由路基填土、埋在土体内的加筋带及包裹于边坡上的土工袋共同组成自稳体系，土工格栅加筋坡面与水平面夹角大于或等于70°。加筋土挡土墙属于柔性结构，对地基变形适应性大，具有省工、省料、施工方便、快速等优点，适用于填土路基。

3. 锚定式挡土墙

锚定式挡土墙可分为锚杆式和锚定板式两种。锚杆式挡土墙是指由钢筋混凝土墙板面和锚杆组成，依靠锚固在岩层内锚杆的水平拉力以承受土体侧压力的挡土墙，如图1-5-3a)所示。锚杆的一端与立柱连接，另一端被锚固在山坡深处的稳定岩层或土层中。墙后侧向土压力由挡土板传给立柱，由锚杆与稳定岩层或土层之间的锚固力，使墙获得稳定。它适用于墙高较大，缺乏石料或挖地基困难地区，具有锚固条件的路堑挡土墙。

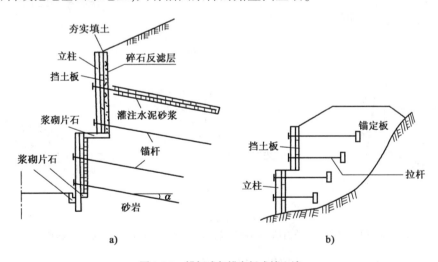

图1-5-3 锚杆式与锚定板式挡土墙
a)锚杆式挡土墙；b)锚定板式挡土墙

锚定板式挡土墙是指由钢筋混凝土墙板、拉杆和锚定板组成，借埋在破裂面后部稳定土层内的锚定板和拉杆的水平拉力，以承受土体侧压力的挡土墙，如图1-5-3b)所示。它借助于埋在填土内的锚定板的抗拔力及锚杆与稳定岩土之间的摩擦力抵抗土侧压力，保持墙的稳定，适用于缺乏石料地区的路肩墙或路堤墙。

锚定式挡土墙的特点在于构件断面小，工程量小，不受地基承载力的限制，构件可预制，有利于实现结构轻型化和施工机械化。

4. 薄壁式挡土墙

薄壁式挡土墙属于钢筋混凝土结构,可以分为悬臂式和扶壁式两种。悬臂式挡土墙由立壁、墙趾板和墙踵板三个钢筋混凝土悬臂式构件组成,如图1-5-4a)所示。扶壁式挡土墙是指沿悬臂式挡土墙的立壁,每隔一定距离加一道扶壁,将立壁与踵板连接起来的挡土墙,如图1-5-4b)所示。薄壁式挡土墙结构的稳定不是依靠本身的重力,而主要依靠墙踵板上的填土重力来保证。它具有断面尺寸较小,自重轻,能修建在较弱的地基上等优点。适用于城市或缺乏石料的地区。其缺点是需耗用一定数量的水泥和钢筋,施工工艺较为复杂。

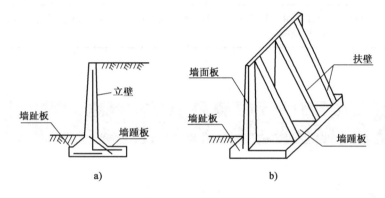

图1-5-4 薄壁式挡土墙
a)悬臂式挡土墙;b)扶壁式挡土墙

5. 半重力式挡土墙

半重力式挡土墙是介于重力式挡土墙与悬臂式挡土墙之间的一种挡土墙形式。半重力式挡土墙依靠混凝土的整体性和钢筋的抗拉强度以及挡土墙自重平衡墙后土侧压力。

6. 桩板式挡土墙

桩板式挡土墙由锚固在稳定地基中的钢筋混凝土锚固桩和挡土板共同组成。主要依靠锚固力平衡墙后土侧压力。

各种类型挡土墙的适用条件见表1-5-1。

挡土墙类型及适用条件　　　　　　　　　　　表1-5-1

挡土墙类型	适用条件
重力式挡土墙	适用于一般地区,浸水地段和高烈度区的路堤和路堑等支挡工程。墙高不宜超过12m,干砌挡土墙的高度不宜超过6m
半重力式挡土墙	适用于不宜采用重力式挡土墙的地下水位较高或较软弱的地基土。墙高不宜超过8m
石笼式挡土墙	可用于地下水较多的土质、风化破碎岩石路段
悬臂式挡土墙	宜在石料缺乏、地基承载力较低的填方路段采用。墙高不宜超过5m
扶壁式挡土墙	宜在石料缺乏、地基承载力较低的填方路段采用。墙高不宜超过15m
锚杆式挡土墙	用于墙高较大的岩质路堑地段。可用作抗滑挡土墙。可采用肋柱式或板壁式单级墙或多级墙。每级墙高不宜大于8m,多级墙的上、下级墙体之间应设置宽度不小于2m的平台

续上表

挡土墙类型	适 用 条 件
锚定式板挡土墙	宜使用在缺少石料地区的路肩墙或路堤式挡土墙,但不应建筑于滑坡、坍塌、软土及膨胀土地区。可采用肋柱式或板壁式,墙高不宜超过10m。肋柱式锚定板挡土墙可采用单级墙或多级墙,每级墙高不宜大于6m,上、下级墙体之间应设置宽度不小于2m的平台。上下两级墙的肋柱宜交错布置
加筋土挡土墙	有面板加筋土挡土墙可用于一般地区的路肩式挡土墙、路堤式挡土墙,无面板土工格栅加筋土挡土墙可用于一般地区的路堤式挡土墙,但均不应修建在滑坡、水流冲刷、崩塌等不良地质地段;高速公路、一级公路墙高不宜大于12m,二级及二级以下公路不宜大于20m;当采用多级墙时,每级墙高不宜大于10m,上、下级墙体之间应设置宽度不小于2m的平台
桩板式挡土墙	用于表土及强风化层较薄的均质岩石地基,挡土墙高度可较大,也可用于地震区的路堑或路堤支挡或滑坡等特殊地段的治理

第二节 重力式挡土墙设计的依据

1. 作用(或荷载)

(1)施加于挡土墙的作用(或荷载),按性质分为表1-5-2的三大类。

作用(或荷载)分类   表1-5-2

作用(荷载)分类		作用(或荷载)名称
永久作用(或荷载)		挡土墙结构重力
		填土(包括基础襟边以上土)重力
		填土侧压力
		墙顶上的有效永久荷载
		墙顶与第二破裂面之间的有效荷载
		计算水位的浮力及静水压力
		预加力
		混凝土收缩与徐变
		基础变位影响力
可变作用(或荷载)	基本可变作用(或荷载)	车辆荷载引起的土侧压力
		人群荷载、人群荷载引起的土侧压力
	其他可变作用(或荷载)	水位退落时的动水压力
		流水压力
		波浪压力
		冻胀压力和冰压力
		温度影响力

续上表

作用(荷载)分类	作用(或荷载)名称
可变作用(或荷载) 施工荷载	与各类挡土墙施工有关的临时荷载
偶然作用(或荷载)	地震作用力
	滑坡、泥石流作用力
	作用于墙顶护栏上的车辆碰撞力

(2)作用(或荷载)效应组合

作用在一般地区挡土墙上的力,可只计算永久作用(或荷载)和基本可变作用(或荷载),浸水地区、地震动峰值加速度值为0.2g及以上的地区、产生冻胀力的地区等,尚应计算其他可变作用(或荷载)和偶然作用(或荷载),作用(或荷载)组合可按表1-5-3进行。

常用作用(或荷载)组合　　　　　　　　　　　　　　　　　　表1-5-3

组　合	作用(或荷载)名称
Ⅰ	挡土墙结构重力、墙顶上的有效永久荷载、填土重力、填土侧压力及其他永久荷载组合
Ⅱ	组合Ⅰ与基本可变荷载相组合
Ⅲ	组合Ⅱ与其他可变荷载、偶然荷载相组合

注:1. 洪水与地震力不同时考虑;
　　2. 冻胀力、冰压力与流水压力或波浪压力不同时考虑;
　　3. 车辆荷载与地震力不同时考虑。

2. 挡土墙墙后填料计算参数

墙后填土计算参数对土压力计算结果影响很大,有条件时,应进行墙后填料的土工试验,确定填料的物理力学指标。当缺乏可靠试验数据时,填料的内摩擦角可参照表1-5-4选用。

填料的内摩擦角或综合内摩擦角和重度　　　　　　　　　表1-5-4

填 料 种 类		内摩擦角 φ(°)	综合内摩擦角 φ_0(°)	重度 γ(kN/m³)
黏质土	墙高 $H \leq 6m$	—	35~40	17~18
	墙高 $H > 6m$	—	30~35	17~18
碎石、不易风化的块石		45~50	—	18~19
大卵石、碎石类土、不易风化的岩石碎块		40~45	—	18~19
小卵石、砾石、粗砂、石屑		35~40	—	18~19
中砂、细砂、砂质土		30~35	—	17~18

注:填料重度可根据实测资料作适当修正,计算水位以下的填料重度采用浮重度。

墙背与填料间的摩擦角 δ,视墙背粗糙程度、填料性质和墙后排水条件而定。无试验资料时,石砌墙背或混凝土墙背:墙背光滑、排水不良时,$\delta = 0 \sim \varphi/3$,常取 $\delta = 0$;一般石砌或混凝土墙背、排水良好时,$\delta = \varphi/3 \sim \varphi/2$,常取 $\delta = \varphi/2$;台阶形石砌墙背、排水良好时,$\delta = \varphi/2 \sim 2\varphi/3$,常取 $\delta = 2\varphi/3$。φ 为墙背填土内摩擦角。

3. 基底与地基的摩擦系数

基底与地基之间的摩擦系数应通过现场试验确定。当缺乏可靠试验资料时,可按表1-5-5的规定选用。

基底与地基土间的摩擦系数 μ 表 1-5-5

地基土分类	摩擦系数 μ	地基土分类	摩擦系数 μ
软塑黏土	0.25	碎石类土	0.50
硬塑黏土	0.30	软质岩石	0.40~0.60
砂类土、黏砂土、半干硬的黏土	0.30~0.40	硬质岩石	0.60~0.70
砂类土	0.40		

4. 挡土墙设计状态

现行《公路路基设计规范》(JTG D30—2015)中,挡土墙设计采用以极限状态设计的分项系数法为主的设计方法。挡土墙设计极限状态分为构件承载能力极限状态和正常使用极限状态。挡土墙基础设计与整体稳定性计算以正常使用极限状态为基础,但采用极限状态设计表达式的形式表示。挡土墙圬工截面强度与稳定性计算采用承载能力极限状态设计的分项系数法。挡土墙构件承载能力极限状态设计采用的一般表达式为:

$$\gamma_0 S \leq R \tag{1-5-1}$$

$$R = R\left(\frac{R_k}{\gamma_f}, \alpha_d\right) \tag{1-5-2}$$

式中:γ_0——结构重要性系数,按表 1-5-6 的规定选用;

S——作用(或荷载)效应的组合设计值;

R——挡土墙结构抗力;

R_k——抗力材料的强度标准值;

γ_f——结构材料、岩土性能的分项系数;

α_d——结构或结构构件几何参数的设计值,当无可靠数据时,可采用几何参数标准值。

结构重要性系数 γ_0 表 1-5-6

墙高 (m)	公路等级	
	高速公路、一级公路	二级及其以下公路
≤5.0m	1.0	0.95
>5.0m	1.05	1.0

5. 作用(或荷载)分项系数

一般情况下,墙后填土作用于墙背的土压力考虑为主动土压力,并按库伦理论进行计算。挡土墙前的土压力为被动土压力,可不计算,当基础埋置较深且地层稳定、不受水流冲刷和扰动破坏时,可计入被动土压力,但应计入作用分项系数。

挡土墙按承载能力极限状态设计时,除另有规定外,常用作用(或荷载)的分项系数按表 1-5-7 的规定采用。为简化计算,作用于墙顶上的车辆、人群荷载作为垂直力计算时,近似为垂直恒载,故可采用垂直恒载的分项系数。挡土墙地基计算时,作用(或荷载)效应组合设计值计算式中的作用分项系数,除被动土压力分项系数 $\gamma_{Q2} = 0.3$ 外,其余作用(或荷载)的分项系数按规定均采用 1。

承载能力极限状态作用(或荷载)分项系数　　　　　表 1-5-7

情况	荷载增大对挡土墙结构有利时		荷载增大对挡土墙结构不利时	
组合	Ⅰ、Ⅱ	Ⅲ	Ⅰ、Ⅱ	Ⅲ
垂直恒载 γ_G	0.90		1.20	
恒载或车辆荷载、人群荷载的主动土压力 γ_{Q1}	1.00	0.95	1.40	1.30
被动土压力 γ_{Q2}	0.30		0.50	
水浮力 γ_{Q3}	0.95		1.10	
静水压力 γ_{Q4}	0.95		1.05	
动水压力 γ_{Q5}	0.95		1.20	

6. 车辆荷载换算

墙后填土表面的车辆荷载会使土体产生附加土侧压力。土压力计算时,对于作用于墙背后填土表面的车辆荷载可以近似地按均布荷载来考虑,将其换算为与墙后填土重度相同的均布土层。车辆荷载作用在挡土墙墙背填土上所引起的附加土体侧压力,可按式(1-5-3)换算成等代均布土层厚度 h_0。

$$h_0 = \frac{q}{\gamma} \quad (1-5-3)$$

式中:h_0——换算土层厚度(或等代均布土层厚度)(m);

　　　q——车辆荷载附加荷载强度,墙高小于 2m 时,取 20kN/m²,墙高大于 10m 时,取 10kN/m²,墙高在 2~10m 之间时,附加荷载强度用直线内插法计算。作用于墙顶或墙后填土上的人群荷载强度规定为 3kN/m²,作用于挡墙栏杆顶的水平推力采用 0.75kN/m,作用于栏杆扶手上的竖向力采用 1kN/m;

　　　γ——墙背填土的重度(kN/m³)。

7. 圬工构件或材料的抗力分项系数

圬工构件或材料的抗力分项系数按表 1-5-8 选用。

圬工构件或材料的抗力分项系数 γ_f　　　　　表 1-5-8

圬工种类	受力情况	
	受压	受弯、受剪、受拉
石料	1.85	2.31
片石砌体、片石混凝土砌体	2.31	2.31
块石、粗料石、混凝土预制块、砖砌体	1.92	2.31
混凝土	1.54	2.31

第三节　重力式挡土墙的设计

一、重力式挡土墙的构造

挡土墙的构造必须满足强度和稳定性的要求,同时需考虑就地取材、结构合理、断面经济、施工养护方便与安全。

重力式挡土墙一般由墙身、基础、排水设施和变形缝等部分组成。

1. 墙身

(1)墙背

墙背是指靠近回填土或山体的一面,根据墙背倾斜方向的不同可分为仰斜、俯斜、垂直、凸形折线、衡重式等形式,如图 1-5-5 所示。

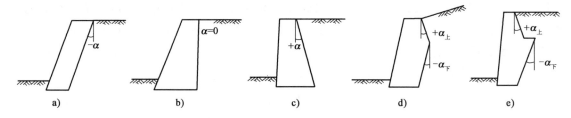

图 1-5-5　重力式挡土墙的断面形式
a)仰斜;b)垂直;c)俯斜;d)凸形折线式;e)衡重式

仰斜墙背所受土压力较小,墙身断面经济。用于路堑墙时,墙身与开挖坡面较贴和,故开挖及回填量较小。但当墙趾地面横坡较陡时,会使墙身增高,断面增大,故仰斜墙背适用于路堑墙及墙趾地面平坦的路肩及路堤墙。仰斜墙背的坡度不宜缓于 1∶0.25,以免施工困难。

俯斜墙背所受的土压力较大。在地面横坡陡峻时,俯斜式挡土墙可采用陡直的墙面,以减小墙高。俯斜墙背也可做成台阶形,以增加墙背与填料间的摩擦力。背坡一般不缓于 1∶0.4。

垂直墙背的特点介于仰斜式与俯斜式墙背之间。

凸形折线墙背系将仰斜挡土墙的上部墙背改为俯斜,以减小上部尺寸,故其断面较为经济,多用于路堑墙,也可用于路肩墙。

衡重式墙背可视为在凸形折线式墙背的上下墙之间设置一衡重台,并采用陡直墙面。上墙俯斜墙背的坡度一般为 1∶0.25～1∶0.45,下墙仰斜墙背坡度在 1∶0.25 左右,上下墙的墙高比一般采用 2∶3。适于山区地形陡峻处的路肩墙及路堤墙,也可用于路堑墙。

(2)墙面

墙面一般为平面,其坡度应与墙背坡度相协调。墙面坡度直接影响挡土墙的高度。因此,在地面横坡陡时,墙面可直立或采用 1∶0.05～1∶0.2 的较陡坡率,以控制墙高;地面横坡平缓时,一般采用 1∶0.2～1∶0.35 较为经济。

(3) 墙顶

墙顶是墙的顶面部分,其最小宽度:混凝土墙不小于40cm,浆砌挡土墙不小于50cm,干砌不小于60cm。路肩墙顶面宽度不应占据硬路肩、路缘带及行车道的路基宽度范围。浆砌挡土墙墙顶一般宜用粗料石或混凝土做顶帽,厚40cm。若不做顶帽,应以大块石砌筑,并用M7.5砂浆抹平顶面,砂浆厚2cm。干砌挡土墙墙顶50cm高度内,宜用M5水泥砂浆砌筑,以增加墙身稳定性。需设置护栏或栏杆的浆砌圬工路肩式挡土墙,墙顶面以下不小于50cm高度内,应采用强度等级不低于C20的混凝土浇筑,并预埋护栏或栏杆的锚固件。

《公路路基设计规范》(JTG D30—2015)规定浆砌挡土墙墙高不大于12m,干砌挡土墙墙高不大于6m。高速公路、一级公路不用干砌挡土墙。

(4) 护栏

路肩式挡土墙的墙顶应设置护栏。高速公路、一级公路的护栏设计应符合《公路交通安全设施设计规范》(JTG D81—2017)规定。护栏内侧边缘至路面边缘的距离,二级、三级公路不小于75cm,四级公路不小于50cm。

2. 基础

基础设计,包括基础类型选择和确定基础埋置深度两项主要内容。

1) 常用基础类型

(1) 扩大基础

重力式挡土墙基础一般采用扩大基础,是将墙趾或墙踵部分的一侧或两侧加宽成台阶,称为襟边,其宽度视基底应力及合力偏心距而定,一般不小于0.2m,台阶高度按加宽部分强度及材料的刚性角要求而定,一般不小于0.5m。

(2) 切割台阶基础

陡坡上,且地基为稳定坚硬岩石时,为节省圬工和基坑开挖量,采用高:宽不大于2:1,台阶宽度一般不小于0.5m的台阶式基础。

2) 基础埋置深度

挡土墙基础的埋置深度取决于地质条件、水文情况、冻结深度、邻近建筑物的基础影响等。为保证挡土墙的稳定性,基础埋置深度应满足下列要求:

(1) 土质地基。

①无冲刷时,应埋于天然地面以下不小于1.0m;有冲刷时,基底埋于局部冲刷线以下不小于1.0m。

②受冻胀影响时,若冻结深度小于或等于1m时,应埋于冻结线以下不小于0.25m,且符合不小于1.0m埋深;若冻结深度大于1m,埋深不小于1.25m时,基底至冻结线下0.25m深度范围的地基土换填为弱冻胀材料。

③路堑挡土墙基础底面在路肩以下不应小于1.0m,并低于边沟砌体底面不小于0.2m。

(2) 碎石、砾石和砂类土地基,不考虑冻胀影响,但基础埋深不小于1.0m。

(3) 岩石地基。

①软质岩石,埋深不小于1.0m。

②风化层不厚的硬岩地基,基底应置于基岩表面风化层以下,基础嵌入岩层的深度,见表1-5-9。

斜坡地面基础埋置条件　　　　　　　表1-5-9

土层类别	墙趾最小埋入深度 h(m)	墙趾距地表水平距离 L(m)	嵌入示意图
硬质岩石	0.60	1.50	
软质岩石	1.00	2.00	
土层	≥1.00	2.50	

(4)斜坡地面基础埋置。

墙趾前地面横坡较大时,墙趾埋入地面的深度和距地表的水平距离应满足表1-5-9要求。

3.排水设施

挡土墙的排水设施包括地面排水和墙身排水两部分。

(1)目的:疏干墙后土体,防止地面水下渗,防止墙后积水形成静水压力,减小季节性冰冻地区填料的冻胀压力,消除黏性土填料因含水率增加而产生的膨胀压力。

(2)措施:设置地面排水沟引排地面水;夯实回填土表面防雨水下渗,必要时可加设铺砌;路堑墙墙趾前边沟应铺砌加固,防止边沟水渗入基础;墙身设泄水孔,以排除墙后水。

泄水孔尺寸一般为5cm×10cm、10cm×10cm、15cm×20cm的方孔或直径为5~10cm的圆孔。泄水孔间距一般为2~3m,浸水挡土墙间距为1~1.5m,上下交错设置。下排泄水孔底部应高出墙前地面0.3m,路堑墙高出边沟水位0.3m,浸水挡土墙高出常水位0.3m。泄水孔应向外倾斜不小于4%的坡度。

墙后填料宜用透水性强的砂性土、砂砾,在进水口处用含泥量小于5%的砂砾、碎石设置厚度不小于0.5m的反滤层,在最下一排泄水孔下设30~50cm厚的黏土隔水层。当墙背填料透水不良时,墙后最下一排泄水孔至墙顶下0.5m范围设置不小于0.3m厚度的砂卵石排水层。

4.变形缝

为避免地基不均匀沉陷而引起墙身开裂,需根据地质条件的差异和墙高、墙身断面的变化情况设置沉降缝。为了防止圬工砌体硬化收缩和温度变化而产生裂缝,应设置伸缩缝。

通常,把沉降缝和伸缩缝设在一起,统称为变形缝。一般沿纵向10~15m设一道,宽2~3cm,用沥青麻絮等弹性材料沿墙内、外、顶三方填塞,深度不小于15cm。干砌缝两侧应平整,做成由墙顶到基底的垂直通缝。

二、挡土墙的布置

挡土墙的布置,通常在路基横断面图和墙趾纵断面图上进行。布置前,应现场核对路基横断面图,不足处应补测;测绘墙趾处的纵断面图,收集墙趾处的水文和地质等资料。

1.挡土墙位置的选择

挡土墙位置的选择主要依据路基横断面图进行。路堑墙大多设在边沟外侧;山坡墙应设在基础可靠处,墙高应保证墙顶上边坡的稳定;路肩墙与路堤墙应根据工程量大小、占地多少、基础可靠度、设墙的可行性等条件进行比选;浸水挡土墙应尽量不挤压河床,保证水流通畅。

2. 纵向布置

挡土墙纵向布置在墙趾纵断面图上进行,布置后绘成挡土墙正面图,见图1-5-6。布置内容如下所述。

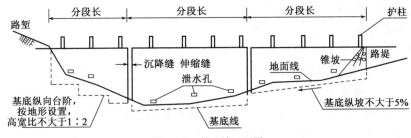

图1-5-6 挡土墙正面图

(1)确定挡土墙的起讫点和墙长,选择挡土墙与路基或其他结构物的衔接方式。

路堤墙、路肩墙可采用锥坡与路堤连接,墙端应伸入路堤内不小于0.75m,锥坡率宜与填土边坡一致,并宜采用植草防护。与路堑连接时,墙端嵌入路堑原地面的深度:土质不小于1.5m;风化软岩不小于1.0m;微风化岩层不小于0.5m。与桥台连接时,为了防止墙后填土从桥台尾端与挡土墙连接处的空隙中溜出,需在台尾与挡土墙之间设置隔墙及接头墙。

路堑墙在隧道洞口应结合隧道洞门、翼墙的设置做到平顺衔接。

(2)按地基和地形情况进行分段,确定变形缝的位置。

(3)布置各段挡土墙的基础。

墙趾处地面有纵坡时,挡土墙的基底做成不大于5%的纵坡。地基为岩石时,为减少开挖,可沿纵向做成台阶。台阶尺寸随纵坡大小而定,但高宽比不宜大于1:2,宽度不小于1m。

(4)布置泄水孔的位置,包括数量、间隔和尺寸等。

(5)标注各特征断面的桩号,墙顶、基顶、基底、冲刷线、冰冻线和设计洪水位的高程。

3. 挡土墙横向布置

横向布置宜选择在墙高最大处、墙身断面或基础形式有变异处,以及其他桩号处的横断面图上。根据墙型、墙高及地基与填料的物理力学指标等设计资料,进行挡土墙设计或套用标准图,确定墙身断面尺寸、基础形式和埋置深度,布置排水设施,确定墙背填料的类型等,并绘制挡土墙横断面图。

4. 平面布置

对于地形、地质复杂的挡土墙或工程量大的沿河挡土墙和曲线挡土墙,除了纵、横向布置外,还应进行平面布置,绘制平面布置图,平面图中标示挡土墙与路线的平面位置、附近地貌与地物等情况,特别是对挡土墙有干扰的建筑物情况。沿河挡土墙还应绘出河道及水流方向,防护与加固工程等。

在挡土墙设计图纸上,应写简要说明。如材料要求、设计参数取用、地基承载力要求、主要工程数量、施工注意事项等。若是套用标准图,则应说明采用标准图的编号。

三、挡土墙的稳定性计算

挡土墙力学计算时取单位长度进行计算。

1. 作用在挡土墙上的力系

挡土墙设计的关键是确定作用于挡土墙上的力系,主要是确定土压力。作用于挡土墙上的力系,按力的作用性质分为主要力系、附加力和特殊力。

主要力系是经常作用于挡土墙的各种力,包括:

(1)挡土墙自重 W 及位于墙上的恒载。

(2)墙后土体的主动土压力 E_a(包括作用在墙后填料破裂棱体上的荷载,简称超载)。

(3)基底法向反力 N 及摩擦力 T。

(4)墙前土体的被动土压力 E_p。

对浸水挡土墙而言,在主要力系中尚应包括常水位时的静水压力和浮力。

附加力是季节性作用于挡土墙上的各种力,例如洪水时的静水压力、浮力、动水压力、波浪冲击力、冻胀压力及冰压力等。

挡土墙抗滑稳定性验算及失稳示意图

特殊力是偶然出现的力,例如地震力、施工荷载、水流漂浮物的撞击力等。

在一般地区,挡土墙设计仅考虑主要力系,在浸水地区还应考虑附加力,而在地震区应考虑地震对挡土墙的影响。各种力的取舍,应根据挡土墙所处的具体工作条件,按最不利的组合作为设计的依据。

2. 基础设计与稳定性验算

1)抗滑动稳定性验算

如图1-5-7所示,在主动土压力的水平分量 E_x 作用下,使挡土墙向外滑动,抵抗滑动的是基础底面与地基之间的摩擦力、墙前被动土压力的水平分量(一般不考虑)。

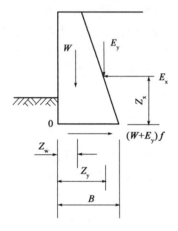

图1-5-7 挡土墙的滑动与倾覆稳定

(1)挡土墙的抗滑动稳定方程:

$$[1.1W + \gamma_{Q1}(E_y + E_x\tan\alpha_0) - \gamma_{Q2}E_p\tan\alpha_0]\mu + (1.1W + \gamma_{Q1}E_y)\tan\alpha_0 - \gamma_{Q1}E_x + \gamma_{Q2}E_p > 0 \quad (1\text{-}5\text{-}4)$$

式中:W——作用于基底以上的重力(kN),浸水挡土墙的浸水部分应计入浮力;

E_x、E_y——墙后主动土压力的水平与垂直分量(kN);

E_p——墙趾前被动土压力水平分量(kN),当为浸水挡土墙时,$E'_p = 0$;

α_0——基底倾斜角(°),基底为水平时,$\alpha_0 = 0$;

γ_{Q1}、γ_{Q2}——主动土压力分项系数、墙前被动土压力分项系数,可按表1-5-7的规定采用;

μ——基底(圬工)与地基间的摩擦系数,缺乏可靠试验资料时,可按表1-5-5规定采用。

(2)抗滑动稳定系数 K_c 按式(1-5-5)计算:

$$K_c = \frac{[N + (E_x - E'_p)\tan\alpha_0]\mu + E'_p}{E_x - N\tan\alpha_0} \geq [K_c] \quad (1\text{-}5\text{-}5)$$

式中:N——作用于基底上合力的竖向分力(kN),浸水挡土墙应计入浸水部分的浮力;

E'_p——墙前被动土压力水平分量的0.3倍(kN);

其余符号意义同前。

在规定的墙高范围内,挡土墙的抗滑动稳定系数不应小于表 1-5-10 的规定。若不满足,可考虑采用下列措施,以增加抗滑稳定性:采用倾斜基础(基底倾斜度:土质地基,不陡于 1∶5;岩石地基,不陡于 1∶3),采用凸榫基础,更换地基土,改变墙身断面形式和尺寸。

抗滑动稳定系数　　　　　　　　　　　　　表 1-5-10

荷载情况	荷载组合Ⅰ、Ⅱ	荷载组合Ⅲ	施工阶段验算
抗滑动稳定系数$[K_c]$	1.3	1.3	1.2

设置于不良土质地基、表土下为倾斜基岩及斜坡上的挡土墙,应对挡土墙地基及填土的整体稳定性进行验算,其稳定系数不应小于相关规定。

2)抗倾覆稳定性验算

如图 1-5-7 所示,在主动土压力的水平分量 E_x 作用下,使挡土墙绕着墙趾点向外倾覆,抵抗倾覆的是墙体自重、墙前被动土压力的水平分量(一般不考虑)以及主动土压力的竖向分量。

(1)挡土墙的抗倾覆稳定方程:

$$0.8WZ_W + \gamma_{Q1}(E_yZ_y - E_xZ_x) + \gamma_{Q2}E_PZ_p > 0 \quad (1\text{-}5\text{-}6)$$

式中:Z_W——墙身重力、基础重力、基础上填土重力及作用于墙顶的其他荷载的竖向力合力重心到墙趾的距离(m);

Z_x——墙后主动土压力的水平分量 E_x 到墙趾的距离(m);

Z_y——墙后主动土压力的竖向分量 E_y 到墙趾的距离(m);

Z_p——墙趾前被动土压力的水平分量 E_p 到墙趾的距离(m);

其余符号意义同前。

(2)抗倾覆稳定系数 K_0 按式(1-5-7)计算:

$$K_0 = \frac{WZ_W + E_yZ_y + E'_pZ_p}{E_xZ_x} \geq [K_0] \quad (1\text{-}5\text{-}7)$$

式中符号意义同前。

在规定的墙高范围内,挡土墙的抗倾覆稳定系数不应小于表 1-5-11 的规定。若不满足,可考虑采用下列措施,以增加抗倾覆稳定性:展宽墙趾(墙趾台阶宽度须满足材料刚性角要求:砌体,不大于 35°;混凝土,不大于 40°),减缓墙面坡度,改陡墙背坡度,改变墙身断面形式(如墙背设置衡重台等)。

抗倾覆稳定系数　　　　　　　　　　　　　表 1-5-11

荷载情况	荷载组合Ⅰ、Ⅱ	荷载组合Ⅲ	施工阶段验算
抗倾覆稳定系数$[K_0]$	1.5	1.3	1.2

3)基底应力及合力偏心距验算

为保证挡土墙基底应力不超过地基容许承载力,应进行基底应力验算;同时,为避免挡土墙不均匀沉陷,应控制作用于挡土墙基底合力的偏心距,如图 1-5-8 所示。

(1)基底合力偏心距验算

基底合力的偏心距 e_0 可按式(1-5-8)计算:

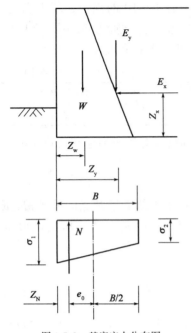

图 1-5-8 基底应力分布图

$$e_0 = \frac{M_d}{N_d} = \frac{B}{2} - Z_N = \frac{WZ_W + E_y Z_y - E_x Z_x}{W + E_y} \quad (1\text{-}5\text{-}8)$$

式中：N_d——作用于基底上的垂直力组合设计值(kN)；

M_d——作用于基底形心的弯矩组合设计值(kN·m)；

Z_N——作用于基底合力的竖向分量对墙趾的力臂(m)；

B——基底宽度(m)；

其余符号意义同前。

基底合力偏心距 e_0 应满足：土质地基不应大于 $B/6$；岩石地基不应大于 $B/4$。

(2)挡土墙基底应力验算

挡土墙基底压应力按式(1-5-9)及式(1-5-10)计算：

$$|e_0| \leq \frac{B}{6} \text{ 时}, \sigma_{1,2} = \frac{N_d}{A}\left(1 \pm \frac{6e_0}{B}\right) \quad (1\text{-}5\text{-}9)$$

$$e_0 > \frac{B}{6} \text{ 时}, \sigma_1 = \frac{2N_d}{3\left(\frac{B}{2} - e_0\right)}, \sigma_2 = 0 \quad (1\text{-}5\text{-}10)$$

式中：σ_1——挡土墙墙趾处的压应力(kPa)；

σ_2——挡土墙墙踵处的压应力(kPa)；

B——基底宽度(m)，倾斜基底为其斜宽；

A——基础底面每延米的面积(m^2)，矩形基础 $A = B \times 1$；

其余符号意义同前。

基底压应力不应大于地基的容许承载力$[\sigma_0]$。基底容许承载力值可按现行《公路桥涵地基与基础设计规范》(JTG D63)的规定采用，当为作用(或荷载)组合Ⅲ及施工荷载，且地基容许承载力$[\sigma_0] > 150\text{kPa}$ 时，可提高 25%。

验算地基应力及合力偏心距时，各类作用(或荷载)组合下，作用效应组合设计值计算式中的作用分项系数，除被动土压力分项系数取 0.3 外，其余作用(或荷载)的分项系数按规定均取 1。

3. 墙身截面计算

重力式挡土墙的墙身材料强度可按现行《公路圬工桥涵设计规范》(JTG D61)的规定采用。通常选择控制性截面进行墙身应力和偏心距验算，如墙身底部、二分之一墙高和断面形状突变处。必要时应做墙身截面的剪应力验算。

重力式挡土墙按承载能力极限状态设计时，在某一类作用(或荷载)效应组合下，作用(或荷载)效应的组合设计值，可按式(1-5-11)计算。

$$S = \psi_{ZL}\left(\gamma_G \sum S_{Gik} + \sum \gamma_{Qi} S_{Qik}\right) \quad (1\text{-}5\text{-}11)$$

式中：S——作用(或荷载)效应的组合设计值；

γ_G、γ_{Qi}——作用(或荷载)的分项系数，按表1-5-7采用；

S_{Gik}——第 i 个垂直恒载的标准值效应；

S_{Qik}——土侧压力、水浮力、静水压力,其他可变作用(或荷载)的标准值效应;
ψ_{ZL}——荷载效应组合系数,按表 1-5-12 取用。

荷载效应组合系数 ψ_{ZL} 值　　　　表 1-5-12

荷载组合	ψ_{ZL}	荷载组合	ψ_{ZL}
Ⅰ、Ⅱ	1.0	施工荷载	0.7
Ⅲ	0.8		

1)截面合力偏心距验算

如图 1-5-9 所示,取 I-I 截面为验算截面。若截面以上墙背所受的主动土压力为 E_1,其水平分量和竖直分量分别为 E_{1x}、E_{1y},该截面以上的重力为 W_1,截面宽度为 B_1。则 I-I 截面的竖向合力偏心距 e_1 为:

$$e_1 = \left| \frac{M_1}{N_1} \right| \quad (1\text{-}5\text{-}12)$$

式中:N_1——在某一类作用(或荷载)组合下,作用于计算截面上的轴向合力(kN);
　　　M_1——在某一类作用(或荷载)组合下,作用(或荷载)对计算截面形心的总力矩(kN·m)。

截面轴向合力偏心距应满足表 1-5-13 的规定。

2)截面强度及稳定性验算

挡土墙构件轴心或偏心受压时,正截面强度和稳定按式(1-5-13)和式(1-5-14)计算。偏心受压构件除验算弯曲平面内的纵向稳定外,尚应按轴心受压构件验算非弯曲平面内的稳定。

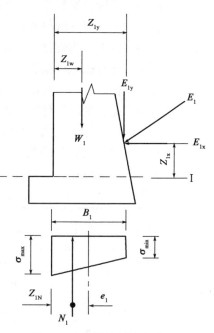

图 1-5-9　墙身截面强度计算

圬工结构轴向合力的容许偏心距 e_1　　　　表 1-5-13

作用(或荷载)组合	Ⅰ、Ⅱ	Ⅲ	施工荷载
容许偏心距	$0.25B_1$	$0.30B_1$	$0.33B_1$

注:B_1 为沿力矩转动方向的矩形计算截面宽度。

计算强度时:

$$\gamma_0 N_d \leqslant \frac{\alpha_k A_1 R_a}{\gamma_f} \quad (1\text{-}5\text{-}13)$$

计算稳定时:

$$\gamma_0 N_d \leqslant \frac{\psi_k \alpha_k A_1 R_a}{\gamma_f} \quad (1\text{-}5\text{-}14)$$

$$\alpha_k = \frac{1 - 256\left(\dfrac{e_1}{B_1}\right)^8}{1 + 12\left(\dfrac{e_1}{B_1}\right)^2} \quad (1\text{-}5\text{-}15)$$

$$\psi_k = \frac{1}{1 + \alpha_s \beta_s (\beta_s - 3)\left[1 + 16\left(\frac{e_1}{B_1}\right)^2\right]} \quad (1\text{-}5\text{-}16)$$

$$\beta_s = \frac{2H}{B_1} \quad (1\text{-}5\text{-}17)$$

式中： N_d——验算截面上的轴向力组合设计值(kN)；

γ_0——结构重要性系数，按表 1-5-6 采用；

γ_f——圬工构件或材料的抗力分项系数，按表 1-5-8 选用；

A_1、B_1、e_1——挡土墙构件计算截面的面积(m^2)、截面宽度(m)、截面轴向合力偏心距(m)；

R_a——材料抗压极限强度(kPa)；

α_k——轴向力偏心影响系数，按式(1-5-15)计算；

ψ_k——偏心受压构件在弯曲平面内的纵向弯曲系数，按式(1-5-16)计算确定；轴心受压构件的纵向弯曲系数采用表 1-5-14 的规定；

α_s——与材料有关的系数，按表 1-5-15 选用；

H——墙高(m)。

轴心受压构件纵向弯曲系数 ψ_k 表 1-5-14

2H/B	混凝土构件	砌体砂浆强度等级	
		M10、M7.5、M5	M2.5
≤3	1.00	1.00	1.00
4	0.99	0.99	0.99
6	0.96	0.96	0.96
8	0.93	0.93	0.91
10	0.88	0.88	0.85
12	0.82	0.82	0.79
14	0.76	0.76	0.72
16	0.71	0.71	0.66
18	0.65	0.65	0.60
20	0.60	0.60	0.54
22	0.54	0.54	0.49
24	0.50	0.50	0.44
26	0.46	0.46	0.40
28	0.42	0.42	0.36
30	0.38	0.38	0.33

α_s 的 取 值 表 1-5-15

圬工名称	浆砌砌体采用以下砂浆强度等级			混凝土
	M10、M7.5、M5	M2.5	M1	
α_s值	0.002	0.0025	0.004	0.002

思考题

1. 根据挡土墙结构形式的不同,挡土墙可分为哪几类?各类的使用条件是什么?
2. 土压力可分成哪几种不同性质的土压力?什么是主动土压力?
3. 重力式挡土墙的布置应从哪些方面进行?各包括哪些内容?
4. 确定挡土墙的断面尺寸时应进行哪几方面验算?
5. 挡土墙抗滑动稳定、抗倾覆稳定不满足要求时,应分别采取哪些措施?
6. 挡土墙设置排水设施的主要目的和作用是什么?
7. 对土质地基,挡土墙基础埋置深度应满足哪些要求?

第六章 路基排水设计

 路基排水的意义和要求,各种地面排水、地下排水设施的构造、作用与布置,排水系统的综合设计。

第一节 路基排水的意义和要求

一、路基排水的意义

路基路面的病害有多种,其中水的作用是主要因素之一。因此,为保证路基的强度与稳定性,在路基路面设计、施工和养护中,必须重视路基路面的排水工程。

路基排水分为地面排水和地下排水。地面水对路基产生冲刷和渗透,冲刷可能导致路基整体稳定性受损害,形成水毁现象。渗入路基的水,使路基土体过湿而降低路基强度。地下水使路基湿软,降低路基强度,甚至会引起冻胀、翻浆或边坡滑塌。路基排水的任务,就是将路基范围内的土基湿度降低到一定的限度以内,保持路基常年处于干燥状态,确保路基的强度。

二、路基排水设计的一般原则

(1)公路路基防排水设计应根据公路沿线气象、水文地形、地质以及桥涵和隧道设置情况,遵循总体规划、合理布局、防排疏结合、少占农田、保护环境的原则,设置完善、通畅的防排水系统,做好路基防排水与地基处理、路基防护等综合设计,并与路面、桥梁、涵洞、隧道等防排水系统相协调。

(2)路界地表水不宜流入桥面、隧道及其他设施排水系统。

(3)低填、浅挖路基以及排水困难地段,应采取防、排、截相结合的综合措施,及时拦截有可能进入路界的地表水,排除路基内自由水,隔离地下水,保证路基处于干燥或中湿状态。

(4)沿河路基防排水设计应根据河流水文特性、设计洪水位、流量以及河道地形地质条件,合理布设排水设施,做好排水设施出口处理,并与河道导流设施和调治构造物相协调,防止水流冲刷路基边坡及河岸。

(5)各类排水设施的设计应满足使用功能要求,结构安全可靠,便于施工、检查和养护维修。排水设施所用材料的强度应不低于规范要求。

(6)路基排水设施设计应与农田排灌系统相协调。

(7)施工现场的临时性排水设施布设,宜与永久性排水设施相结合。

第二节　路基排水设施的构造与布置

一、地表排水设施

路基地表排水设施设计中,对于降雨重现期的规定是:高速公路、一级公路应采用15年,其他等级公路应采用10年。各类地表排水设施的断面尺寸应满足设计排水流量的要求,沟顶应高出沟内设计水面0.2m以上。

(一)边沟

1. 边沟的设置与作用

边沟一般在路堑、低路堤、零填零挖路基及陡坡路堤边缘外侧或坡脚外侧,以及路基边缘高度小于边沟深度的地方设置。其作用是汇集和排除流向路基范围内的少量地表水。

2. 边沟的横断面形式

常用的边沟断面形式有三角形、浅蝶形、U形、梯形、矩形、带盖板矩形、暗埋式边沟等,选择时既要考虑地形地质条件、边坡高度、汇水面积及排水功能,也要注意边沟形式对路侧安全与环境景观的影响,因地制宜,合理选用。当路基边坡高度不大、汇水面积较小时,优先选用三角形、浅蝶形边沟。

3. 边沟的断面尺寸

边沟断面尺寸需根据地形、地貌、汇水面积、暴雨强度、路基填挖情况等,结合当地的经验确定。高速公路、一级公路边沟的底宽、深度不应小于0.6m,其他等级公路不应小于0.4m。当流量较大时,可加大边沟断面尺寸。

边沟内侧坡度如图1-6-1所示。

梯形边沟的内侧边坡一般为1:1~1:1.5;岩石边坡一般为1:0~1:0.5;浆砌边沟内侧边坡可直立;三角形边沟内侧边坡一般为1:2~1:3。各种沟渠外侧边坡与挖方边坡一致。

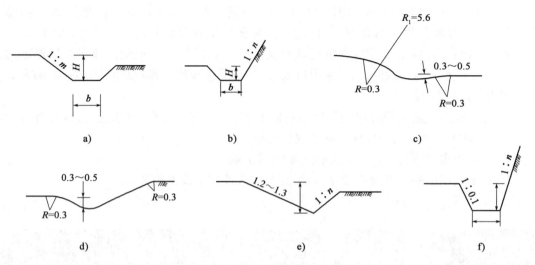

图 1-6-1 边沟的横断面示意图(尺寸单位:m)
a)、b)梯形;c)、d)流线型;e)三角形;f)矩形

4. 边沟的纵坡与长度

边沟的纵坡宜与路线的纵坡相一致,并不宜小于0.3%,以防淤积,困难情况下容许减至0.1%。路线纵断面设计时,为兼顾边沟的设置,在横向排水不畅路段及各级公路的长路堑路段,均应采用不小于0.3%的纵坡。路堑边沟的水流,不应流经隧道排出。

边沟的水应顺势排至低洼地段或天然河流,受地形限制为防止水流漫溢或冲刷,边沟的单向排水长度一般不宜超过300~500m。若超过此值,则添设排水沟和涵洞,将水引出路基范围以外。

5. 边沟出水口处理

为防止冲刷,目前常采用排水沟、跌水或急流槽将边沟所汇集的水引至低洼地、天然河流处。在回头曲线处,应顺着原来边沟方向沿山坡开挖排水沟,将水引出路基范围以外。在由路堑过渡到路堤、边沟沟底到填土坡脚高差过大处、山坡路基在大坡下的回头曲线处、边沟水引向桥涵进口处等,水流的冲刷过渡,或使桥涵进口淤塞,或有冲毁构造物的危险,必须采取加固措施予以解决。

当边沟冲刷强度超过表1-6-1所列的明沟最大允许流速时,应采取必要的防护加固措施。

明沟最大允许流速 表1-6-1

明 沟 类 别	最大允许流速(m/s)	明 沟 类 别	最大允许流速(m/s)
细粒土质砂	0.8	片碎石(卵砾石)加固	2.0
低液限粉土、低液限黏土	1.0	干砌片石	2.0
高液限黏土	1.2	浆砌片石	3.0
草皮护面	1.6	水泥混凝土	4.0

高速公路、一级公路挖方路段矩形边沟宜增设带泄水孔的钢筋混凝土盖板或增设路侧护栏,钢筋混凝土盖板的强度和厚度应满足承载汽车荷载的要求。

季节性冻土地区,浅碟形边沟下的暗埋管(沟)应设置在最大路基冻深线之下,暗埋管(沟)出水口应采取保温防冻措施。

(二)截水沟(又叫天沟)

1. 截水沟的设置和作用

挖方路基的堑顶截水沟应设置在坡口5m以外,并宜结合地形进行布设,填方路基上侧的路堤截水沟距填方坡脚的距离应不小于2m。在多雨地区,视实际情况可设一道或多道截水沟。其作用是拦截路基上方流向路基的地表水流,保护挖方边坡和填方坡脚不受水流冲刷。

2. 截水沟的构造和布置

如图1-6-2所示,路堑段挖方边坡上方设置的截水沟,图中距离 $d=5.0$m,土质不良地段可取10.0m或更大。截水沟临近路基一侧,可堆置挖沟的土方,要求做成顶部向沟倾斜2%的土台。路堑上方设置弃土堆时,截水沟的位置及断面尺寸,如图1-6-3所示。

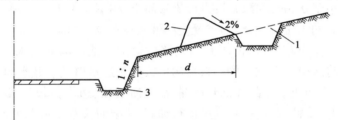

图1-6-2 挖方路段截水沟示意图
1-截水沟;2-土台;3-边沟

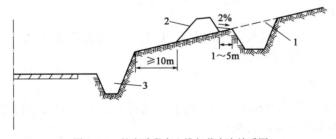

图1-6-3 挖方路段弃土堆与截水沟关系图
1-截水沟;2-弃土堆;3-边沟

山坡填方路段可能遭到上方水流的破坏作用,此时必须设截水沟,以拦截山坡水流保护路堤。如图1-6-4所示,截水沟与坡脚之间,有不小于2.0m的间距,并做成2%的向沟侧倾斜的横坡,确保路堤不受水害。

图1-6-4 填方路段上的截水沟示意图
1-土台;2-截水沟

截水沟的横断面形式,一般为梯形,其边坡坡度,因岩土条件而定,通常采用 $1:1 \sim 1:1.5$。为保证地面水迅速排除,一般情况下沟底纵坡不宜小于 0.3%,如图 1-6-5 所示。

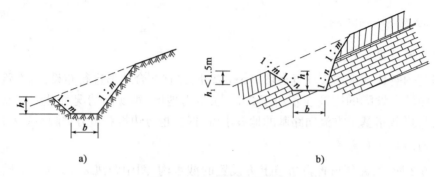

图 1-6-5 截水沟的横断面图例
a)土沟;b)石沟

沟底宽度 b 不小于 0.5m,沟深 h 按设计流量而定,亦不应小于 0.5m。

为尽快截住上方的水流,截水沟的布置应尽可能与水流方向垂直。

截水沟的水流应排至路界以外,不宜引入路堑边沟。截水沟的出水口,可用排水沟或跌水、急流槽相连接,将水引至山坡一侧的自然沟中或桥涵进水口处。截水沟在转弯处应以曲线相连,使水流畅通。为防止水流的冲刷和渗漏,在土质松软、透水性较大或裂隙较多的岩石路段、沟底纵坡较大的土质截水沟,应对沟渠进行加固,必要时设跌水或急流槽。

(三) 排水沟

1. 排水沟的作用

排水沟的作用是将边沟、截水沟、取(弃)土场和路基附近低洼处汇集的水,引致桥涵或路基范围以外的天然河流、低洼地。

2. 排水沟的横断面形式

排水沟的横断面一般采用梯形,尺寸大小应通过水力计算选定,底宽、沟深均不宜小于 0.5m,边坡坡度一般为 $1:1 \sim 1:1.5$。

3. 排水沟的布置

排水沟的布置可根据需要并结合当地地形条件而定,距路基尽可能远一些,一般距路基坡脚不宜小于 $3 \sim 4$m。沟底纵坡不宜小于 0.3%,纵坡大于 3% 时沟渠应进行加固,大于 7% 时则必须设置跌水或急流槽。其连续长度一般不宜超过 500m,线形要求平顺、通畅,需要转弯时可做成弧形,其半径尽量采用较大值,不宜小于 $10 \sim 20$m。当排水沟与其他水道连接,除顺畅外,要求连接处至构造物的距离应不小于 2 倍的河床宽度。

一般情况下,排水沟底是等宽的,沟底宽度不同时,要求徐缓相接,沟底渐宽值的长度如图 1-6-6 所示,渐宽值 L 可按式(1-6-1)进行计算:

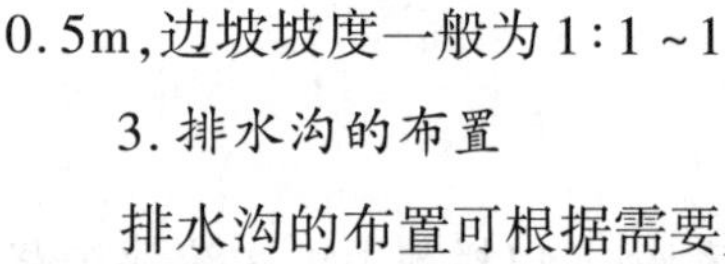

$$\frac{b_2 - b_1}{L} = 1/5 \sim 1/10 \tag{1-6-1}$$

图 1-6-6 沟渠底渐宽值

沟渠加固类型与沟底纵坡有关,表 1-6-2 和表 1-6-3 所列可供设计时参照使用,沟渠加固断面如图 1-6-7 所示。

加固类型与沟底纵坡关系　　　　　　　表 1-6-2

纵坡(%)	<1	1~3	3~5	5~7	>7
加固类型	不加固	1. 土质好,不加固 2. 土质不好,简易加固	简易加固或干砌式加固	干砌式或浆砌式加固	浆砌式加固或改用跌水

沟渠加固类型　　　　　　　表 1-6-3

形式	名称	铺砌厚度(cm)	形式	名称	铺砌厚度(cm)
简易式	平铺草皮	单层	干砌式	干砌片石	15~25
	竖铺草皮	叠铺		干砌片石砂浆勾缝	15~25
	水泥砂浆抹平层	2~3		干砌片石砂浆抹平	20~25
	石灰三合土抹平层	3~5	浆砌式	浆砌片石	
	黏土碎(砾)石加固层	10~15		混凝土预制块	20~25
	石灰三合土碎(砾)石加固层	10~15		砖砌水槽	6~10

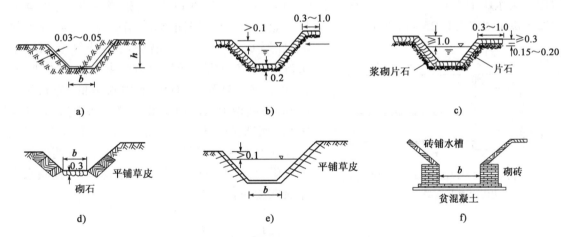

图 1-6-7　沟渠加固断面图(尺寸单位:m)

a)石灰三合土抹平层;b)干砌片石(碎石垫底);c)浆砌片石(碎石垫底);d)平铺草皮、砌石底;e)平铺草皮;f)砖砌水槽

(四)跌水与急流槽

1. 概念

在陡坡或深沟地段设置的沟底为阶梯,水流呈瀑布式跌落的沟槽称为跌水槽。在陡坡或深沟地段设置的坡度较陡,水流不离开槽底的沟槽称为急流槽。水流通过坡度大于 10%,水头高差大于 1.0m 的陡坡地段或特殊陡坎地段宜设置跌水或急流槽,并应对其采取加固措施。

2. 跌水与急流槽的作用

跌水的作用是在较短距离内,降低水流流速,消减水流能量。急流槽的作用是将上下游水位差较大的水流引到桥涵进口或路基下方。

3. 运用

跌水、急流槽的形式、断面尺寸和位置的确定应结合当地土质、地形及水流量的大小，必须保证能够宣泄全部的水流，适时予以加固并在适当地点与桥涵进口连接。

跌水、急流槽的纵坡大、水流冲刷较为严重，二者一般均须用浆砌片石或水泥混凝土砌筑，且基础应埋设牢固。因此，二者均为人工排水沟渠的特殊形式，既可单独使用，也可与其他排水构造物联合使用，形成完整的排水系统。

4. 跌水的一般构造与布置

跌水分两种，即单级跌水和多级跌水，其断面一般采用矩形。单级跌水适用于连接沟渠的水位落差较大，需要消能或改善水流方向，如边沟水进入涵洞前所设置的单级跌水—窨井，如图 1-6-8 所示。当陡坡较长时，为减缓水流速度，并予以消能，可采用多级跌水，如图 1-6-9 所示。其构造分为进水口、消力池和出水口三部分，如图 1-6-10 所示。各组成部分的尺寸，由水力计算而定。一般情况下，如果地质条件良好，地下水位较低，设计流量小于 $1.0 \sim 2.0 \text{m}^3/\text{s}$，跌水台阶(护墙)高度 p，最大不超过 2.0m。常用的简易多级跌水，p 值为 $0.3 \sim 0.6\text{m}$，每阶高度与长度之比一般应大致等于地面坡度。护墙要求石砌或混凝土浇筑。墙基埋置深度为水深的 1.0~1.2 倍，并不得小于 1.0m，且在冰冻线以下；石砌墙厚不小于 0.4m，混凝土浇筑墙厚为 0.25~0.30m。消力池起消能作用，要求坚固耐用，槽底有2%~3%的纵坡，底厚 0.25~0.4m，槽底高出计算水深以上 0.2m，壁厚与护墙类似；消力池末端设消力槛，其高度 C 依计算而定，应比池内水深低，为 $0.2 \sim 0.3p$，一般取 0.15~0.20m；槛顶厚度为 0.3~0.4m，底部预留 50~100mm 孔径的泄水口，间距 1~2m，以便断流时排除池内积水。跌水两端的土质沟渠，宜适当加固，确保水流畅通，不致使跌水产生淤塞或冲刷。

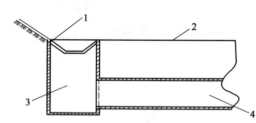

图 1-6-8 边沟与涵洞单级跌水连接图
1-边沟；2-路基；3-跌水井；4-涵洞

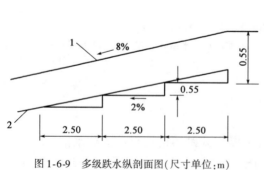

图 1-6-9 多级跌水纵剖面图(尺寸单位：m)
1-沟顶线；2-沟底线

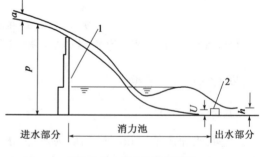

图 1-6-10 跌水构造示意图
1-护墙；2-消力栅

5. 急流槽的一般布置和构造

为在较短距离内达到降速、消能的作用，且其纵坡比跌水的平均纵坡更陡，因此要求急流槽的结构宜坚固、稳定、耐用。急流槽断面一般采用矩形或梯形，要求使用石砌或混凝土修筑，也可在岩石坡面上开槽。应急使用时,可用竹木结构做成竹(木)槽。

急流槽的结构由进口、槽身和出水口三部分组成,如图1-6-11所示。

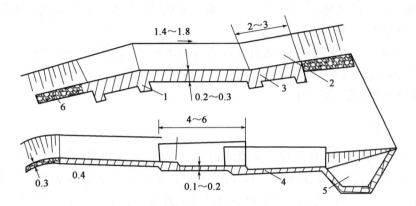

图1-6-11 急流槽构造示意图(尺寸单位:m)
1-耳墙;2-消力池;3-混凝土槽底;4-钢筋混凝土槽底;5-横向沟底;6-砌石护坡

急流槽的主要尺寸由水力计算而定。若设计流量小于$1.0m^3/s$及槽底纵坡$1:1 \sim 1:1.5$,可参照经验使用。急流槽的纵坡,一般不宜超过$1:2$。槽壁厚度:浆砌块石为$0.3 \sim 0.4m$;混凝土为$0.2 \sim 0.3m$。槽底厚度为$0.2 \sim 0.4m$,水槽壁应高出计算水位至少$0.2m$,每隔$1.5 \sim 2.5m$设一平台或每隔$2.5 \sim 5.0m$设$0.3 \sim 0.5m$深的耳墙(凸榫)嵌入基底,以防止滑动。进水口与出水口应予以防护加固。若急流槽较长时,应分段砌筑,每段长度不宜超过$5 \sim 10m$,预留伸缩缝,接头处用防水材料填缝。进水口与槽身连接处因断面不同需设过渡段,为使出水口水流流速与下游的容许流速相适应,槽底可采用几个坡度,上坡较陡,向下逐渐放缓,若流速过大,可在出水口处采取消能措施如设置消力池或与跌水联合使用,如图1-6-12所示。

(五)蒸发池

蒸发池是指在气候干燥地区的排水困难地段,在公路两侧每隔一定距离,为汇集边沟水流任其蒸发所设置的积水池。一般蒸发池边缘距路基边沟外缘的距离应以保证路基的稳定和安全为原则,并不应小于$5m$,湿陷性黄土地区不得小于湿陷半径,且池中设计水位应低于排水沟的沟底。池的容积按汇水流量决定,一般应以一个月内路基汇流入池中的雨水能及时完成渗透与蒸发作为设计依据。深可达$1.5 \sim 2.0m$。蒸发池周围可用土埂围护,防止其他水流进入池内,如图1-6-13所示。蒸发池应视具体情况采取适当的安全防护、加固措施,并注意其设置不应使附近地面盐渍化或沼泽化。

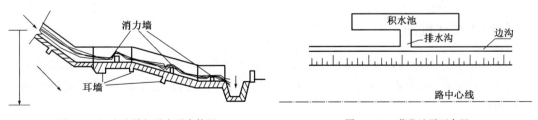

图1-6-12 急流槽与跌水联合使用　　　图1-6-13 蒸发池平面布置

(六) 油水分离池

水环境敏感地段路基排水沟出口宜设置油水分离池,排泄的水质应满足现行《污水综合排放标准》(GB 8978)的有关规定。

(1) 油水分离宜采用沉淀法,污水进入油水分离池前,应先通过格栅和沉淀池。

(2) 油水分离池的大小应根据所在路段排水沟汇入水量确定,并保证流入分离池的油水能有足够的时间分离或过滤净化。

(七) 排水泵站

排水泵站用于排出无法自流排出的路基汇水,包括集水池和泵房。集水池的容积应根据汇水量、水泵能力和水泵工作情况等因素确定,水泵抽出的水应排至路界以外。排水泵站其他设计应符合现行《泵站设计规范》(GB 50265)的相关规定。在下挖段的两端应设置泄水口、排水沟等排水设施,以拦截和引排上游方向的地表水。

(八) 下挖式通道

下挖式通道应设置独立、完善的排水系统,排除汇水区域的地表径流水和影响道路功能的地下水。排水设施的布设应与周围其他排水设施相协调。地表排水径流量计算,设计重现期不宜小于 5 年。下挖式通道宜采用自流排水方式。当条件受限制时可按表 1-6-4 确定排水方式。

下挖式通道排水方式 表 1-6-4

排水方式	适用条件
自流排水方式	可用于通道底面高于河渠底面常水位的情况
泵站排水方式	可用于降雨量大、地下水位较高且通道底面低于河渠底面而无法自排的通道
渗井排水方式	可用于年降雨量小于 600mm、地下水位低、含水层渗透性好且埋深不超过 10m 的通道排水。通道内水流进入渗井前,应经过油水分离池过滤处理,保护地下水质
蒸发池排水方式	可用于年降雨量小于 400mm、蒸发强度大、地下水位低的通道排水

(九) 互通式立交区路基排水

互通式立交区路基应设置完善、通畅的排水系统。其排水方式与结构形式应根据互通式立交形式、汇水面积、地形地质、气候条件和环境景观等确定,并应做好匝道路基排水设施与主线路基排水设施的衔接。

二、地下排水设施

地下水影响路基稳定性或强度时,应根据地下水类型、含水层埋藏深度、地层的渗透性等条件及对环境的影响,采取拦截、引排、疏干、降低或隔离等措施,地下排水设施应与地表排水设施相协调。

设置地下排水设施应进行工程地质和水文地质调查、勘探和测试,查明水文地质条件,获取有关水文地质参数。

地下排水设施形式可按下列原则确定：

（1）当地下水埋藏浅或无固定含水层时，可采用隔离层、排水垫层、暗沟、渗沟等。

（2）当地下水埋藏较深或存在固定含水层时，可采用仰斜式排水孔、渗井、排水隧道等。若地下水或地面水流量较大，应设置专用地下管道予以排除。

由于地下排水设施设置于地面以下，不易维修，建成后难以查明失效情况，因此在施工及质量检测过程中应严格按设计施工，并注重平常的养护，以免结构失效而后患无穷。

（一）排水垫层和隔离层的设计要求

（1）当黏质土地段地下水位埋深小于0.5m或粉质土地段地下水位埋深小于1.0m时，细粒土填筑的低路堤底部宜设置排水垫层或隔离层。

（2）排水垫层的厚度不应小于0.3m，垫层材料宜选用天然砂砾或中粗砂。采用复合防排水板作为隔离层时，可不设排水垫层。

（3）隔离层可选用土工膜、复合土工膜、复合防排水板等土工合成材料，防渗材料的厚度、材质及类型应根据气候、地质条件确定，土工合成材料应符合现行《公路土工合成材料应用技术规范》（JTG/T D32）的规定。

（二）暗沟（管）

暗沟（管）是设置在地面以下引导水流的沟渠，无渗水和汇水的作用。

1. 暗沟的设置与作用

暗沟的主要作用是把路基范围内的泉水或渗沟所拦截、汇集的水流等地下水流集中排到路基范围之外。当路线无法绕避时，路线下有泉眼或高速公路、一级公路中央分隔带有雨水浸入时，通过雨水口将地面水引入暗沟（管），排出路基范围。

2. 暗沟的构造及施工注意事项

暗沟属隐蔽性工程，应注意施工，避免失效。暗沟应在路基填土前或开挖后，按照泉眼范围及流量的大小或渗沟汇集的水流情况，确定断面尺寸，如图1-6-14所示。

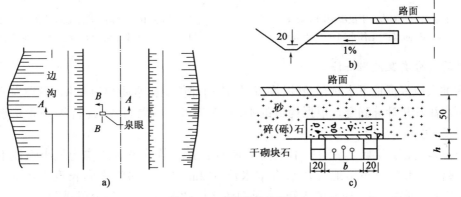

图1-6-14 暗沟结构示意图
a）平面；b）剖面 A-A；c）剖面 B-B

暗沟可分成洞式和管式两大类，沟宽或管径 b 按泉眼范围或流量大小决定，一般为 200～300mm，净高 h 约为 200mm。若两侧沟壁为石质，盖板可直接放在两侧石壁上，为防止泥土淤塞，盖板周围用碎(砾)石做成反滤层，其颗粒直径自上而下，由外及里，逐渐增大，即上面和外层铺砂，中间铺砾石，下面和内层铺碎石，每层厚度不小于 150mm，反滤层顶部设双层反铺草皮，再用黏土夯实，以免地面水下渗和黏土颗粒落入反滤层。可沿沟槽每隔 100～150mm 或当沟槽通过软硬岩层分界处时设置伸缩缝或沉降缝。

暗沟的沟底纵坡宜不小于 1%，条件困难时亦不得小于 0.5%，出水口处应加大纵坡并应高出地表排水沟常水位 0.2m 以上。寒冷地区的暗沟，应作防冻保温处理或将暗沟设置在冻结深度以下。施工时宜由下游向上游施工，并应随挖、随撑、随填。

(三) 渗沟

1. 渗沟的作用和适用范围

渗沟主要用来降低地下水位，汇集和拦截流向路基的地下水，并将其排除在路基范围之外，使路基土保持干燥，不致因地下水产生病害。

渗沟是公路路基最常见的一种地下排水沟渠，根据地下水分布情况，可设置在边沟、路肩、路基中线以下或路基上侧山坡适当位置。当地下水埋藏较浅或无固定含水层时，宜采用渗沟。

图 1-6-15 为一侧边沟下面所设的渗沟，其作用是拦截流向路基的层间水，防止路基边坡滑坍和毛细水上升危及路基的强度和稳定性。

图 1-6-16 是路基两侧边沟下面均设渗沟，用于降低地下水位，减少路基工作区内的水分，避免水分积聚造成道路的冻胀和翻浆，降低路基土的强度。

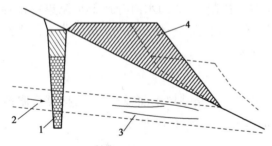

图 1-6-15　一侧边沟下设渗沟的示意图
1-渗沟；2-层间水；3-毛细水；4-可能滑坡线

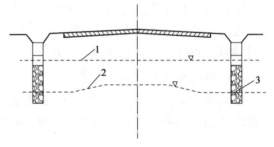

图 1-6-16　两侧边沟下设渗沟的示意图
1-原地下水位线；2-降低后地下水位线；3-渗沟

2. 渗沟的分类及使用条件

渗沟类型应根据地下水赋存条件、渗流量、使用部位及排水距离等选用，渗沟横断面尺寸应按地下水渗流量计算确定。根据构造的不同，渗沟可分为填石渗沟(盲沟)、管式渗沟和洞式渗沟三类，见图 1-6-17。

填石渗沟、无砂混凝土渗沟最小纵坡不宜小于 1%，管式及洞式渗沟最小纵坡不宜小于 0.5%。渗沟出水口应高出地表排水沟常水位 0.2m 以上。渗沟纵向长度应不大于 250～350m，若渗沟过长时，加设横向泄水管，将纵向渗沟内的水流，迅速地分段排除。

(1) 填石渗沟(盲沟)：可用于地下水流量不大、排水距离较短的地段，是常用的一种渗沟。

(2)洞式渗沟:可用于地下水流量大,或缺乏水管的情况。
(3)管式渗沟:可用于地下水流量较大、地下水位埋藏浅、地下排水距离较长的地段。

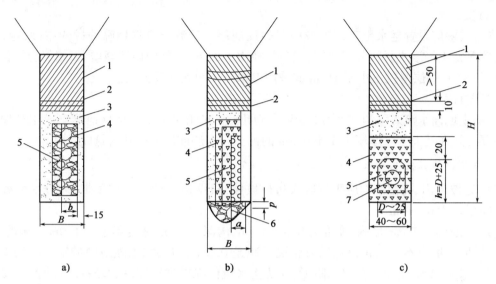

图 1-6-17 渗沟结构图示(尺寸单位:cm)
a)盲沟式;b)洞式;c)管式
1-黏土夯实;2-双层反铺草皮;3-粗砂;4-石屑;5-碎石;6-浆砌片石沟洞;7-预制混凝土管

3. 渗沟的构造

渗沟由排水层(或管、洞)、反滤层、封闭层组成,如图 1-6-17 所示。

(1)排水层(或管、洞)

①填石渗沟的排水层,可采用石质坚硬的较大碎石或卵石(粒径 30~50mm)填充,以保证其有足够的孔隙度排除设计流量。

②洞式渗沟的排水层采用浆砌片石砌洞,其作用与水管相仿,能排较大水流,如图 1-6-18 所示。

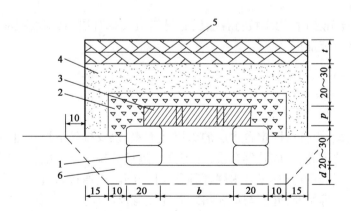

图 1-6-18 洞式渗沟的示意图(尺寸单位:cm)
1-浆砌块石;2-碎砾石;3-盖板;4-砂;5-双层反铺草皮;6-基础

③管式渗沟的渗水管可选用带孔的 HPPE 管、PVC 管、PE 管、软式透水管、无砂混凝土管。管壁孔口交错布置,间距不宜大于 200mm。

(2) 反滤层

渗沟沟壁应设置透水土工织物或中粗砂反滤层。反滤层应选用筛洗过的中砂、粗砂、砾石、无砂混凝土等渗水材料分层填筑,颗粒粒径由上而下,自外向内逐渐增大,相邻层的粒径一般不小于 1:4,每层厚度不小于 15cm 或采用渗水土工织物作反滤层。

(3) 封闭层

为防止地面水流入渗沟,渗沟顶部应设封闭层。封闭层可用双层反铺草皮或用其他材料铺成隔层,并在其上夯填厚度不小于 0.5m 的黏土防水层或用浆砌片石筑成。

4. 渗沟的施工技术要求

(1) 边坡渗沟、支撑渗沟应垂直嵌入边坡坡体,根据边坡情况可按条带形、分岔形或拱形布设,间距宜为 6~10m。

(2) 一般沟深在 2m 以内,宽度为 0.6~0.8m;沟深 3~4m,宽度不小于 1.0m。洞式、管式渗沟的纵坡一般应不小于 0.5%,特殊情况可减至 0.2%,但必须加强防淤措施。渗沟出水口必须保证水流顺畅,出口如在路基附近,须防止水流停滞或冲刷路基边坡;冰冻地区的渗沟出口应采取措施:如加大出口沟底纵坡,设保温层等,以保证水流不致冻结。

(3) 渗沟埋置深度应根据地下水位、须降低的水位高度及含水层介质的渗透系数等去确定。截水渗沟的基底埋入隔水层内不宜小于 0.5m。边坡渗沟、支撑渗沟的基底,宜设置在含水层以下较坚实的土层上。截水渗沟基底一般均埋入不透水层,迎水一侧沟壁设反滤层汇集水流,而另一侧采用黏土夯实或 M50 砂浆片石,拦截水流。

(4) 渗沟材料应采用洁净的砂砾、粗砂、碎石、片石,其中小于 2.36mm 的细粒料含量不得大于 5%。

(5) 洞式渗沟,沟底纵坡坡度较大时,宜做成台阶式并铺防渗层,当地下水流量较大且范围较广,而且当地石料比较丰富时,可采用石砌方洞。排水洞大小依设计流量而定,一般为 0.20~0.40m。洞顶可加设带泄水小孔的混凝土盖板或用条石铺砌,条石间设空隙,以利集水。

(6) 渗沟反滤层施工时,用木板将各层反滤材料组成垂直层,其高度视渗沟的填充高度而定,填筑完工后,将木板抽出。

(四) 渗水井

1. 渗水井的作用及使用条件

渗水井用于拦截、引排有固定含水层的深层地下水,以及排除下挖式通道的地表水。用于拦截和引排地下水的渗井,宜成井群布设,并与排水隧道等排水设施配合使用。渗井排列方向宜垂直于渗流方向,其深度宜穿过含水层,断面尺寸与间距应通过渗流计算确定。渗井内部宜采用洁净的砂砾碎石等填充,井壁与填充料之间应设置反滤层。

2. 渗井的构造

渗井上部为集水结构,下部为排水结构。

(1)上部构造:渗井尺寸应通过水力计算确定,渗井断面可采用圆形或方形。渗水井的顶部四周(进口除外)用黏土夯实筑堤围护,顶部加筑混凝土盖。

(2)下部结构:渗井宜采用钢筋混凝土管或波纹管,渗水井的下部必须穿过不透水层而深达透水层,井内应选用洁净的砂砾、片碎石等充填,其中小于 2.36mm 颗粒含量不得大于 5%,井壁四周应设置反滤层。

(3)渗水井结构,见图 1-6-19。

3. 施工要求

(1)渗井应离路堤坡脚不小于 10m。

(2)渗井的井深视地层构造而定,应保证将地面水或浅层地下水引入较深的透水层。透水土层较深时,可用钻机钻孔,但钻井的直径不应小于 15cm,有时可达 50~60cm。

(3)井内由中心向四周按层次分别填入由粗而细的砂石材料。粗料渗水,细料反滤。

(4)每层填充料应选取尺寸一致的材料,不得混杂,并要求筛分、冲洗,施工时用铁皮套筒或相应工具分隔填入不同粒径的材料,要求层次分明。

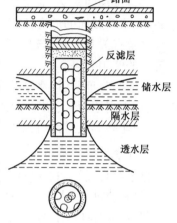

图 1-6-19 渗井结构与布置图

(五)仰斜式排水孔

1. 作用及使用条件

仰斜式排水孔用于引排边坡内的地下水。

2. 构造与布置

仰斜式排水孔的仰角不宜小于 6°,长度应伸至地下水富集部位或潜在滑动面,并宜根据边坡渗水情况成群分布。仰斜式排水孔进水口及渗水管段应包裹透水土工布,防止堵塞渗水孔。

(六)排水隧洞

排水隧洞可用于截断和引排深层地下水,埋设深度应根据主要含水层的埋藏深度确定,并应埋入稳定地层内,顶部应在滑动面(带)以下不小于 0.5m。

隧洞横断面尺寸应根据地下水涌水量计算确定,横断面净空高度不宜小于 1.8m,净宽不宜小于 1.0m。隧洞平面轴线宜顺直,洞底纵坡不应小于 0.5%,不同坡段可采用折线坡或设台阶跌水等形式连接。隧洞结构设计应符合现行《公路隧道设计规范》(JTG D70)的有关规定。

(七)检查井、疏通井

深而长的暗沟(管)、渗沟及渗水隧洞,在直线段每隔一定距离及平面转弯、纵坡变坡点处,宜设置检查井、疏通井。井内应设检查梯,井口应设井盖。检查井兼做渗井时,井壁应设反滤层。

三、排水综合设计概述

1. 排水综合设计的意义

路基排水设计包括两部分内容,即首先是进行排水系统的总体规划,或者称为排水系统设计,以及在此基础上进行各单项结构物的设计。

综合设计的含义,应包括地面与地下设备的协调配合、路基排水设备与桥涵等泄水物的合理布置、路基路面的综合治理、排水工程与防护加固工程的相互配合、路基排水与沿线农田水利规划及有关其他基本建设项目之间的联系。但主要目的在于确保路基的强度与稳定性,提高道路的使用效果。

实践经验证明,排水系统综合设计的好坏,关系到路基的强度与稳定性。特别是在多雨的山区、黄土高原地区、寒冷潮湿地段、水网密布地基软弱的平原区,以及水文地质条件不良等情况下,修建高等级道路时,必须重视路基排水的综合设计。

2. 综合设计的基本要求

排水综合设计,宜在路线平面图、地形图上进行。设计时应结合路线的平面图、纵断面图和沿线地质、地形、水文条件进行。对高等级公路中排水不良、易受水流冲刷的特殊地段,如滑坡路段、隧道洞口、干线交叉道口、连续回头曲线等排水复杂路段,应做专项公路排水综合设计。

设计中应考虑以下几点:

(1) 流向路基的地面水和地下水,分别采取边沟、暗沟、渗沟或渗井汇集及降低水位,也可在路基外适当位置设置截水沟或渗沟拦截,并引至路基范围以外指定地点,若冲刷较为严重,必要时可设置跌水或急流槽、桥涵等。

(2) 对明显的天然沟槽,一般宜"一沟一涵",不要勉强改、并;对沟槽不明显的漫流,应在上游设置束流设施加以调节,尽量汇成沟槽,导流排除。对于较大水流,注意因势利导,不要轻易改变流向,必要时配以防护加固工程,进行分流或束流。

(3) 为了提高截流效果,节省工程造价,地面沟渠应大体沿等高线布置,并尽可能垂直于流水方向直线布置,在转弯处以圆弧相接,减小水流的阻力。

(4) 各种排水结构物均应设置于稳固的地基上,不得渗流、溢水或滞留,冲刷严重时应予以加固,防止危害路基和引起水土流失。

(5) 水流应遵循最短通路迅速排出路基范围以外的原则。

(6) 路基排水综合设计,须先做事先调查,查明水源和有关现状,测绘现场图纸,进行必要的水力水文计算,做出总体规划,提出总体布置方案,逐项进行细部设计计算,并进行效益分析和经济核算。

3. 示例

图 1-6-20 所示为某路段路基排水系统综合设计平面布置图。

平面布置图上,需要注明的主要内容有:

(1) 桥涵位置、中心里程、水流方向、进出口沟底高程及其附属工程等;

(2) 地形等高线、主要沟渠、必要的路堤坡脚和路堑坡顶线;

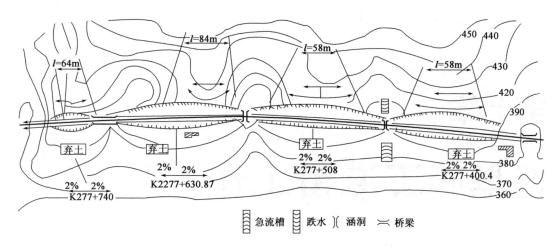

图 1-6-20　路基排水综合设计平面布置图例

(3) 沿线取土坑、弃土坑的位置；
(4) 路线交叉设施、防护与加固工程、不良地质边界、农田排灌渠道等；
(5) 各种路基排水设备的类型、位置、排水方向与纵坡、长度、出水口与分界点的位置等。

此外，根据工程设计的需要，还应附有路线及主要排水设备的纵、横断面和结构设计图。

思考题

1. 简述路基排水的目的和意义。
2. 路基排水设计的一般原则是什么？
3. 地面排水设施有哪些种类？适用性如何？
4. 边沟和截水沟的主要区别是什么？
5. 地下排水设施有哪些种类？适用性如何？
6. 路基排水系统的总体规划应遵循哪些原则？
7. 渗沟按作用不同可分为哪几种？其作用是什么？
8. 怎样做好排水设施的综合设计？

第七章 CHAPTER SEVEN
路基施工准备工作

路基施工的方法、规定、程序、内容、原则,施工准备、施工测量、路基放样、场地清理、临时工程、施工前的复查和试验工作,路基施工的主要机械及其运用要点。

第一节 概述

路基是公路的重要组成部分,是路面的基础。路基的强度和稳定性,不仅要通过设计予以保证,而且还要通过施工得以实现。因此,必须贯彻"精心设计,精细施工,质量第一"的方针。以下将公路路基施工简称为路基施工。

一、路基施工的基本方法

路基施工的基本方法按其技术特点大致可分为以下几种:

(1)人工施工。本方法主要依靠人力,使用手工工具,工效低、进度慢,工程质量难以保证。一般只在条件较为困难的三、四级公路和农村公路采用人工施工,但路基压实应采用机械碾压。

(2)简易机械化施工。本方法以人力为主,配以简易机械,与人工施工方法比较,能减轻劳动强度,加快施工进度,相应提高质量。

(3)水力机械化施工。运用水泵、水枪等水力机械,喷射强力水流,把土冲散并泵送到指定地点沉积。这种方法可用来挖掘比较松散的土层,但施工现场需有充足的水源和电源。

(4)爆破施工。这是开挖岩石路堑的基本方法之一。采用凿岩机钻孔,爆破后机械清理运碴,是岩石路基机械化施工的一般方法。除岩石路堑开挖之外,爆破法还可用于冻土(硬土)、泥沼等特殊路基施工和石料的开采与加工。定向爆破可将路基挖方直接移作填方。

(5)机械化施工。本方法采用推土机、铲运机、平地机、挖掘机、压路机及松土机等机械,经过选配组织,共同协调进行施工。各种机械设备经过组合才能发挥其最大功效,提高劳动生产率,加快施工进度,并有效地保证工程质量和施工安全,降低工程造价。目前,我国大多数高等级公路的施工都是采用这种方法,并不断加以提高和完善。机械化施工是加快公路建设速度,实现公路施工现代化的根本途径。

上述施工方法的选择,应根据工程性质条件、施工期限、现有施工条件等因素而定,同时在使用时要综合考虑各种因素,坚持因地制宜、综合配套的原则。

二、路基施工的一般规定

(1)路基施工前,应在全面理解设计要求和设计交底的基础上,进行现场调查和核对。

(2)在详尽的现场调查后,应根据设计要求、合同、现场情况等,编制实施性施工组织设计,并按管理规定报批。

(3)路基开工前必须建立健全质量、环保、安全管理体系和质量检测体系,并对各类施工人员进行岗位培训和技术、安全交底。

(4)临时工程应满足正常施工需要,应保证路基施工影响范围内原有道路、结构物及农田水利等设施的使用功能。

(5)路基施工应做好施工期临时排水总体规划和建设,临时排水设施应与永久排水设施综合考虑,并与工程影响范围内的自然排水系统相协调。

(6)石质挖方路基的施工,不宜采用大爆破方法,须采用时,应进行专门设计,并遵照大爆破规定执行。

三、路基施工的一般程序和内容

路基施工过程包括下列程序与内容:

1. 施工前的准备工作

施工前的准备工作是工程顺利实施的基础和保证。施工准备工作充分与否,直接影响工程的进度、质量、安全和施工方法、经济效益,因此必须高度重视,认真对待。准备工作的内容较多,大致可归纳为组织准备、物质准备和技术准备三个方面。

2. 填前路堤基底处理

路堤基底指路堤填料与原地面的接触部分,为使两者紧密结合、避免路堤沿基底滑动或产生承载力破坏等现象,须对基底进行填前处理。处理后的路堤基底压实度应满足以下规定:二级及二级以上的公路路堤基底压实度应不小于90%;三、四级公路应不小于85%。

3. 修建小型人工构造物

小型人工构造物包括小桥、涵洞、挡土墙、盲沟等。小型人工构造物的修建通常与路基施工同时进行,但要先行完工,以利于路基工程不受干扰地全线展开施工。

4. 路基土石方工程

该项工程包括填筑路堤、开挖路堑、路基压实、整平路基表面、整平边坡、修建排水沟渠及防护加固工程等。

5. 路基工程的交工检查与验收

路基工程交工检查与验收应按交工验收规范要求进行。这里要特别指出的是，除竣工检查与验收外，在施工过程中每一分项工程(尤其是隐蔽工程)完成时，应按相关施工标准及技术规范的要求进行检查与验收。中间验收的目的在于检查工程质量，及时发现存在的问题，研究分析采取的措施。中间验收是各工序、分项工程、分部工程、单位工程、建设项目交工检查验收达到合格或优良标准的保证措施。

四、路基施工的基本原则

路基施工的基本原则与要求如下：

(1) 路基是公路工程的重要组成部分，应具有足够的强度、稳定性和耐久性，应能承受行车荷载的反复作用和抵御各种自然因素的影响。因此，公路路基施工必须精心组织，确保工程质量。

(2) 路基施工必须遵守国家安全生产法律法规，制订安全技术措施，加强安全管理，严格执行安全操作规程，确保安全施工；必须遵守国家职业健康安全法律法规，健全施工人员健康安全保障体系，改善职业健康安全条件。

(3) 路基施工必须遵守国家生态、环境保护和土地管理的有关法律法规，尽量保护原有植被地貌，防止噪声和粉尘污染，必须妥善处理施工废弃物，必须遵守国家文物保护的法律法规。

(4) 路基施工应推行机械化施工方法。只有在条件极其困难的三、四级公路，方可采用人工施工，但路基压实必须采用机械碾压。

(5) 路基施工应按照设计要求进行，在确保工程质量的前提下，应因地制宜，合理利用当地材料和工业废料。

(6) 路基施工应在符合工艺要求和质量标准的条件下鼓励采用经过鉴定的新材料、新技术、新工艺、新设备和新的检验方法。

(7) 路基施工必须按批准的设计文件与合同的规定进行。如需变更设计或改变原定施工方案，或采用特殊施工方法时，应按施工管理程序，报请业主或监理工程师审批。

(8) 路基施工前，应进行施工组织设计。

(9) 特殊路基施工，宜进行"动态施工"。

路基施工技术人员必须认真领会上述各原则与要求的内涵，并贯彻于自己的工作之中。

第二节　路基施工准备工作内容

一、路基施工准备

1. 组织准备工作

组织准备工作主要是建立和健全施工队伍和管理机构，明确施工任务，制订必要的规章制度,确立施工所应达到的目标等,还要与有关单位及个人签订协议,在动工前将各种拆迁及征用土地等事项处理完毕。组织准备工作是做好一切准备工作的前提。

2. 物质准备工作

物质准备工作应按实施性施工组织设计的要求与合同的相关规定进行,包括各种材料与机具设备的购置、采集、加工、调运与储存,以及生活后勤供应等。

3. 技术准备工作

路基开工前,施工单位应在全面熟悉设计文件和设计交底的基础上作进一步的研究,进行施工现场勘查,核对设计文件,发现问题应及时根据有关程序提出修改意见并报请变更设计,编制施工组织设计,恢复路线,进行施工放样与场地清理,搞好临时工程的各项工作等。技术准备工作主要为以下三方面内容:

(1)进一步熟悉、研究并核对设计文件。设计文件是组织工程施工的主要依据。熟悉、核对施工图纸是领会设计意图、明确工程内容、掌握工程特点的重要环节,一般应注意以下几个方面:

①进行施工前的现场调查,核对设计计算的假设和采用的处理方法是否符合实际情况,工程质量能否保证,施工是否有足够的可靠性,对保证安全施工有无影响。

②核对施工图设计和施工方案是否合理,如需采用特殊施工方法和特定技术措施时,核对技术和设备条件有无困难。

③结合生产工艺和使用特点核对技术要求,核对施工能否满足设计规定的标准。

④核对施工图设计中材料的品种、规格、数量能否解决,有无特殊的材料要求。

⑤核对图纸说明有无矛盾,规定是否明确、齐全。

⑥核对图纸各构造物的主要尺寸、位置、高程有无错误。

⑦核对土建工程与设备安装有无矛盾,施工中如何交叉衔接。

⑧通过熟悉图纸,安排临时工程所需材料的采购、构件预制场地的建设等。

在施工人员熟悉设计文件、充分准备的基础上,由建设单位负责人召集设计、施工、监理、科研人员参加图纸会审会议。设计人员向施工方作图纸交底,讲清设计意图和对施工的主要要求。施工人员应对图纸和有关问题提出质询。最终由设计单位对图纸会审中提出的合理化建议,按程序进行变更设计或作补充设计。

(2)制订施工组织设计。根据核实的工程量、工地条件、工期要求及本单位的施工设备情况,制订实施性施工组织设计(包括选择施工方案,确定施工方法,布置施工场地,编制施工进度计划和材料、劳力、机械计划,拟定关键工程的施工技术措施与安全措施等),报业主及监理工程师审批。

(3)明确施工现场的准备工作。路基施工前,现场的准备工作有施工测量、路基放样、清理场地、修建临时工程等。

二、路基施工测量

路基施工前应做好施工测量工作,在现场恢复和固定路线,包括导线、中线、水准点的复测与固定,横断面检查与补测,增设临时水准点等。施工人员还应对路基施工工程范围内的地质、水文情况做详细调查,通过取样试验确定其性质和范围,并提出改进设计的意见和建议。

1. 路基施工测量要点

路基施工技术人员在施工测量中应注意的要点主要有:

(1)认真阅读并研究设计文件,熟悉和掌握勘测成果中的"直线、曲线及转角一览表""护桩记录"及路线平面图等设计资料。对高速公路、一级公路主要是熟悉和掌握"逐桩坐标表""导线成果表""水准点一览表",因为它们是恢复路线中线的依据。

(2)路线的主要控制桩,如交点、转点、圆曲线与缓和曲线起讫点处的控制桩,在施工中如有被挖掉、损坏或遗失的可能时,应视实地的地形与地物情况,采用有效可靠的固桩方法,予以保护或移桩。

(3)在施工期间,应根据固定桩恢复原桩(特别是高填深挖地段),并认真检核其是否符合原设计标准。

(4)中线复测后,应做好标平(基平)和中平测量,复核原水准点高程和中桩地面高程,测定增设的临时水准基点高程和加桩的地面高程,以满足施工期间引用的需要。

下列情况下应增设临时水准基点:

①桥位附近及填土超过5m的地段。

②隧道进出口、山岭垭口及其他较大的人工构造物附近(如涵洞、挡土墙等)。

③重丘、山岭区工程集中、地形复杂地段。

不可采用不符合测设精度要求的临时水准基点的高程。因此,必须对测设精度进行认真检核。如有个别水准基点有受施工影响(如爆破、行车等)的可能时,应将其移至受影响的范围之外,并检核其高程是否与原水准基点相闭合。

(5)施工前,应详细检查和核对横断面图,发现错误或有怀疑时,应进行复测,加桩处应补测横断面。

(6)路基土石方工程基本完成后,应认真做好全线的竣工测量,包括中线测量、横断面测量及中平测量,以便整修路基,并将测量成果作为竣工验收的依据。当竣工测量精度符合规定要求时,应及时将曲线的交点桩、长直线的转点桩等路线主控制桩按永久基桩的要求做好埋设工作。

(7)在所有的施工测量工作中,必须严格按照相关的规定、表格形式(表式)、计算方法等做好真实可靠的记录,并妥善归档保存。

(8)所有测量成果资料应按合同规定提交监理工程师检核认可,原始记录应存档。

(9)各级公路施工控制测量等级及主要技术要求应符合《公路路基施工技术规范》(JTG F10—2006)、《公路勘测规范》(JTG C10—2007)及《工程测量规范》(GB 50026—2007)等的规定。

2. 路线的恢复与固定

从路线勘测到施工进场一般要经过一段时间。在这段时间内,原钉桩标志可能有部分丢失或移动。因此,勘测单位向施工单位交桩后,施工方必须按设计图表对路线进行复测,把决定路线位置的各测点加以恢复。

(1)导线、中线复测和固定。

导线复测就是把控制路线中线的各导线点在地面上重新钉出。导线复测应采用满足测量精度的仪器,其测量精度应满足设计要求。在导线复测时,若原有导线不能满足施工需要,可增设满足相应精度要求的附合导线点;同一建设项目内相邻施工段的导线应闭合,并满足同等级精度要求;施工前应对可能受施工影响的导线点加以固定或改移,在开工至竣工验收的时间段内应保证其精度。

中线复测就是把标定路线平面位置的各点在地面上重新钉出。路基施工前,应进行全段中线放样并固定路线主要控制桩,高速公路、一级公路宜采用坐标法进行测量放样。中线放样时,应注意路线中线与结构物中心、相邻施工段的中线是否闭合,注意设计图纸和实际放样是否吻合,发现问题应及时查明原因,报监理工程师审批并进行处理。

(2)水准点的复测与加设。

中线恢复后,对沿线的水准点作复核性水准测量,并复核水准点一览表中各点的水准基点高程和中桩的地面高程。沿路线每500m宜有一个水准点,在结构物附近、高填深挖路段、工程量集中及地形复杂路段,宜增设临时水准点。临时水准点的高程必须符合精度要求。

(3)横断面的检查与补测。

路基施工前,应对原地面进行复测,核对或补充横断面,发现问题时应进行处理。在恢复中线时新设的桩点,应进行横断面的补测。此外,应检查路基边坡设计是否恰当,与有关构造物如涵洞、挡土墙的设计是否配合相称,取土坑、弃土堆的位置是否合理。应当注意,凡是在恢复路线时发现原设计中的一切不正确之处,都应在图纸上明确地记录下来,并与复测的结果一起呈报监理工程师复核或审批。

三、路基放样

路基施工前,应根据路线中桩、路基横断面图或路基设计表进行放样工作,目的是在原地面上标定出路基边缘、路堤坡脚及路堑坡顶、边沟以及各种附属设施(如取土坑、护坡道、弃土堆)等的位置,定出路基轮廓,放置边桩,画出作业界限,以方便施工。下面主要介绍路基边桩和边坡的放样。

(一)路基边桩的放样

路基边桩放样就是在地面上将每一个横断面的路基边坡线与地面的交点,用木桩标定出来。边桩的位置由两侧边桩至中桩的距离来确定。路基边桩的放样方法有图解法、计算法、渐进法、坐标法等。

1. 图解法

在路基横断面图上按比例量出坡脚(顶)点与中桩间的水平距离,然后在实地上用皮尺或测距仪沿横断面方向测量出该水平距离即可定出边桩,如图1-7-1中的A、B点。在每个断面都定出边桩后,再分别将中线两侧的路堤坡脚或路堑坡顶用灰线连接起来,即为路基填挖边界。此法一般用于较低等级公路。

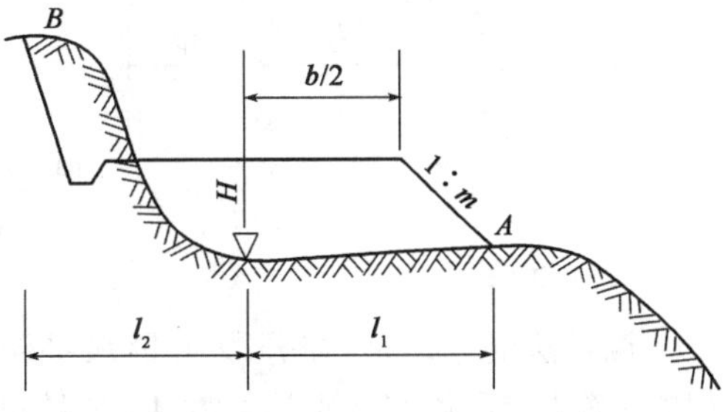

图1-7-1 图解法放边桩

图解法要点:

(1) 对向要准,测量时的横断面必须垂直中线;
(2) 用皮尺测量距离时,尺子必须拉平,横坡较大时,应分段丈量。

2. 计算法

根据施工填挖高度及路基宽度,计算出边桩与中桩距离,并以此距离标定出边桩位置。该方法精度比图解法高,主要用于平坦地形或地面横坡均匀一致地段的路基边桩放样。

(1) 平坦地形的边桩放样

路堤坡脚至中桩的距离:
$$l = b/2 + mH \tag{1-7-1}$$

路堑坡顶至中桩的距离:
$$l = b_1/2 + mH \tag{1-7-2}$$

式中:b——路基设计宽度(m);

b_1——路基与两侧边沟宽度之和(m);

m——设计边坡坡率;

H——路基中心设计填挖高度(m)。

(2) 倾斜地面上边桩放样。

当地面横坡度较大时,计算时应考虑横坡度的影响。设地面横坡度为 $1:s$,如图 1-7-2 所示,则得:

① 路堤坡脚至中桩的距离:

上侧坡脚:
$$l_1 = \frac{b}{2} + m(H - h_1) = \left(\frac{b}{2} + mH\right)\frac{s}{s+m} \tag{1-7-3}$$

下侧坡脚:
$$l_2 = \frac{b}{2} + m(H + h_2) = \left(\frac{b}{2} + mH\right)\frac{s}{s-m} \tag{1-7-4}$$

② 路堑坡顶至中桩的距离:

上侧坡顶:
$$l_1 = \frac{b_1}{2} + m(H + h_1) = \left(\frac{b_1}{2} + mH\right)\frac{s}{s-m} \tag{1-7-5}$$

下侧坡顶:
$$l_2 = \frac{b_1}{2} + m(H - h_2) = \left(\frac{b_1}{2} + mH\right)\frac{s}{s+m} \tag{1-7-6}$$

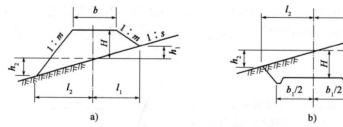

图 1-7-2 计算法边桩放样
a) 路堤;b) 路堑

3. 渐近法

渐近法的原理是:在分段丈量水平距离的同时,用水准仪、全站仪、经纬仪、手持水准仪(以下简称"手水准")或其他方法(如抬杆法、钓鱼法)测出该段地面两点的高程差,最后累计得出边桩点与中桩点的高程差,即可用公式(1-7-3)~式(1-7-6)验证其水平距离是否正确,如有不符,就逐渐移动边桩,到正确位置为止。该法精度高,既可用于高等级公路,又适用于中、低级公路。

(1) 用渐近法进行路堤坡脚桩放样如图 1-7-3 所示,路堤上侧坡脚 A 点的放样步骤如下:

① 从横断面设计图中或由计算求得上侧坡脚 A 至中桩 O 的水平距离 l',l' 为大概值;

② 从 O 点沿横断面方向测出水平距离 l' 得 A_1 点,同时测出 A_1、O 两点的高程差 h';

③ 根据 h' 用式 (1-7-3) 复算水平距离 l,如复算值大于(或小于)实测值 l' 时,说明假定的边桩距中桩太近(或太远),两者相差 $|l-l'|$;

④ 继续假定放大(或缩短) l' 值,相应地重测 h',代入式 (1-7-3) 再计算,直到计算距离 l 与实测距离 l' 相等时为止。

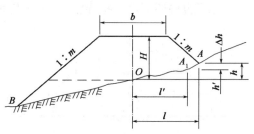

图 1-7-3 用渐近法放样路堤坡脚

用渐近法定出路堤下侧坡脚 B,方法相同,只需用式 (1-7-4) 代替式 (1-7-3) 即可。

(2) 用渐近法进行路堑坡顶桩放样,方法同上,分别用式 (1-7-5) 和式 (1-7-6) 进行验证。

例 1-7-1

已知路基横断面顶宽 $b_1=9.50\mathrm{m}$,中桩开挖高度 $H=5.20\mathrm{m}$,边坡率 $m=0.5$,参见图 1-7-4,试定出边桩。

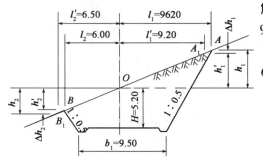

图 1-7-4 用渐近法放样路堑坡顶(单位:m)

解: (1) 定上侧坡顶 A,由横断面设计图中量得 $l'_1 = 9.20\mathrm{m}$。

(2) 丈量水平距离 l_1 得 A_1 点,同时测出 A_1 点与 O 点的高差为 $h'_1 = 4.30\mathrm{m}$。

用式 (1-7-5) 计算 l_1 进行验证:

$$l_1 = \frac{b_1}{2} + m(H + h'_1)$$

$$= \frac{9.50\mathrm{m}}{2} + 0.5 \times (5.20 + 4.30)\mathrm{m}$$

$$= 9.50\mathrm{m} > 9.20\mathrm{m}$$

说明所定边桩距中桩距离太近。

(3) 假定 $l'_1 = 9.60\mathrm{m}$,丈量水平距离,得 A 点,测得 A 和 A_1 两点的高差为 $\triangle h_1 = 0.20\mathrm{m}$,算出 A 点与中桩 O 点的高差为:

$$h_1 = h'_1 + \triangle h_1 = 4.30\mathrm{m} + 0.20\mathrm{m} = 4.50\mathrm{m}$$

(4) 继续用公式验证:

$$l_1 = \frac{b_1}{2} + m(H + h'_1) = \frac{9.50\mathrm{m}}{2} + 0.5 \times (5.20 + 4.50)\mathrm{m} = 9.60\mathrm{m}$$

计算的距离与实测的距离相等,A 点即为上侧坡顶桩,以同样的方法可得 B 点即为下侧坡顶桩。

4. 坐标法

根据路基边桩点与中线的距离和横断面方向的方位角,计算出路基两侧边桩的坐标值 (x,y),

然后用坐标放样的方法确定出边桩的位置。

(二)路基边坡的放样

有了边桩还不足以指导施工,为了使填、挖的边坡达到设计要求,还应把边坡坡度在实地标定出来,以方便施工。

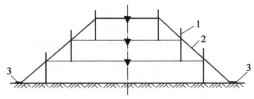

图1-7-5 分层挂线法边坡放样
1-竹竿;2-麻绳;3-边桩

1. 用竹竿、绳索(挂线法)放边坡

当路堤填土高度不大时,可一次把线挂好;当路堤高度较高时,可分层挂线,在每层挂线前,应当标定中线并用水准仪、手水准抄平,见图1-7-5。

2. 用坡度样板放边坡

施工前按照设计边坡做好边坡样板,施工时,按照边坡样板进行放样。边坡样板有活动边坡样板(坡度尺)和固定边坡样板两种。活动边坡样板(坡度尺)如图1-7-6所示,当水准气泡居中时,边坡尺的斜边所指示的坡度正好为设计边坡坡率,故借此指示检核路堤或路堑边坡。路堑边坡放样时,可采用在坡顶外侧设置固定边坡样板的方法,见图1-7-7。

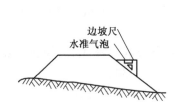

图1-7-6 活动边坡样板(坡度尺)放样

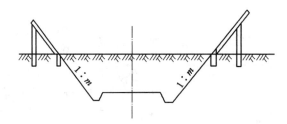

图1-7-7 固定边坡样板放样

四、清理场地

施工前应清除施工现场内所有阻碍施工或影响工程质量的障碍物。其工作内容如下:

1. 用地划界及建筑物拆迁

公路用地范围为公路路堤两侧排水沟外边缘(无排水沟时为路堤或护坡道坡脚)以外,或路堑坡顶截水沟外边缘(无截水沟为坡顶)以外不少于1m范围内的土地;在有条件的地段,高速公路、一级公路不少于3m以及二级公路不少于2m范围内的土地为公路用地范围。高填深挖路段,或不良地质地带需要采取处治措施时,为保证路基的稳定,应根据计算确定用地范围。种植多行林带的路段,应根据实际情况确定用地范围。

施工前,应进行公路用地测量,并绘制用地平面图及用地划界表,送交有关单位办理拆迁及占用土地手续。

施工前,公路用地范围内原有构造物,应根据设计要求进行处理,如路基范围内的既有垃圾堆、有机杂质、淤泥、泥炭、软土、盐渍土、草丛、各类溶穴、水井、池塘均应妥善处理。路基施工范围内的既有房屋、道路、河沟、通信电力设施、上下水道、坟墓及其他建筑物,均应会同有关部门事先拆迁或改造。若路基施工会影响沿线附近建筑物的稳定时,应予适当加固。

用地划界及拆迁建筑物工作一般由业主在施工单位进驻工地前完成。

2. 树木和灌木丛清除

公路工程占地范围内的树木、灌木丛、孤石等必须清除或移植。二级及二级以上公路路堤和填方高度小于1m的其他公路路堤,应将路基基底范围内的树根全部挖除,并将坑穴填平夯实;填方高度大于1m的二级以下公路路堤,可保留树根,但树根不能露出地面。取土坑范围内的树根应全部挖除。

应对路幅范围内和取土坑的原地面表层腐殖土、表土、草皮等进行清理,清理深度应根据种植土厚度决定,清出的种植土应集中堆放并充分利用。填方地段在清理完地表面后,还应整平压实达到设计要求,方可进行填方作业。

3. 施工场地排水

场地排水是指疏干、排除场地上所积地面水,以保持场地干燥,为施工提供正常条件。通常是根据现场情况,设置纵横排水沟,形成排水系统,或者使用抽水机强制排水,将水引入附近河渠、低洼处予以排除。为节省工程量,避免返工浪费,所开挖的排水沟应按所设计的路基排水系统布置。

在受地面积水或地下水影响的土质不良的地段施工时,为了保证工程质量,减少土方挖掘、运送和夯实的困难,施工前也应切实做好场地排水工作。

五、临时工程

临时工程与设施包括为实施永久性工程所设置的各项相关的临时性工程与相关工作,如临时道路、桥涵的修建与维护;临时电力、通信线路的架设与维修,临时供水、排污系统的建设与维护以及其他相关的临时设施的建设与维护等。临时工程的建设对于保证正常施工以及确保施工质量和安全,起着必备前提条件的作用,因此临时工程的施工要与正式工程一样进行周密地考虑。但由于它只要求在施工期内达到预期的目的,所以在确保安全、满足使用要求的前提下,应力求简化。

施工单位应按规定对临时工程与设施进行设计和施工,其设计、图纸与说明书应提交监理工程师审批。

1. 场内交通及水电设施的施工要点

(1)场内道路应常维护,保持畅通。载货车辆通过较多的道路,其弯道半径一般不小于15m,特殊情况不得小于10m;手推车道路的宽度不小于1.5m。急弯及陡坡地段应设置明显交通标志;与铁路交叉处应有专人照管,并设信号装置和落杆;靠近河流和陡壁处的道路,应设置护栏和明显警告标志,场内行驶斗车、平车的轨道应平坦顺直,纵坡不得大于3%,车辆应装制动闸,铁路终点应设置倒坡和车挡。

(2)利用现有的乡村道路作为临时道路时,应对其进行整修、加宽、加固,且设置相应的交通标志,以保证施工的需要,并应经监理工程师认可。

(3)工程施工期间,应配备人员对临时道路进行养护,以满足施工的需要。

(4)生产生活用水应进行鉴定,其水质必须符合国家现行标准。对水源应采取保护措施,防止水质污染。

（5）一切垃圾必须每天有专人负责清理、集中并合理处理，作业现场保持整洁、卫生，并不得污染周边环境。

（6）施工中所需的全部电力发电和配电系统的说明与图纸，应报监理工程师批准。

（7）电力设施和通信设施的施工，均应按相关的规范和操作规程进行。

2．临时用地

临时用地包括施工单位的办公和生活用地、仓库与料场、预制场地、借土场、工地试验室、临时道路、临时堆土场及监理工程师所需的办公、生活、试验等用地。

（1）施工技术人员必须熟悉施工组织设计文件的内容和相关规定要求。

（2）按设计图纸和规范实施施工。

六、施工前的复查和试验工作

路基工程需要大量的填料，它是路基工程的物质基础，因此，在施工前的准备工作中，必须对路基工程范围内的地质、水文情况进行调查，并通过取样、试验，确定相关材料如土、工业废渣等的性质、数量，以保证施工所需。同时要了解附近既有工程、建筑物对特殊土的处理方法，以便借鉴参考。

1．试验工作要点

（1）施工技术人员应根据设计文件提供的资料，对取自挖方、借土场、料场的路堤填料进行复查和取样试验。如设计文件提供的料场不满足要求时，应自行勘查寻找，以保证施工用料可靠和数量充足。

（2）路基施工前，应按照有关规定和要求，建立工地试验室，配备相关人员，配置试验仪器设备并进行资质认证。

（3）路基施工前，应对路基基底土进行相关实验。每公里至少取2个点；土质变化大时，视具体情况增加取样点数。

（4）应及时对来源不同、性质不同的拟作为路堤填料的材料进行复查和取样实验。土的试验项目包括：天然含水率、液限、塑限、标准击实试验、CBR试验等，必要时应做颗粒分析、相对密度、有机质含量、易溶盐含量、冻胀和膨胀量等试验。

（5）使用特殊材料作为填料时，应按相关标准做相应试验，必要时还应进行环境影响评估，经批准后方可使用。

（6）桥涵和人工构造物使用的水泥混凝土应进行原材料检验试验及配合比设计等。

2．试验路段

（1）下列情况应进行试验路段施工：

①二级及二级以上公路堤。

②填石路堤、土石路堤。

③特殊地段路堤。

④特殊填料路堤。

⑤拟采用新技术、新工艺、新材料的路基。

（2）试验路段应选择在地质条件、断面形式等工程特点具有代表性的地段，路段长度不宜小于100m。

（3）路堤试验路施工应包括以下内容：

①填料试验，检测报告等。

②压实工艺主要参数为机械组合、压实机械规格、松铺厚度、碾压遍数、碾压速度、最佳含水率及碾压时含水率允许偏差等。

③过程质量控制方法和指标。

④质量评价指标与标准。

⑤优化后的施工组织方案及工艺。

⑥试验段的检测结果。

⑦原始记录、过程记录。

⑧对施工设计图的修改建议等。

在整个试验段施工时，应加强对有关指标的检测，完工后及时写出试验报告，报监理工程师或业主审批。

七、路基施工安全

工程开工前必须进行现场调查，根据施工地段的地形、地质、水文、气象、环境等，制订相应的安全技术和环境保护措施。施工中应及时掌握气温、雨雪、风暴、汛情等预报，做好防范工作。

路基施工前，应了解施工范围内地下埋设的各种管线、电缆、光缆等情况并与相关部门联系，制订合理的安全保护措施。施工中如发现有危险品及其他可疑物品时，应立即停止施工，报请有关部门处理。

应按照国家有关规定配置消防设施和器材，设置消防安全标志。施工现场应设置醒目的安全、警示标志和安全防护设施。

路基施工现场易发生安全事故的区域主要有：易燃和易爆物品仓库，爆破区，高边坡路基填（挖）方施工段，高边坡路基防护工程区域，沿河路基施工段，交通干扰路段，居民密集区，施工便道急弯、陡坡处，建筑物拆除区域、支挡结构基础施工区域、悬崖、陡坎等，上述部位应加强防范，保证安全防范设施到位，确保施工安全。

施工技术人员作为第一线的指挥员、战斗员，必须重视施工安全，落实施工安全措施，做好施工安全工作。

第三节 路基施工的主要机械与应用要点

随着高等级公路建设的蓬勃发展，公路建设具有工程量大、工程质量要求高、施工工艺复杂等特点。为了提高施工的经济效益，机械化施工在公路工程施工中占有越来越重要的地位。机械化施工运用的劳动工具主要是施工机械，从某种意义上讲，施工机械对机械化施工起着决定性作用。

路基工程施工机械可概括为土方挖运机械、压实机械、石方施工机械三类。本节主要简单介绍这三类机械的种类及适用范围。

一、挖运机械

常用的土方挖运机械主要有推土机、铲运机、平地机、挖掘机、装载机、工程运输车辆等。常用土方机械的作业范围见表1-7-1。常用土方机械适用的施工条件见表1-7-2。

常用土方机械的作业范围　　　　　　　　　　　　　　表1-7-1

机械名称	适用的作业项目		
	施工准备工作	基本土方作业	施工辅助作业
推土机	1.修筑临时道路； 2.推倒树木，拔除树根； 3.铲草皮，除积雪及建筑碎屑； 4.推缓陡坡地形，整平场地； 5.翻挖回填井、坑、陷穴、坟	1.高度3m以内的路堤和路堑土方； 2.运距100m以内土的挖、填与压实； 3.傍山坡挖填结合路基土方	1.路基缺口土方的回填； 2.路基粗平，取弃土方的整平； 3.填土压实，斜坡上挖台阶； 4.配合挖掘机与铲运机松土、运土
铲运机	1.铲运草皮； 2.移运孤石	运距600~700m以内的挖土、运土、铺平与压实(高度不限)	1.路基粗平； 2.借土坑与弃土堆整平
自动平地机	除草、除雪、松土	修筑0.75m以内路堤与深0.6m以内路堑，填挖结合路基的挖、运、填土	开挖排水沟，平整路基，修正边坡
松土机	翻松旧路面、清除树根与废土层、翻松硬土	—	1.硬质土的翻松； 2.破碎0.5m内的冻土层
挖掘机	—	1.半径7m以内的挖土与卸土； 2.装土供汽车远运	1.挖沟槽与基坑； 2.水下捞土(反向铲土等)

常用土方机械适用的施工条件　　　　　　　　　　　　表1-7-2

路基形式及施工方法		填挖高度(m)	土方移运水平直距(m)	主要施工机械名称	机械施工运距(m)	最小工作地段长度(m)
路堤	路侧取土	<0.75	<15	自动平地机	—	300~500
		<3.00	<40	80马力推土机	10~40	—
		<3.00	<60	100~140马力推土机	10~60	—
		<6.00	20~100	6m³拖式铲运机	80~250	50~80
		>6.00	50~200	6m³拖式铲运机	250~500	80~100

续上表

路基形式及施工方法		填挖高度（m）	土方移运水平直距（m）	主要施工机械名称	机械施工运距（m）	最小工作地段长度（m）
路堤	远运取土	不限	<500	6m³拖式铲运机	<700	>50~80
		不限	500~700	9~12m³拖式铲运机	<1000	>50~80
		不限	>500	9m³自动铲运机	>500	>50~80
		不限	>500	自卸汽车运土	>500	(5000m³)
路堑	路侧弃土	<0.60	<15	自动平地机	—	300~500
		<3.00	<40	80马力推土机	10~40	—
	路侧下坡弃土	<4.00	<70	100~140马力推土机	10~70	—
	路侧弃土	<6.00	30~100	6m³拖式铲运机	100~300	50~80
		<15.0	50~200	6m³拖式铲运机	300~600	>100
		>15.0	>100	9~12m³拖式铲运机	<1000	>200
	纵向利用	不限	20~70	80马力推土机	20~70	—
		不限	<100	100~140马力推土机	<100	—
		不限	40~600	6m³拖式铲运机	80~700	>100
		不限	<800	9~12m³拖式铲运机	<1000	>100
		不限	>500	9m³自动铲运机	>500	>100
		不限	>500	自卸汽车运土	>500	(5000m³)
填挖横向利用		不限	<60	80~140马力斜角推土机	10~60	—

注：表中均指中等坚硬类土，如土质坚硬时应选用松土机将土疏松。1马力=735.499W。

（一）推土机

推土机是路基土方工程施工中最常用的机械之一，它的特点是所需作业面小、机动灵活、转移方便、短距离运土效率高、干湿地带都可以独立工作，同时也可以配合其他机械施工，因此，在土方工程机械化施工中应用广泛。

1. 推土机的分类

推土机按行走装置分为履带式和轮胎式两类；按推土板安装方式分为固定式和回转式两种；按推土板操纵方式分为机械式和液压式两类；按发动机功率大小分为小型（37kW以下）、中型（37~250kW）、重型（大于250kW）三种。目前，推土机的操纵方式大多为液压式，行走装置多为履带式，发动机功率向大功率方面发展，功率在120kW以上的其后面多带有松土器，使推土机的适用范围越来越广。

2. 推土机的适用范围

推土机一般适用于季节性较强、工程量集中、施工条件较差的工程环境,主要用于 50~100m 短距离的作业,可为铲运机与挖装机械松土和助铲,牵引各种拖式工作装置等。

履带式推土机是使用最广泛的一种推土机,适用于Ⅳ级以下土的推运。当推运Ⅳ级和Ⅳ级以上土和冻土时,须先进行松土。常见的作业方式有直铲作业、侧铲作业、斜铲作业、松土器的劈开作业。国产推土机的适用范围见表 1-7-3。

国产推土机的适用范围　　　　　　表 1-7-3

型 号		额定功率(kW)(马力)	结构质量(t)	推土装置				松土器		经济运距(m)	接地比压(kPa)	最大牵引力(kN)
				推土板(长×宽)(m×m)	安装方式	操纵方式	切土深度(mm)	类型	松土深度(mm)			
履带式推土机	移山-80	66.2(90)	14.9	3.1×1.1	固定式	机械式	—	—	—	50~100	63	99
				3.72×1.04	回转式							
	T80	—	—	3.03×1.1	固定式	机械式	180	—	—	—	—	—
	T100(DY100)	66.2(90)	13.5	3.03×1.1	回转式	机械式	180	—	—	50~100	—	90
	TY100(DY2100)	66.2(90)	16.0	3.8×0.88	回转式	液压式	650	4~5齿	550	50~100	68	90
	TY120A	103.0(140)	16.9	3.91×1	回转式	液压式	300	—	—	50~100	63	117.6
	TY120(上海)	88.3(120)	16.2	3.76×1	回转式	液压式	300	—	—	50~100	65	118
	TY80(T180)	132.4(180)	21.8	4.2×1.1	回转式	液压式	530	3齿	620	50~100	81	187.4
	TY240	176.5(240)	36.5	4.2×1.6	回转式	液压式	600	—	—	50~100	—	320
	TY320(DI554)	235.4(320)	37.0	4.2×1.6	回转式	液压式	600	多齿	1100	50~100	98	320 或 360
湿地推土机	TS120	88.3(120)	16.9	4×0.96	回转式	液压式	400	—	—	—	28	112
轮式推土机	TL160	117.7(160)	12.8	3.19×1	回转式	液压式	400	—	—	50~100	—	85
水陆两用推土机		88.3(120)	14.0	—	—	—	—	—	—	作业水深3m	—	—

注:1 马力 = 735.499W。

(二) 铲运机

铲运机主要用于较大运距的土方工程,如填筑路堤、开挖路堑和大面积的平整场地等。由于它本身能完成铲装、运输和卸铺作业,并兼有一定的压实和平整能力,所以在公路工程施工中,铲运机是一种使用范围很广的土方施工机械。

1. 铲运机分类

铲运机按铲斗容量分为小容量($3m^3$ 以下)、中等容量($3\sim14m^3$)、大斗容量($15\sim30m^3$)和特大斗容量($30m^3$ 以上)四种;按卸土方法分为强制式、半强制式和自由式三种;按操纵系统形式分为钢索滑轮式和液压操纵式两种;按行走方式分为拖式、半拖式和自行式三种。

2. 铲运机的适用范围

铲运机的适用范围主要取决于土质特性、运距、机器本身的性能和道路状况。

铲运机的经济运距视类型不同而异,一般与铲斗容量的大小成正比。铲斗容量 $6m^3$ 以下的铲运机的最短运距以不小于100m为宜,最长运距不应超过350m,经济运距为 $200\sim300m$。斗容量 $10\sim30m^3$ 的自行式铲运机,最短运距不小于800m,最长运距可达1500m以上。

铲运机应在Ⅰ、Ⅱ级土中施工,如遇Ⅲ、Ⅳ级土应预松,最适宜在湿度较小(含水率在25%以下)的松散砂土和黏土中施工,但不适宜于在干燥的粉砂土和潮湿的黏性土中作业,更不宜在地下水位高的潮湿地区和沼泽地带以及岩石类地区作业。

铲运机在施工中应尽可能地利用地形进行下坡铲装和运输以提高生产率。一般铲装时的下坡角不应大于7°或8°,如坡度过大,铲下的土不易进入斗内,效率反而降低。

不同类别铲运机的适用范围及使用条件见表1-7-4、表1-7-5。

不同类别铲运机的适用范围 表1-7-4

类别		铲装斗容(m^3)		经济运距(m)		路坡度(%)
		一般	最大	一般	最佳	
拖式铲运机		2.5~18	24	100~500	100~300	15~25
自行式铲运机	单发动机 一般铲装	10~30	50	200~2000	200~1500	5~8
	单发动机 链板装载	10~30	35	200~1000	200~600	5~8
	双发动机 一般铲装	10~30	50	200~2000	200~1500	10~15
	双发动机 链板装载	10~16	34	200~1000	200~600	10~15

几种国产铲运机的使用条件 表1-7-5

	型号	斗容量(m^3)	牵引方式及动力(kW)(马力)	操纵方式	卸土方式	切土深度(mm)	卸土深度(mm)	适用运距(m)
拖式铲运机	CT6	6~8	履带拖拉机(58.8~73.6)(80~100)	机械式	强制式	300	380	100~700
	CTY7	7~9	履带拖拉机(88.3)(120)	液压式	强制式	—	—	100~700

续上表

型 号		斗容量 (m^3)	牵引方式及动力 (kW) (马力)	操纵方式	卸土方式	切土深度 (mm)	卸土深度 (mm)	适用运距 (m)
拖式铲运机	CTY9	9~12.5	履带拖拉机(132.4~161.8) (180~220)	液压式	强制式	300	350	100~700
	CIY10	10~12	履带拖拉机(95.6~147.1) (130~200)	液压式	强制式	300	300	100~700
自行式铲运机	CL7	7~9	单轴牵引车(132.4) (180)	液压式	强制式	300	400	800~1500

注：1 马力 = 735.499W。

(三) 平地机

平地机是一种装有以铲土刮刀为主，配备其他多种可换作业装置，用于刮平和整形连续作业的工程机械。平地机的铲土刮刀比推土机的推土铲刀灵活，它能连续改变刮刀的平面角和倾斜角，使刮刀向一侧伸出，可以连续进行铲土、运土、大面积平地、挖沟、刮边坡等作业。

1. 平地机的分类

平地机按走行方式有自行式及拖式两种，自行式使用最为普遍；按工作装置（铲刀）和行走装置的操纵方式可以分为机械操纵和液压操纵两种，其中液压操纵被大多数平地机采用；按铲刀长度或发动机功率等分为轻、中、重型，见表1-7-6。

平 地 机 分 类　　　　表1-7-6

类 型	铲刀长度(m)	发动机功率(kW)	质量(kg)	车轮数
轻型	≤3	44~66	5000~9000	四轮
中型	3~3.7	66~110	9000~14000	六轮
重型	3.7~4.2	110~220	14000~19000	六轮

2. 平地机的适用范围

平地机主要用途有：从路线两侧取土，填筑不高于1m的路堤；修整路堤的横断面；旁刷边坡；开挖路槽和边沟，大面积平整等。此外，还可以在路基上拌和、摊铺路面材料；清除路肩上的杂草以及对冬季道路进行除雪等。

平地机是一种同时进行铲土、运土、卸土的连续作业机械，主要工作装置是刮刀，它可以调整四种作业运作形式，即刮刀平面回转、刮刀左右端升降、刮刀左右引伸和刮刀外侧倾斜，来完成刮刀刀角铲土侧移、刮刀刮土侧移、刮刀刮土直移和机身外刮土等作业。

(四) 挖掘机

挖掘机在公路工程中是用于挖掘和装载土、石、砂砾和散粒材料的重要施工机械。根据挖掘机的结构和工作原理不同，可分为单斗挖掘机和多斗挖掘机两大类。公路工程施工中以单斗挖掘机最为常见。故此处仅介绍单斗挖掘机。

1. 单斗挖掘机的分类

单斗挖掘机按行走方式分为履带式、轮胎式、步履式和轨行式;按采用的动力不同分为内燃式和电动式等;按传动方式分为机械传动和液压传动(近年来,机械式逐步被液压式所取代);按回转范围分为全回转式(360°)和非全回转式(小于270°)。

2. 挖掘机的使用范围

挖掘机是土石方工程施工的主要机械,它的特点是效率高、产量大,但机动性较差。因此选用大型挖掘机施工时要考虑地形条件、工程量的大小以及运输条件等。在公路工程施工中,遇到开挖量较大的路堑施工和填筑高路堤等大工程量施工时,选用挖掘机配合运输车辆组织施工是比较合理的。

为了使挖掘机发挥最大效能,在使用挖掘机时应考虑最小工程量和最低工作面高度。在使用正铲挖掘机械时,工作面的最低高度如表1-7-7所示。使用正铲和拉铲挖掘机时最小工程量如表1-7-8所示,否则很不经济。

正铲挖掘机工作面最小高度(单位:m)　　　表1-7-7

土 级 别	铲斗容量(m^3)						
	1.5	2.0	2.5	3.0	3.5	4.0	5.0
Ⅰ~Ⅱ	0.5	1.0	1.5	2.0	2.5	3.0	—
Ⅲ	—	0.5	1.0	1.5	2.0	2.5	3.0
Ⅳ	—	—	0.5	1.0	1.5	2.0	2.5

正铲、拉铲挖掘机最小工程量表(单位:m^3)　　　表1-7-8

铲斗容量	正铲挖掘机		拉铲挖掘机	
	工程量	土级别	工程量	土级别
0.5	15000	Ⅰ~Ⅳ	10000	Ⅰ~Ⅱ
0.75	20000	Ⅰ~Ⅳ	15000	Ⅰ~Ⅱ
0.75	—	—	12000	Ⅲ
1.00	15000	Ⅴ~Ⅵ	15000	Ⅰ~Ⅱ
1.00	25000	Ⅰ~Ⅳ	20000	Ⅲ
1.50	25000	Ⅴ~Ⅵ	20000	Ⅰ~Ⅱ

如果工程量较小,但又必须使用挖掘机施工时,可选用铲斗容量较小、机动性强的轮胎式全液压挖掘机。

挖掘机的主要工作条件为:工作物为Ⅰ~Ⅳ级土和松动后的Ⅴ级以上的土;可用于装载和开挖爆破后的石方以及不大于铲斗容量的石块。机械传动的正铲挖掘机,其工作面只能在停机面以上;机械传动的反铲挖掘机,其工作面只能在停机面以下;液压传动、液压操纵的正反铲挖掘机,其工作面不受此限制。

(五)装载机

装载机是一种工作效率较高的铲土运输机械,它兼有推土机和挖掘机两者的工作能力,可以进行铲掘、推运、整平、装卸和牵引等多种作业。其优点是适应性强、作业效率高、操纵简便，是一种发展较快的循环作业式机械。

1. 装载机的分类

按工作装置不同可分为单斗式、挖掘装载式和斗轮式三种；按动臂形式的不同可分为全回转式、半回转式和非回转式三种；按自身结构特点可分为刚性式和铰接式两种；按行走方式分为轮胎式与履带式两种。

2. 装载机适用范围和条件

装载机的适应范围主要取决于使用场所、土石料特性和工作环境，选用时应注意以下几点：

（1）装载机的经济合理运距。装载机在运距和道路坡度经常变化的情况下，如果整个采、装、运作业循环时间少于 3min 时，自铲自运是经济合理的。

用轮胎式装载机代替挖掘机，与自卸汽车配合工作的合理运距见表1-7-9。合理运距与设计年土石方生产量、设备斗容和装载量有关，加大装载机容量就可以增加合理运距。

轮胎装载机与自卸汽车配合的合理运距（单位：m）　　　表1-7-9

年生产量(10^4t)		10	30		50		80		100以上	
挖掘机铲斗容量(m^3)		2.25	2.25	4	2.25	4	2.25	4	2.25	4
自卸汽车载重量(t)		10	10	27	10	27	10	27	10	27
装载机质量(t)	2	470	170	260	110	160	80	110	71r	65
	4	760	280	450	190	280	130	190	118	108
	5	920	350	540	240	340	170	230	155	143
	9.9	—	800	1190	560	750	400	520	384	347
	16	—	890	1330	630	830	440	570	432	387

（2）装载机的铲斗容量应与自卸汽车车箱容积匹配。通常以 2~4 斗装满一车箱为宜，车箱长度要比装载斗宽（大）25%~75%，装载机铲斗 45°倾斜卸载时，斗齿最低点的高度要比车箱侧壁高 20~100cm。

（3）充分发挥装载机的效率。装载机作业循环时间：小型的不超过 15s，大型的不超过 20s，而且应考虑装载机走行与转弯速度。

（六）工程运输车辆

在公路工程施工中，大量土石方、砂砾料和大宗建筑材料、机电设备、施工机械等物资的运输，主要依靠轮胎式工程运输车辆。轮胎式车辆包括载货汽车和用轮胎式牵引车拖带的各种挂车和半挂车。采用轮胎式车辆的优点是行驶速度快，机动性高，能到达工地道路延伸所及的任何地点；载运筑路材料的性能范围广；对道路的弯道、坡度和路面的要求较低；产品系列齐全，与各类挖掘装载机械配套使用方便；操纵灵活，使用可靠。

公路工程部门使用的轮胎式运输车辆的类型很多，可分为公路型和非公路型两大类。

非公路型车辆的轴荷和总质量均超过公路规定标准，因此不允许在正规公路上行驶。

1. 公路型车辆

(1)自卸汽车:其特点是靠自身的动力驱动车辆行驶,车箱是直接安装在汽车车架之上的,对于自卸汽车的车箱,一般是向后倾翻卸料,侧翻卸料的车型不多。按照转向方式,可分为偏转车轮转向和铰接转向两种。采用铰接转向机构的车辆,其转弯半径较小,且有良好的越野性能。按照公路运输车辆轴荷和总质量的法规限制,公路型双轴汽车的总质量不超过20t,三轴汽车的总质量不超过30t,单后轴重不超过13t,双后轴重不超过$2 \times 12 = 24t$。

(2)牵引汽车和挂车:牵引汽车是专门用来牵引挂车和半挂车进行公路运输的,并通过支承连接装置与半挂车相连。半挂车和挂车有底卸式半挂车、后卸式半挂车(主要用来运输砂石材料)、阶梯车架式半挂车和重型平板挂车(用来运输施工机械)等形式。

2. 非公路型车辆

非公路型车辆包括:后卸式或侧卸式重型自卸汽车、双轴牵引车拖带的底卸式或侧卸式半挂车、单轴牵引拖带的底卸式或后卸式半挂车。

与公路型自卸式汽车相比较,非公路型车辆的后卸式重型自卸汽车,外形尺寸较大,车轴荷载不受公路运输车辆轴荷和总质量的限制。

在公路工程施工中使用最普遍的工程运输车辆是各种型号的载货自卸汽车。

二、压实机械

路基工程应采用专门的压实机械压实。压实机械的选择应根据工程规模、场地大小、填料种类、压实度要求、气候条件、压实机械效率等因素综合考虑确定。

1. 压实机械的分类

(1)按压实力作用原理分为碾压式(静力碾压式)、振动式和夯击式三种类型。

①碾压式压路机。碾压式压路机是依靠机械自身重力的静压力作用,利用滚轮在碾压层表面往复滚动,使被压实层产生一定程度的永久变形而达到压实目的。这类压实机械包括各种型号的光轮压路机(两轮和三轮)、轮胎压路机、羊脚压路机及各种拖式压滚等。

②振动式压路机。振动式压路机是利用专门的振动机构,以一定的频率和振幅振动,并通过滚轮往复滚动传递给压实层,使压实材料的颗粒在振动和静压力联合作用下发生振动位移而重新组合,使之提高密实度和稳定性,达到压实目的。这类机械包括各种拖式和自行式振动压路机。

③夯击式压路机。夯击式压路机又可分为冲击夯实和振动夯实两类。冲击夯实是利用机械在运动过程中离开地面上升到一定高度然后自由落下所产生的冲击力把材料层压实,这类机械包括各种内燃式和电动式夯土机等。

振动夯实除具有冲击夯实力外,还有振动力同时作用于被压实层,这类机械包括振动平板夯和快速冲击夯等。

(2)按行走方式分为拖式和自行式两类。

(3)按碾轮形状分为光(钢)轮、羊脚轮和充气胎轮三种。

2. 使用范围

(1)光(钢)轮压路机

光(钢)轮压路机按其质量可分为特轻型、轻型、中型、重型和特重型五种。光(钢)轮压路机由于单位线压力小,压实深度浅,适用于一般的筑路工程。其应用范围见表1-7-10。

光(钢)轮压路机应用范围　　　　　　　　　　　表1-7-10

按质量分类	加载后质量(t)	单位直线压力(kPa)	应 用 范 围
特轻型	0.5~2.0	>800~2000	压实人行道和修补沥青类路面
轻型	>2~5	>2000~4000	压实人行道、沥青表处层、公园小道、体育场和土路基
中型	>5~10	>4000~6000	压实路基、砾石、碎石基层、沥青混合料层
重型	>10~15	>6000~8000	砾石、碎石类基层、沥青混合料层的终压作业
特重型	>15~20	>8000~12000	压实大块石填筑的路基和碎石结构层

(2)羊脚(凸块)压路机

羊脚(凸块)压路机有较大的单位压力(包括羊脚的挤压力),压实深度大而均匀,并能挤碎土块,因而有很好的压实效果和较高的生产率。

(3)轮胎压路机

轮胎压路机机动性好,便于运输,进行压实工作时土与轮胎同时变形,接触面积大,并有揉合的作用,压实效果好。其适用于黏性土、非黏性土的压实及沥青混合料的复压。

(4)振动压路机

振动压路机单位线压力大,振动力影响深,因此压实深度较大,压实遍数相应较少。振动压路机种类繁多,应用广泛。各种振动压路机的应用范围见表1-7-11。

振动压路机应用范围　　　　　　　　　　　表1-7-11

质量和类型	块石	砂 砾 石		粉土、粉质土、冰碛土		黏　　土	
		优良级配	均匀粒级	粉质砂、粉质砾石、冰碛土	粉土砂质粉土	低、中强黏土	高强度黏土
3t 以下钢轮	—	△	△	△	△	—	—
3~5t 钢轮	—	①	①	△	△	△	—
5~10t 钢轮	△	①	①	①	△	△	△
10~15t 钢轮	①	①	①	①	△	△	△
振动凸块式	—	—	—	△	①	①	①
振动羊足式	—	—	△	△	△	①	①

注:①——适用;△——可用。

(5)夯击式压路机

夯击式压路机体积小、质量小,主要用于狭窄工作面的铺层压实。

几种常用压路机的使用技术性能见表1-7-12,各种土质适宜的碾压机械见表1-7-13。

常用压路机的使用技术性能　　　　　　　　　　表1-7-12

机 具 名 称	最大有效压实厚度(实厚)(m)	碾压行程次数				适宜的土类
		黏性土	亚黏土	粉砂土	砂性土	
人工夯实	0.10	3~4	3~4	2~3	2~3	黏性土与砂性土

续上表

机具名称	最大有效压实厚度（实厚）(m)	碾压行程次数				适宜的土类
		黏性土	亚黏土	粉砂土	砂性土	
牵引式光面碾	0.15	—	—	7	5	黏性土与砂性土
羊脚碾(2个)	0.20	10	8	6	—	黏性土
自动式光面碾 5t	0.15	12	10	7	—	黏性土与砂性土
自动式光面碾 10t	0.25	10	8	6	—	黏性土与砂性土
气胎路碾 25t	0.45	5~6	4~5	3~4	2~3	黏性土与砂性土
气胎路碾 50t	0.70	5~6	4~5	3~4	2~3	黏性土与砂性土
夯击机 0.5t	0.40	4	3	2	1	砂性土
夯击机 1.0t	0.60	5	4	3	2	砂性土
夯板 1.5t,落高 2m	0.65	6	5	2	1	砂性土
履带式	0.25	6~8		6~8		黏性土与砂性土
振动式	0.40	—	—	2~3		砂性土

各种土质适宜的碾压机械　　　　表 1-7-13

机械名称	土的类别				备 注
	细粒土	砂类土	砾石土	巨粒土	
6~8t 两轮钢轮压路机	A	A	A	A	用于预压整平
12~18t 三轮钢轮压路机	A	A	A	B	最常使用
25~50t 轮胎压路机	A	A	A	A	最常使用
羊脚压路机	A	C 或 B	C	C	粉、黏土质砂可用
振动压路机	B	A	A	A	最常使用
凸块式振动压路机	A	A	A	A	最宜使用于含水率较高的细粒土
手扶式振动压路机	B	A	A	C	用于狭窄地点
振动平板夯	B	A	A	B 或 C	用于狭窄地点,机械质量 800kg 的可用于巨粒土
手扶式振动夯	A	A	A	B	用于狭窄地点
夯锤(板)	A	A	A	A	夯击影响深度最大
推土机、铲运机	A	A	A	A	仅用于摊平土层和预压

注:1. 表中符号:A 代表适用;B 代表无适当的机械时可用;C 代表不适用。
2. 土的类别按《公路土工试验规程》(JTG E40—2007)的规定划分。
3. 对特殊土和黄土(CLY)、膨胀土(CHE)、盐渍土等的可按细粒土选择压实机械。
4. 自行式压路机宜用于一般路堤、路堑基底的换填等的压实,宜采用直线式进退运行。
5. 羊脚压路机(包括凸块式碾、条式碾)应有钢轮压路机配合使用。

三、石方施工机械

在公路施工过程中,除了填筑、开挖土方路堤路堑等路基工程外,常常在路线通过山岭、丘陵以及沿溪傍山地带时,遇到集中或分散的岩层和大块石;在开挖路堑或半填半挖路基时,就需要填筑、开挖石方;在公路的施工过程中为了修筑桥涵、防护加固工程,还需要大量的块(片)石与各种规格的碎石。这些石方的填筑、开挖和石料的开采、加工过程称为石方工程施工,用于对石方的填筑、开挖和石料的开采、加工的机械与设备称为石方施工机械。石方施工机械主要有空气压缩机(简称空压机)、凿岩机、破碎机和筛分机等。公路施工中常使用的机械与设备是空压机、凿岩机和破碎机。

1. 空压机

空压机是一种以内燃机或电动机作为动力,将自由空气压缩成高压空气的机械。它所制配出来的压缩空气是驱动各种风动工具的动力来源,故有时又称它为动力机械。在筑路工程中,活塞式空压机使用极为广泛。

2. 凿岩机

石方工程的主要工作就是凿岩打孔。凿岩打孔(钻炮眼)是实现爆破、大规模进行石方路基施工的基础。凿岩机是石质隧道和石料开采等石方工程凿岩打孔的主要工具。凿岩机还可以用来改作破碎器,用于破碎原有混凝土之类的坚硬层,以便坚硬层的重新修造。

凿岩机按其动力来源,可分为风动、内燃和电动三种基本类型。所有类型的凿岩机,他们的工作都是在旋转过程中用钢钎进行冲击。如果将机头加以改装,使之只冲击不旋转,便成了破凿机具(又称风镐)。

3. 破碎机

用凿岩机在岩层上凿击炮眼,放进炸药经爆破后可得到一些大小不等的石块,不能用来铺筑路面和制配混凝土材料。为了获得各种规格的碎石,还必须将大的石块破碎成碎石(常常要经过多次破碎,才能符合要求)。破碎机的功能就是机械化地破碎石块。

破碎机按其结构不同,可分为颚式、锥式、锤式和滚筒式四大类。这些破碎机根据加工前后石块尺寸大小,又可分为粗碎、中碎和细碎三类。

思考题

1. 简述路基施工的重要性。
2. 施工准备工作包括哪些内容?
3. 施工前熟悉设计文件有什么作用?
4. 施工现场有哪些准备工作?
5. 叙述路基边桩放样的方法及各自的使用条件。
6. 路基施工机械有哪些类型?
7. 土方挖运机械主要包括哪些机械?各有什么特点及适用范围?
8. 压实机械有哪几种?叙述各种压实机械的适用范围。
9. 石方施工机械主要有哪些?各自有什么用途?

第八章 路基施工
CHAPTER EIGHT

土质路基填挖方案与施工方法，路基压实的意义与机理，影响压实效果的因素，压实的原则与方法、压实标准、压实质量控制与检查；防护工程、重力式挡土墙、混凝土挡土墙的施工；爆破作用原理，炸药、起爆器材的种类和起爆方法，常用的爆破方法及特点；路基的整形、检查验收；路基工程质量标准。

第一节 填方路堤施工

一、一般规定

为了保证路堤的强度和稳定性，在填筑路堤时，要处理好路基基底，保证必需的压实度及正确选择填筑方案。一般必须注意以下问题。

1. 路堤基底的处理

路堤基底指路堤填料(土石)与原地面的接触部分。为使两者紧密结合避免路堤沿基底滑动，需视基底土质、水文、坡度和植被情况及填土高度采取相应的处理措施。

（1）稳定斜坡上地基表层的处理，应符合下列要求：

①地面横坡缓于 1:5 时，在清除地表草皮、腐殖土后，可直接在天然地面上填筑路堤。

②地面横坡为 1:5～1:2.5 时，原地面应挖台阶，台阶宽度不应小于 2m。当基岩面上的覆盖层较薄时，宜先清除覆盖层再挖台阶；当覆盖层较厚且稳定时可予保留。

（2）地面横坡陡于 1:2.5 地段的陡坡路堤，必须检算路堤整体沿基底及基底下软弱层滑动的稳定性，抗滑稳定系数必须符合规范规定，否则应采取改善基底条件或设置支挡结构物等防滑措施。

（3）当路基受到地下水影响时，应采取拦截引排地下水或在路堤底部填筑渗水性好的材料等措施。

(4) 地基表层应碾压密实。一般土质地段,高速、一级和二级公路路堤基底的压实度(重型)不应小于90%;三、四级公路不应小于85%。低路堤地基表层土应进行超挖、分层回填压实,其处理深度不应小于路床深度。

(5) 稻田、湖塘等地段,应视具体情况采取排水、清淤、晾晒、换填、加筋、外掺无机结合料等处理措施。

(6) 当为软土地基时,处理措施见第四章第四节。

2. 填料选择

由于沿线土石的性质和状态不同,用其填筑的路基的稳定性也有很大差异,为保证路堤的强度与稳定性,应尽可能选择当地稳定性良好的土石作填料。在选择填料时,一方面要考虑料源和经济性,另一方面要顾及填料的性质是否合适。为了节约投资和少占耕地良田,一般应利用附近路堑或附属工程的弃方作为填料,或者将取土坑布置在荒地、空地或劣地上。为保证路堤的强度与稳定性,路基填筑材料(填料)应采用强度高、水稳定性好、压缩变形小、便于施工压实以及运距经济的土石材料,不得采用不符合设计或规范规定的不适用土料作为路基填料。路基填料强度应符合《公路路基设计规范》(JTG D03—2015)的规定。

(1) 碎石土、卵石土、砾石土、中砂和粗砂等,具有透水性好、摩阻系数大、强度受水的影响小等优点,是填筑路堤的良好材料。

(2) 亚砂土、亚黏土、轻黏土等,经压实后能获得足够的强度和稳定性,是比较理想的路堤填料。但需注意,土中的有机质和易溶盐含量不应超出规定的数量。

(3) 路堤填料不得使用泥炭、沼泽土、冻土、有机土、生活垃圾、含草皮土、树根和有腐殖质的土。冰冻地区的路床及浸水部分的路堤不应直接用粉土填筑。当采用盐渍土、黄土、膨胀土填筑路堤时,应遵照有关规定执行。

(4) 液限大于50%、塑性指数大于26的土,以及含水率超过规定的土,不得直接作为路堤填料。需要应用时,必须采取满足设计要求的技术处理,经检验合格后方可使用。

(5) 钢渣、粉煤灰等材料,可用作路堤填料,其他工业废渣在使用前应进行有害物质的含量试验,避免有害物质超标,污染环境。

(6) 捣碎后的种植土,可用于路堤边坡表层。

(7) 浸水路堤、桥涵台背及挡土墙墙背应选用渗水性良好的填料。

各级公路路基填方材料的最小强度和最大粒径应符合表1-8-1的要求。

路堤填料最小强度和最大粒径 表1-8-1

路基部位		路面底面以下深度(m)	填料最小承载比(CBR)(%)			填料最大粒径(cm)
			高速公路、一级公路	二级公路	三、四级公路	
上路床		0~0.3	8	6	5	10
下路床	轻、中等及重交通	0.3~0.8	5	4	3	10
	特重、极重交通	0.3~1.2	5	4	—	10
上路堤	轻、中等及重交通	0.8~1.5	4	3	3	15
	特重、极重交通	1.2~1.9	4	3	—	15

续上表

路基部位		路面底面以下深度（m）	填料最小承载比（CBR）（%）			填料最大粒径（cm）
			高速公路、一级公路	二级公路	三、四级公路	
下路堤	轻、中等及重交通	1.5以下	3	2	2	15
	特重、极重交通	1.9以下				

注：1. 该表 CBR 试验条件应符合《公路土工试验规程》（JTG E40—2007）的规定。
　　2. 年平均降雨量小于400mm地区，路基排水良好的非浸水路基，通过试验论证可采用平衡湿度状态的含水率作为 CBR 试验条件，并应结合当地气候条件和汽车荷载等级，确定路基填料 CBR 控制标准；
　　3. 当三、四级公路铺筑沥青混凝土和水泥混凝土路面时，应采用二级公路的规定；
　　4. 当路基填料的 CBR 值达不到表1-8-1的要求时，可掺石灰或其他稳定材料处理。

3. 填土压实

填土压实是保证路堤填筑质量的关键。为此，必须控制每层土的厚度、含水率和压实度，并选择合适的压实机械与压实厚度，以及合理的施工填筑方案等。详见本章第三节路基压实。

4. 路堤拓宽改建要求

（1）拓宽改建路堤的填料，宜选用与既有路堤相同且符合要求的填料，或较既有路堤渗水性强的填料。当采用细粒土填筑时，应做好新老路基之间排水设计；必要时，可设置排水渗沟，排除路基内部积水。

（2）拓宽既有路堤时，应按要求拆除老路堤边缘构造物，清除老路堤坡面松土，挖除清理的法向厚度不宜小于0.3m，并从老路堤坡脚向上开挖台阶，台阶宽度不应小于1.0m，然后自下而上逐层填筑。当路堤较高时，在路堤底部、中部、路床加铺土工格栅，以提高新老路基的整体性，减少其差异沉降变形；当加宽拼接宽度小于0.75m时，可采用超宽填筑或翻挖既有路堤等施工措施。

（3）拓宽路堤边坡和坡度应按填方路基的规定进行。

二、填筑方案与施工方法

路堤基本填筑方案有分层填筑法、竖向填筑法和混合填筑法三种。填方路堤分几个作业段施工时，接头部位如能交替填筑，则应分层相互交替搭接，搭接长度不小于2m；如不能交替填筑，则先填路段应按1:1坡度分层预留台阶。

（一）分层填筑法

路堤填筑必须考虑不同的土质，从原地面逐层填起，并分层压实，每层厚度随压实方法而定。分层填筑方法又可分为水平分层填筑和纵坡分层填筑两种。

1. 水平分层填筑

填筑时按照横断面全宽分成水平层次，逐层向上填筑。如原地面不平，应由最低处分层填起，每填一层，经压实合格后再填一层，依此循环进行直至达到设计高程。此法施工操作方便、安全、压实质量容易得到保证，见图1-8-1。

2. 纵坡分层填筑

纵坡分层填筑适用于推土机或铲运机从路堑取土且填筑运距较短的路堤。依纵坡方向分层、逐层推土填筑。原地面纵坡小于20°的地段可用此法施工,见图1-8-2。

图1-8-1 水平分层填筑法　　　　图1-8-2 纵坡分层填筑法

(二) 竖向填筑(横向填筑) 法

从路基一端按各横断面的全部高度,逐步推进填筑,适用于无法自下而上分层填土的陡坡、断岩或泥沼地区,见图1-8-3。此法的缺点是,因填土过厚,所以路堤不易被压实,且会使路堤沉陷不均匀。为此,应采用必要的技术措施,如选用高效能的压实机械(振动或夯击式压路机)碾压;采用沉陷量较小的砂性土或废石方作填料;暂不修建较高级路面,允许短期自然沉落等。

(三) 混合填筑法

当高等级公路路线穿过深谷陡坡,且要求上部的压实度标准较高时,路堤下层采用竖向填筑,上层采用水平分层填筑,此种方法称为混合填筑法,见图1-8-4。

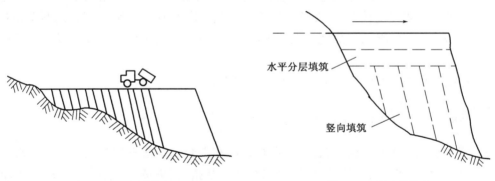

图1-8-3 竖向填筑法　　　　图1-8-4 混合填筑法

三、不同土质填筑路堤的规定

在施工中,沿线的土质经常发生变化,为避免将不同性质的土任意混填,以致造成路基病害,必须在施工前进行现场调查,做出正确的规划,拟定合理的调配方案。

1. 不同土质混合填筑须遵守的规定

(1)不同土质混合填筑路堤时,应水平分层、分段填筑,分层压实,同一水平层路基应采用同一种填料。分层数应尽量减少,每种填料的填筑层被压实后的连续厚度不宜小于500mm,填筑路床顶最后一层时,压实后的厚度应不小于100mm。不得混杂乱填,以免形成水囊或滑动面。

（2）透水性较小的土填筑路堤下层时，其表面应做成2%~4%的双向横坡，并采取相应的防水措施，以保证来自上层透水性填土的水分及时排出。

（3）透水性较小的土填筑上层时，不应覆盖在透水性较大的土所填筑的下层边坡上，以保证水分的蒸发和排除。

（4）潮湿或冻融敏感性小的填料应填筑在路基上层，强度较小的土应填在下层。在有地下水的路段或临水路基范围内，宜填筑透水性好的填料。

（5）为防止相邻两段用不同土质填筑的路堤在交接处发生不均匀变形，交接处应做成斜面，并将透水性差的土填在斜面下部，如图1-8-5所示。

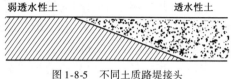

图1-8-5 不同土质路堤接头

用不同土质填筑路堤的正确与错误方案如图1-8-6所示。

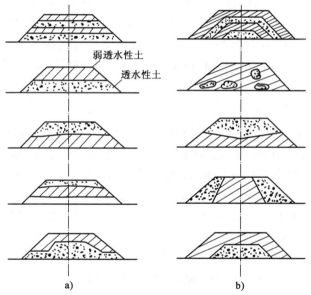

图1-8-6 路堤分层填筑方案
a)正确方案；b)错误方案

2. 填石路堤的填筑方法

填石路堤指采用粒径大于40mm、含量超过70%的石料填筑的路堤。

（1）填石路堤填料粒径应不大于500mm，并不宜超过层厚的2/3，不均匀系数宜为15~20。路床底面以下400mm范围内应设置碎石过渡层，过渡层碎石粒径应小于150mm，其中小于0.05mm的细粒料含量不应小于30%，必要时，宜设置土工布隔离层；路床范围应用符合要求的土填筑，填料粒径应小于100mm。

膨胀岩石、易溶性岩石不宜直接用于路堤填筑，崩解性岩石和盐化岩石不得直接用于路堤填筑。强风化石料或软质岩石，应按土质路堤施工规定，先检验其CBR值，如CBR值不符合要求则不能使用，符合要求时，则按土质路堤的技术要求进行施工。

(2)填石路堤基底处理:除满足土质路堤基底处理规定外,还应满足承载力要求。若是在非岩石地基上填筑填石路堤,应按设计要求设置过渡层。

(3)填筑填石路堤应符合以下规定:

①路堤施工前,应先修筑试验路段,确定满足规范规定孔隙率标准的松铺厚度、压实机械型号及组合、压实速度及压实遍数、沉降差等参数,以控制施工。

②路床施工前,应先修筑试验路段,确定能达到最大干密度的松铺厚度、压实机械型号及组合、压实速度及压实遍数、沉降差等参数。

③二级及二级以上公路的填石路堤应分层填筑压实。二级以下砂石路面公路在陡峻山坡地段存在施工困难时,可采用倾填的方式将石料填筑于路堤下部,但在路床底面以下不小于1.0m范围内仍应分层填筑压实。

④岩性相差较大的填料应分层或分段填筑。严禁将软质石料与硬质石料混合填筑。

⑤填石路堤边坡高度较高时,可在边坡中部设1~3m宽度的边坡平台。采用中硬、硬质石料填筑的路堤应进行边坡码砌,码砌石料强度应大于30MPa,最小尺寸不应小于300mm,石料应规则。码砌的厚度:填高小于或等于5m时,应不小于1m;填高为5~12m时,应不小于1.5m;填高大于12m时,应不小于2m。边坡码砌与路基填筑宜基本同步进行。

⑥填石路堤应采用大功率推土机和自重不小于18t的振动压实机械施工。

⑦在填石路堤顶面与细粒土填土层之间应按设计要求设过渡段。

3. 土石路堤的混填方法

土石路堤是指采用石料含量占总质量30%~70%的土石混合材料修筑的路堤。

(1)土石混合填料中,中硬、硬质石料的最大粒径不得大于压实层厚的2/3;石料为强风化或软质石料时,其CBR应符合土质填料最小强度要求,石料最大粒径不得大于压实层厚。膨胀岩石、易溶性岩石等不宜直接用于路堤填筑,崩解性岩石和盐化岩石等不得直接用于路堤填筑。

(2)土石路堤基底处理:除满足土质路堤基底处理规定外,在陡、斜坡地段,土石路堤靠山一侧应按设计要求做好排水和防渗处理。

(3)填筑土石路堤应符合以下规定:

①土石路堤宜选用质量不小于18t的振动压实机械施工。

②路堤施工前,应根据土石混合材料的类别分别进行试验路段施工,确定能达到最大压实干密度的松铺厚度、压实机械型号及组合、压实速度及压实遍数、沉降差等参数,以控制施工。

③土石路堤不得倾填,应分层填筑压实。

④土石路堤碾压前应使大粒径石料均匀分散在填料中,石料间孔隙应填充小粒径石料、土和石渣。

⑤压实后透水性差异大的土石混合材料,应分层或分段填筑,不宜纵向分幅填筑;如确需纵向分幅填筑,应将压实后渗水性良好的土石混合材料填筑于路堤两侧。

⑥土石混合材料来自不同料场,其岩性或土石比例相差较大时,宜分层或分段填筑。

⑦填料由土石混合料变化为其他填料时,土石混合材料最后一层的压实厚度应小于300mm,该层填料最大粒径宜小于150mm,压实后,该层表面应无孔洞。

⑧土石路堤中石料为中硬、硬质石料时,应进行边坡码砌,码砌边坡要求与填石路堤相同。边坡码砌与路基填筑宜基本同步进行。若为软质石料,边坡处理与土质边坡相同。

四、桥涵及结构物的回填

桥涵及构造物的回填土填筑工作必须在隐蔽工程验收合格后进行。

1. 填料

桥涵及结构物的填料,除设计文件另有规定外,宜采用透水性材料、轻质材料、无机结合材料等,非透水材料不得直接用于回填。

2. 回填土范围

台背填土顺路线方向长度:自台身背面起,顶面长度不小于台高加 2m,底面长度不小于 2m;拱桥(涵)台背填土长度应不小于台高的 3~4 倍。

3. 填筑

回填土时对桥涵圬工的强度等要求应按照《公路桥涵施工技术规范》(JTG/T F50—2011)有关规定处理。

(1)基坑回填必须在隐避工程验收合格后方可进行。基坑回填应分层填筑、分层压实,分层厚度宜为 100~200mm。二级及二级以上公路,采用小型夯实机具时,基坑回填的分层压(夯)实厚度不宜大于 150mm,并应压(夯)实到设计要求的压实度。

(2)台背及与路堤间的回填应符合以下规定:

①二级及二级以上公路应按设计做好过渡段(长度为路基填土高度的 2~3 倍),过渡段路堤压实度应不小于 96%,并应按设计做好纵向和横向防排水系统。

②二级以下公路的路堤与回填的联结部,应按设计要求预留台阶。

③台背回填部分的路床宜与路堤路床同步填筑。

④桥台背和锥坡的回填施工宜同步进行,一次填筑并保证压实整修后能达到设计宽度要求。

(3)涵洞回填施工应符合以下规定:

①洞身两侧,应对称分层回填压实,填料粒径宜小于 50mm。

②两侧及顶面填土时,应采取措施防止压实过程对涵洞产生不利后果。如使用机械回填,则涵洞胸腔部分及检查井周围应先用小型压实机械压实填好后,方可用机械进行大面积回填。涵洞顶面填土压实厚度大于 50cm 时,方可通过重型机械和汽车。

五、高填土路堤

对于在水稻田或长年积水地带,用细粒土填筑路堤高度大于 6m、其他地带填土或填石路堤高度大于 20m 的高填方路堤,应严格按设计分层填筑边坡,不得缺填,分层厚度根据所采用的填料而定。

高填方路堤宜优先采用强度高、水稳定性好的材料,或采用轻质材料。受水淹、浸部分,应采用水稳性和透水性均较好的材料。

高填方路堤基底承载力应满足设计要求,特殊地段或承载力不足的地基应按设计要求进行处理。对于覆盖层较浅的岩石地基,宜清除覆盖层。填挖结合的一侧高填方基底为斜坡时,应按规定挖横向台阶。

高填方路堤的边坡坡率,一般应进行单独设计,通过稳定性检算或论证确定。高路堤的边坡形状,填料为细粒土时,一般宜采用折线形边坡,该边坡在长期使用中也能保持这种形状;采用不易风化石块填筑时,由于边坡表层通常要进行码砌,做成折线形并不困难,故也宜采用折线形边坡;填料为中砂、粗砂、砾石土、卵石土以及易风化岩块时,由于这些填料难于长期保持折线形状,故宜在边坡中部适当位置设宽 1~2m 的平台,平台上下均用直线形边坡,降水量较大的地区平台上应加设截水沟。在填方路堤完成后,对设计边坡外的松散弃土进行清理。高填方路堤受水浸淹部分,其边坡比不宜陡于 1:2。

高填方路堤的边坡一般都要有坡面防护措施;路肩上应有拦水带将水引到边沟或用急流槽将水引离路堤。

由于高填方路堤填筑体对地基施加压力较大,会使地基产生压缩变形,填筑体在自身重力作用下也压密变形,这些变形均需要一定时间才能完成,因此,高填方路堤宜优先安排施工,施工过程宜进行沉降观测,按设计要求控制填筑速率。

高填方路堤的压实应视所属自然区划、路面等级的不同严格控制,以防填土沉降过多,避免过分疏松而在雨水浸湿后引起坍塌。在施工中考虑到填土沉落,应按设计要求预留路堤高度与宽度而超填这一部分,并进行动态监控,使最终沉降后路基能维持路基设计高程及其路基宽度。如果地基良好,确定填土剩余沉降量亦有困难,填筑时一般应加 1%~5% 高度的预留沉降量。具体数值,视填料性质、压实质量和施工期限而定。

填料性质差别较大时,不宜分段或分幅填筑,以免不同填料的界面上形成滑动面,或者出现不均匀沉降。

第二节 土质路堑开挖

路堑由天然地层构成,开挖后边坡易发生变形和破坏,路基的病害常发生在路堑挖方地段,如滑坡、崩塌、落石、路基翻浆等。因此,施工方法与路堑边坡的稳定有密切关系,开挖方式应根据路堑的深度、纵向长度,以及地形、地质、土石方调配情况和机械设备条件等因素确定,以加快施工进度,提高工作效率。

一、一般规定

路堑开挖前,应做好各项技术准备工作。保证路堑边坡的稳定是挖方路基施工中应重视的环节。

1. 路堑开挖

(1)可用于路基填料的土方,应分类开挖,分类使用。不能用作路基填料的土方应按设计要求或弃方规定处理。弃土不得妨碍路基的排水和路堑边坡的稳定。同时,弃土应尽可能用于改地造田,美化环境。

(2)土方开挖应自上而下进行,不得乱挖超挖,严禁掏底开挖(挖神仙土)。

(3)开挖过程中,应采取措施保证边坡稳定。路堑开挖至边坡线前,应预留一定宽度,预留的宽度应保证刷坡过程中设计边坡线外的土层不受扰动。

(4)开挖至零填、路堑路床部分后,应尽快进行路床施工;如不能及时进行,宜在设计路床顶面高程以上预留至少300mm厚的保护层,以防水、防冻等。

(5)挖方路基路床顶面终止高程,应考虑因压实而产生的下沉量,其值通过试验确定。

2.路堑排水

(1)开挖过程中,应配合永久排水设施采取临时排水措施,确保路堑施工区域不积水。

(2)边沟与截水沟的开挖应符合下列要求:

①边沟、截水沟及其他引、截排水设施的位置、断面尺寸及有关施工项目,应严格按照设计图纸的规定施工。应先做好这类排水设施,其出口应通至桥涵进、出水口处。截水沟通过地面坑凹处时,应按路堤填筑要求将凹处填平夯实,然后开挖,并防止不均匀沉陷和变形。

②排水沟渠应从下游出口向上游开挖。所有排截水设施应满足要求:沟基稳固,严禁将排水沟挖筑在未加处理的弃土上;沟形整齐,沟坡、沟底平顺,沟内无浮土杂物;沟水排泄不得对路基产生危害;截水沟的弃土应用于路堑与截水沟间筑土台,并分层压实(夯实)。台顶设2%倾向截水沟的横坡,土台边缘坡脚距路堑顶的距离不应小于设计规定,当设计无规定时,可按弃土的规定办理。

③边沟及截水沟开挖后,应及时进行防渗处理,不得渗漏、积水和冲刷边坡及路基。路堑和路堤交接处的边沟应徐缓引向路堤两侧的天然沟或排水沟,不得冲刷路堤。

(3)挖方路基施工中遇地下水时应按下列规定处理:

①应根据排水沟渠规定,结合现场实际,采取排导措施,将水引入路基排水系统,不得随意堵塞泉眼。

②路床土含水率高或为含水层时,应采取设置渗沟、换填、改良土质、土工织物等处理措施,换填土除应满足路基填料要求性能外,还应具有良好的透水性能,换填深度应满足设计要求。

3.支挡工程设置

为了保证土方路堑边坡的稳定,应及时设置必要的支挡工程。开挖时,应按路堑设计边坡自上而下,逐层进行,以防边坡塌方,尤其在地质不良地段,应分段开挖,分段支护。

4.填挖结合路基、路堑与路堤交界处处理

(1)基底处理

土方路基应从填方坡脚起,向上开挖内倾台阶,台阶宽度应不小于2m,在挖方一侧,台阶应与每个行车道宽度一致、位置重合。

石方路基应清除地面松散风化层,按设计开凿台阶。清除地面孤石、石笋,并做好合理的疏、导排水措施。

(2)填挖交界处填料选择

填挖结合路基的挖方区为土质或软质岩石时,应对挖方区路床范围不符合要求的土质或软质岩石进行超挖换填或改良处治,填方宜采用级配较好的砾类土、砂类土、碎石等渗水性好的材料填筑;当挖方区为硬质岩石时,填方宜采用填石路堤。

(3)施工规定

路基纵向填挖交界结合部宜根据填方高度和地形条件,在填方区用渗水性好的填料设置10~15m长度的过渡段。

路基应从最低高程处的台阶开始分层填筑,分层压实。填筑时,严格处理好横向、纵向、原地面等结合界面,对挖方区路床0.8m范围内土体进行超挖回填或换填碾压,必要时,在填挖交界处路床范围铺设土工格栅等措施,以确保路基整体稳定性。路基填筑过程中,应及时清理设计边坡外的松土、弃土。对路堤采用冲击碾压或强夯进行增强补压,以消减路基填挖间的差异变形,防止造成路基沿填挖交界处产生纵、横向开裂。

二、开挖方案与施工方法

土方路堑开挖应根据路堑深度、纵向长度及施工方法的不同确定开挖方案,开挖方式可分为全断面横挖法、纵挖法及混合式开挖法三种。

1. 全断面横挖法

对路堑整个横断面的宽度和深度从一端或两端逐渐向前开挖的方式称为全断面横挖法。图1-8-7a)所示为单层横向全宽挖掘法,其适用于开挖深度小且较短的路堑。图1-8-7b)所示为多层横向全宽挖掘法,适用于开挖深而短的路堑,土方工程数量较大时,各层应纵向拉开,做到多层多方向出土,可安排较多的劳动力和施工机械,以加快施工进度。每层挖掘台阶深度在人力施工时一般为1.5~2.0m,在机械施工时,可达到3~4m,同时,各层要有独立的临时排水设施。

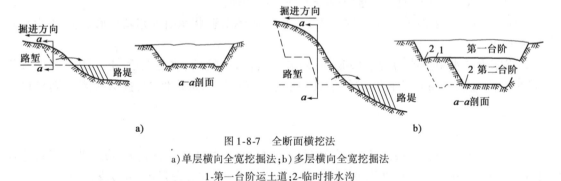

图1-8-7 全断面横挖法
a)单层横向全宽挖掘法;b)多层横向全宽挖掘法
1-第一台阶运土道;2-临时排水沟

2. 纵向挖掘法

纵向挖掘法又分为分层纵挖法、通道纵挖法、分段纵挖法三种。

(1)分层纵挖法。沿路堑全宽以深度不大的纵向分层挖掘前进的作业方式称为分层纵挖法,如图1-8-8a)所示,适用于较长的路堑开挖。当路堑长度不超过100m,开挖深度不大于3m,地面较陡时,宜采用推土机作业;当地面横坡较缓时,表面宜横向铲土,下层的土宜纵向推运;当路堑横向宽度较大时,宜采用两台或多台推土机横向联合作业;当路堑前所傍山坡陡峻时,宜采用斜铲推土。

(2)通道纵挖法。沿路堑纵向挖掘一通道,然后将通道向两侧拓宽,如图1-8-8b)所示。

上层通道拓宽至路堑边坡后,再开挖下层通道,直至开挖到挖方路基顶面高程,此方法称为通道纵挖法。通道可作为机械通行、运输土方车辆的道路,为土方挖掘和外运的流水作业提供便利。

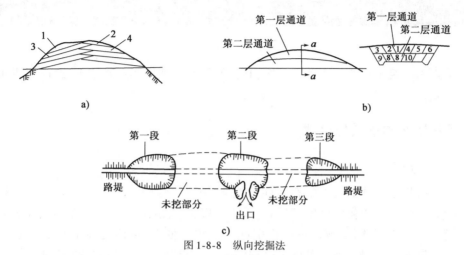

图 1-8-8 纵向挖掘法
a)分层纵挖法(图中数字为挖掘顺序);b)通道纵挖法(图中数字为拓宽顺序);c)分段纵挖法

(3)分段纵挖法。沿路堑纵向选择一个或几个适宜处,将较薄一侧路堑横向挖穿,将路堑在纵向按桩号分成两段或数段,各段再纵向开挖称为分段纵挖法,如图 1-8-8c)所示。本法适用于路堑过长、弃土运距过远的傍山路堑或一侧的堑壁不厚的路堑开挖。采用此方法还应满足中间段有弃土场、土方调配计划有多余的挖方废弃的条件。

3.混合式开挖法

将横挖法与通道纵挖法混合使用,即为混合式开挖法,其适用于路堑纵向长度和挖深都很大时。该方法是:先将路堑纵向通道挖通,然后沿横向坡面挖掘成若干个横向通道,以增加开挖工作面,如图 1-8-9 所示。每个工作面应能容纳一个施工组或一台开挖机械作业。当路堑较深时,还可以结合机械的功能进行分层施工作业。混合式开挖法具体实施时,对各种机械尤其是运土车辆的进出,必须统一调度、相互协调、运行通畅。

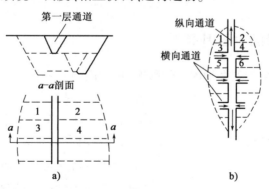

图 1-8-9 混合式开挖法
a)横面和平面;b)平面纵横通道示意图
注:箭头表示运土与排水方向,数字表示工作面号数。

第三节 路基压实

碾压是路基填筑工程的一个关键工序,其目的是有效地压实路基填土,这样才能保证路基工程的施工质量。

一、路基压实的意义与机理

1. 路基压实的意义

路基施工破坏了土体的天然状态,致使其结构松散,颗粒重新组合。大量的试验和工程实践证明,路基在压实后,土体的密实度提高,透水性降低,毛细水上升高度减小,防止了水分积聚和侵蚀而导致的土基软化,或因冻胀而引起的不均匀变形,从而提高了路基的强度和稳定性。因此,路基的压实工作,是路基施工过程中的一个重要工序,是提高路基强度与稳定性的根本技术措施之一。

2. 路基压实机理

路基土是由土粒、水分和空气组成的三相体系。三者具有各自的特性,并相互制约共存于一个统一体中,形成土的各种物理特性,如渗透性、黏滞性、弹性、塑性和力学强度等。若三者的组成情况发生改变,则土的物理性质亦随之不同。因此,要改变土的特性,应改变其三相组成。路基压实就是利用机械的方法,来改变土的结构,以达到提高土的强度和稳定性的目的。

路基土受压时,土中的空气大部分被排出土外,土粒会不断聚拢,重新排列成密实的新结构。土粒在外力作用下不断地聚拢,使土的内摩阻力和黏结力也不断地增加,从而提高了土的强度,土的强度与密度的这种关系可由试验来加以证明。同时,由于土粒不断靠拢,使水分进入土体的通道减少,阻力增加,于是降低了土的渗透性。其具体试验验证分析请参阅《土质与土力学》相关教材。

二、影响压实效果的主要因素

土的压实过程和结果受到多种因素的影响,包括内因——含水率和土的性质,外因——压实功能、压实工具和方法、压实厚度等。分析了解这些影响因素,对于深入了解土的压实机理和指导压实工作,具有重要的意义。

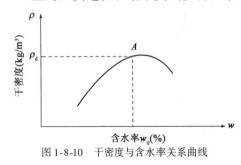

图 1-8-10　干密度与含水率关系曲线

1. 含水率对压实效果的影响

通过室内击实试验绘制的密实度(干密度 ρ)与含水率 w 之间的关系曲线如图 1-8-10 所示,在干密度与含水率关系曲线上与最大干密度 ρ_d 对应的含水

率称为最佳含水率 w_0,其含义是,某种土在一定的压实作用下,只有在最佳含水率时,才能压实到最大干密度。

在施工现场,用某种压路机碾压含水率过小的土,难以达到较大的压实度;此外,土的含水率超过最佳含水率过多时,同样难以达到较大的压实度。对含水率过大的土进行碾压时,经常会发生"弹簧"现象而不能压实。

2. 土质对压实效果的影响

土质对压实效果的影响亦很大。一般规律是:不同的土质,有不同的 w_0 与 ρ_d;分散性(液限、黏性)较高的土,其 w_0 值较高,ρ_d 值较低;砂性土的压实效果优于黏性土,如图 1-8-11 所示。其机理在于土粒越细,比表面积会越大,加之黏土中含有亲水性较高的胶体物质需要较多的水分包裹土粒以形成水膜,因此,亚砂土和亚黏土的压实性能较好,而黏性土的压实性能较差。

3. 压实功能对压实效果的影响

压实功能是指压实工具的质量、碾压次数或锤落高度、作用时间等。它对压实效果的影响较大,是除含水率以外的另一重要因素。图 1-8-12 是压实功能与压实效果的关系曲线,曲线表明,同一种土的最佳含水率 w_0 随压实功能的增大而减小,最大干密度 ρ_d 随压实功能的增加而增大。在相同含水率条件下,压实功能越大,则土的密实度(即 ρ_d)越大。据此规律,施工中如果土的含水率低于 w_0 而加水有困难时,可采用增加压实功能(重碾或增加碾压次数)的办法来提高其密实度。但必须指出,用增加压实功能的办法提高路基土压实的效果是有一定限度的,当压实功能增加到一定程度后,土的密实度增加就不明显了;如果超过某一限度,再采用增加压实功能的办法来提高土的密实度,不但经济上不合理,甚至功能过大,会破坏路基土结构,效果适得其反。相比之下,严格控制最佳含水率,要比增加压实功能收效大得多。因此,在路基压实施工中,控制最佳含水率是关键,在此前提下,采取分层填土,控制有效土层厚度,必要时适当增大压实功能,才能使路基压实取得良好效果。

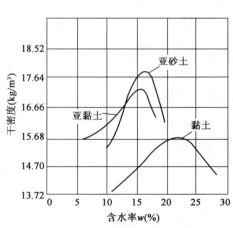

图 1-8-11 不同土质的 ρ_d—w 关系曲线

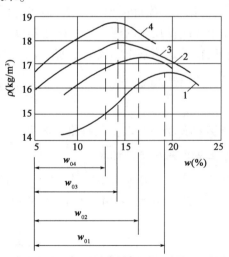

图 1-8-12 在不同压实功能下土的 ρ_d—w 关系曲线
曲线 1,2,3,4 代表的压实功能分别为 600,1150,2300,34009(kN·m)

4. 压实机具和方法对压实效果的影响

压实机具和方法对压实的影响反映在以下几方面：

(1) 压实机具不同，压力传布的有效深度也不同。
(2) 压实机具质量及作用时间不同，压实效果不同。
(3) 相同的压实机具采用不同的压实方法，压实效果也不同。
(4) 碾压速度越高，压实效果越差。

5. 压实厚度对压实效果的影响

根据试验路所获得压实层厚度资料显示，压实施工中，压实厚度过薄，则施工不经济；压实厚度过厚，则达不到设计要求。因此，实际施工时的压实厚度应通过现场试验确定合适的松铺厚度。

综上所述，在路基压实施工中，应控制土的含水率在最佳含水率容许波动范围内，根据土质和压实机具的性能，通过试验，确定合适的分层碾压松铺厚度、碾压方式、碾压次数以及碾压速度等，以获得最佳的压实效果。

三、路基压实标准

(一) 土质路基压实标准

1. 压实度

从前面分析可知，最大干密度 ρ_d 是路基土压实的一项重要指标，它与土的强度和稳定性有十分密切的关系，反映了路基土使用品质。因此，一般都用它来衡量压实的质量。但是，路基土在野外施工时，由于受种种条件限制，不能达到室内标准击实试验所得的最大干密度 ρ_0。因此，应根据工程实际需要与可能，适当降低要求，拟定压实标准。我国现行规范以压实度作为控制土质路基压实的标准。所谓压实度，是指工地上压实达到的干密度 ρ_d 与用室内标准击实试验所得的该路基土的最大干密度 ρ_0（标准最大干密度）之比，用 K 表示。即：

$$K = \frac{\rho_d}{\rho_0} \times 100\% \tag{1-8-1}$$

压实度 K 是一个以 ρ_0 为标准的相对值，意为压实的程度。

2. 土质路基压实度标准

标准击实试验分为重型标准击实试验和轻型标准击实试验两种。我国《公路路基设计规范》(JTG D30—2015) 采用重型击实试验标准。填土路堤、零填及路堑路床的压实标准见表1-8-2。

路基压实度要求　　　　　　　　　表 1-8-2

路基部位	路床顶面以下深度(m)	路基压实度(%)		
		高速、一级公路	二级公路	三、四级公路
上路床	0~0.3	≥96	≥95	≥94

续上表

路基部位		路床顶面以下深度(m)	路基压实度(%)		
			高速、一级公路	二级公路	三、四级公路
下路床	轻、中等及重交通	0.3~0.8	≥96	≥95	≥94
	特重、极重交通	0.3~1.2	≥96	≥95	—
上路堤	轻、中等及重交通	0.8~1.5	≥94	≥94	≥93
	特重、极重交通	1.2~1.9	≥94	≥94	—
下路堤	轻、中等及重交通	1.5以下	≥93	≥92	≥90
	特重、极重交通	1.9以下			

注:1. 表列数值系按《公路土工试验规程》(JTG E40—2007)重型击实试验法求得的最大干密度的压实度。
   2. 当三、四级公路铺筑沥青混凝土路面或水泥混凝土路面时,其压实度应采用二级公路的规定值。
   3. 路堤采用粉煤灰、工业特殊填料,或处于特殊干旱或特殊潮湿地区时,在保证路基强度和回弹模量要求的前提下,通过试验论证,压实度标准可降低1~2个百分点。

(二) 填石路堤压实标准

填石路堤,包括分层填筑和倾填爆破石块的路堤,不能用土质路基的压实度来判定其密实程度。不同强度的石料,应分别采用不同的填筑层厚和压实控制标准。填石路堤的压实质量标准宜采用孔隙率作为控制指标。硬质石料、中硬石料、软质石料的压实质量控制标准分别见表1-8-3~表1-8-5。施工压实质量可采用孔隙率与压实沉降差或施工参数联合控制。

硬质石料压实质量控制标准 表1-8-3

路基部位	路面底面以下深度(m)	摊铺厚度(mm)	最大粒径(mm)	压实干密度(kg/m^3)	孔隙率(%)
上路堤	0.80~1.50 (1.20~1.90)	≤400	小于层厚2/3	由试验确定	≤23
下路堤	>1.50 (>1.90)	≤600	小于层厚2/3	由试验确定	≤25

注:"路面底面以下深度"栏,括号中数值分别为特重、极重交通的上路堤、下路堤的深度范围。

中硬石料压实质量控制标准 表1-8-4

路基部位	路面底面以下深度(m)	摊铺厚度(mm)	最大粒径(mm)	压实干密度(kg/m^3)	孔隙率(%)
上路堤	0.80~1.50 (1.20~1.90)	≤400	小于层厚2/3	由试验确定	≤22
下路堤	>1.50 (>1.90)	≤500	小于层厚2/3	由试验确定	≤24

注:"路面底面以下深度"栏,括号中数值分别为特重、极重交通的上路堤、下路堤的深度范围。

软质石料压实质量控制标准   表 1-8-5

路基部位	路面底面以下深度（m）	摊铺厚度（mm）	最大粒径（mm）	压实干密度（kg/m³）	孔隙率（%）
上路堤	0.80~1.50 (1.20~1.90)	≤300	小于层厚	由试验确定	≤20
下路堤	>1.50 (>1.90)	≤400	小于层厚	由试验确定	≤22

注："路面底面以下深度"栏，括号中数值分别为特重、极重交通的上路堤、下路堤的深度范围。

四、压实原则与方法

压实土层的密实度随深度递减，表面5cm的密实度最高。填土分层的压实厚度和压实遍数与压实机械类型、土的种类和压实度要求有关，应通过试验路来确定。

压实前可自路中线向路两边做2%~4%的横坡对松铺层进行整平，并严格控制松铺厚度及最佳含水率。

碾压时，横向接头的轮迹应有一部分重叠，对振动压路机一般重叠40~50cm，对三轮压路机一般重叠1/2后轮宽；对两轮压路机重叠1/3后轮宽；前后相邻两区段宜纵向重叠1~1.5m。应做到无漏压、无死角和确保碾压均匀。

碾压应遵循先慢后快、先两边后中间、先低后高的原则，并控制压实速度以保证路基压实质量。

路堤边缘两侧可多填宽度30~50cm，压实完成后再刷坡整平，也可采用小型振动压路机从坡脚向上碾压，坡度不陡于1:1.75时，可用履带式推土机从下向上压实。

五、压实质量控制与检查

（一）路基压实工作的控制

1. 含水率控制

土的压实应在接近最佳含水率的情况下进行。天然土通常接近最佳含水率，因此填铺后应立即碾压。含水率过大时，应将土摊开晾晒至要求的含水率时再整平压实。

填土接近最佳含水率的容许范围，与土的种类和压实度要求有关。可从土的击实试验曲线上查得，即在该曲线图的纵坐标上按要求的干密度处画一横线，此线与曲线相交的两点所对应的含水率值就是它的范围。

天然土过干需要加水时，可在前一天于取土地点浇洒水，使水均匀渗入土中；也可将土运至路堤再用水浇洒，并拌和均匀。加水量可按式(1-8-2)估算：

$$V = (w_0 - w)\frac{Q}{1+w} \tag{1-8-2}$$

式中：V——所需加水量(t)；

w——天然土的含水率，以小数计；

w_0——最佳含水率,以小数计;

Q——需加水的土的质量(t)。

此外还应增加洒水至碾压时的水分蒸发消耗量。

2. 填石路堤压实质量控制

(1)填石路堤的压实质量标准采用孔隙率作为控制指标,施工压实质量采用孔隙率与压实沉降差或施工参数(压实功率、碾压速度、压实遍数、铺筑厚度等)联合控制。

(2)填石路堤的压实质量可以采用试验路段确定的压实沉降差或孔隙率进行检测。压实沉降差采用重型振动压路机(建议14t以上)按规定碾压参数碾压两遍后各测点的高程差,压实沉降差平均值应不大于5mm,标准差不大于3mm。孔隙率的检测应采用水袋法进行。

3. 土质路基压实质量控制

在压实过程中,施工单位的自检人员应经常检查压实度是否符合要求,以便随时调整。每一压实层均应检验压实度,合格后方可填筑其上一层。

路基压实度以重型击实标准为准。标准密度应做平行试验,以平均最大干密度作为标准密度值,并作为现场检验的标准值。

路基压实度应以1~3km的路段为检验评定单元,按《公路工程质量检验评定标准》(JTG F80/1—2017)要求的检测频率进行现场压实度抽样检查。检验取样频率为每200m每压实层测2处。必要时可根据需要增加检查点数,以防止压实不足处漏检。

在压实度检验评定单元,按要求的检测频率及方法进行现场压实度抽样检查,求出每一测点的压实度K_i,再按式(1-8-3)计算检验评定单元的压实度代表值K(算术平均值的下置信界限):

$$K = \bar{k} - \frac{t_\alpha}{\sqrt{n}}S \geqslant K_0 \tag{1-8-3}$$

式中:$\bar{k}$——检验评定段内各测点压实度的平均值;

t_α——t分布表中随测点数和保证率(或置信度α)而变的系数;$t_\alpha/\sqrt{n}$根据采用保证率(高速、一级公路:基层、底基层为99%,路基、路面面层为95%;其他公路:基层、底基层为95%,路基、路面面层为90%),可查《公路工程质量检验评定标准》(JTG F80/1—2017)附表B确定;

S——检测值的均方差;

n——检测点数;

K_0——压实度标准值。

当$K \geqslant K_0$,且单点压实度K_i全部大于等于规定值减2个百分点时,评定路段的压实度合格率为100%,压实度达到标准;当$K \geqslant K_0$,且单点压实度全部大于等于规定极值时,按测定值不低于规定值减2个百分点的测点计算合格率,以检验压实度是否达到标准;当$K < K_0$,或某一单点压实度K_i小于规定极值时,该评定路段压实度为不合格,相应分项工程评为不合格。

路堤施工段落较短时,分层压实度应全部符合要求,且样本数不少于6个。

详见《公路工程质量检验评定标准》(JTG F80/1—2017)。

压实度评定要点是：
(1)控制平均压实度的置信下限，以保证总体水平；
(2)规定单点极值不得超出给定值，防止局部隐患；
(3)规定扣分界限以区分质量优劣。

(二) 土质路基压实质量检测方法

土质路基压实质量检测方法有环刀法、灌砂法、灌水法(水袋法)或核子密度湿度仪法。细粒土现场压实度检查可采用灌砂法或环刀法；粗粒土及路面结构压实度检查可采用灌砂法、水袋法或钻孔取样蜡封法。应用核子密度仪时，应经对比试验检验，确认其可靠性。各种试验方法的原理和操作方法详见《公路路基路面现场测试规程》(JTG E60—2008)。

第四节 防护工程施工

一、一般规定

(1)路基防护工程宜与路基挖填方工程紧密、合理衔接，开挖一级防护一级，并及时进行养护。各类防护和加固工程应置于稳定的基础或坡体上。

(2)应根据开挖坡面地质水文情况逐段核实路基防护设计方案，应尽量采用边坡自然稳定下的植物防护或不防护。

(3)坡面防护施工前，应对边坡进行修整，清除边坡上的危石及不密实的松土。坡面防护层应与坡面密贴结合，不得留有空隙。

(4)在多雨地区或地下水发育地段，路基防护工程施工中，应采取有效措施截排地表水和导排地下水。

(5)临时防护措施应与永久防护工程相结合。

二、路基坡面防护

路基坡面防护常用的植物防护有种草、铺草皮和植树，圬工防护有片(块)石护坡和护面墙、菱形网格护坡、六角空心砖护坡、窗孔肋式护坡、喷射混凝土护坡、预应力锚索等。

对高等级公路，下边坡一般采用菱形网格加植草防护并加密排水沟；上边坡第一台阶根据不同地质情况可采用护面墙、浆砌片(块)石护坡、六角空心砖护坡等防护形式；以上各台阶可根据不同地质情况，采用菱形网格、窗孔肋式护坡、喷射混凝土等防护形式。上述防护形式除护面墙、浆砌片(块)石护坡和喷射混凝土外，其他都可在其上进行植草防护，以恢复自然环境和美化公路。对稳定的岩石边坡不必再进行圬工防护，只需在一些低凹处放置一些耕植土，种植耐旱性较强的爬藤植物以起到绿化美化的作用。

(一)植物防护

1. 植被防护

(1)种草防护

种草防护适宜于草类生长的土质路堑和路堤边坡,应满足边坡坡度较缓,边坡不高的条件。对边坡不宜种草者,可先铺一层有利于草生长的种植土,植草的最小土层厚度不应小于0.15m,灌木最小土层厚度不应小于0.30m。为使种植土与边坡结合牢固,可在边坡上间隔1m的距离挖0.2m宽的台阶。种草时将草籽加土拌和,在翻松的表土坡面,均匀撒播草籽,入土深度不少于50mm,种完后拍实松土,洒水湿润,并注意管理。

(2)平铺草皮

平铺草皮对坡面的防护作用同种草防护,但效果更好,并可用在较高较陡的边坡上。

平铺草皮适用于各种土质边坡及严重风化的岩层和成岩作用差的软岩层边坡。为防止表水冲刷产生冲沟、流泥等病害,而在种草成活率低,且附近草皮来源较容易情况下,可用平铺草皮防护。

平铺草皮前边坡表层要挖松整平,洒水湿润,草皮应洒水养护,直至草皮成活。

平铺草皮可自坡脚向上铺钉,也可自上而下铺钉。护坡顶部和两端的草皮应嵌入坡面内,草皮护坡边缘与坡面衔接处应平顺,防止雨水沿草皮与坡面间隙渗入而使草皮下滑。

(3)植树防护

植树防护适宜于各种土质边坡和严重风化的岩石边坡,但在经常浸水、存在盐渍土和经常干涸的边坡上及粉质土边坡上不宜采用。植树防护最好在1:1.5或更缓的边坡上。

边坡如有不利于灌木生长的砂石类土,则栽种的坑内应换填宜于灌木生长的黏质土。

灌木栽种后,坑中应及时填土压实,并经常浇水,使坑内保持湿润,直到灌木发芽成活。植树的平面布置,可按梅花形和方格形布置,栽成条带状或连续式,亦可根据植树品种、作用,结合当地经验而定。栽种灌木的边坡,在大雨过后要进行检查,发现问题应及时处理。

2. 三维植被网防护

三维植被网中的回填土应符合设计要求,宜采用客土或土、肥料及腐殖质土的混合物,其搭界宽度不宜小于100mm。

3. 湿法喷播

湿法喷播施工时,在喷播后应及时养护,使植被成活率达到90%以上。

4. 客土喷播

喷播植草混合料的配合比应根据边坡坡度、地质情况和当地条件确定,混合草籽用量每1000m^2不宜少于25kg,且气温低于12℃时不宜进行喷播作业。

(二)骨架植物防护

1. 浆砌片石或水泥混凝土骨架植物护坡

植草草皮下宜有50~100mm厚的种植土,草皮应与坡面和骨架密贴;骨架内应采用植物或其他防护措施,并应及时对草皮进行养护。

2. 多边形水泥混凝土空心块植物护坡

经验收合格后方可使用预制块,对预制块进行铺筑前应将坡面整平,待路堤沉降稳定后方可施工。

3. 锚杆混凝土框架植物护坡

锚杆混凝土框架植草防护施工质量应符合有关规定。

(三) 工程防护

圬工防护适用于不宜草木生长的陡坡面,一般采用护坡、喷护、锚杆挂网喷浆(混凝土)防护、灌浆与勾缝、护面墙、锚杆铁丝网喷浆及锚杆铁丝网喷射混凝土等。

1. 灌浆与勾缝

灌浆适用于较坚硬的、裂缝较大较深的岩石路堑边坡;勾缝适用于较硬、不宜风化、节理裂缝多而细的岩石路堑边坡。灌浆可用质量比为1:4或1:5的水泥砂浆,裂缝很宽时可用混凝土灌筑。勾缝可用质量比为1:3~1:2的水泥砂浆。灌浆和勾缝前应先用水清洗坡面,并清除裂缝内的杂草和泥土。

2. 干砌片石护坡

干砌片石厚度不宜小于250mm,当边坡为粉质土、松散的砂类土等易被冲刷的土时,干砌片石下应设厚度不小于100mm的碎石或砂砾垫层。应选用较大石块砌筑干砌片石护坡基础,埋深基础至侧沟底。当基础与侧沟相连时,采用M5水泥砂浆砌筑。

干砌片石施工时,应自下而上进行立砌,彼此镶紧,接缝要错开,缝隙间用小石块填满塞紧。

3. 浆砌片石护坡

浆砌片石护坡适用于易风化的岩石边坡和土质边坡,常用于路堤边坡,应待路堤完成沉降后再施工。浆砌片石护坡一般采用等截面,其厚度视边坡高度及坡率而定,一般为0.3~0.4m。边坡过高时应分级设平台,每级高度不宜超过20m。平台宽度视上级护坡基础的稳固要求而定,一般不超过1m。砌石由下而上,应错缝嵌紧,表面平整,周界用砂浆密封,以防渗水。对浆砌片石护坡,每隔10~15m设缝宽20~30mm的伸缩缝,缝内填塞沥青麻筋或沥青木板等材料;护坡的中、下部设100mm×100mm的矩形或直径为100mm的圆形泄水孔。其间距为2~3m,孔后1.0m范围内设反滤层。为便于养护维修检查,应在坡面适当位置设置0.6m宽的台阶形踏步。

4. 水泥混凝土预制块护坡

路堤边坡护坡宜在路堤沉降稳定后施工。在寒冷地区,预制块混凝土强度不宜低于C20。铺设混凝土预制块前应将坡面平整,碎石或砂砾垫层的厚度不宜小于100mm。预制块应错缝砌筑,砌筑坡面应平顺,并与相邻坡面顺接。泄水孔的位置应符合设计要求,并保证畅通。

5. 浆砌片石护面墙

浆砌片石护墙能防护比较严重的坡面变形,适用于各种土质边坡及易风化剥落而产生破碎的岩石边坡。根据边坡的高度、坡度及岩石破碎情况,可采用不同形式的浆砌片石护面墙。一般土质及破碎岩石边坡采用实体护面墙;窗孔式护面墙防护的边坡不应陡于1∶0.75,孔窗内可采用干砌片石;边坡岩层较完整且坡度较陡时,宜采用肋式护面墙;当边坡下部岩层较完整而需防护上部边坡时,应采用拱式护面墙。

(1)实体护面墙:实体护面墙分等截面和变截面两种。

(2)孔窗式护面墙:孔窗通常为半圆拱形,高2.5~3.5m,宽2.0~3.0m,圆拱半径1.0~1.5m。

(3)拱式护面墙:当拱跨大于5.0m时,多采用混凝土拱圈。拱圈厚度应根据拱圈上部护面墙垂直高度而定,墙高5m时,采用200mm;10m时采用240mm;15m时采用300mm。拱矢高为810mm。当护面墙为变截面时,拱圈以下的肋柱采用等厚截面。当拱跨为2~3m时,拱圈可采用M10水泥砂浆砌块石。拱的高度视边坡下部岩层的完整程度而定。

(4)浆砌片石护面墙施工注意事项:

①护面墙施工前应先清除边坡松动岩石,清理边坡上的凹陷部分,不可采用片石回填或干砌片石,应采用与墙体相同的砂浆砌筑。

②各式护面墙墙顶均应设置250mm厚的墙帽,并使其嵌入边坡200mm,以防雨水灌入。

③护面墙每10~20m应设伸缩缝一道。护面墙基础建在不同地基上时,在相接处应设沉降缝。沉降缝及伸缩缝的宽度为20~30mm,可用沥青麻筋或沥青木板填塞。

④护面墙应设100mm×100mm或直径为100mm的泄水孔,泄水孔上下左右间隔2~3m交错布置,泄水孔纵坡5%,孔后应设反滤层。

⑤护面墙高度等于或大于6m时,应设置检查梯和拴绳环,多级护面墙还应在上下检查梯之间的错台上设置安全栏杆,以便于养护维修。

⑥护面墙施工应重视洒水养生工作。

6.喷浆及喷射混凝土

喷浆及喷射混凝土适用于易风化但尚未严重风化的岩石边坡,坡面应较干燥,以防止进一步风化、剥落及零星掉块;高而陡的边坡中,上部岩层较破碎而下部岩层完整的以及需大面积防护的边坡,采用喷浆或喷混凝土较为经济;对成岩作用差的黏土边坡不宜采用。

(1)施工要点

喷浆施工的砂浆强度不应低于M10,厚度不宜小于50mm;喷射水泥混凝土的强度不应低于C15,厚度不宜小于80mm。在喷射过程中应添加速凝剂以加快凝固。施工时需要专用喷射机械设备,并在坡面上每隔2~3m设置泄水孔,对大面积坡面防护还应设置伸缩缝。

喷浆或喷射混凝土防护的周边与未防护面衔接处应严格封闭。坡脚岩石风化比较严重时,应设高1~2m,顶宽40mm的浆砌片石护裙。

(2)材料的技术要求及配合比

①水泥:应采用强度等级不低于42.5的普通硅酸盐水泥。

②砂喷浆宜采用粒径为10~25mm的纯净细砂;机械喷射混凝土采用粒径为25~50mm的中粗砂,砂的含量不得超过5%,含水率以4%~6%为宜。

③混凝土粗集料:喷射混凝土的粗集料应采用纯净的卵石或碎石,最大粒径不得大于25mm,大于15mm的颗粒应控制在20%以下,针片状颗粒含量不得超过15%。

④速凝剂:速凝剂应符合《喷射混凝土用速凝剂》(JC477—2005),掺量应根据需要通过试验确定。

⑤配合比:水泥砂浆及混凝土的配合比应根据施工机械及当地的材料供应情况通过试验确定。以下为常用的配合比(质量比):

水泥砂浆(水泥:砂):1:4;

水泥石灰砂浆(水泥:石灰:砂):1:1:6;

混凝土(水泥:砂:粗集料):1:2:2~1:2:3。

(3)施工注意事项

①施工前应清除坡面浮土、碎石,并用水冲洗坡面。

②喷浆及喷射混凝土的机械设备,在正式施工作业前应进行试喷,以便调整施工配合比。当水灰比过小时,灰体表面会颜色灰暗,出现干斑,有粉尘飞扬;水灰比过大时,则喷射灰体表面会起皱、拉毛、滑动或流淌;水灰比合适时,喷射灰体会呈黏糊状,表面光泽平整,集料分布均匀,回弹量小。

③为保证施工安全,施工人员应佩戴防护面罩,穿防护服,戴防尘口罩。

④喷射作业应自下而上进行。喷枪嘴应垂直坡面,并与坡面保持 0.6~1.0m 的距离。喷射混凝土厚度大时,应分 2~3 次喷射。应及时对喷浆层顶部进行封闭处理。

⑤为防止堵塞,输料管直径以 20~30mm 为宜,其喷射工作压力取 0.15~0.20MPa。喷嘴供水压力要比喷射工作压力大 0.05~0.10MPa,以保证水与干料拌和均匀。

⑥喷浆的灰体初凝后应立即洒水养生,养生时间应持续 7~10d。

⑦喷射作业应按要求制取试件,在标准条件下养护 28d 后试压,作为喷浆或喷射混凝土的强度凭证。

⑧喷射作业严禁在结冰季节及大雨天进行。

⑨喷浆及喷射混凝土防护工程应经常检查维修,有杂草应及时拔除,开裂处要及时灌浆勾缝,脱落处要及时补喷。

7. 锚杆挂网喷射混凝土

当岩石坡面的岩体破碎时,为加强喷浆及喷浆混凝土的防护效果,可采用锚杆挂网喷护。锚杆应嵌入稳固基岩内,锚固深度根据设计要求结合岩体性质确定。锚杆孔深应大于锚固长度 200mm。固定锚杆的砂浆应捣固密实,钢筋网应与锚杆连接牢固。铺设钢筋网前宜在岩面喷射一层混凝土,钢筋网与岩面的间隙宜为 30mm,然后再喷射混凝土至设计厚度。喷射混凝土的厚度要均匀,钢筋网及锚杆不得外露。做好泄、排水孔和伸缩缝。

锚杆挂网喷浆或喷射混凝土厚度不应小于 0.1m,且不应大于 0.25m,钢筋保护层厚度不应小于 20mm。锚杆挂网喷护每隔 10~12m 设一道伸缩缝,缝宽 20~30mm,用沥青麻筋填塞。

施工注意事项:在灌筑固定锚杆的砂浆时,要捣密实;喷浆及喷射混凝土的厚度要均匀,防止铁丝网及锚钉头外露。

三、路基冲刷防护

为保证路基稳定,应对易受水流或坡流冲刷的路基边坡进行有效防护。

(一)路基边坡坡岸直接防护

直接防护适用条件:水流流速不太大、流向与河岸路基接近平行的地段;或者路基位于宽阔的河滩、凸岸及台地边缘等,水流破坏作用较弱的地段。在山区河流狭窄的地段,虽然纵坡陡,流速大,破坏作用较强烈,但因受地形条件的限制,很难改变水流的性质,不得采取直接加固的办法。

1. 抛石防护

抛石防护主要用于水下边坡。抛石可以防止水下边坡遭受水流冲刷和波浪对路基边坡的破坏,以及淘刷坡脚。抛石防护类似在坡脚处设置护脚,所抛石料应选用坚硬不易风化的石块。为了增加抛石防护的稳定性,抛石边坡坡度通常不得陡于1:1.5;当流速较大时不得小于1:3~1:2。

常用的抛石类型有普通抛石和带反滤层抛石。反滤层的作用是为了在洪水消退后,使路堤本身迅速干燥,减少路基土被带走,适用于黏质土路堤并应在枯水时施工。反滤层一般分三层设置,从里向外第一层可用100~150mm厚的粗中砂;第二层可用厚100~200mm,粒径为10~30mm的砾卵石;第三层可用厚度为200mm的碎石或卵石。各层的反滤层材料应筛干净分类堆放。

抛石体边坡坡率和石料粒径应根据水深、流速和波浪情况确定,石料粒径应大于300mm,宜用大小不同的石块掺杂抛投。坡率应不陡于抛石石料浸水后的天然休止角。抛石厚度,宜为粒径的3~4倍;用大粒径时,厚度不得小于粒径2倍。抛石石料应选用质地坚硬、耐冻且不易风化崩解的石块。抛石防护除特殊情况外,宜在枯水季节施工。抛石防护石堆的高度,一般应高出设计洪水位,顶部宽度应不小于1.0m。

对于受波浪冲击强烈的水库边岸防护或海岸防护,当需要的石块尺寸及质量过大时,可采用混凝土预制的异形块体作为护面抛投或铺砌材料。

2. 干砌片石

干砌片石适用于:周期性浸水的位于河滩或台地边缘的路基边坡防护;有洪水时水流较平顺,不受水流冲刷且流速小于3m/s的地段。根据护坡的厚度常分为单层干砌片石和双层干砌片石两种。

为了防止边坡内的细粒土被水流冲淘出来和增加护坡的弹性,以抵抗外力的冲击作用,在干砌护坡面层与边坡土之间设置1~2层的砂砾垫层,垫层厚度不宜小于100mm。干砌片石护坡在砌筑前应先夯实和整平边坡,砌筑石块要互相嵌紧,以增强护坡的稳定性。干砌护坡顶的高度应为路基设计洪水位高度加可能的壅水高度、波浪侵袭高度,再加0.5m的安全高度。

护坡基础应按可能的最大冲刷深度处理。当冲刷深度小于1.0m时,可采用墁石铺砌基础,其断面常用倒梯形,表面宽度不小于冲刷深度的1.5~2.5倍,底宽不小于0.5m,厚度视冲刷深度而定并不小于护坡厚度的1.5倍,墁石铺砌表层石块宜比护坡石块尺寸更大。当冲刷深度大于1.0m时,宜用浆砌片石脚墙基础并埋置在冲刷深度线以下。

干砌护坡厚度等于或大于35cm时,应采用双层铺砌。双层铺砌时应注意上下层之间的石块应咬合嵌紧,上层石块的尺寸应大于下层石块的尺寸。

3. 浆砌片石护坡

浆砌片石护坡适用于经常浸水的、受水流冲刷或受较强烈的波浪作用的路基边坡防护和河岸、水库边岸防护，亦可用于有流冰及封冻的河岸边坡防护。

砌筑护坡的石料宜选用坚硬、耐冻、未风化的石料，其抗压强度不小于30MPa。用于冲刷防护的浆砌片石护坡的最小厚度一般不宜小于250mm，并采用双层浆砌，在非严寒地区可使用M7.5砂浆，在严寒地区应使用M10砂浆。

浆砌片石护坡应设适当厚度的垫层。当护坡厚度较大时，可采用厚度为150~250mm的砂砾垫层。砌筑前坡面应整平、压实。

当冲刷深度小于3.5m时，可将基础直接埋置在冲刷深度线以下0.5~1.0m，并考虑基础底面置于河槽最深点以下。当冲刷深度更深时，可将基础埋置在冲刷深度线以上较稳定的且有足够承载力的地层内，在基脚前采用适当的平面防淘措施。

浆砌片石护坡应设置伸缩缝，间距10~15m，缝宽20mm，用沥青麻筋或沥青木板填塞。

为了排除护坡可能的积水，应在护坡的中下部间隔2~3m交错设置100mm×150mm的矩形孔或直径为100mm的圆形泄水孔，泄水孔附近范围内应设反滤层，以防淤塞。

当铺砌混凝土预制块时，应按设计规格和要求检验合格后方可铺筑。就地浇筑混凝土板时，宜采取措施提高早期强度，混凝土表面应平整、光滑。

4. 石笼防护

石笼防护的优点是具有较好的强度和柔性，而且可利用较小的石料。当水流中含有大量泥砂时，石笼中的空隙能很快淤满，形成一个整体的防护层。其缺点是铁丝网易锈蚀，使用年限一般只有8~12年。当水流中带有较多的滚石时，容易将铁丝网冲破，此时一般不宜采用。

石笼防护用于防护基础淘刷时，一般平铺于河床并与坡脚线垂直安放，同时与基础连接处钉牢固定，其铺设长度不宜小于河床冲刷深度的1.5~2倍。

石笼网可用镀锌铁丝和普通铁丝编织，有规则形状的石笼应用直径$\phi 6~8$mm的钢筋组成框架，然后编织网格。网口形状以六角形为好，具体规格应根据填充石料的最大粒径确定，网孔宜略小于最大粒径。编网时宜用双结以防网孔变形。

石笼的断面尺寸，长方体常采用宽1.0m、高1.0m的尺寸；扁长方体一般采用宽1.0m、高0.5m的尺寸；圆柱体的直径一般采用0.5~1.0m。石笼的长度可按需要而定，但每隔3~4m应设置横向框架一道。当石笼全长小于或等于12m时，纵向框架筋宜用$\phi 6$mm钢筋；当石笼长大于12m时，纵向框架筋宜用$\phi 8$mm钢筋；横向框架可用$\phi 6$mm钢筋。

底层为扁长方体石笼的一端的上下纵向主骨架筋可做成挂环，以便于锚定石笼。骨架筋的连接宜采用环绕自身紧缠3圈的扭结，以防石笼受力下垂时被拉散。

长方体和扁长方体的笼盖与笼体的连接以及相邻石笼之间的连接，可沿连接线每隔0.2m用铁丝对折成双线绕两圈扭三个花。

铺设石笼的基底应以卵砾石或碎石垫层整平，填充石料宜用未风化的石块，贴近网孔的外层应用较大的石块仔细码砌，并使石块的棱角突出网孔以外，以保护铁丝网；内层可用较小的石块填充。

为了施工方便，石笼防护应在枯水季节施工。

(二)路基冲刷的间接防护

间接防护或多或少地侵占了一部分河床断面,因而不同程度地压缩和紊乱了原来的水流,加重了其他地方的冲刷和淘刷作用。所以应特别注意修建这类防护建筑物后对被防护地段上下游及对岸的影响,应防止对农田水利、居民点及重要建筑物造成损害,而引起纠纷。

1.导流构造物

常用的导流构造物有丁坝和顺坝。丁坝也叫挑水坝。

(1)丁坝

丁坝可由柴排、乱石堆或砌片石砌而成,其尺寸详见第四章。坝的长度不宜太长,一般不超过稳定河宽的1/4。丁坝的布置间距在山区弯曲河段可考虑为坝长的1~2.5倍,顺直河段则为坝长的3~4倍。

由于丁坝坝根与河岸相接,容易被水流冲开而使丁坝失去作用,所以应结合地质及水流特点将坝根嵌入岸边3~5m,并在上下游加设防冲刷措施。

(2)顺坝

顺坝的结构大体与丁坝相同,长度为防止冲刷河岸长的2/3。

顺坝的起点应选择在水流匀顺的过渡地段,坝根应牢固嵌入河岸3~5m,终点可与河岸连在一起,下游端与河岸留有缺口,以宣泄坝后水流。

2.改河道防护

改河道防护适用于山区及半山区河道弯曲不规则的河段,通过改弯取直或将急转弯改圆顺,以达到路基防护的目的。

改河道防护时,挖河道的工程量较大,施工时应组织机械设备赶在洪水期之前完成,以保证已施工路基的安全。改河道防护施工时,应按设计要求开挖河道及处理弃方。

第五节 挡土墙的施工

一、重力式挡土墙的施工

重力式挡土墙是最常用的挡土墙形式,一般采用石砌圬工或混凝土结构,施工方便,取材容易,但由于墙背受侧向土压力,主要是依靠墙身的自重来保持平衡,故墙身断面尺寸较大,对地基的承载力要求也较高,一般多用片石、块石或预制混凝土块砌筑。

(一)材料要求

1.石料

石料必须符合强度设计要求,应采用结构密实、石质均匀、不易风化、无裂缝的硬质石料。

当在一月份平均气温低于 $-10℃$ 的地区,所用石料和混凝土等材料均须通过冻融试验。

2. 砂浆

(1)砂浆强度等级应符合设计要求,并具有良好的和易性。

(2)当采用水泥、石灰砂浆时,所用石灰除应符合技术标准外,还应成分纯正,煅烧均匀透彻,一般宜熟化成消石灰粉使用,其中活性 CaO 和 MgO 的含量应符合规定要求。

(3)砂浆配合比须通过试验确定,当更换砂浆的组成材料时,其配合比应重新试验确定。

(4)水泥、砂、石料等材料均应符合规范规定要求。

(二)重力式挡土墙的砌筑

挡土墙砌筑前应精确测定挡土墙基座主轴线和起讫点,并查看与两端边坡衔接是否适顺。砌筑时必须两面立杆挂线或样板挂线,外面线应顺直整齐,逐层收坡,内面线可大致适顺,以保证砌体各部尺寸符合设计要求,在砌筑过程中应经常校正线杆。浆砌石底面应卧浆铺筑,立缝填浆铺实,不得有空隙和立缝贯通现象。砌筑工作中断时,可将砌好的石层孔隙用砂浆填满,再砌筑时,砌体表面要仔细清扫干净,洒水湿润。工作段的分段位置宜在伸缩缝和沉降缝处,各段水平缝应一致,分段砌筑时,相邻段高差不宜超过 1.2m。砌筑砌体外坡时,浆缝需留出 $10\sim 20mm$ 深的缝槽,以硬砂浆勾缝,隐蔽面的砌缝可随砌随填平,不另勾缝。

1. 浆砌片石

(1)片石宜分层砌筑,以 $2\sim 3$ 层石块组成一工作层,每工作层的水平缝大致齐平,竖缝应错开,不能贯通。

(2)外圈定位和转角石选择形状较方正、尺寸相对较大的片石,并长短相间地与里层砌块咬接成一体,上下层石块也应交错排列,避免竖缝重合,砌缝宽度一般不应大于 40mm。

(3)较大的砌块应使用于下层,石块宽面朝下,石块之间均要有砂浆隔开,不得直接接触,竖缝较宽时可在砂浆中塞以碎石块,但不得在砌块下面用小石子支垫。

(4)砌体中的石块应大小搭配,相互错叠,咬接密实并备有各种小石块,作挤浆填缝之用,挤浆时可用小锤将小石块轻轻敲入缝隙中。

(5)砌片石墙必须设置拉结石,并应均匀分布,相互错开,一般每 $0.7m^2$ 墙面至少设置一块。

2. 浆砌块石

(1)用做镶面的块石,表面四周应加修整,尾部略微缩小,易于安砌。

(2)块石应平砌,要根据墙高进行层次配料,每层石料高度做到基本齐平。外圈定位和镶面石块应"一丁一顺"排列,丁石伸入墙心不小于 250mm,丁石长度不短于顺石长度的 1.5 倍。灰浆缝宽为 $20\sim 30mm$,上下层竖缝错开距离不应小于 100mm。

3. 料石砌筑

(1)每层镶面石料均应事先按规定缝宽及错缝要求配好石料,再用铺浆法顺序砌筑和随砌随填立缝,并应先砌角石。

(2)当一层镶面石砌筑完毕后,方可砌填心石,其高度与镶面石齐平。

(3)每层石料均应采用"一丁一顺"砌法,砌缝宽度均匀,为 $10\sim 15mm$。相邻两层的立缝应错开,距离不小于100mm。

4. 墙顶

墙顶宜用粗料石或现浇混凝土做成顶帽,并均应在墙顶外缘线留出100mm的幅沿。

5. 基础

(1)基础的各部尺寸、形状、埋置深度均应按设计要求进行施工。当基础开挖后,若发现与设计情况有出入时,应按实际情况请示有关部门调整设计。

(2)在松软地层或坡积层地段开挖时,基坑不宜全段贯通,而应采用跳槽办法开挖以防上部失稳。当基底土质为碎石土、砂砾土、砂性土、黏性土等时,将其整平夯实。基础开挖大多采用明挖。

(3)当遇有基底软弱或土质不良地段时,可按以下方法分别进行处理:

①当地基软弱,地形平坦,墙身又超过一定高度时,为减少地基压应力,增加抗倾覆稳定,可在墙趾处伸出一个台阶,以拓宽基础。若地基压应力超过地基承载力过多时,为避免台阶过多,可采用钢筋混凝土底板。

②如地层为淤泥质土、杂填土等,可采用砂砾、碎石、矿渣灰土等材料,使用换填或砂桩、石灰桩、碎石桩、挤淤法、土工织物及粉体喷搅等方法分别予以处理。

(4)基坑开挖大小,需满足基础施工的要求。渗水土的基坑要根据基坑排水设施(包括排水沟、集水坑)和基础模板等大小而定。一般基坑底面宽度应比设计尺寸各边增宽0.5~1.0m,以免受到施工干扰,基坑开挖坡率按地质、深度、水位等具体情况而定。

(5)任何土质基坑挖至高程后不得长时间暴露、扰动或浸泡而削弱其承载能力。一般土质基坑挖至接近高程时,保留100~200mm的厚度,在基础施工前进行人工突击挖除。基底应尽量避免超挖,如有超挖或松动,应将其夯实。基坑开挖完成后,应放线复验,确认其位置无误并经监理鉴认合格后,方可进行基础施工。基坑抽水应保证砌体砂浆不受水流冲刷。当基础完成后,立即回填,以小型机械进行分层压实,并在表层稍留向外斜坡,以免积水浸泡基底。

6. 排水设施

挡土墙的排水设施通常由地面排水和墙身排水两部分组成。

地面排水可设置地面排水沟,引排地面水。夯实回填土顶面和地面松土,防止雨水和地面水下渗,必要时可加设铺砌。对路堑挡土墙墙址前的边沟应予以铺砌加固,以防止边沟水渗入基础。

墙身排水主要是为了迅速排除墙后积水。浆砌挡土墙应在墙身的适当高度处根据渗水量布设泄水孔。

7. 墙背材料

(1)需待砌体砂浆强度达到75%以上时,方可回填墙背材料,并应优先选择渗水性较好的砂砾土填筑。如有困难采用不透水土壤时,必须做好砂砾反滤层,并与砌体同步进行。浸水挡土墙背全部用水稳定性和透水性较好的材料填筑。

(2)墙背回填要均匀摊铺平整,并设不小于3%的横坡逐层填筑,逐层夯实,不允许向着墙背斜坡填筑,严禁使用膨胀性土和高塑性土。每层压实厚度不宜超过200mm,碾压机具和填料性质应进行压实试验,确定填料分层厚度及碾压遍数,以便正确地指导施工。

(3)压实时应注意勿使墙身受较大的冲击影响,临近墙背 0.5~1.0m 范围内,应采用小型压实机械碾压。小型压实机械有蛙式打夯机、内燃打夯机、手扶式振动压路机、振动平板夯等。

二、混凝土挡土墙施工

1. 基础施工

(1)基础处理与重力式挡土墙相同,软基处可采用桩基、加固结剂等加固措施。

(2)混凝土板可以在基础上直接立模,钢筋混凝土底板则须先浇垫层,在垫层上放线扎钢筋立模。基础模板的支撑,不宜直接落在土基上,应加垫木。钢筋混凝土施工时,应注意钢筋的保护层厚度。墙体的钢筋应安装到位,并且有可靠的固定措施。混凝土的施工缝应尽量避免设置在基础与墙体的分界面上,基础混凝土成型面设置在墙体以上 10cm 处,其界面应做成毛面。

(3)墙体模板可使用木模以及整体模板,甚至滑模和翻模。

①基本要求:挡土墙分段施工,相邻段应错开间断施工。

②整体模板技术:由面板、筋肋和支撑件构成。面板常用胶合板、竹胶板或木板;筋肋可用木条、型钢或冲压件。挡土墙对模板接缝要求不是很高,可不用拼接件而直接安装,安装时从转角处开始,注意控制对角线和模板坡度。整体模板一般用于专用支撑,有时可用临时支撑,也可用对销螺栓来平衡混凝土侧压力。为了方便拆模,模板表面应涂刷拆模剂,拆模在混凝土成型 24h 以后进行,但不能太迟,以免增加拆模的难度。混凝土挡土墙的排水、渗水、接缝处理与砌石挡土墙相同。

2. 墙体钢筋及混凝土施工

(1)墙体钢筋安装应在立模前施工。安装模板特别是护壁式挡土墙时,钢筋不易校正其位置偏差,因此钢筋安装绑扎必须控制到位,一般控制方法是搭架支撑,控制钢筋在顶端的准确位置,拉紧固定。

(2)墙体混凝土:钢筋混凝土挡土墙截面较小,混凝土下仓要有漏斗、漏槽等辅助措施。另外,挡土墙应分层浇筑,分层振捣,每层厚度以 30cm 为宜,浇筑控制在每小时 1~1.5m;混凝土挡土墙属大体积混凝土,宜用低热量、收缩小的矿渣类水泥,必要时还可在混凝土中抛入块石(块石比例不超过 15%),要求石质坚硬,清洗干净,石块厚度不小于 15cm,不得使用片石、卵石。石块距石块、模板、钢筋及预埋件净距均不小于 4~6m。

混凝土的养生方法及要求与其他结构相同。

三、加筋土挡土墙施工

加筋土挡土墙施工包括基础开挖、基底处理、基础浇筑、构件准备、面板安装、筋带布设、填料摊铺及压实、封闭压顶附属构件安装。

1. 基础施工

基底处理措施同其他挡土墙一样,一般其基础为钢筋混凝土条形基础,要求顶面水平整齐,施工流程见图 1-8-13。

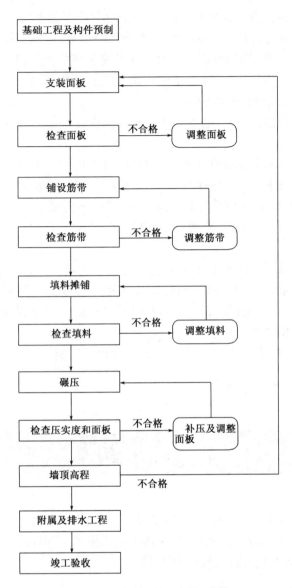

图 1-8-13 加筋土挡土墙施工流程

2. 控制放线

加筋土挡土墙墙面垂直平面随现场条件做成直线或曲线。第一层面板安装准确,以后每层只需用垂线控制。其另一个控制内容是面板的接缝线条。

3. 施工注意事项

(1)面板安装以外缘定线,每块面板的放置应从上而下垂直就位,为防止相邻面板错位,可采用螺栓夹木或斜撑固定面板一并进行干砌,接缝不作处理,可用砂浆或软土进行调整。安装直立式墙面板应按不同填料和拉筋预设仰斜坡,仰斜坡一般为 1:0.05~1:0.02,墙面不得前倾。

(2)面板的施工缝和沉降缝应设在一起,且填料应在后一项工程施工前放入。

(3) 筋带铺设应与面板的安装同步,进行铺设的底料应平整密实。

(4) 钢筋不得弯曲,接头(插销连接)和防锈(镀锌)处理应符合标准规定,钢带或面板间钢筋连接,可采用焊接、拉环或螺栓连接,且在连接处应浇混凝土保护。

(5) 聚丙烯土工带、塑钢带应穿过面板的预留孔或拉环折回与另端对齐或绑扎在钢筋中间与面板连接,筋带本身连接也采取绑扎方式。

(6) 在面板安装、筋带铺设和埋地排水管完成并检查验收合格后,用准备充足的合格填料进行填料施工。

(7) 运土机具不得在未覆盖填料的筋带上行驶,且要离面板 1.5m 以上,填料可用机械或手工摊铺,应厚度均匀,表面平整,并有不小于 3% 的向外倾斜横坡。填料摊铺、碾压应从拉筋中部开始平行于墙面碾压,先向拉筋尾部逐步进行,然后再向墙面方向进行,严禁平行于拉筋方向碾压。靠近墙面板 1m 范围内,应使用小型机具夯实或人工夯实,不得使用重型压实机械压实。

(8) 墙背拉筋锚固段填料宜采用粗粒土或改性土等填料。填土分层厚度及碾压遍数,应根据拉筋间距、碾压机具和密实度要求,通过试验确定,严禁使用羊脚碾碾压。

(9) 加筋土的排水管反滤层及沉降缝等设施应同时施工,排水设施施工中应注意水流通道,不得有碍水流或积水(如反坡)等。

(10) 错层施工应有明确停顿,一层完工后再进行第二层施工。施工过程中随时观测加筋土挡土墙异常变化。

第六节 石质路基施工

爆破法施工是石质路基施工最有效的方法之一。爆破可以爆松冻土、爆除淤泥、开采石料等。山区公路路基石方工程量大且集中时,采用爆破法施工,不但可以提高功效、缩短工期、节约劳动力,而且可以改善线形,提高公路使用质量。

一、爆破作用原理

为了爆破某一岩体,在其中或表面放置的一定数量的炸药,称为药包,按其形状或集结程度的不同,可以分为集中药包、延长药包和分集药包三种。凡药包形状接近球形或立方体,以及高度不超过直径四倍的圆柱体和最长边不超过最短边四倍的直角六面体,均属于集中药包;相反,药包的长度或高度超过上述情况者,属于延长药包。分集药包是提高炸药有效能量利用率的新型装药方式,它是将一个集中药包分为两个保持一定距离集中的子药包。

(一)药包在无限介质内的爆破作用

药包在无限介质内爆炸时,炸药在瞬间通过化学反应转化为气体状态的爆炸产物。由于膨胀作用,体积增加百倍乃至数千倍,产生不小于 15000MPa 的静压力,同时产生温度高达

1500~4500℃、速度高达每秒上千米的冲击波，以动压力的形式，自药包中心按球面等量向外扩散，传递给周围介质，使介质产生各种不同程度的破坏和振动现象。这种现象随着距药包中心的距离增大而逐渐消失。按破坏程度的不同把作用范围大致分为四个爆破作用圈：压缩圈（或破碎圈）、抛掷圈、松动圈、振动圈，如图1-8-14所示。

(二) 药包在有限介质内的爆破作用与爆破漏斗

药包在有限介质内爆炸时，受其球形爆炸作用的影响，在具有临空面的表面都会形成漏斗状的爆破坑，称为爆破漏斗，如图1-8-15所示为平坦地形爆破漏斗。

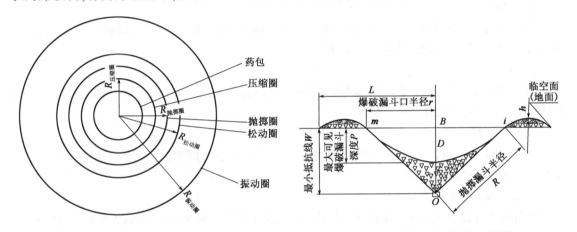

图1-8-14 爆破作用示意图　　　　图1-8-15 平坦地形爆破漏斗示意图

爆破漏斗的形状、数量和大小，不但与药包量大小、炸药性能、介质的性质等有关，同时还与临空面的数量和所处的边界地形条件有关。

爆破漏斗一般用最小抵抗线 W、爆破漏斗口半径 r、抛掷漏斗半径 R 等参数表示。

爆破作用的性质通常用爆破作用指数 n 来表示。爆破作用指数是指爆破漏斗口半径与最小抵抗线的比值，即 $n = r/W$。当 $n = 1$ 时，称为标准抛掷爆破；$n > 1$ 时，称为加强抛掷爆破；当 $n < 1$ 时，称为减弱抛掷爆破。

mDi 称为可见的爆破漏斗，moi 称为爆破漏斗。可见爆破漏斗体积 V_{mDi} 与爆破漏斗体积 V_{moi} 之比 E_o 称为平坦地形的抛掷率。$E_o = V_{mdi}/V_{moi}(\%)$。

当临空面不只是一个时，则只有在具有最小抵抗线的临空面上，爆破作用才能充分发挥出来。而在其他几个临空面上，爆破作用则显著降低，有的则以冲击波传播的形式，被无限介质所吸收。

二、炸药种类和起爆方法

(一) 炸药种类

炸药是一种化学性质不稳定的化学混合物，受一定外力作用就能引起高速化学分解反应，产生大量气体和热量，并能将其集中的能量在瞬间释放出来。炸药种类繁多，在爆破工程中常用的可分下列两类：

1. 起爆炸药

起爆炸药是一种爆炸速度极高的烈性炸药,爆速可达 2000～8000m/s,主要用于制造雷管和速燃导火索等。起爆炸药又可分为正起炸药和副起炸药。正起炸药对热能和机械冲击能均具有强烈的敏感性;副起炸药须由正起炸药起爆,其爆速甚高,可加强雷管的起爆能量。

2. 爆破炸药

用来对岩石或其他介质进行爆破的炸药称为爆破炸药,它的敏感性较低,要在起爆炸药强力的冲击下才能爆炸。道路工程中常用的爆破炸药有下列几种。

(1) 黑色炸药

黑色炸药是由硝酸钾(或硝酸钠)、硫黄和木炭所组成的混合物,对火星和冲击极敏感,易燃烧爆炸,怕潮湿,威力低,适用于石料开采。

(2) 硝铵炸药

硝铵炸药是由硝酸铵、TNT 和少量木粉所组成的混合物,对冲击或摩擦不敏感,吸湿能力强,受潮后不能充分爆炸,常用的如下:

①岩石铵梯炸药。

该炸药有 1 号和 2 号两种(2 号的威力小于 1 号),特点是威力大,适用于没有煤尘和沼气爆炸危险的矿井和岩石爆破。

②露天铵梯炸药。

该炸药有 1、2、3 号三种,这种炸药爆炸后产生的有毒气体较多,只能在露天爆破工程中使用。

③铵油炸药。

该炸药爆炸威力稍低于 2 号岩石铵梯炸药,抛掷效果好,起爆较难,易受潮,制造方便,成本低,是目前露天爆破中使用最多的一种。

(3) 胶质炸药

该炸药由硝化甘油和硝酸铵的混合物另外混入一些木粉和稳定剂制成的,特点是对冲击、摩擦和火星都很敏感,但抗水性较强,爆炸威力大,适用于水下和硬岩石爆破。

(4) TNT(三硝基甲苯)

该炸药呈结晶粉末状,淡黄色,压制后呈黄色,熔铸块呈褐色,不吸湿,爆炸威力大,但本身含氧不足,爆炸时会产生有毒的一氧化碳气体,不宜用于地下作业。

(二) 起爆材料及起爆方法

炸药的爆炸需要给予一种动力撞击或是一种火药的起爆,因此,为保证施工安全,要给炸药安装起爆器材。

1. 起爆器材

雷管是常用的起爆材料。如图 1-8-16 所示。按照引爆方式分为火雷管和电雷管两种,二者构造基本相同。

(1) 火雷管。火雷管也叫普通雷管,用导火索引爆。火雷管在管壳开口的一端留有 15mm 长的空隙,以便插入导火索,另一端做成窝槽状。一般分为 10 个规格,工程上常用规格为 6～8 号。

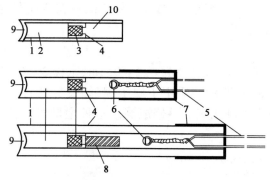

图 1-8-16 雷管的构造

1-雷管壳;2-副装药;3-正装药;4-加强帽;5-电器点火装置;6-滴状引燃剂;7-密封胶;8-引缓剂;9-窝槽;10-帽孔

（2）电雷管。电雷管用电流点火引爆。电雷管在管壳口的一段，有一个电气点火装置，通电时，电流通过电桥丝，灼热的电桥丝将引燃剂点燃，使炸药爆炸。电雷管又分为即发电雷管、迟发电雷管。即发电雷管用于同时点火同时起爆，迟发电雷管用于同时点火但不同时起爆。

2. 起爆方法

（1）电力起爆法。通过电爆网路实现对电雷管点火起爆的方法，称为电力起爆法。电雷管的连接形式有串联、并联和混联三种。

（2）导火索及火花起爆法。导火索是点燃火雷管的配置材料，外形为圆形索线，索芯内有黑火药，中间有纱导线，芯外紧缠着一层纱包线或防潮剂。利用导火线燃烧引爆火雷管，从而使药包爆炸的起爆方法即为火花起爆法。

（3）传爆线及传爆线起爆法。传爆线又称导爆线，其索芯用高级烈性炸药制成，内有双层棉织物，一层为防潮层，一层为缠绕着的纱线，为与导火索区别，表面涂成红色或红黄相间等色。传爆线着火较困难，使用时须在药室外的一段传爆线上捆扎一个8号雷管来起爆，由于传爆线的爆速快，故在大量爆破的药室中，使用传爆线起爆可以提高爆破效果，但必须严格遵守安全规定。传爆网络与药包的连接方式有关，有串联、并联和并簇联等。

三、综合爆破方法

（一）爆破的类型

1. 中小型爆破

（1）钢钎炮（眼炮）

在路基工程中，钢钎炮通常指眼炮直径和深度分别小于7cm和5m的爆破方法。因其炮眼浅，用药少，工效低，一般情况下，单独使用钢钎炮爆破石方是不大经济的，但是，由于其比较灵活所以仍不失为一种重要的炮型，在地形艰险及爆破量较小地段（如打水沟、开挖便道、基坑等）仍属必需，在综合爆破中是一种改造地形、为其他炮型服务的辅助炮型。

（2）药壶炮（烘膛炮）

药壶炮是指在深2.5～3.0m以上的炮眼底部用少量炸药经一次或多次烘膛，使眼底成葫芦形，将炸药集中装入药壶中以提高爆炸效果的一种炮型。如图1-8-17所示。它适用于结构均匀密实的硬土、次坚石、坚石。当炮眼深度小于 2.5m,或在节理发达的软石、很薄的岩层、渗水区域或雨季施工时,不宜采用。

(3)猫洞炮(蛇穴炮)

猫洞炮指将集中药包直接放入直径为 0.2~0.5m、眼深 2~6m 的水平或略有倾斜的炮洞中的一种炮型,如图 1-8-18 所示。适用于硬土、胶结良好的古河床、冰渍层、软石和节理发育较好的次坚石,坚石中可利用裂缝整修成洞。这种炮型对岩包和特大孤石的爆破效果最佳。

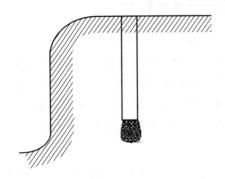

图 1-8-17 药壶炮

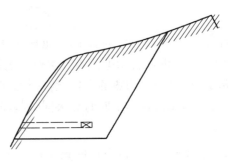

图 1-8-18 猫洞炮

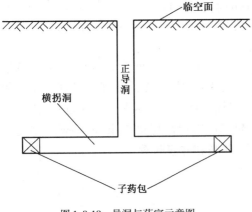

图 1-8-19 导洞与药室示意图

2. 大爆破

大爆破是采用导洞和药室装药,用药量在 1000kg 以上的爆破,如图 1-8-19 所示。主要用于石方大量集中,地势险要或工期紧迫路段。采用大爆破施工要慎重,必须在施工前做好技术设计,爆破后应做出技术总结。

3. 微差爆破

两相邻药包或前后排药包以毫秒的时间间隔(一般为 15~75ms)依次起爆,称为微差爆破,亦称毫秒爆破。其优点是可减振,提高爆破效果,省药,有利于挖掘机作业。

4. 光面爆破和预裂爆破

光面爆破是在开挖限界的周边,适当排列一定间隔的炮孔,在有侧向临空面的情况下,用控制抵抗线和药量的方法进行爆破,使之形成一个光滑平整的边坡。

预裂爆破是在开挖限界处按适当间隔排列炮孔,在没有侧向临空面和最小抵抗线的情况下,用控制药量的方法,预先炸出一条裂缝,使拟爆体与山体分开,作为隔震、减震带,起保护和减弱开挖限界以外山体或建筑场的地震破坏作用。光面与预裂爆破后,在边坡壁上通常均留下半个炮孔的痕迹。

进行光面或预裂爆破时,应严格保持炮孔在同一平面内,炮孔间距 a 和最小抵抗线 W 之比应小于 0.8。装药量应控制适当,并采用合理的药包结构,通常使炮孔直径大于药卷直径

1~2倍,或采用间隔药包、间隔钻孔装药。预裂炮的起爆时间在主炮之前,光面炮在主炮之后,其间隔时间可取25~50ms。同一排孔必须同时起爆,最好用传爆线起爆,否则会影响爆破质量。

(二)选用各种爆破方法的基本原则

为了充分发挥各种爆破方法的特点,利用微地形和地质的客观条件,在路基石方工程中采用综合爆破,选用各种爆破方法,组织炮群,有计划有步骤地爆破拟开挖的石方是十分重要的。为此,石方工程的施工方案应按以下原则与步骤进行。

(1)全面规划,重点设计。
(2)由路基面开挖,形成高阶梯,以增加爆破效果。
(3)综合利用小炮群,分段分批爆破。

四、爆破施工

(1)施工前的准备工作。

根据批准的设计方案进行现场核对,编制导洞、药室施工组织设计,并进行现场放样,组织人、材、机进场。

(2)导洞和药室的开挖。

导洞分竖井和平洞两种,竖井深度不宜大于16m,竖井开挖深度大于6m时,应采取通风措施。药室应按设计断面开挖,且宜近似做成立方体。

(3)爆破前的准备工作。

准备工作包括导洞和药室的验收,装药,导洞和竖井的堵塞,起爆线路的敷设。

(4)爆破。

起爆前,还应检查起爆电源的电压,如果符合要求,即可发出起爆信号,通知警戒人员开始起爆。起爆前30min,由总指挥发布起爆命令,做最后一次验收检查和安全检查,无新情况,即可起爆。起爆后30min进行全面技术检查,无问题时再发出解除警报信号。

(5)瞎炮处理。

如有瞎炮,必须小心谨慎,由专人负责指挥处理。洞室炮一般只能沿着导洞小心地掏取堵塞物,找出电线重新起爆,否则应取出起爆体。对于硝铵炸药的中、小炮可用灌水使炸药失效等较安全的方法处理。

(6)清理危石和堑内石方。
(7)石质路堑边坡清刷及路床检验。
(8)开挖石方的清运及第二次爆破。

五、岩石破碎的非钻爆法

为减低生产成本,满足环境和安全的要求,对于软岩和节理裂隙发育的中硬岩采用犁松法。该法的基本要点是通过安装在犁松机上的犁钩将岩石破碎,然后用铲运机进行装载、运输和卸载。也可采用前端式装载机配自卸汽车代替铲运机,但犁松机和铲运机是该法的主要设备。

第七节　路基整形、检查验收及维修

一、路基整形

路基施工完成后,必须进行全线的竣工测量,包括中线测量、横断面测量及高程测量,以此作为竣工验收的依据。

土石方工程基本完成时,由施工单位会同施工监理人员,按设计文件要求检查路基中线、高程、宽度、边坡坡率和截、排水沟系统。根据检查结果编制整修计划,进行路基及排水系统整修。

路基顶面表层补填的土层压实厚度应不小于100mm,压实后表面应平整,不得松散、起皮。土质路基表面的整修,可用机械配合人工切土或补土,并配合压路机碾压。深路堑边坡整修应按设计要求坡率,自上而下进行削坡整修,不得在边坡上以土贴补;石质路基边坡,应做到设计要求的边坡率。坡面上的松石、危石应及时清除。

整修后的坡面应顺适、美观、牢固,坡度应符合设计要求。边坡需要加固的地段,应预留加固位置和厚度,使完工后的坡面与设计要求一致。当路堑边坡受雨水冲刷形成小冲沟时,应将原坡面挖成台阶,分层填补,仔细夯实。如填补的厚度很小(100~200mm),而又非边坡加固地段时,可用种草整修的方法,以种植土来填补,但应顺适、美观、牢靠。

填方边坡受雨水冲刷形成冲沟或坍塌缺口时,应自下而上,分层挖台阶加宽填补夯实,再按设计坡面削坡,弯道内侧路肩边缘,应修建路肩拦水带。填土经压实后,不得有松散、软弹、翻浆及表面不平整现象。如不合格,必须重新处理。

填石路堤、土石路堤的整修和土质路堤的整修基本相同。土质路基表面做到设计高程后宜用平地机刮平,石质路基表面应用石屑嵌缝紧密、平整,不得有坑槽和松石。

永久性排水系统的沟、槽,表面应整齐,沟底平整,排水畅通不渗漏。如有质量缺陷应进行处理。边沟的整修应挂线进行。对各种水沟的纵坡(包括取土坑纵坡)应仔细检查,应使沟底平整,排水通畅,凡不符合设计及规定要求的,应按规定整修。截水沟、排水沟及边沟的断面、边坡坡率,应按设计要求办理。沟的表面应整齐、光滑。填料的凹坑应拍捶密实。

整修路堤边沟表面时,应将其两侧超填的宽度切除。如遇边坡缺土时,可按路堑边坡的处理方法填平夯实。

防护与支挡工程应检查石料风化情况、泄水孔是否通畅、结构物是否有变形位移等,如果有质量缺陷应进行处理。临时工程和设施应进行合理处置,使之与原地形以及自然环境协调。

二、检查与验收

当每一分项、分部、单位工程完成后,应按批准的设计图纸、设计文件、技术规范的要求,对施工质量进行中间检查。

(1)在路基施工过程中出现下列情况或阶段时,应进行中间检查:

①地基准备工作完成后,检查是否清除地面杂草、淤泥等,在斜坡上完成台阶,若发现不符合设计要求时。

②边坡加固前,应对其加固方法、形式、填挖方边坡加固的适用性,以及边坡坡率是否适当进行检查,若检查发现达不到设计要求时。

③发现已完工的土方工程及竣工后的路基被地面水浸淹(暴雨、洪水等)损坏时。

④取土坑及弃土堆超过原设计的数量时。

⑤填土下限不符合一般规定及填挖方的边坡坍塌需增加土方及边坡加固工程数量时。

⑥在进行计划以外的附加土方工程(排水沟、截水沟、疏导工程等)时。

(2)下列隐蔽工程施工阶段,必须按照设计要求和有关规定进行中间检查验收,凡不符合要求的项目不得进行下一道工序要求:

①路基渗沟回填土以前。

②填方或挖方地段,按设计要求所做的换土工作完成前。

③对需采取特殊措施才能保证填方稳定的路基,在地基处理后(如泉水、溶洞、地下水处理后)。

④路基隔离层上填土前。

⑤各类防护加固工程基础开挖后(应检查基地地质、高程、地下水情况)。

(3)交工验收时,应对下列项目进行检查、验收:

①路基的平面位置。

②路基宽度、高程、横坡和平整度。

③边坡坡率及边坡加固。

④边沟及其他排水设施的尺寸及底面纵坡。

⑤防护工程的各部分尺寸及位置。

⑥填土压实度和表面弯沉。

⑦取土坑、弃土堆、护坡道、截水沟、渗水井等位置。

⑧隐蔽工程记录。

三、路基维修

路基工程完工后且路面未施工前,以及公路工程初验后至终验前,路基如有损毁,施工单位应负责维修,并保证路基排水系统完好,及时清除排水设施中的淤积物、杂草等。对较长时间中途停工和暂时不做路面的路基,也应做好排水设施,复工前应对路基各项工程予以修整。

整修路基表面,应使其无坑槽,并保持规定的路拱,在路堤因雨水冲刷或其他原因发生裂缝沉陷时,应立即修补、加固或采取其他措施处理,并查明原因做出记录。遇路堑边坡塌方时,应及时清除。

在未经加固的高路堤和深路堑边坡上,或在潮湿地区,对路基有害的积雪应及时清除。当构筑物有变形时,应详细查明原因予以修复,并采取响应的稳定措施。

路基工程完成后,每遇大雨、连日暴雨或积雪融化后,应控制施工机械和车辆在土质路基上通行。若不可避免时,应将碾压的坑槽中的积水及时排干,整平坑槽,对修复部分重新压实。

第八节 路基工程质量标准

本章依据《公路路基施工技术规范》(JTG F10—2006)及《公路工程质量检验评定标准》(JTG F80/1—2017)(以下简称《标准》)的相关内容,对路基工程质量标准进行介绍。

一、路基土石方工程

1. 土方路基

(1)填方路基应分层填筑压实,每层表面平整,路拱合适,排水良好,不得有明显碾压轮迹,不得亏坡。

(2)在路基用地和取土范围内,应清除地表植被、杂物、积水、淤泥和表土,处理坑塘,并按施工技术规范和设计要求对基底进行压实。表土应充分利用。

(3)应设置施工临时排水系统,避免冲刷边坡,路床顶面不得积水。

(4)挖方地段遇有树根、洞穴等必须进行处理,上边坡要平整稳定。路床土质强度及压实度必须符合规定。

(5)在设定区内合理取土,不得滥开滥挖。完工后应按要求对取土坑和弃土场进行修整。

(6)土方路基成型后外观质量标准:路基边线与边坡不应出现单向累计长度超过50m的弯折;路基边坡、护坡道、碎落台不得有滑坡、塌方或深度超过100mm的冲沟。

(7)土方路基施工质量标准见表1-8-6。

土方路基施工质量标准　　　　表1-8-6

项次	检查项目			规定值或允许偏差			检查方法和频率
				高速公路、一级公路	其他公路		
					二级公路	三、四级公路	
1	压实度(%)	上路床		0~0.3m	≥96	≥95	≥94	按《公路工程质量检验评定标准》(JTG F80/1—2017)(以下简称《标准》)附录B检查;密度法:每200m每压实层测2处
		下路床	轻、中等及重交通	0.3m~0.8m	≥96	≥95	≥94	
			特重、极重交通	0.3m~1.2m	≥96	≥95	—	
		上路堤	轻、中等及重交通	0.8m~1.5m	≥94	≥94	≥93	
			特重、极重交通	1.2m~1.9m	≥94	≥94	—	
		下路堤	轻、中等及重交通	>1.5m	≥93	≥92	≥90	
			特重、极重交通	>1.9m				

续上表

项次	检查项目	规定值或允许偏差			检查方法和频率
		高速公路、一级公路	其他公路		
			二级公路	三、四级公路	
2	弯沉(0.01mm)	不大于设计验收弯沉值			按《标准》附录 J 检查
3	纵断高程(mm)	+10,-15	+10,-20		水准仪:中线位置每 200m 测 2 点
4	中线偏位(mm)	50	100		全站仪:每 200m 测 2 点,弯道加 HY、YH 两点
5	宽度(mm)	满足设计要求			尺量:每 200m 测 4 点
6	平整度(mm)	≤15	≤20		3m 直尺:每 200m 测 2 处×5inch(1inch=0.3048m)
7	横坡(%)	±0.3	±0.5		水准仪:每 200m 测 2 个断面
8	边坡	满足设计要求			尺量:每 200m 测 4 点

注:1.压实度按《公路土工试验规程》(JTG E40—2007)重型击实试验所得最大干密度求得的压实度取值。评定路段内的压实度平均值下置信界限不得小于规定标准,单个测定值不得小于极值(表中所列规定值减 5 个百分点)。按测定值不小于表列规定值减 2 个百分点的测点占总检查点数的百分率计算合格率。
2.特殊干旱、特殊潮湿地区或过湿土路基等,可按路基设计、施工规范所规定的压实度标准进行评定。
3.三、四级公路铺筑沥青混凝土或水泥混凝土路面时路基压实度应采用二级公路标准。

2.石方路基

(1)石方路堑的开挖宜采用光面爆破,开炸石方应避免超量爆破,爆破后坡面的松石、危石必须清除干净,确保上边坡安全、稳定。

(2)欠挖部分必须凿除,超挖部分应采用无机结合料稳定碎石或级配碎石填平并碾压密实,路基表面应整修平整,边线直顺,曲线圆滑。

(3)修筑填石路堤时应进行地表清理,填筑层厚度应符合规范规定并满足设计要求,填石空隙用石渣、石屑嵌压稳定。

(4)填石路基应分层填筑压实,每层表面平整,路拱适顺,排水良好,上路床不得有碾压轮迹,不得亏坡。

(5)填石路基应通过试验路确定沉降差控制标准。

(6)填石路堤成型后的外观质量标准:表面无明显孔洞;大粒径石料不松动,用铁锹挖动困难;边坡码砌紧贴、密实,无明显孔洞、松动,砌块间承接面向内倾斜,坡面平顺;路基边线与边坡不应出现单向累计长度超过 50m 的弯折;上边坡不得有危石。

(7)石方路基施工质量标准见表 1-8-7。

石方路基施工质量标准 表 1-8-7

项次	检查项目	规定值或允许偏差		检查方法和频率
		高速、一级公路	其他公路	
1	压实度	孔隙率满足设计要求		密度法:每 200m 每压实层测 1 处
		沉降差≤试验路确定的沉降差		精密水准仪:每 50m 测 1 个断面,每个断面测 5 点

续上表

项次	检查项目		规定值或允许偏差		检查方法和频率
			高速、一级公路	其他公路	
2	弯沉(0.01mm)		不大于设计值		按《标准》附录J检查
3	纵面高程(mm)		+10, -20	+10, -30	水准仪:中线位置每200m测2点
4	中线偏位(mm)		≤50	≤100	全站仪:每200m测2点,弯道加HY、YH两点
5	宽度(mm)		满足设计要求		尺量:每200m测4点
6	平整度(mm)		≤20	≤30	3m直尺:每200m测2处×5inch(1inch=0.3048m)
7	横坡(%)		±0.3	±0.5	水准仪:每200m测2个断面
8	边坡	坡度	满足设计要求		尺量:每200m测4点
		平顺度	满足设计要求		

注:上下路床填土时压实度检验标准同土方路基。

3. 土石路基

(1)软质石料填筑的土石路基,应满足土质路基施工质量标准,参见表1-8-7。

(2)硬质石料填筑的土石路基,应满足石方路基施工质量标准,参见表1-8-8。

(3)土石路堤成型后的外观质量标准:路堤表面无明显孔洞;大粒径石料不松动,用铁锹挖动困难;中硬、硬质石料土石路堤边坡码砌紧贴、密实,无明显孔洞、松动,砌块间承接面向内倾斜,坡面平顺。

4. 路肩

(1)路肩应表面平整密实,不积水。

(2)路肩边缘直顺,曲线圆滑。

(3)路肩外观质量标准:路肩应无阻水、无杂物。

(4)路肩施工质量标准见表1-8-8。

路肩施工质量标准　　　　表1-8-8

项次	检查项目		规定值或允许偏差	检查方法和频率
1	压实度(%)		不小于设计值,设计未要求时不小于90%	按《标准》附录B检查,每200m测1点
2	平整度(mm)	土路肩	≤20	3m直尺:每200m测2处×5inch (1inch=0.3048g)
		硬路肩	≤10	
3	横坡(%)		±1.0	水准仪:每200m测2个断面
4	宽度(mm)		满足设计要求	尺量:每200m测2点

5. 软土地基处治

(1)换填地基的填筑压实要求与土方路基相同。

(2)砂垫层:砂垫层应分层碾压施工;砂垫层宽度应宽出路基边脚0.5~1.0m,两侧以片石护砌;砂垫层厚度及其上铺设的反滤层应符合设计要求。

(3)反压护道:反压护道高度、宽度应满足设计要求,压实度不低于90%。

(4)袋装砂井、塑料排水板:袋装砂袋和塑料排水板下沉时不得出现扭结、断裂等现象;井(板)底高程应满足设计要求,塑料排水板超过孔口的长度应伸入砂垫层不小于500mm。

(5)粒料桩:施工工艺应符合规范规定;施工前应进行成桩工艺和成桩挤密试验;桩体应连续、密实。

(6)加固土桩:施工前应进行成桩工艺和成桩强度试验;施工设备必须安装喷粉(浆)自动记录装置,施工工艺应符合规范规定。

(7)水泥粉煤灰碎石桩:施工前应进行成桩工艺和成桩强度试验;混合料应拌和均匀,桩体施工应选择合理顺序,成桩过程中应对已打桩的桩顶进行位移监测。

(8)刚性桩:施工前应进行成桩试验;施工工艺应符合规范规定。

(9)软土地基上的路堤,应满足沉降标准和稳定性的设计要求。

软土地基处治施工质量标准略。

6. 土工合成材料处置层

(1)土工合成材料应无老化,外观无破损、污染。

(2)土工合成材料应紧贴下承层,按设计和施工要求铺设、张拉、固定。

(3)土工合成材料的接缝搭接、黏结强度和长度应满足设计要求,上、下层土工合成材料搭接缝应交替错开。

(4)土工合成材料处置层外观质量标准:土工合成材料无重叠、皱折;土工合成材料固定处不应松动。

土工合成材料施工质量标准略。

二、排水工程

1. 土沟

(1)纵坡顺直,曲线线形圆滑。

(2)土沟边坡平整、密实、稳定。

(3)土沟外观质量标准:沟内不得有杂物,无排水不畅。

(4)土沟施工质量标准见表1-8-9。

土沟施工质量标准　　　　　　　　　表1-8-9

项次	检查项目	规定值或允许偏差	检查方法和频率
1	沟底高程(mm)	0,-30	水准仪:每200m测4点,且不少于5点
2	断面尺寸(mm)	不小于设计要求	尺量:每200m测2点,且不少于5点
3	边坡坡度	不陡于设计值	尺量:每200m测2点,且不少于5点
4	边棱顺直度(mm)	50	尺量:20m拉线,每200m测2点,且不少于5点

2. 浆砌水沟

(1)浆砌片(块)石、混凝土预制块的质量和规格,应符合国家和行业强制性标准以及合同约定的其他标注的规定,并满足设计要求。

(2)砂浆配合比准确,砌缝内砂浆均匀饱满,勾缝密实。
(3)基础中缩缝应与墙身缩缝对齐。
(4)浆砌水沟外观质量标准:砌体抹面不得有空鼓;沟内不应有杂物,无排水不畅。
(5)浆砌水沟施工质量标准见表1-8-10。

浆砌水沟施工质量标准　　　　　　表1-8-10

项次	检查项目	规定值或允许偏差	检查方法和频率
1	砂浆强度(MPa)	在合格标准内	按《标准》附录F检查
2	轴线偏位(mm)	50	全站仪或尺量:每200m测5点
3	沟底高程(mm)	±15	水准仪:每200m测5点
4	墙面直顺度(mm)	30	20m拉线:每200m测2点
5	坡度	符合设计要求	坡度尺:每200m测2点
6	断面尺寸(mm)	±30	尺量:每200m测2个断面,且不少于5个断面
7	铺砌厚度(mm)	不小于设计值	尺量:每200m测2点
8	基础垫层宽、厚度(mm)	不小于设计值	尺量:每200m测2点

3. 盲沟

(1)盲沟的设置、填料规格、质量等应符合规范规定,并满足设计要求。
(2)盲沟外观质量标准:进出水口不应排水不畅。
(3)盲沟施工质量标准见表1-8-11。

盲沟施工质量标准　　　　　　表1-8-11

项次	检查项目	规定值或允许偏差	检查方法和频率
1	沟底高程(mm)	±15	水准仪:每20m测1点
2	断面尺寸(mm)	不小于设计值	尺量:每20m测1点

4. 排水泵站沉井

(1)地基应具有足够的承载能力。
(2)井壁混凝土应密实,混凝土强度达到合格标准后方可进行下沉。
(3)沉井下沉过程中,应随时注意正位,发现偏位及倾斜时应及时纠正。
(4)沉井封底应密实不漏水。
(5)水泵、管及管件应安装牢固,位置正确。
(6)排水泵站沉井外观质量标准:不应出现《标准》附录P中外观限制缺陷。
(7)排水泵站沉井施工质量标准见表1-8-12。

排水泵站沉井施工质量标准　　　　　　表1-8-12

项次	检查项目	规定值或允许偏差	检查方法和频率
1	混凝土强度(MPa)	在合格标准内	按《标准》附录D检查
2	轴线平面偏位(mm)	50	全站仪:纵、横向各2点

续上表

项次	检查项目	规定值或允许偏差	检查方法和频率
3	竖直度(mm)	1%井深	铅锤法:纵、横向各1点
4	几何尺寸(mm)	±50	尺量:长、宽、高各2点
5	壁厚(mm)	−5,0	尺量:每井测5点
6	井口高程(mm)	±50	水准仪:测4点

5.混凝土排水管安装

(1)排水管基础应满足设计要求。

(2)管材应逐节检查,不得有裂缝、破损。

(3)管节铺设应平顺、稳固,管底坡度不得出现反坡,管节接头处流水面高差不得大于5mm。管内不得有泥土、砖石、砂浆等杂物。

(4)管径大于750mm时,应在管内作整圈勾缝。

(5)抹带前,管口应洗刷干净,管口表面应平整密实,无裂缝现象。抹带后应及时覆盖养护。

(6)设计中要求防渗漏的排水管应做渗漏试验,渗漏量应满足设计要求。

(7)混凝土排水管安装外观质量标准:不应出现《标准》附录P中基础外观限制性缺陷;管口缝带圈不得开裂脱皮;管口内缝砂浆不得有空鼓;抹带接口表面不应有间断和空鼓。

(8)混凝土排水管安装施工质量标准见表1-8-13。

混凝土排水管安装施工质量标准　　　　表1-8-13

项次	检查项目		规定值或允许偏差	检查方法和频率
1	混凝土抗压强度或砂浆强度(MPa)		在合格标准内	按《标准》附录D、附录F检查
2	管轴线偏位(mm)		15	全站仪或尺量:每两井间测3处
3	流水面高程(mm)		±10	水准仪、尺量: 每两井间进出水口各1处,中间1~2处
4	基础厚度(mm)		不小于设计值	尺量:每两井间测3处
5	管座	肩宽(mm)	+10,−5	尺量:每两井间测2处
		肩高(mm)	±10	
6	抹带	宽度	不小于设计值	尺量:按10%抽查
		厚度	不小于设计值	

三、防护支挡工程

(一)挡土墙

1.砌体、片石混凝土挡土墙

(1)勾缝砂浆强度不得小于砌筑砂浆强度。

(2)地基承载力、基础埋置深度应满足设计要求。

(3)砌筑应分层错缝。浆砌时应坐浆砌筑,嵌缝饱满密实,不得出现空洞;干砌时不得出现松动、叠砌和浮塞。

(4)混凝土应分层砌筑,施工缝及片石埋放应符合施工技术规范的规定。

(5)沉降缝、伸缩缝和泄水孔的位置、尺寸、数量应满足设计要求;沉降缝及伸缩缝应竖直、贯通,采用弹性材料填充密实,填充深度应满足设计要求。

(6)砌体、片石混凝土挡土墙外观质量标准:浆砌缝开裂、勾缝不密实和脱落的累计换算面积不得超过该面面积的 1.5%,且单个最大换算面积不应大于 $0.08m^2$。换算面积应按缺陷缝长度乘以 $0.1m$ 计算;混凝土表面不应存在《公路工程质量检验评定标准》(JTG F80/1—2017)(以下简称《标准》)附录 P 所列限制缺陷;墙体不得出现外鼓变形;泄水孔应无反坡、堵塞。

(7)浆砌、干砌、片石混凝土挡土墙施工质量标准见表 1-8-14 ~ 表 1-8-16。

浆砌挡土墙施工质量标准　　　　　　　　　　　　　表 1-8-14

项次	检查项目		规定值或允许偏差	检查方法和频率
1	砂浆强度(MPa)		在合格范围内	按《标准》附录 F 检查
2	平面位置(mm)		≤50	全站仪:测墙顶外边线,长度不大于 30m 时测 5 点,每增加 10m 增加 1 点
3	墙面坡度(%)		≤0.5	铅锤法:长度不大于 30m 时测 5 处,每增加 10m 增加 1 处
4	断面尺寸(mm)		≥设计值	尺量:长度不大于 50m 时测 10 个断面,每增加 10m 增加 1 个断面
5	顶面高程(mm)		±20	水准仪:长度不大于 30m 时测 5 点,每增加 10m 增加 1 点
6	表面平整度(mm)	混凝土预制块、料石	≤10	2m 直尺:每 20m 测 3 处,每处测竖直、墙长两个方向
		块石	≤20	
		片石	≤30	

干砌挡土墙施工质量标准　　　　　　　　　　　　　表 1-8-15

项次	检查项目	规定值或允许偏差	检查方法和频率
1	平面位置(mm)	≤50	全站仪:测墙顶外边线,长度不大于 30m 时测 5 点,每增加 10m 增加 1 点
2	墙面坡度(%)	≤0.5	铅锤法:长度不大于 30m 时测 5 处,每增加 10m 增加 1 处
3	断面尺寸(mm)	≥设计值	尺量:长度不大于 50m 时测 10 个断面,每增加 10m 增加 1 个断面
4	顶面高程(mm)	±50	水准仪:长度不大于 30m 时测 5 点,每增加 10m 增加 1 点
5	表面平整度(mm)	≤50	2m 直尺:每 20m 测 3 处,每处测竖直、墙长两个方向

片石混凝土挡土墙施工质量标准 表1-8-16

项次	检 查 项 目	规定值或允许偏差	检查方法和频率
1	混凝土强度(MPa)	在合格标准内	按《标准》附录D检查
2	平面位置(mm)	≤50	全站仪:测墙顶外边线,长度不大于30m时测5点,每增加10m增加1点
3	墙面坡度(%)	≤0.3	铅锤法:长度不大于30m时测5处,每增加10m增加1处
4	断面尺寸(mm)	≥设计值	尺量:长度不大于50m时测10个断面,每增加10m增加1个断面
5	顶面高程(mm)	±20	水准仪:长度不大于30m时测5点,每增加10m增加1点
6	表面平整度(mm)	≤8	2m直尺:每20m测3处,每处测竖直、墙长两个方向

2. 悬臂式和扶壁式挡土墙

(1)地基承载力应满足设计要求。

(2)沉降缝、伸缩缝、泄水孔的位置、尺寸和数量应满足设计要求;沉降缝及伸缩缝应竖直、贯通,采用弹性材料填充密实,填充深度应满足设计要求。

(3)悬臂式和扶壁式挡土墙外观质量标准:混凝土表面不应存在《标准》附录P所列限制缺陷;墙体不得出现外鼓变形;泄水孔应无反坡、堵塞。

(4)悬臂式和扶壁式挡土墙施工质量标准见表1-8-17。

悬臂式和扶壁式挡土墙施工质量标准 表1-8-17

项次	检 查 项 目	规定值或允许偏差	检查方法和频率
1	混凝土强度(MPa)	在合格标准内	按《标准》附录D检查
2	平面位置(mm)	≤30	全站仪:长度不大于30m时测5点,每增加10m增加1点
3	墙面坡度(%)	≤0.3	铅锤法:长度不大于30m时测5处,每增加10m增加1处
4	断面尺寸(mm)	≥设计值	尺量:长度不大于50m时测10个断面及10个扶壁,每增加10m增加1个断面及1个扶壁
5	顶面高程(mm)	±20	水准仪:长度不大于30m时测5点,每增加10m增加1点
6	表面平整度(mm)	≤8	2m直尺:每20m测3处,每处测竖直、墙长两个方向

3. 锚杆、锚定板和加筋土挡土墙

(1)锚杆、拉杆或筋带根数不得少于设计数量。

(2)地基承载力应满足设计要求。

(3)筋带应理顺,放平拉直,筋带与面板、筋带与筋带连接牢固。

(4)锚杆的长度应大于或等于设计长度,锚杆插入锚孔内的长度不得小于设计长度的98%。

(5)锚杆注浆性能应符合相关施工技术规范规定,锚孔内注浆应密实,注浆压力满足设计要求。

(6)沉降缝、伸缩缝、泄水孔的位置、尺寸和数量应满足设计要求;沉降缝及伸缩缝应竖直、贯通,采用弹性材料填充密实,填充深度应满足设计要求。

(7)拉杆、锚杆的防护应满足设计要求。

(8)锚杆、锚定板和加筋土挡土墙外观质量标准:混凝土构件不应存在《标准》附录P所列限制缺陷;锚头不得外露,封锚混凝土或砂浆应无裂缝、疏松;墙体不得出现外鼓变形;泄水孔应无反坡、堵塞。

(9)筋带、拉杆、锚杆、面板预制、面板安装和锚杆、锚定板和加筋土挡土墙总体施工质量标准见表1-8-18～表1-8-23。

筋带施工质量标准　　　　　　　　　　　　　　　表1-8-18

项次	检查项目	规定值或允许偏差	检查方法和频率
1	筋带长度	≥设计值	尺量:每20m检查5根(束)
2	筋带与面板连接	满足设计要求	目测:全部
3	筋带与筋带连接	满足设计要求	目测:全部
4	筋带铺设	满足设计要求	目测:全部

拉杆施工质量标准　　　　　　　　　　　　　　　表1-8-19

项次	检查项目	规定值或允许偏差	检查方法和频率
1	长度(mm)	≥设计值	尺量:每20m检查5根
2	拉杆间距(mm)	±100	尺量:每20m检查5根
3	拉杆与面板、锚定板连接	满足设计要求	目测:全部

锚杆施工质量标准　　　　　　　　　　　　　　　表1-8-20

项次	检查项目	规定值或允许偏差	检查方法和频率
1	注浆强度(MPa)	在合格标准内	砂浆按《标准》附录F检查,其他按《标准》附录M检查
2	锚孔孔深(mm)	≥设计值	尺量:抽查20%
3	锚孔孔径(mm)	满足设计要求	尺量:抽查20%
4	锚孔轴线倾斜(%)	2	倾角仪:抽查20%
5	锚孔间距(mm)	±100	尺量:抽查20%
6	锚杆抗拔力(kN)	满足设计要求。设计未要求时,抗拔力平均值≥设计值;80%锚杆的抗拔力≥设计值;最小抗拔力≥0.9设计值	抗拔力试验:检查数量按设计要求,设计未要求时按锚杆数5%,且不少于3根检查
7	锚杆与面板连接	满足设计要求	目测:全部

面板预制施工质量标准　　　　　　　　　　　　　　　　　　　表 1-8-21

项次	检查项目		规定值或允许偏差	检查方法和频率
1	混凝土强度(MPa)		在合格标准内	按《标准》附录 D 检查
2	边长(mm)	边长小于 1m	±5	尺量:抽查 10%,每板长宽各测 1 次
		其他	±0.5%边长	
3	两对角线差(mm)	边长小于 1m	≤10	尺量:抽查 10%,每板测 2 条对角线
		其他	≤0.7%最大对角线长	
4	厚度(mm)		+5,-3	尺量:抽查 10%,每板测 2 处
5	表面平整度(mm)		≤5	2m 直尺:抽查 10%,每板长方向测 1 处
6	预埋件位置(mm)		≤5	尺量:抽查 10%

面板安装施工质量标准　　　　　　　　　　　　　　　　　　　表 1-8-22

项次	检查项目	规定值或允许偏差	检查方法和频率
1	每层面板顶高程(mm)	±10	水准仪:长度不大于 30m 时测 5 组,每增加 10m 增加 1 组
2	轴线偏位(mm)	≤10	挂线、尺量:长度不大于 30m 时测 5 点,每增加 10m 增加 1 点
3	面板坡度(%)	+0,-0.5	铅锤法:长度不大于 30m 时测 5 处,每增加 10m 增加 1 处
4	相邻面板错台(mm)	≤5	尺量:长度不大于 30m 时测 5 条缝最大处,每增加 10m 增加 1 条
5	面板缝宽(mm)	≤10	尺量:每 30m 检查 5 条,每增加 10m 增加 1 条

注:面板安装以同层相邻两板为一组。

锚杆、锚定板和加筋土挡土墙总体施工质量标准　　　　　　　　表 1-8-23

项次	检查项目		规定值或允许偏差	检查方法和频率
1	墙顶和肋柱平面位置(mm)	路堤式	+50,-100	全站仪:长度不大于 30m 时测 5 点,每增加 10m 增加 1 点
		路肩式	±50	
2	墙顶和柱顶高程(mm)	路堤式	±50	水准仪:长度不大于 30m 时测 5 点,每增加 10m 增加 1 点
		路肩式	±30	
3	肋柱间距(mm)		±15	尺量:每柱间
4	墙面平整度(mm)		≤15	2m 直尺:每 20m 测 3 处,每处测竖直、墙长两个方向

4. 墙背填土

(1)墙背填料应符合设计要求。

(2)墙背填土应和挖方路基、填方路基搭接,并应满足设计要求。

(3)墙背填土应分层填筑压实,每层表面平整,顶层路拱合适。

(4)反滤层的材料、铺设范围应满足设计要求。

(5)墙身强度达到设计强度的75%以上时方可开始填土。

(6)墙背填土外观质量标准:填土表面不平整的累计长度不得超过总长度的10%;不得出现亏坡。

(7)墙背填土施工质量标准:锚杆、锚定板和加筋土挡土墙距面板1m范围以内压实度质量标准见表1-8-24,其他部分填土和其他类型挡土墙墙背填土的压实质量标准与路基相同。

锚杆、锚定板和加筋土挡土墙墙背填土施工质量标准　　　表1-8-24

项次	检查项目	规定值或允许偏差	检查方法和频率
1	距面板1m范围内的压实度(%)	≥90	按《标准》附录B的方法检查,每50每压实层测1处,且不得少于1处
2	反滤层厚度(mm)	≥设计厚度	尺量:长度不大于50m时测5处,每增加10m增加1处

(二)砌体坡面防护

(1)勾缝砂浆强度不得小于浆砌砂浆强度。

(2)坡面下端基础埋置深度及其地基承载力应满足设计要求。

(3)护面下填土密实度应满足设计要求,对坡面刷坡整平后方可铺砌。

(4)砌块应相互错缝、咬扣紧密,嵌缝饱满密实。

(5)应按设计要求设置沉降缝、伸缩缝、泄水孔、坡面防排水设施。

(6)砌体坡面防护外观质量标准:浆砌缝开裂、勾缝不密实和脱落的累计换算面积不得超过该面面积的1.5%,且单个最大换算面积不应大于$0.08m^2$。换算面积按缺陷缝长度乘以0.1m计算;框格梁不得与坡面脱空;坡面不得出现塌陷、外鼓变形。

(7)砌体坡面防护施工质量标准见表1-8-25。

砌体坡面防护施工质量标准　　　表1-8-25

项次	检查项目		规定值或允许偏差	检查方法和频率
1	砂浆强度(MPa)		在合格标准内	按《标准》附录F检查
2	顶面高程(mm)	料、块石	±30	水准仪:长度不大于30m时测5点,每增加10m增加1点
		片石	±50	
3	表面平整度(mm)	料、块石	≤25	2m直尺:除锥坡外每50m测3处,每处纵、横向各1inch(1inch=0.3048m);锥坡处顺坡测3inch(1inch=0.3048m)
		片石	≤35	
4	坡度		≤设计值	坡度尺:长度不大于30m时测5处,每增加10m增加1处
5	厚度或断面尺寸(mm)		≥设计值	尺量:长度不大于50m时测10个断面,每增加10m增加1个断面
6①	框格间距(mm)		±150	尺量:抽查10%

注:①仅适用于框格式护面。

思考题

1. 路堤填筑方法有哪些？适用性如何？
2. 简述路基填筑的主要工序。
3. 何谓填石路堤？何谓土石路堤？
4. 土质路堑开挖的方式有哪些？适用性如何？
5. 为什么要进行路基压实？
6. 影响压实效果的因素有哪些？
7. 何谓最佳含水率、最大干密度和压实度？
8. 简述路基压实方法。
9. 简述压实质量控制与检查。
10. 灌浆、勾缝、抹面的施工要点是什么？
11. 浆砌片石护面墙的施工要点？片石护坡施工时应注意什么？
12. 重力式挡土墙的施工要点是什么？
13. 加筋土挡土墙的施工工艺有何特点？
14. 当地形条件相同时，用同量炸药为什么在斜坡地形比平地的爆破岩石方量多？
15. 影响爆破效果的主要因素有哪些？
16. 试举出石方爆破工程中常用的几种爆破方法。
17. 试述爆破作业的程序。
18. 施工中出现瞎炮，一般该如何处理？
19. 《公路工程质量检验评定标准》(JTG F80/1—2017)、《公路路基施工技术规范》(JTG F10—2006)对路基工程的质量标准如何规定？
20. 浆砌式挡土墙的质量标准是什么？
21. 怎样对路基进行检查验收？

PART 2 第 二 篇
路面工程

第一章 CHAPTER ONE
绪 论

主要掌握路面结构的基本组成及路面的常用类型。

第一节 我国路面工程的发展概况

路面是指将各种筑路材料铺筑在公路路基上供车辆行驶的构造物,是道路工程的一个重要组成部分。最早修建公路和铺筑路面的历史可追溯到古巴比伦和埃及,规模最为宏伟的当属罗马,那时已修建了有效的公路体系通达全国,主要是使帝国的军队和物质能够畅通无阻地到达全国的任何地方,同时也促进了商业的发展。古罗马时的路面概念是在有一定强度的地基上摆放大石块,再在上面用小石块和青石杂填缝隙,类似于现在的骨架结构,当时铺筑的厚度达 1m 左右,而且还结合地形条件考虑了排水的要求,这就是公路的原始概念。后来,为了便于在沼泽地等软土地区行走,又采用圆木和厚木板拼砌成类似于木筏的结构,这也是早期路面的概念。但由于战争等原因,致使这些公路体系毁于一旦,直到拿破仑时代才有改观。较早时的简易公路主要考虑了3个方面:路面设计要体现路基情况;采用"新"材料,比如碎石;有效的排水效果等。到19世纪的后20年,城市路面开始使用水泥和沥青等材料,路面设计开始考虑环境因素、路面抗滑和舒适等方面,但对于路面的功能和结构却没有更深入的认识。

在路面设计方面,我国已形成了具有自己特色的路面设计理论与方法。柔性路面设计从刚开始学习苏联的设计法,到现在已经历了较多版本,但其基于的理论基本一致,即多层弹性体系理论。而国际上较为通行的沥青路面设计法主要是以沥青层底拉应变和路基顶部压应变为主的设计方法,我国的现行规范(2017版)也参考了这些指标。水泥混凝土路面设计理论与方法也经历了几个版本,我国采用的是弹性地基板理论。把设计方法纳入路面管理系统的研究也有了较大发展,对项目的全过程寿命进行分析,有的已用于生产实际中。

近年来,随着国家加大对基础设施建设的投入,路面施工机械和路面施工工艺也有了长足发展。在引进和吸收国外先进筑路机械的基础之上,我国如今已能自主生产出一些关键的施工设备,如稳定土拌和设备,包括稳定土厂拌设备和稳定土拌和机;沥青路面面层施工机械中的关键设备,如沥青混凝土拌和设备和沥青混凝土摊铺机,以及水泥混凝土路面摊铺机等。其他如水泥路面的真空吸水工艺、沥青路面的稀浆封层法以及沥青路面的再生技术等都有较快发展。值得关注的是,近年来为了探讨高速公路路面出现的早期破坏,许多路面工作者从不同的角度进行了深入研究,分别在路面结构、材料设计和施工机械及工艺等方面提出了许多较好的实施方案。

路面施工过程中的质量控制和评价检测方法,已越来越引起有关部门和道路工作者的重视。如落锤式弯沉仪,在不损伤路面的情况下,可以评价整个路面的强度、反演路面各层的弹性模量、评价路面施工中的均匀性等,因此得到广泛的应用。对于路面材料的检测技术,如碎石结构层的各向异性,沥青混合料的黏弹性、抗老化、高低温性能等的试验方法和评价技术,也都取得了良好的成果。

第二节 对路面的基本要求

为了保证汽车行驶的安全性和舒适性,降低运输成本和延长道路寿命,要求路面具有下列基本性能。

1. 具有足够的强度和刚度

路面结构应具有足够的强度,以抵抗车轮荷载引起的各个部位的各种应力,如压应力、拉应力、剪应力等,保证不发生压碎、拉断、剪裂等各种破坏。

路面整体结构或各个结构层应具有足够的刚度,使得它在车轮荷载作用下不发生过量的变形,保证不发生车辙、沉陷或波浪等各种病害。

这里要指出的是,我们所说的强度,应包括修建路面的原材料,如砂石、水泥、沥青等以及组合材料,如水泥混凝土、沥青混凝土和各类稳定土的强度。

2. 具有足够的稳定性

路面结构长期暴露在自然环境中,直接受到水、阳光、空气和风等高、低温条件的作用与影响,致使路面材料的力学性能和技术品质发生变化。稳定性要求归纳起来主要有以下几个方面。

(1)足够的高温稳定性

夏季高温条件下,沥青路面材料或结构如没有足够的抗高温变形能力,极易发生泛油、发软,甚至产生车辙、波浪和推挤,使结构使用功能下降;水泥路面则可能拱起、开裂等。

(2)足够的低温抗裂性

冬季低温时,沥青路面材料或结构如没有足够的抗低温能力,则会因低温收缩或脆性增大而发生开裂。水泥路面则可能产生表层冻害、面板冻裂等。

(3) 足够的水稳定性

在雨水多的地区,如果路面材料和结构没有足够的抗水损坏能力,则其强度就会下降,甚至出现剥离、松散等破坏,砂石路面将会大量出现坑洞、集料外露、松散等破坏;在冬春季节,在水和温度综合因素的作用下,将会出现冻胀、翻浆等严重后果。

(4) 足够的气候稳定性(抗老化能力)

太阳的照射、空气中氧气的氧化等都会对路面材料和结构产生作用,如果路面材料和结构没有足够的抵抗大气作用的能力,则沥青材料会出现老化而降低其原有技术品质,导致沥青路面开裂、剥落,甚至大面积松散破坏。

3. 具有足够的平整度

不平整的路面表面会增大行车阻力,并使车辆产生附加的振动作用和冲击作用,造成行车颠簸,影响行车速度、行车安全和舒适性,会加剧汽车机件的损坏与轮胎磨耗并增大汽油的消耗,也会加速路面的冲击破坏。因此,要求路面具有与公路等级相应的足够的平整度。

4. 具有足够的抗滑性能

如果路面没有足够的抗滑性能,将带来一系列问题,甚至引起翻车和人员伤亡事故。没有足够的抗滑能力,在雨天高速行车,紧急制动或突然起动,或爬坡、转弯时,车轮易产生空转或打滑,致使行车速度降低、油耗增多、制动失灵。因此,路面表面应具有足够的抗滑能力,即有足够的粗糙度,以确保行车安全。

5. 具有足够的耐久性

路面承受行车荷载和自然因素的多次重复作用,路面使用性能将逐年下降,强度和刚度也逐年衰变,路面材料的技术性能由于老化衰变,从而导致路面结构的损坏。通常所说的耐久性,主要是指路面在设计规定的使用年限内满足各级公路相应的承载能力、行车舒适性、安全性的要求。

6. 具有尽可能低的扬尘性

汽车在砂石路面上行驶,由于车身后面所产生的真空吸力的作用,将使面层表面或其中的细料被吸起而尘土飞扬,导致路面松散、脱落和坑洞等破坏。扬尘还会加速汽车机械的损坏,造成污染,影响行车视距和旅客的舒适性及沿线居民的卫生条件,也会导致沿线近处的农作物减产。

7. 具有较好的经济性

应基于工程项目全过程寿命分析,从规划、设计、施工以及运营等方面进行技术和经济的比较、选择,使得路面具有较高的性价比。

第三节 路面结构层次划分

路面结构是由面层、基层、底基层和必要的功能层组成。为了使路面上的雨水及时排出,保证行车安全等,路表面一般做成中间高、两边低的形状,这就是我们所说的路拱,如图 2-1-1

所示。路拱横坡度见表2-1-1。

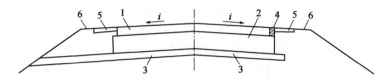

图 2-1-1　路面结构层次划分示意图

i-路拱横坡度；1-面层；2-基层；3-垫层；4-路缘石；5-硬路肩；6-土路肩

路 拱 横 坡 度　　　　　　　　　　　表 2-1-1

路 面 类 型	路拱平均横坡度(%)
沥青混凝土、水泥混凝土	1~2
沥青碎石、沥青贯入式、沥青表面处治、整齐块石	1.5~2.5
半整齐石块、不整齐石块	2~3
碎石等粒料路面	2.5~3.5
炉渣土、砂砾土等	3~4

一、面层

面层是路面结构中最上面的一个层次，直接暴露在大气环境中。它既受到来自于行车荷载的垂直力、水平力和冲击力的复杂作用，又要受到外界环境，比如温度、湿度、空气、阳光等影响。因此，面层应具有较高的强度和耐久性。由于面层同时给车辆提供安全和舒适性，它还必须具有较好的平整度和抗滑性等表面使用特性。

用于面层的材料主要有沥青混凝土、水泥混凝土、沥青碎石混合料及一些砂石材料等，其中，沥青混凝土所占的比重最大。

我国现行的高速公路典型沥青面层一般是由3层组成，分别为上面层、中面层和下面层，上面层为抗滑层与磨耗层，其他面层中至少有一层是密级配沥青混凝土，以防止雨水下渗，影响基层和路基受到水损坏，有时根据实际情况也可在面层之间修筑封水层，起到同样的效果。用作防止雨水渗入的封层和厚度不超过3cm的磨耗层在路面力学计算中不作为一个独立的面层来看，但它所起到的功能性作用是不可轻视的。

二、基层

基层是位于面层下面的一个结构层次，它主要承受来自于面层的垂直力，并把它分布在垫层或土基上。因此，基层应具有足够的强度和一定的刚度。基层表面应平整，以保证面层厚度的均匀。我国常用的半刚性基层受水浸泡后强度下降很快，如面层的封水效果不好，将严重影响基层的使用状况。因此，基层也应该具有一定的水稳定性。

基层使用的材料一般分为结合料稳定类(有机结合料、无机结合料)和无结合料粒料类。根据使用性能又可分为半刚性基层和柔性基层两类。有机结合料基层主要包括热拌沥青碎石或乳化沥青碎石混合料、沥青贯入碎石等。无机结合稳定类材料包括水泥稳定类、石灰稳定类及工业废渣稳定类材料，而粒料类基层主要包括泥结碎石、泥灰结碎石、填隙碎石、级配碎

(砾)石等。

基层常常采用两层铺筑,分别为上基层和下基层(或称为基层、底基层)。对于下基层材料的要求往往没有上基层高,较多时候是根据当地材料选用。

三、垫层(防冻层和排水层)

在基层或底基层下设置,起防冻、排水作用的功能层,《公路水泥混凝土路面设计规范》(JTG D40—2011)称之为垫层(防冻垫层、排水垫层),《公路沥青路面设计规范》(JTG D50—2017)称之为功能层(防冻层、排水层),其主要作用是隔水、排水、防冻。因此,对于地下水位高、排水不良、路基经常处于潮湿或过湿状态的路段,以及排水不良的土质路堑,有裂隙水、泉眼等水文不良的岩石挖方路段,应修筑排水垫层排水层。对于季节性冰冻地区的中湿、潮湿路段,可能产生冻胀,需设置防冻垫层(防冻层)。

垫层(防冻层、排水层)材料可选用粗砂、砂砾、碎石、煤渣、矿渣等粒料以及水泥或石灰煤渣稳定粗粒土、石灰粉煤灰稳定粗粒土等。

对于一般的公路,其路基宽度每侧宜比底基层宽出 25cm,底基层每侧宜比基层宽 15cm。在多雨地区,由于粒料底基层具有透水性好的特点,宜铺至路基全宽,以利于排水。高速公路和一级公路的基层和底基层宽度应分别比上层宽出 10cm 和 15cm。二级和二级以下的公路路拱与路肩横坡应平滑相连,路肩横坡一般较路拱坡度大 1%,干旱地区路肩横坡可与路拱坡度相同。

第四节 路面的类型

根据公路等级、材料组成及类型、路面结构强度和稳定性,路面可大致分为铺装路面、简易铺装路面和未铺装路面等。

根据路面材料的类型,考虑车辆荷载和环境因素等综合作用下的路面材料力学特性,工程上通常将路面类型分为刚性路面、柔性路面和半刚性路面等。

刚性路面主要是以水泥混凝土作为面层或基层的路面结构。其主要特点是路面强度高、板体性强、具有较好的扩散荷载的能力,与其他路面材料相比,具有较高的弹性模量和抗弯拉强度。在车辆荷载作用下,表面竖向变形较小,路面结构主要靠水泥混凝土板的抗弯拉强度承受车辆荷载。

柔性路面主要包括各种未经处治的粒料基层、各类沥青面层、碎(砾)石面层和块石面层组成的路面结构。与水泥路面相比,柔性路面总体刚度较小,抗弯拉强度低,在车辆荷载的作用下,产生较大的弯沉变形,沥青层底的弯拉应变和路基顶部的压应变均较大。

半刚性基层沥青路面是我国较常用的沥青路面结构,它是以水泥或石灰等无机结合料稳定类材料为基层,以沥青混凝土为面层而修建的沥青路面。路面整体刚度介于刚性路面与柔性路面之间,在车辆荷载作用下,面层层底弯拉应变和路基顶部的压应变小于柔性路面。

刚性路面和柔性路面是从其力学特性的角度来划分的,它们之间并无很明确的定量界限。近年来,随着材料科学的发展,路面面层开始向刚柔结合的方向发展。如水泥类材料的增塑研究,可使其刚度降低而保留它的高强性质;对于沥青类材料的改性研究,可使其增加刚度,提高材料适应环境变化的能力。半刚性沥青面层更是材料刚性和柔性从物理和力学角度的有机结合,从工艺上可划分为拌和法半刚性面层和灌浆法半刚性沥青面层两类。前者是在沥青混凝土拌和物母体中加入适量的水泥砂浆,凝结硬化后具有水泥路面刚性与沥青路面柔性的特点;后者是以空隙率较大的压实沥青混合料路面为母体,灌入掺加添加剂的水泥浆,凝结硬化后同样兼有刚性与柔性的特点。

思考题

1. 对路面有哪些基本要求?
2. 路面面层、基层、垫层的作用及基本要求是什么?
3. 试绘出一个完整详细的路面结构层次划分示意图,并标注各部分名称。
4. 简述公路工程进行全过程寿命分析的意义。

第二章
CHAPTER TWO
路面基层

本章重点讲述碎(砾)石路面基层的类型、材料要求、施工方法及质量控制;石灰稳定土、水泥稳定土、工业废渣基层的强度形成原理、材料要求、施工方法及质量控制方法。

第一节 概述

直接位于沥青面层下、用较高质量材料铺筑的主要承重层或直接位于水泥混凝土面板下、用较高质量材料铺筑的结构层,称作基层。基层可以是一层或两层,可以是一种或两种材料。其主要作用是承受由面层传递的车辆荷载,并将荷载分布、传递到基层下面的结构层或土基上。

在沥青路面基层下用质量稍次材料铺筑的次要承重层或在水泥混凝土路面基层下用质量稍次材料铺筑的结构层,称作底基层。底基层也可以是一层或两层,可以是一种或两种材料。

根据材料的刚度差异,工程上通常将将基层(底基层)分为刚性、半刚性和柔性 3 类;规范中按材料组成分为水泥混凝土基层、沥青稳定类基层、碎(砾)石类基层、水泥(石灰)稳定土基层、工业废渣基层 5 种。第 1 种称为刚性基层,第 2、第 3 种称为柔性基层,后 2 种基层的刚度介于柔性路面材料和刚性路面材料之间,被称作半刚性基层。水泥混凝土和沥青稳定类基层的有关内容已含在第二章和第五章中,本章不再赘述。

第二节 碎（砾）石类基层

一、碎（砾）石的类型

未筛分碎石：轧石机轧出来的粒径大小不一的碎石混合料，仅用一个与规定最大公称粒径相符的筛子筛去超尺寸颗粒后得到的碎石混合料，称作未筛分碎石。

级配碎石：各档粒径的碎石和石屑按一定比例混合，其颗粒组成符合规定的级配要求且塑性指数和承载力均符合规定要求的混合料，称作级配碎石。

级配砾石：各档粒径的砾石和砂按一定比例混合，其颗粒组成符合规定的级配要求且塑性指数和承载力均符合规定要求的混合料，称为级配砾石。

填隙碎石：用单一尺寸的粗碎石做主骨料，形成嵌锁结构，起承受和传递车轮荷载的作用，用石屑做填隙料，填满碎石间的空隙，增加密实度和稳定性，这种材料称作填隙碎石。

以上各种类型的碎（砾）石都可用作基层（底基层）材料。

二、级配碎石基层

由于级配碎石中不添加结合料，是一种散粒体材料，故不能承受拉应力，通常可用于各级公路的基层和底基层，也可用作较薄沥青层与半刚性基层之间的中间层。

在级配混合料中，石料主要起骨架作用，保证具有一定的内摩阻力，黏土主要起黏结作用。级配混合料的内摩阻力，取决于集料的形状、粗糙度和硬度以及混合料的颗粒尺寸分布和密实度，而黏结力则取决于黏土的含量和塑性指数。

级配碎石的渗透性较好，所以级配碎石在路面结构中可以起到延缓反射裂缝和排水的作用。

（一）级配碎石的材料要求

当级配碎石用作二级和二级以下公路的基层时，其公称最大粒径应控制在 31.5mm 以内；用作高速公路和一级公路的基层时，其公称最大粒径应控制在 26.5mm 以下；用作底基层时，其公称最大粒径应控制在 37.5mm 以内。

级配碎石应采用破碎后碎石公称最大粒径 3 倍以上的原石进行加工。碎石应满足表 2-2-1 的相关规定，且不应含有黏土块、有机质等有害物质。碎石在加工时，粒径尺寸与筛孔尺寸应满足表 2-2-2 的相关规定。根据破碎方式和石质的不同，可适当调整筛孔尺寸范围 1~2mm。高速公路基层用的碎石，应采用反击破碎的方式进行碎石加工。

级配碎石粗集料技术要求　　　　　　　　　　　　　　　　　　　　　　表2-2-1

指　　标	层　位	高速公路和一级公路		二级和二级以下公路	试　验　方　法
		极重、特重交通	重、中、轻交通		
压碎值(%)不大于	基层	22	26	30	T 0316
	底基层	26	26	35	
针片状颗粒含量(%)不大于	基层	18	18	20	T 0312
	底基层	20	20	20	
0.075mm以下黏粒含量(%)不大于	基层	1.2	2	—	T 0310
	底基层	—	—	—	
软石含量(%)不大于	基层	3	5	—	T 0320
	底基层	—	—	—	

碎石加工粒径与筛孔尺寸(方孔筛)对应表　　　　　　　　　　　　　　　　表2-2-2

粒径尺寸(mm)	4.75	9.5	13.2	16	19	26.5	31.5	37.5
筛孔尺寸(mm)	5.5	11	15	18	22	31	36	43

　　级配碎石的细集料可使用细筛余料或专门轧制的细碎石集料。采用的细集料应洁净、干燥、无风化、无杂质,且应具有适当的颗粒级配。其塑性指数应不超过12,若不满足要求,可加入石灰、无塑性的砂或石屑。

　　级配碎石用于高速公路和一级公路的基层时,其颗粒级配和塑性指数宜符合表2-2-3中4号或5号的规定;用于高速公路和一级公路底基层时,其颗粒级配和塑性指数宜符合表2-2-3中3号或4号的规定。

　　级配碎石用于二级和二级以下公路的基层、底基层时,其颗粒级配和塑性指数宜符合表2-2-3中1号或2号的规定。

　　用于二级和二级以上公路的基层和底基层的级配碎石,应由不少于4种规格的材料掺配而成。

级配碎石的推荐级配范围　　　　　　　　　　　　　　　　　　　　　　表2-2-3

级配编号		1	2	3	4	5
通过各筛孔(mm)的质量百分率(%)	37.5	100	—	—	—	—
	31.5	90~100	100	100	—	—
	26.5	80~93	90~100	90~95	100	100
	19	64~81	70~86	72~84	79~88	95~100
	16	75~57	62~79	65~79	70~82	82~89
	13.2	50~69	54~72	57~72	61~76	70~79
	9.5	40~60	42~62	47~62	49~64	53~63
	4.75	25~45	25~45	30~40	30~40	30~40
	2.36	16~31	16~31	19~28	19~28	19~28
	1.18	11~22	11~22	12~20	12~20	12~20

续上表

级配编号		1	2	3	4	5
通过各筛孔(mm)的质量百分率(%)	0.6	7~15	7~15	8~14	8~14	8~14
	0.3	—	—	5~10	5~10	5~10
	0.15	—	—	3~7	3~7	3~7
	0.075	2~5	2~5	2~5	2~5	2~5
液限(%)		≤28	≤28	≤28	≤28	≤28
塑性指数		<6(或9[①])	<6(或9[①])	<6(或9[①])	<6(或9[①])	<6(或9[①])

注：①潮湿多雨地区塑性指数宜小于6,其他地区塑性指数宜小于9。
②对于无塑性的混合料,小于0.075mm的颗粒含量宜接近高限。

未筛分碎石用作二级和二级以下公路的底基层时,其颗粒组成和塑性指数宜采用表2-2-4中推荐的规定。

未筛分碎石、砾石底基层推荐级配范围　　　　表2-2-4

级配编号		1	2
通过各筛孔(mm)的质量百分率(%)	53	100	—
	37.5	85~100	100
	31.5	69~88	83~100
	19	40~65	54~84
	9.5	19~43	29~59
	4.75	10~30	17~45
	2.36	8~25	11~35
	0.6	6~18	6~21
	0.075	0~10	0~10
液限(%)		≤28	≤28
塑性指数		<6(或9[①])	<6(或9[①])

注：①潮湿多雨地区塑性指数宜小于6,其他地区塑性指数宜小于9。

(二)级配碎石配合比设计技术要求

级配碎石应通过配合比试验。以实际工程使用的材料为对象,根据表2-2-3和表2-2-4推荐的级配范围和以往的工程经验或按无机结合料稳定材料级配设计规定的方法,构造3~4条试验级配曲线,优化级配。按照重型击实或振动成型试验方法,确定出最佳含水率和最大干密度。按试验确定的级配和最佳含水率,以及现场施工的压实标准成型标准试件,进行CBR强度试验和模量试验。其中,CBR值应满足表2-2-5的要求。选择CBR值最高的级配作为目标级配,并确定相应的最佳含水率。

级配碎石材料的 CBR 强度标准 表2-2-5

结构层	公路等级	极重、特重交通	重交通	中、轻交通
基层	高速公路和一级公路	≥200	≥180	≥160
	二级和二级以下公路	≥160	≥140	≥120
底基层	高速公路和一级公路	≥120	≥100	≥80
	二级和二级以下公路	≥100	≥80	≥60

按照目标级配曲线确定的各档材料的平均筛分曲线,得到材料的合成级配曲线,并进行混合料的 CBR 或模量试验验证混合料的性能。根据确定好的各档材料使用比例和各档材料级配的波动范围,计算出实际生产中混合料的级配波动范围,并对波动的上下限进行性能验证。

按照设定好的施工参数进行试生产,验证生产级配。再按不同含水率试拌混合料,并进行取样和试验,确定施工过程中水流量计的设定范围、含水率对混合料最大干密度的影响、材料的实际强度水平和工艺的变异水平,确保生产出的混合料满足目标级配的要求。最佳含水率可根据施工因素和气候条件增加 0.5~1.5 个百分比。

(三)级配碎石层施工

1. 路拌法施工

级配碎石路拌法施工的工艺流程见图 2-2-1。

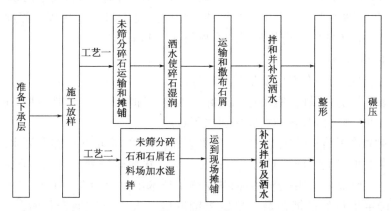

图 2-2-1 级配碎石路拌法施工工艺流程图

(1)下承层准备

下承层表面应平整、坚实,具有规定的路拱,其平整度和压实度应符合《公路路面基层施工技术细则》(JTG/T F20—2015)的相关规定。

下承层若为路基,宜用 12~15t 三轮压路机或等效的碾压机械碾压 3~4 遍。如有下列问题发生,应采取相应措施处理:①在碾压过程中,发现表层松散时,宜适当补充洒水;②发现"弹簧"现象时,宜采用挖开晾晒、换土、掺石灰或水泥等措施处理。

下承层若为粒料底基层,应检测弯沉值。不符合要求时,应根据具体情况采取措施,使之满足《公路路面基层施工技术细则》(JTG/T F20—2015)的标准。

下承层若为原路面,应检查材料是否符合底基层材料的技术要求。不符合要求时,应翻松原路面并采取必要的处理措施。

底基层或原路面上存在低洼和坑洞时,应填补及压实;对搓板和辙槽应刮除;对松散应耙松洒水并重新碾压,达到平整密实。

新完成的底基层或路基,应按相关标准的规定验收,验收合格后方可铺筑级配碎石。

(2)施工放样

在底基层或原路面或路基上恢复中线,直线段应每15~20m设一桩,平曲线段应每10~15m设一桩,并在两侧路肩边缘外设指示桩。在两侧指示桩上用明显标记标出级配碎石层边缘的设计高程。

(3)备料

首先根据级配碎石配合比设计要求计算未筛分碎石和石屑或不同粒级碎石和石屑的配合比,然后根据各路段基层或底基层的宽度、厚度及规定的压实干密度并按确定的配合比分别计算各段需要的未筛分碎石和石屑的数量或不同粒级碎石和石屑的数量,并计算每车料的堆放距离。

使用原路面或路基材料备料时,宜清除其表面的石块等杂物,用铧犁、松土机或装有强固齿的平地机或推土机将原路面或路基的上部翻松到预定的深度,土块应粉碎至符合要求。用铧犁将土向路中翻松,使预定处治层的边部呈垂直面。黏性土应用专用机械粉碎,无专用机械时,可用旋转耕作机、圆盘耙等设备粉碎塑性指数满足要求的土。

使用料场备料时,在采料前应将树木、草皮和杂土清除干净,将材料中的超尺寸颗粒筛除。塑性指数大于12的黏性土应根据土质和机械性能确定是否过筛。在预定深度范围采集材料时,不宜分层采集,且不应将不合格材料和合格材料一起采集。

(4)运输和摊铺集料

集料装车时,应控制每车料的质量基本相等。

在同一料场供料的路段内,宜由远到近卸置集料。卸料距离应严格掌握,避免料不够或过多。未筛分碎石和石屑分别运送时,应先运送碎石。

堆料前应用两轮压路机碾压1~2遍,整平表面,并在预定堆料的路段洒水湿润,但不宜过分潮湿。集料在下承层上的堆置时间不宜过长。运送集料较摊铺集料工序宜提前1~2d。

应事先通过试验或者采用《公路路面基层施工技术细则》(JTG/T F20—2015)中推荐的混合料松铺系数确定集料的松铺系数并确定松铺厚度。人工摊铺混合料时,其松铺系数约为1.40~1.50;平地机摊铺混合料时,其松铺系数约为1.25~1.35。

用平地机或其他合适的机具将材料均匀地摊铺在预定的宽度上,表面应力求平整,并具有规定的路拱,应同时摊铺路肩用料。

检查松铺材料层的厚度,必要时应进行减料或补料。

采用不同粒级的碎石和石屑时,宜将大粒径碎石铺在下层,中粒径碎石铺在中层,小粒径碎石铺在上层,洒水使碎石湿润后,再摊铺石屑。

对未筛分碎石,摊铺平整后,应在其较湿润的情况下,将石屑卸置其上,用平地机并辅以人工将石屑均匀摊铺在碎石层上。

(5)拌和及整形

对于二级和二级以上公路,应采用稳定材料拌和机拌和级配碎石。对于二级以下的公路,可采用平地机或多铧犁与缺口圆盘耙相配合进行拌和。

用稳定材料拌和机应拌和2遍以上。拌和深度应直到级配碎石层底。

用平地机进行拌和,宜翻拌5~6遍,使石屑均匀分布于碎石料中。平地机拌和的作业长度,每段宜为300~500m。

拌和结束时,混合料的含水率和均匀性应色泽一致,没有灰条、灰团或花面,以及无明显粗细集料离析现象。

用缺口圆盘耙与多铧犁相配合拌和级配碎石时,用多铧犁在前面翻拌,圆盘耙紧跟在后面拌和,即采用边翻边耙的方法,共翻耙4~6遍。应随时检查调整翻耙的深度。用多铧犁翻拌时,第1遍由路中心开始,将混合料向中间翻,同时机械应慢速前进。第2遍从两边开始,将混合料向外翻。拌和过程中,应保持足够的水分。拌和结束时,混合料的含水率和均匀性应符合要求。

使用在料场已拌和均匀的级配碎石混合料时,摊铺后混合料如有粗细颗粒离析现象,应用平地机进行补充拌和。

用平地机将拌和均匀的混合料按规定的路拱进行整平和整形,在整形过程中,应注意消除粗细集料离析现象。

先用拖拉机、平地机或轮胎压路机在已初平的路段上快速碾压一遍,以暴露潜在的不平整性,再用平地机进行整平和整形。

(6) 碾压

整形后,当混合料的含水率等于或略大于最佳含水率时,立即用12t以上三轮压路机碾压,每层的压实厚度不应超过15~18cm。采用振动压路机或轮胎压路机进行碾压,每层的压实厚度不应超过20cm。

在直线和不设超高的平曲线段,由两侧路肩开始向路中心碾压;在设超高的平曲线段,由内侧路肩向外侧路肩进行碾压。

碾压时,后轮应重叠1/2轮宽;后轮必须超过两段的接缝处。后轮压完路面全宽时,即为1遍。碾压一直进行到要求的密实度为止。一般需碾压6~8遍,应使表面无明显轮迹。压路机的碾压速度,头两遍以采用1.5~1.7km/h为宜,以后宜为2.0~2.5km/h。路面的两侧宜多压2~3遍,严禁压路机在已完成的或正在碾压的路段上调头或紧急制动。对于级配碎石基层,其压实度应不小于99%,底基层的压实度应不小于97%。

凡含土的级配碎石层,都应进行滚浆碾压,一直压到碎石层中无多余细土泛到表面为止。滚到表面的浆(或事后变干的薄土层)应清除干净。

(7) 横向接缝的处理

两作业段的衔接处,应搭接拌和。第一段拌和整形后,留5~8m不进行碾压,第二段施工时,前段留下的未压部分与第二段一起拌和整平后进行碾压。

(8) 纵向接缝的处理

宜避免纵向接缝。在必须分两幅铺筑时,纵缝应搭接拌和。前一幅全宽碾压密实,在后一幅拌和时,宜将相邻的前幅边部不小于30cm搭接拌和,整平后一起碾压密实。

2. 中心站集中厂拌法施工

级配碎石用于二级以上公路的基层或用于半刚性路面的中间层时,应采用集中厂拌法拌制混合料,并用摊铺机摊铺混合料。

级配碎石混合料可以在中心站用多种机械进行集中拌和,如强制式拌和机、卧式双转轴桨叶式拌和机、普通水泥混凝土拌和机等。

对用于高速公路和一级公路的级配碎石基层和中间层,宜采用不同粒级的单一尺寸碎石和石屑,按预定配合比在拌和机内拌制级配碎石混合料。

不同粒级的碎石和石屑等细集料应隔离,分别堆放。细集料应有覆盖,防止雨淋。

在正式拌制级配碎石混合料之前,必须先调试所用的厂拌设备,使混合料的颗粒组成和含水率都能达到规定的要求。原材料的颗粒组成发生变化时,应重新调试设备。

级配碎石用于高速公路和一级公路时,应用沥青混凝土摊铺机或其他碎石摊铺机摊铺碎石混合料。

摊铺机后面应设专人消除粗细集料离析现象,及时铲除局部粗集料堆积或离析的部位,并用新拌混合料填补。

用振动压路机、三轮压路机进行碾压,碾压方法同路拌法。

级配碎石用于二级和二级以下公路时,如没有摊铺机,也可用自动平地机(或摊铺箱)摊铺混合料。

级配碎石基层未洒透层沥青或未铺封层时,禁止开放交通,以保护表层不受破坏。

三、级配砾石

(一)级配砾石的材料要求

用于级配砾石的粗集料应采用硬质石料,并符合表2-2-6的规定,不应含有黏土块、有机物等有害物质。高速公路、一级公路底基层和二级及二级以下公路基层、底基层的天然砾石除应满足表2-2-6中的规定,还应满足级配稳定、塑性指数不大于9的规定。

级配砾石粗集料技术要求　　　　　　　　　表2-2-6

指　标	层　位	高速公路和一级公路		二级及二级以下公路	试验方法
		极重、特重交通	重、中、轻交通		
压碎值(%)不大于	基层	22	26	35	T 0316
	底基层	30	30	40	
针片状颗粒含量(%)不大于	基层	18	22	—	T 0312
	底基层	—	—	—	
0.075mm以下黏粒含量(%)不大于	基层	1.2	2	—	T 0310
	底基层	—	—	—	
软石含量(%)不大于	基层	3	5	—	T 0320
	底基层	—	—	—	

注:①对于花岗岩石料,可放宽至25%。

级配砾石的细集料应洁净、干燥、无风化、无杂质,且级配组成符合要求。细集料可使用细筛余料,或专门轧制的细碎石集料。采用天然砾石或粗砂作为细集料时,其颗粒尺寸应满足工程需要,且级配稳定,并筛除超过实际工程规定的超尺寸颗粒。细集料塑性指数超过12时,可加石灰、无塑性的砂或石屑掺配,改善其性能。

级配碎石用于高速公路和一级公路基层时,其颗粒级配和塑性指数宜符合表2-2-3中4号或5号的规定;用于高速公路和一级公路底基层时,其颗粒级配和塑性指数宜符合表2-2-3中3号或4号的规定。

级配碎石用于二级和二级以下公路的基层、底基层时,其颗粒级配和塑性指数宜符合表2-2-3中1号或者2号的规定。

用作底基层的天然砾石、砂砾土的颗粒级配组成宜符合表2-2-7的规定。液限应小于28%,塑性指数在潮湿多雨地区宜小于6,其他地区宜小于9。

天然砾石、砾石土的推荐级配范围　　　　　表2-2-7

筛孔尺寸(mm)	53	37.5	9.5	4.75	0.6	0.075
通过质量百分率(%)	100	80～100	40～100	25～85	8～45	0～15

(二)级配砾石基层施工(与级配碎石类似)

1. 级配砾石基层施工应遵守的规定

(1)颗粒级配应符合规定。

(2)配料应准确。

(3)塑性指数应符合规定。

(4)混合料应拌和均匀,没有粗细颗粒离析现象。

(5)在最佳含水率时进行碾压,按重型击实试验法确定的压实度基层要求达到98%,底基层要求达到96%。

(6)级配砾石应用12t以上三轮压路机碾压,每层的压实厚度不应超过15～18cm;用重型振动压路机和轮胎压路机碾压时,每层的压实厚度不应超过20cm。

(7)级配砾石基层未洒透层沥青或未铺封层时,禁止开放交通,以保护表层不受破坏。

2. 级配砾石的施工工艺流程

级配砾石的施工工艺流程如图2-2-2所示。

图2-2-2　级配砾石施工工艺流程图

(1)准备下承层和施工放样的有关要求同级配碎石施工。

(2)计算材料用量:根据各路段基层或底基层的宽度、厚度及预定的干密度,计算各段需要的集料数量。如级配砾石系用两种集料合成时,分别计算两种集料的数量;根据料场集料的含水率以及所用运料车辆的吨位,计算每车材料的堆放距离。

(3)运输和摊铺集料的过程与级配碎石集料的运输和摊铺相同。

(4)拌和及整形。

拌和时,一般需拌和 5~6 遍。拌和过程中,用洒水车洒足所需的水分。拌和结束时,混合料的含水率应均匀,并较最佳含水率大 1% 左右。应无粗细颗粒离析现象。

用平地机拌和时,每一作业段的长度宜为 300~500m。使用符合级配要求的天然砂砾时,如摊铺后混合料有粗细颗粒离析现象,应用平地机进行补充拌和。

用平地机将拌和均匀的混合料按规定的路拱进行整平和整形。先用拖拉机、平地机或轮胎压路机在已初平的路段上快速碾压一遍,以暴露潜在的不平整,再用平地机进行整平和整形。

用拖拉机牵引四铧犁或五铧犁进行拌和时,每一作业段的长度宜为 100~150m。第 1 遍由路中心开始,将混合料向中间翻,同时机械应慢速前进。第 2 遍则应从两边开始,将混合料向外翻。拌和过程中,用洒水车洒足所需的水分。拌和遍数以双数为宜,一般需拌 6 遍。

拌和结束时,混合料含水率应均匀,并较最佳含水率大 1% 左右,且无离析现象。在整形过程中,严禁任何车辆通行。

(5)碾压要求及纵缝、横缝的处理同级配碎石路拌法施工。

四、填隙碎石

填隙碎石可用于各等级公路的底基层和二级以下公路的基层。

填隙碎石可采用干法或者湿法施工,在干旱缺水地区宜采用干法施工。填隙碎石的一层压实厚度,可取碎石最大粒径的 1.5~2 倍。

(一)填隙碎石的材料要求

填隙碎石用作基层时,骨料的公称最大粒径不应超过 53mm;用作底基层时,骨料的公称最大粒径不应超过 63mm。骨料可以用具有一定强度的各种岩石或漂石轧制,宜采用石灰岩,采用漂石的粒径应为骨料公称最大粒径的 3 倍以上;也可以用稳定的矿渣轧制,矿渣的干密度和质量应比较均匀,且其干密度不小于 960kg/m³。材料中的针片状颗粒和软弱颗粒的含量不应超过 15%。填隙碎石骨料的压碎值用作基层时不大于 26%,用作底基层时不大于 30%。

填隙碎石用骨料的颗粒组成应符合表 2-2-8 的规定。

填隙碎石用骨料的颗粒通过质量百分率(单位:%) 表 2-2-8

编号	粒级 (mm)	筛孔尺寸(mm)							
		63	53	37.5	31.5	26.5	19	16	9.5
1	30~60	100	25~60	—	0~15	—	0~5	—	—
2	25~50	—	100	—	25~50	0~15	—	0~5	—
3	20~40	—	—	100	35~70	—	0~15	—	0~5

采用表 2-2-8 中的 1 号骨料时,填隙料的公称最大粒径宜为 9.5mm,2、3 号骨料的填隙料可采用表 2-2-9 中的级配。

填隙料的颗粒组成　　表 2-2-9

筛孔尺寸(mm)	9.5	4.75	2.36	0.6	0.075	塑性指数
通过质量百分率(%)	100	85～100	50～70	30～50	0～10	<6

填隙料宜采用石屑,缺乏石屑时,可以添加细砾砂或粗砂等细集料,但其技术性能不如石屑。细集料应干燥。

(二)填隙碎石的施工

填隙碎石可用干法施工(特别适宜于干旱缺水地区),也可用湿法施工。

1. 填隙碎石施工时应遵守的规定

(1)填隙料应干燥。

(2)宜采用振动压路机进行碾压。填隙料应填满粗碎石层内部的全部孔隙。碾压后,表面粗碎石间的孔隙应填满,但不得使填隙料覆盖粗集料而自成一层,表面应看得见粗碎石。填隙碎石上为薄沥青面层时,宜使粗碎石的棱角外露 3～5mm。碾压后基层的固体体积率宜不小于 85%,底基层的固体体积率宜不小于 83%。

(3)填隙碎石基层未洒透层沥青或未铺封层时,禁止开放交通。

2. 填隙碎石的施工工艺

施工工艺流程如图 2-2-3 所示。

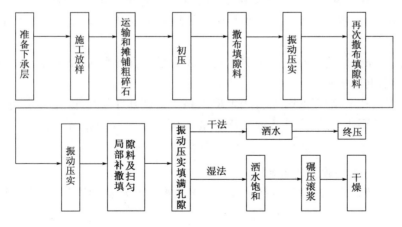

图 2-2-3　填隙碎石工艺流程图

3. 干法施工工序

(1)准备下承层和施工放样的有关要求同级配碎石施工要求。

(2)备料:根据各路段基层或底基层的宽度、厚度及松铺系数,计算各段需要的粗碎石数量;根据运料车辆的车厢体积,计算每车料的堆放距离。填隙料的用量约为粗碎石质量的

30%~40%。

(3) 运输和摊铺粗碎石:碎石装车时,应控制每车料的数量基本相等。

在同一料场供料的路段内,由远到近将粗碎石按计算的距离卸置于下承层上。卸料距离应严格掌握,避免有的路段料不够或料过多。

料堆每隔一定距离应留一缺口。用平地机或其他合适的机具将粗碎石均匀地摊铺在预定的范围内,表面应力求平整,并有规定的路拱。应同时摊铺路肩用料。

检查松铺材料层的厚度是否符合预计要求,必要时应进行减料或补料工作。

(4) 撒布填隙料和碾压。

初压:宜用两轮压路机碾压3~4遍,使粗碎石稳定就位。在直线和不设超高的平曲线段上,碾压从两侧路肩开始,逐渐错轮向路中心进行;在设超高的平曲线段上,碾压从内侧路肩开始,逐渐错轮向外侧路肩进行。错轮时,每次重叠1/3轮宽。在第1遍碾压后,应再次找平。初压终了时,表面应平整,并具有要求的路拱和纵坡。

撒布填隙料:用石屑撒布机或类似的设备将干填隙料均匀地撒布在已压稳的粗碎石层上,松铺厚度2.5~3.0cm。必要时,用人工或机械扫匀。

碾压:用振动压路机慢速碾压,将全部填隙料振入粗碎石间的孔隙中。如没有振动压路机,可用重型振动板。碾压方法同初压,但路面两侧应多压2~3遍。

再次撒布填隙料:用石屑撒布机或类似的设备将干填隙料再次撒布在粗碎石层上,松铺厚度2.0~2.5cm。应用人工或机械扫匀。

再次碾压:用振动压路机再次进行碾压。在碾压过程中,对局部填隙料不足之处,人工进行找补。局部多余的填隙料应扫除。

再次碾压后,如表面仍有未填满的孔隙,则应补撒填隙料,并用振动压路机继续碾压,直到全部孔隙被填满为止。同时,应将局部多余的填隙料铲除或扫除。填隙料不应在粗碎石表面自成一层,表面必须能看得见粗碎石。如填隙碎石层上为薄沥青面层,应使粗碎石的棱角外露3~5mm。

当需分层铺筑时,应将已压成的填隙碎石层表面粗碎石外露5~10mm,然后在上摊铺第2层粗碎石,并按以上要求施工。

填隙碎石表面孔隙全部填满后,宜用重型压路机再碾压1~2遍。在碾压过程中,不应有任何蠕动现象。在碾压之前,宜在表面先洒少量水,洒水量宜为3kg/m^{2}以上。

4. 湿法施工工序

(1) 开始工序与干法施工要求相同。

(2) 粗碎石层表面孔隙全部填满后,宜立即用洒水车洒水直到饱和,但应注意避免多余水浸泡下承层。

(3) 用重型压路机跟在洒水车后进行碾压。在碾压过程中,将湿填隙料继续扫入所出现的孔隙中。需要时,再添加新的填隙料。洒水和碾压应一直进行到填隙料和水形成粉浆为止。粉浆应填塞全部孔隙,并在压路机轮前形成微波纹状。

(4) 干燥:碾压完成的路段应让水分蒸发一段时间。结构层变干后,应将表面多余的细料以及细料覆盖层扫除干净。

(5) 当需分层铺筑时,宜待结构层变干后,将已压成的填隙碎石层表面的填隙料扫除一些,使表面粗碎石外露5~10mm,然后在上摊铺第二层粗碎石,并按以上要求施工。

第三节 半刚性基层

一、概述

在粉碎的或原状松散的土(广义的土)中掺入一定量的无机结合料(如水泥、石灰或工业废渣等)和水,经拌和得到的混合料在压实与养生后,其无侧限抗压强度符合规定要求的材料称为无机结合料稳定材料,以此修筑的路面基层称为无机结合料稳定基层。

由于无机结合料稳定材料的刚度介于柔性路面材料(如级配碎石)和刚性路面材料(如水泥混凝土)之间,被称为半刚性材料,以此修筑的基层或底基层称为半刚性基层。

粉碎的或原状松散的土按照土中单个颗粒(碎石、砾石、砂和细粒土)的粒径大小和组成,可分为细粒土、中粒土和粗粒土。不同的土与无机结合料拌和得到不同的稳定材料,常用的基层、底基层无机结合料稳定材料有:石灰稳定土、水泥稳定土、综合稳定土、二灰稳定土等。

无机结合料稳定材料种类较多,其物理、力学性质各有特点,使用时应根据结构要求、掺加剂和原材料的供应情况及施工条件进行综合技术、经济比较后选定。

二、水泥稳定类基层

在粉碎的或原状松散的土(包括粗、中、细粒土)中掺入适当水泥和水,按照技术要求,经拌和摊铺,在最佳含水率时压实及养护成型;其无侧限抗压强度符合规定要求的路面基层称为水泥稳定类基层。水泥稳定细粒土(砂性土、粉性土或黏性土),简称水泥土。

水泥是水硬性结合料,绝大多数的土类(高塑性黏土和有机质较多的土除外)都可以用水泥来稳定,改善其物理力学性质,使水泥稳定类基层具有良好的整体性、足够的力学强度、抗水性和耐冻性,所以应用范围很广。水泥稳定土可适用于各级公路的基层和底基层,但水泥土不得用作二级和二级以上公路路面的基层。

1. 强度形成原理

在利用水泥来稳定土的过程中,水泥、土和水之间发生了多种非常复杂的作用,从而使土的性能发生了明显的变化。这些作用可以分为以下几种。

化学作用:如水泥颗粒的水化、硬化作用,有机物的聚合作用,以及水泥水化产物与黏土矿物之间的化学作用等。

物理—化学作用:如黏土颗粒与水泥及水泥水化产物之间的吸附作用,微粒的凝聚作用,水及水化产物的扩散、渗透作用,水化产物的溶解、结晶作用等。

物理作用:如颗粒与颗粒之间的摩阻力、压实挤密作用等。

现就其中的一些主要作用过程讲述如下。

1) 水泥的水化作用

在水泥稳定土中,首先发生的是水泥自身的水化反应,从而产生具有胶结能力的水化产物,这是水泥稳定土强度的主要来源。其反应式如下所示:

硅酸三钙: $3CaO \cdot SiO_2 + nH_2O \longrightarrow XCaO \cdot SiO_2 \cdot YH_2O + (3-X)Ca(OH)_2$

硅酸二钙: $2CaO \cdot SiO_2 + nH_2O \longrightarrow XCaO \cdot SiO_2 \cdot YH_2O + (2-X)Ca(OH)_2$

铝酸三钙: $2(3CaO \cdot Al_2O_3) + 27H_2O \longrightarrow 4CaO \cdot Al_2O_3 \cdot 19H_2O + 2CaO \cdot Al_2O_3 \cdot 8H_2O$

铁铝酸四钙: $4CaOAl_2O_3 \cdot Fe_2O_3 + 7H_2O \longrightarrow 3CaO \cdot Al_2O_3 \cdot 6H_2O + CaO \cdot Fe_2O_3 \cdot H_2O$

水泥水化生成的水化产物,在土的孔隙中相互交织搭接,将土颗粒包覆连接起来,使土逐渐丧失了原有的塑性等性质,并且随着水化产物的增加,混合料也逐渐坚固起来。

2) 离子交换作用

土中的黏土颗粒由于颗粒细小、比表面积大,因而具有较高的活性,当黏土颗粒与水接触时,黏土颗粒表面通常带有一定量的负电荷,进而吸引周围溶液中的正离子,如 K^+、Na^+ 等,在硅酸盐水泥中,硅酸三钙和硅酸二钙占主要部分,其水化后所生成的氢氧化钙所占的比例也较高,可达水化产物的25%。大量的氢氧化钙溶于水以后,在土中形成了一个富含 Ca^{2+} 的碱性溶液环境。当溶液中富含 Ca^{2+} 时,因为 Ca^{2+} 的电价高于 K^+、Na^+ 等离子,使黏土颗粒之间的距离减小,相互靠拢,导致土的凝聚,从而改变土的塑性,使土具有一定的强度和稳定度。这种作用就称为离子交换作用。

3) 化学激发作用

黏土矿物中的部分 SiO_2 和 Al_2O_3,与溶液中的 Ca^{2+} 进行反应,生成新的矿物,这些矿物主要是硅酸钙和铝酸钙系列,如 $4CaO \cdot 5SiO_2 \cdot 5H_2O$、$4CaO \cdot Al_2O_3 \cdot 19H_2O$、$3CaO \cdot Al_2O_3 \cdot 16H_2O$、$CaO \cdot Al_2O_3 \cdot 10H_2O$ 等。这些矿物的组成和结构与水泥的水化产物有很多类似之处,并且同样具有胶凝能力。生成的这些胶结物质包裹着黏土颗粒表面,与水泥的水化产物一起,将黏土颗粒凝结成一个整体。因此,氢氧化钙对黏土矿物的激发作用,将进一步提高水泥稳定土的强度和水稳定性。

4) 碳酸化作用

水泥水化生成的 $Ca(OH)_2$,除了可与黏土矿物发生化学反应外,还可以进一步与空气中的 CO_2 发生碳化反应并生成碳酸钙晶体。其反应如下:

$$Ca(OH)_2 + CO_2 + nH_2O = CaCO_3 + (n+1)H_2O$$

碳酸钙生成过程中产生体积膨胀,也可以对土的基体起到填充和加固作用;只是这种作用相对来讲比较弱,并且反应过程缓慢。

2. 影响强度的因素

1) 土质

土的类别和性质是影响水泥稳定土强度的重要因素,各类碎(砾)石、砂砾土、砂土、粉土和黏土均可用水泥稳定,但稳定效果不同。试验和生产实践证明,用水泥稳定级配良好的碎(砾)石和砂,效果最好,不但强度高,而且水泥用量少;其次是砂性土;再次之是粉性土和黏性土。重黏土难于粉碎和拌和,不宜单独用水泥来稳定,因此,一般要求土的液限应不大于40%,塑性指数应不大于17。

2) 水泥的成分和剂量

强度等级为32.5或42.5,且满足《公路路面基层施工技术细则》(JTG/T F20—2015)要求的水泥均可用于水泥稳定土。但试验研究证明,水泥的矿物成分和分散度对其稳定效果有明显影响。对于同一种土,通常情况下硅酸盐水泥的稳定效果好,而铝酸盐水泥较差。

在水泥硬化条件相似,矿物成分相同时,随着水泥分散度的增加,其活性程度和硬化能力也有所增大,从而水泥土的强度也大大提高。

水泥剂量以水泥质量占全部粗细土颗粒(即碎砾石、砂粒、粉粒和黏粒)的干质量的百分率表示,即水泥剂量 = 水泥质量/干土质量。

水泥土的强度随水泥剂量的增加而增长,但过多的水泥用量,虽可获得强度的增加,在经济上却不一定合理,在效果上也不一定显著,且容易开裂。水泥稳定中粒土和粗粒土用作基层时,水泥剂量不宜超过5%。必要时,应首先改善集料的级配,然后用水泥稳定。在只能使用水泥稳定细粒土做基层时或水泥稳定集料的强度要求明显大于规定时,水泥剂量不受此限制。

3) 含水率

含水率对水泥稳定土强度影响很大,当含水率不足时,水泥不能在混合料中完全水化和水解,发挥不了水泥对土的稳定作用,影响强度形成。同时,含水率低,达不到最佳含水率也影响水泥稳定土的压实度。因此,使含水率达到最佳含水率的同时,也要满足水泥完全水化和水解作用的需要为好。

水泥正常水化所需的水量约为水泥质量的20%;对于砂性土,完全水化达到最高强度的含水率比最佳密度时的含水率较小;而对于黏性土则相反。

4) 施工工艺过程

水泥、土和水拌和均匀,且在最佳含水率下充分压实,使之干密度最大,其强度和稳定性就高。水泥土从开始加水拌和到完成压实的延迟时间要尽可能短,一般不超过水泥的初凝时间。若时间过长,则水泥凝结,在碾压时,不但达不到压实度要求,而且还会破坏已结硬水泥的胶凝作用,反而使水泥稳定土强度下降。在水泥终凝时间达不到规定要求时,可以使用一定剂量的缓凝剂,但缓凝剂的品种和具体数量应根据试验确定。

水泥稳定土需湿法养生,以满足水泥水化形成强度的需要。养生温度越高,强度增长得越快,因此,要保证水泥稳定土养生的温度和湿度条件。

3. 材料要求及混合料组成设计

1) 材料要求

(1) 对土的要求

级配碎石、未筛分碎石、砂砾、碎石土、砂砾土、煤矸石和各种粒状矿渣均适宜用水泥稳定。水泥稳定煤矸石不宜用于高速公路和一级公路。

高速公路和一级公路采用水泥稳定材料做基层时,在极重、特重交通情况时粗集料的压碎值应不大于22%(对于花岗岩可放宽至25%),针片状颗粒含量不大于18%,0.075mm以下黏粒含量不大于1.2%,软石含量不大于3%;在重、中和轻交通情况时粗集料的压碎值应不大于26%,针片状颗粒含量不大于22%,0.075mm以下黏粒含量不大于2%,软石含量不大于5%;高速公路和一级公路采用水泥稳定材料做底基层时,粗集料的压碎值应不大于30%。二级和二级以下公路用水泥稳定材料做基层时,粗集料的压碎值应不大于35%,用作底基层时应不大于40%。

高速公路和一级公路土颗粒中小于 0.075mm 的颗粒含量应不超过 15%，二级和二级以下公路应不大于 20%。有机质含量超过 2% 的土，必须先用石灰进行处理，闷料一夜后再用水泥稳定，硫酸盐含量超过 0.25% 的土，不应用水泥稳定。

采用水泥稳定时，被稳定材料的液限应不大于 40%，塑性指数应不大于 17。塑性指数大于 17 时，宜采用石灰稳定，或用水泥和石灰综合稳定。

若被稳定材料中含有一定量的碎石或砾石，且小于 0.6mm 的颗粒含量在 30% 以下时，其塑性指数可大于 17，且土的均匀系数（土的均匀系数为通过量 60% 的筛孔尺寸与通过量 10% 的筛孔尺寸的比值）应大于 5。其颗粒级配可采用表 2-2-10 中推荐的级配范围，并应符合下列规定：

用于高速公路和一级公路的底基层时，被稳定材料的公称最大粒径应不超过 31.5mm，级配宜采用表 2-2-10 中 1 号或 2 号的规定，被稳定材料中不宜含有黏性土或粉性土。

水泥稳定材料的推荐级配范围　　　　表 2-2-10

级配编号		1	2	3	4	5
通过各筛孔（mm）的质量百分率（%）	53	—	—	—	100	100
	37.5	100	100	—	90~100	—
	31.5	90~100	—	—	—	—
	26.5	—	—	—	66~100	—
	19	67~90	—	—	54~100	—
	9.5	45~68	—	—	39~100	—
	4.75	29~50	50~100	—	28~84	50~100
	2.36	18~38	—	—	20~70	—
	1.18	—	—	—	14~57	—
	0.6	8~22	17~100	—	8~47	17~100
	0.075	0~7	0~30	0~30	—	0~50

注：表中水泥稳定材料不包括水泥稳定级配碎石或砾石。

用于二级公路的基层时，级配宜符合表 2-2-10 中 1 号规定，被稳定材料中不宜含有黏性土或粉性土。

用于二级以下公路的基层时，级配宜采用表 2-2-10 中 3 号规定，被稳定材料的公称最大粒径应不大于 37.5mm。

用于二级和二级以下公路的底基层时，级配宜采用表 2-2-10 中 4 号规定，被稳定材料的公称最大粒径应不大于 37.5mm。

采用水泥稳定，当被稳定材料为粒径较均匀的砂时，宜在砂中添加适量塑性指数小于 10 的黏性土、石灰土或粉煤灰，加入比例应通过击实试验确定。添加粉煤灰的比例宜为 20%~40%。

采用水泥稳定，当被稳定材料为级配碎石或砾石时，级配碎石或砾石的级配宜采用表 2-2-11 中推荐的级配范围，并应符合下列规定：

用于高速公路和一级公路的基层时，其塑性指标、液限和颗粒级配宜采用表 2-2-11 中 1

号或 2 号的规定;用于底基层时,其塑性指标、液限和颗粒级配宜采用表 2-2-11 中 1 号规定;混合料密实时也可采用 3 号级配的规定。

水泥稳定级配碎石或砾石的推荐级配范围　　表 2-2-11

	级配编号	1	2	3	4	5	6
通过各筛孔(mm)的质量百分率(%)	37.5	—	—	—	100	—	—
	31.5	—	—	100	90~100	100	—
	26.5	100	—	—	81~94	90~100	100
	19	82~86	100	68~86	67~83	73~87	90~100
	16	73~79	88~93	—	61~78	65~82	79~92
	13.2	65~72	76~86	—	54~73	58~75	67~83
	9.5	53~62	59~72	38~58	45~64	47~66	52~71
	4.75	35~45	35~45	22~32	30~50	30~50	30~50
	2.36	22~31	22~31	16~28	19~36	19~36	19~36
	1.18	13~22	13~22	—	12~26	12~26	12~26
	0.6	8~15	8~15	8~15	8~19	8~19	8~19
	0.3	5~10	5~10	—	5~14	5~14	5~14
	0.15	3~7	3~7	—	3~10	3~10	3~10
	0.075	2~5	2~5	0~3	2~7	2~7	2~7
液限(%)		≤28	≤28	≤28	≤28	≤28	≤28
塑性指数		≤5	≤5	≤5	≤7	≤7	≤7

用于二级和二级以下公路的基层时,其塑性指标、液限和颗粒级配宜采用表 2-2-11 中 4 号、5 号或 6 号的规定;用于底基层时,其塑性指标、液限和颗粒级配宜采用 2-2-11 中 4 号的规定;对于极重、特重交通荷载等级下的基层,其塑性指标、液限和颗粒级配宜采用表 2-2-11 中 6 号的规定。

采用水泥稳定,被稳定的碾压贫混凝土的颗粒级配宜采用表 2-2-11 中推荐的 1 号或 2 号的规定。

(2)对水泥的要求

普通硅酸盐水泥、矿渣硅酸盐水泥或火山灰水泥都可以用于稳定土,但应选用初凝时间 3h 以上和终凝时间大于 6h 且小于 10h 的水泥。早强、快硬及受潮变质的水泥不应使用。宜采用强度等级为 32.5 或 42.5 的水泥。掺入缓凝剂或早强剂水泥稳定材料,应进行试验验证。缓凝剂或早强剂应符合《公路水泥混凝土路面施工技术细则》(JTG/T F30—2014)的规定。

(3)对水的要求

符合现行《生活饮用水卫生标准》(GB 5749—2006)的饮用水可直接用于水泥稳定土施工。非饮用水用于水泥稳定土的拌和使用时应进行水质检验,技术要求应符合表 2-2-12 的规定。非饮用水用于水泥稳定土的养生时,可不检验不溶物含量,其他技术指标应符合表 2-2-12 的规定。

非饮用水技术要求 表2-2-12

项　次	项　目	技　术　标　准
1	pH 值	≥4.5
2	Cl^- 含量(mg/L)	≤3500
3	SO_4^{2-} 含量(mg/L)	≤2700
4	碱含量(mg/L)	≤1500
5	可溶物含量(mg/L)	≤10000
6	不溶物含量(mg/L)	≤5000
7	其他杂质	不应有漂浮的油脂和泡沫及明显的颜色和异味

2) 混合料组成设计

(1) 确定强度和压实度标准

各级公路用水泥稳定材料的7d无侧限抗压强度应符合表2-2-13的规定。水泥稳定材料的组成设计应根据表2-2-13的强度标准,通过试验选取最适宜于稳定的土,确定必需的水泥剂量和混合料的最佳含水率,在需要改善混合料的物理力学性质时,还应确定掺加料的比例。

水泥稳定材料的 7d 龄期无侧限抗压强度标准 表2-2-13

层　位	二级和二级以下公路			高速公路和一级公路		
	极重、特重交通	重交通	中、轻交通	极重、特重交通	重交通	中、轻交通
基层(MPa)	4.0~6.0	3.0~5.0	2.0~4.0	5.0~7.0	4.0~6.0	3.0~5.0
底基层(MPa)	2.5~4.5	2.0~4.0	1.0~3.0	3.0~5.0	2.5~4.5	2.0~4.0

注:1. 公路等级高或交通荷载等级高或结构安全性要求高时,推荐用上限强度标准。
　　2. 表中强度标准指的是 7d 龄期无侧限抗压强度的代表值。

各级公路的压实标准应采用重型击实标准。

(2) 水泥剂量的选定

分别按下列5种水泥剂量制备同一种土样、不同水泥剂量的混合料。

做基层时:

7d 龄期无侧限抗压强度小于5MPa 的级配碎石或砾石:3%,4%,5%,6%,7%。

7d 龄期无侧限抗压强度不小于5MPa 的级配碎石或砾石:5%,6%,7%,8%,9%。

塑性指数小于12的细粒土:5%,7%,9%,11%,13%。

其他细粒土:8%,10%,12%,14%,16%。

做底基层时:

级配碎石或砾石:3%,4%,5%,6%,7%。

塑性指数小于12的细粒土:4%,5%,6%,7%,8%。

其他细粒土:6%,8%,10%,12%,14%。

碾压贫混凝土基层:7%,8.5%,10%,11.5%,13%。

(3) 确定最佳含水率和最大干压实密度

按照上述所推荐的试验剂量,分别确定各剂量条件下混凝料的最佳含水率和最大干密度。考虑施工过程气候条件的变化,以设计配合比结果为依据,含水率可增加0.5~1.5个百分点,最大干密度应以最终合成级配击实试验的结果为准。

(4)按最佳含水率和计算得到的干密度制试件

进行强度试验时,应按现场压实度标准采用静压法成型试件。作为平行试验的最少试件数量应不小于表 2-2-14 的规定。试件在规定温度下保湿养生 6d,浸水 24h 后,按《公路工程无机结合料稳定材料试验规程》(JTG E51—2009)进行无侧限抗压强度试验。

最 少 试 件 数 量　　　表 2-2-14

土　类	偏差系数		
	<10%	10%～15%	15%～20%
细粒土①	6	9	
中粒土②	6	9	13
粗粒土③		9	13

注:①公称最大粒径小于 16mm 的材料。
　②公称最大粒径不小于 16mm,且小于 26.5mm 的材料。
　③公称最大粒径不小于 26.5mm 的材料。

(5)计算试验结果的平均值 $\bar{R}$ 和偏差系数

如试验结果的偏差系数大于表中规定的值,则应重做试验,并找出原因,加以解决。如不能降低偏差系数,则应增加试件数量。在对试验结果数据进行处理时,宜按 3 倍标准差的标准剔除异常数值,且同一组试验样本异常值剔除应不多于 2 个。根据表 2-2-13 强度标准选定合适的水泥剂量。按此剂量制备试件进行室内试验。按式(2-2-1)计算出强度代表值 R_d^0,强度代表值 R_d^0 满足式(2-2-2)的要求。

$$R_d^0 = \bar{R} \cdot (1 - Z_\alpha C_v) \tag{2-2-1}$$

$$R_d^0 \geqslant R_d \tag{2-2-2}$$

式中:R_d^0——抗压强度代表值;

$\bar{R}$——一组试验的强度平均值;

R_d——抗压强度标准值(表 2-2-13 中的强度值);

C_v——一组试验的强度变异系数;

Z_α——标准正态分布表中随保证率(或置信度 α)而变的系数,高速公路和一级公路应取保证率为 95%,此时 $Z_\alpha = 1.645$;二级和二级以下公路应取保证率为 90%,即 $Z_\alpha = 1.282$。

若 $R_d^0 < R_d$,应重新进行配合比试验。

工地实际采用的水泥剂量宜比室内试验确定的剂量多 0.5%～1.0%。采用集中厂拌法施工时宜增加 0.5%;采用路拌法施工时宜增加 1.0%。水泥的最小剂量应符合表 2-2-15 的规定。

水泥的最小剂量　　　表 2-2-15

土　类	拌 和 方 法	
	路拌法	集中厂拌法
中粒土和粗粒土	4%	3%
细粒土	5%	4%

4. 水泥稳定土的施工

1) 路拌法施工

路拌法施工的工艺流程如图 2-2-4 所示。

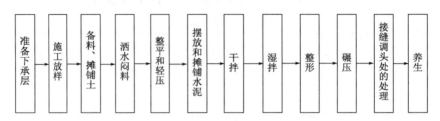

图 2-2-4　路拌法施工的水泥稳定土的工艺流程图

(1) 下承层准备

当水泥稳定土用作基层时,要准备底基层;当水泥稳定土用作底基层时,要准备路基;当水泥稳定土用作原路面的加强层时,要准备原路面。

①不论是路堤还是路堑,对路基宜用 12~15t 三轮压路机或等效的碾压机械进行 3~4 遍碾压检验。在碾压过程中,如发现土过干、表层松散,应适当洒水;如土过湿,发生"弹簧"现象,应采用挖开晾晒、换土、掺石灰或水泥等措施进行处理。

②对于底基层,应进行压实度检查,对于柔性底基层还应进行弯沉值检验。凡不符合设计要求的路段,必须根据具体情况,采取措施,使之达到规范规定的标准。

③对于原路面,应检查其材料是否符合底基层材料的技术要求,如不符合要求,应翻松老路面并采取必要的处理措施。

④底基层或原路面上的低洼和坑洞,应仔细填补及压实;搓板和辙槽应刮除;松散处,应耙松洒水并重新碾压,达到平整密实。

⑤新完成的底基层或路基,必须按规定进行验收。凡验收不合格的路段,必须采取措施,使其达到标准后,方可铺筑水泥稳定土层。

⑥应按规范规定逐个断面检查下承层标高。

(2) 施工放样

在底基层或原路面或路基上恢复中线,直线段应每 15~20m 设一桩,平曲线段每 10~15m 设一桩,并在两侧路肩边缘外设指示桩。在两侧指示桩上用明显标记标出水泥稳定土层边缘的设计高程。

(3) 备料

根据各路段水泥稳定土层的宽度、厚度及预定的干密度,计算各路段需要的干燥土的数量。根据料场土的含水率和所用运料车辆的吨位,计算每车料的堆放距离。

根据水泥稳定土层的厚度和预定的干密度及水泥剂量,计算每平方米水泥稳定土需要的水泥用量,并确定水泥摆放的纵横间距。

在预定堆料的下承层上,堆料前应用两轮压路机碾压 1~2 遍,整平表面,并在预定堆料的路段上洒水,使其表面湿润,但不应过分潮湿而造成泥泞。

土在装车时,应控制每车料的数量基本相等。

在同一料场供料的路段内,由远到近将料按上述计算距离卸置于下承层表面的中间或两侧。卸料距离应严格掌握,避免有的路段料不够或过多。

料堆每隔一定距离应留一缺口。

土在下承层上的堆置时间不应过长。运送土只宜比摊铺土工序提前 1~2d,并应有相应的防雨水措施。

(4) 摊铺土

可事先通过试验确定土的松铺系数,也可采用表 2-2-16 推荐的松铺系数。按照符合要求的摊铺厚度将土均匀地摊铺在预定的宽度上,表面应力求平整,并有规定的路拱。

混合料松铺系数推荐值　　　　　表 2-2-16

材 料 名 称	松 铺 系 数	备 注
水泥稳定砂砾	1.30~1.35	—
水泥土	1.53~1.58	现场人工摊铺土和水泥,机械拌和,人工整平

(5) 洒水闷料

如已整平的土(含粉碎的原路面)含水率过低,应在土层上洒水闷料。洒水应均匀,防止出现局部水分过多的现象。细粒土应经一夜闷料;对于中粒土和粗粒土,可视其中细粒土的含量缩短闷料时间。

(6) 整平和初压

对人工摊铺的土层整平后,宜先用拖拉机或 6~8t 两轮压路机或轮胎压路机碾压 1~2遍,使其表面平整,并有一定的压实度。

(7) 摆放、摊铺水泥

按计算出的每袋水泥的纵横间距,在土层上做安放标记,将水泥当日直接送到摊铺路段,卸在做标记的地点,用刮板将水泥均匀摊开,并注意使每袋水泥的摊铺面积相等。水泥摊铺完后,表面应没有空白位置,也没有水泥过分集中的地点。

(8) 拌和(干拌)

对二级和二级以上公路,应采用稳定土拌和机进行拌和;对于三、四级公路,在没有专用拌和机械的情况下,可用农用旋转耕作机与多铧犁或平地机相配合进行拌和,随时检查拌和深度,拌和深度应达稳定层底并宜侵入下承层 5~10mm,以利上下层接合,严禁在拌和层底部留有素土夹层。通常应拌和 2 遍以上。

(9) 加水并湿拌

在上述拌和过程结束时,如果混合料的含水率不足,应用喷管式洒水车(普通洒水车不适宜用作路面施工)补充洒水。洒水后,应再次进行拌和,拌和机械应紧跟在洒水车后面进行拌和,减少水分流失。洒水及拌和过程中,应及时检查混合料的含水率。含水率宜略大于最佳值。混合料拌和均匀后应色泽一致,没有灰条、灰团或花面,即无明显粗细集料离析现象,且水分合适和均匀。

(10) 整形

混合料拌和均匀后,应立即用平地机初步整形。在直线段,平地机由两侧向路中心进行刮平；在平曲线段，平地机由内则向外侧进行刮平。需要时再返回刮一遍。

(11) 碾压

整形后，当混合料的含水率等于或略大于最佳含水率时，立即用轻型压路机并配合12t以上压路机在全宽范围内碾压。气候炎热干燥时，碾压的含水率可适当比最佳含水率提高0.5～1.5个百分点。宜在2h之内完成碾压成型，在施工中以混合料的初凝时间与容许延迟较短时间进行控制。在碾压过程结束之前，用平地机再终平一次，使其纵向顺适，路拱和标高符合规定要求。碾压后，其压实度应满足表2-2-17的规定。对于高速公路和一级公路，在极重、特重交通等级之下，基层和底基层的压实标准可提高1～2个百分点。

水泥稳定材料压实度标准（单位：%） 表2-2-17

公 路 等 级	稳定材料类型	基 层 材 料	底基层材料
高速公路和一级公路	中、粗粒材料	≥98	≥97
	细粒材料		≥95
二级和二级以下公路	中、粗粒材料	≥97	≥95
	细粒材料	≥95	≥93

(12) 接缝和调头处的处理

同日施工的两工作段的衔接处，应采用搭接。前一段拌和整形后，留5～8m不进行碾压，后一段施工时，前段留下未压部分，应再加部分水泥重新拌和，并与后一段一起碾压。经过拌和、整形的水泥稳定土，应在试验确定的延迟时间内完成碾压。

应注意每天最后一段末端缝（即工作缝）的处理。工作缝和调头处可按下述方法处理。

①在已碾压完成的水泥稳定土层末端，沿稳定土挖一条横贯铺筑层全宽的宽约30cm的槽，直挖到下承层顶面。此槽应与路的中心线垂直，靠稳定土的一面应切成垂直面，并放两根与压实厚度等厚、长为全宽一半的方木紧贴其垂直面。

②用原挖出的素土回填槽内其余部分。

③如拌和机械或其他机械必须到已压成的水泥稳定土层上调头，应采取措施保护调头作业段。一般可在准备用于调头的8～10m长的稳定土层上，先覆盖一张厚塑料布或土工织物，然后铺上约10cm厚的土、砂或砂砾。

④第二天，邻接作业段拌和后，除去方木，用混合料回填。靠近方木未能拌和的一小段，应人工进行补充拌和。整平时，接缝处的水泥稳定土应较已完成断面高出约5cm，以利形成一个平顺的接缝。

⑤整平后，用平地机将塑料布上大部分土除去（注意勿刮破塑料布），然后人工除去余下的土，并收起塑料布。在新混合料碾压过程中，应将接缝修整平顺。

(13) 纵缝的处理

水泥稳定土层的施工应该避免纵向接缝，在必须分两幅施工时，纵缝必须垂直相接，不应斜接。纵缝应按下述方法处理。

①在前一幅施工时，在靠中央一侧用方木或钢模板做支撑方木或钢模板的高度与稳定土层的压实厚度相同。

②混合料拌和结束后，靠近支撑木（板）的部分，应进行人工补充拌和，然后整形并碾压。

③养生结束后,在铺筑另一幅之前,拆除支撑木(板)。
④第二幅混合料拌和结束后,靠近第一幅的部分,进行人工补充拌和,然后进行整形和碾压。

(14)养生及交通管制

每一段碾压完成并经压实度检查合格后,应立即开始养生。在整个养生期间都应使水泥稳定碎石层保持潮湿状态,养生结束后,必须将覆盖物清除干净。养生期不宜少于7d。养生期满验收合格后立即浇透层油。

2)中心站集中厂拌法施工

水泥稳定土应尽可能在中心站用厂拌设备进行集中拌和,对于高速和一级公路,应采用专用稳定土集中厂拌机械拌制混合料,集中拌和时应符合下列要求。

(1)混合料的拌和能力应与摊铺能力相适应。对于高速公路和一级公路,混合料的拌和设备的产量宜大于500t/h。

(2)拌和厂应安置在地势较高的位置,并做好排水设施。场地应平整且具有足够的承载能力。对于高速公路和一级公路,应采用混凝土硬化,混凝土强度不低于C15,厚度不小于20cm。

(3)不同粒级的碎石或砾石以及细集料(如石屑和砂)应分档隔仓堆放,并有明显标志。料仓数目应与备料档数相匹配,宜比规定的备料档数增加1个。各料仓之间的挡板高度应大于1m。高速公路基层施工时,在每个料斗和料仓下应放置精度达到 -0.5% ~0.5% 的电子秤。

(4)细集料、水泥等应有覆盖。用于高速公路和一级公路时,应放置在专门搭建的防水雨棚或库房内,严禁露天堆放。

(5)用于细集料的土块应粉碎,最大尺寸不超过15mm。

(6)装水泥的料仓应密闭、干燥,同时装有坡拱装置。高速公路的水泥仓应配备计重装备,不宜使用电机转速计量。水泥进入拌缸温度要满足如下要求:气温高于30℃时,水泥进入拌缸时不高于50℃,高于50℃时应采取降温措施;气温低于15℃时,水泥进入拌缸时不低于10℃。

(7)在正式拌制混合料之前,必须先调试所用的设备,使混合料的颗粒组成和含水率都达到规定的要求。原集料的颗粒组成发生变化时,应重新调试设备。

(8)采用流量计的方式进行加水量计量。对于高速公路和一级公路,应在中央控制面板上显示水的流量数值。应根据集料和混合料含水率的大小,及时调整加水量。天气炎热或运距较远时,对于稳定中、粗粒材料,含水率可高于最佳含水率0.5% ~1%;对于稳定细粒材料,含水率可高于最佳含水率1% ~2%。

(9)高速公路基层混合料宜采用两次拌和,也可采用间歇式拌和,拌和时间应不少于15s。应尽快将拌成的混合料运送到铺筑现场。对于高速公路和一级公路,从装车到运输到现场的时间宜不超过1h,超过2h应做废料处置。车上的混合料应覆盖,减少水分损失。

(10)摊铺:应采用摊铺功率不低于120kW的沥青混凝土摊铺机或稳定土摊铺机摊铺混合料。

如下承层是稳定细粒土,宜先将下承层顶面拉毛或采用凸块式压路机碾压,再摊铺混合料。如为中、粗粒土时,应将下承层清洗干净,并洒铺水泥净浆,再摊铺上层混合料。

在摊铺机前设置的橡胶挡板底部宜距下承层不大于 100mm 的距离。两台摊铺机并排摊铺时,其型号及磨损程度宜相同。摊铺机之间的前后距离宜小于等于 10m,且应用 300~400mm 的纵向重叠。高速公路和一级公路宜设置纵向模板。

(11)碾压:安排专人指挥碾压,严禁漏压和产生轮迹。采用钢轮压路时,宜先用双钢轮压路机稳压 2~3 遍,再用激振力大于 35t 的重型振动压路机、18~21t 三轮压路机或 25t 以上的轮胎压路机继续碾压密实,最后用双钢轮压路机碾压、消除轮迹。采用胶轮压路机,先用 25t 以上的重胶轮压路机稳压 1~2 遍,错轮不超过 1/3 的轮迹带宽度,再用重型压路机碾压密实,最后用双钢轮压路机碾压,消除痕迹。

碾压过程中,压路机应停放在已碾压完成的路段,且应避免产生软弹现象,若产生软弹,应及时将该路段混合料挖出,重新换填材料碾压。

碾压成型后要保证每层的摊铺厚度不小于 160mm,最大厚度宜不大于 200mm。

在摊铺机后面应设专人消除粗细集料离析现象,特别应该铲除局部粗集料"窝",并用新拌混合料填补。

二级以下公路没有摊铺机时,可采用摊铺箱摊铺混合料。

(12)横向接缝应符合下列要求:

①用摊铺机摊铺混合料时,不宜中断,如因故中断时间超过 2h,应设置横向接缝,摊铺机应驶离混合料末端。

②人工将末端含水率合适的混合料弄整齐,紧靠混合料末端放 2 根方木,方木的高度应与混合料的压实厚度相同;整平紧靠方木的混合料。

③方木的另一侧用砂砾或碎石回填约 3m 长,其高度应高出方木 2~3cm。

④将混合料碾压密实。

⑤在重新开始摊铺混合料之前,将砂砾或碎石和方木除去,并将下承层顶面清扫干净。

⑥摊铺机返回到已压实层的末端,重新开始摊铺混合料。

⑦如摊铺中断后,未按上述方法处理横向接缝,而中断时间已超过 2h,则应将摊铺机附近及其下面未经压实的混合料铲除,并将已碾压密实且高程和平整度符合要求的末端挖成与路中心线垂直并垂直向下的断面,然后再摊铺新的混合料。

(13)纵向接缝的处理应符合下列要求:

①高速公路和一级公路的基层应分两幅摊铺,宜采用两台摊铺机一前一后相隔约 5~10m 同步向前摊铺混合料,并一起进行碾压。在不能避免纵向接缝的情况下,纵缝必须垂直相接,严禁斜接,并符合规定②。

②在前一幅摊铺时,在靠中央的一侧用方木或钢模板做支撑,方木或钢模板的高度应与稳定土层的压实厚度相同。养生结束后,在摊铺另一幅之前,拆除支撑木(或板)。

三、石灰稳定类基层

在粉碎的土和原状松散的土(多为细粒土)中掺入适量的石灰和水,按照一定技术要求拌和及养生后得到的混合料,当其抗压强度符合规定的要求时,称为石灰稳定土。

用石灰稳定细粒土得到的混合料简称石灰土,所做成的基层称石灰土基层(底基层)。

石灰稳定土适用于各级公路的底基层,以及二级和二级以下公路的基层,但不宜做高等级公路的基层。

1. 石灰稳定土强度形成原理

在土中掺入适量的石灰,并在最佳含水率下拌匀压实,使石灰与土发生一系列的物理、化学作用,从而使土的性质发生根本的变化。一般分4个方面,第1是离子交换作用,第2是结晶硬化作用,第3是火山灰作用,第4是碳酸化作用。

1) 离子交换作用

土的微小颗粒具有一定的胶体性质,它们一般都带有负电荷,表面吸附着一定数量的钠、氢、钾等低价阳离子(Na^+、H^+、K^+)。石灰是一种强电解质,在土加入石灰和水后,石灰在溶液中电离出来的钙离子(Ca^{2+})就与土中的钠、氢、钾离子产生离子交换作用,原来的钠(钾)土变成钙土,土颗粒表面所吸附的离子由一价变成了二价,减小了土颗粒表面吸附水膜的厚度,使土粒相互之间更为接近,分子引力随着增加,许多单个土粒聚成小团粒,组成一个稳定结构。

2) 结晶硬化作用

在石灰土中只有一部分熟石灰 $Ca(OH)_2$ 进行离子交换作用,绝大部分饱和的 $Ca(OH)_2$ 自行结晶。熟石灰与水作用生成熟石灰结晶网格,其化学反应式为:

$$Ca(OH)_2 + nH_2O \longrightarrow Ca(OH)_2 \cdot nH_2O$$

3) 火山灰作用

熟石灰的游离 Ca^{2+} 与土中的活性氧化硅 SiO_2 和氧化铝 Al_2O_3 作用生成含水的硅酸钙和铝酸钙的化学反应就是火山灰作用,其反应式为:

$$xCa(OH)_2 + SiO_2 + nH_2O \longrightarrow xCaO \cdot SiO_2 \cdot (n+1)H_2O$$

$$xCa(OH)_2 + Al_2O_3 + nH_2O \longrightarrow xCaO \cdot Al_2O_3 \cdot (n+1)H_2O$$

上述所形成的熟石灰结晶网格和含水的硅酸钙和铝酸钙结晶都是胶凝物质,具有水硬性并能在固体和水两相环境下发生硬化。这些胶凝物质在土微粒团外围形成一层稳定保护膜,填充颗粒空隙,使颗粒间产生结合料,减小了颗粒间的空隙与透水性,同时提高密实度,这是石灰土获得强度和水稳定性的基本原因,但这种作用比较缓慢。

4) 碳酸化作用

在土中的 $Ca(OH)_2$ 与空气中的二氧化碳作用,其化学反应式为:

$$Ca(OH)_2 + CO_2 \longrightarrow CaCO_3 + H_2O$$

$CaCO_3$ 是坚硬的结晶体,它和其生成的复杂盐类把土粒胶结起来,从而大大提高了土的强度和整体性。

由于石灰与土发生了一系列的相互作用,从而使土的性质发生根本的改变。在初期,主要表现为土的结团、塑性降低、最佳含水率增加和最大密实度减小等;后期主要表现为结晶结构的形成,从而提高其板体性、强度和稳定性。

2. 影响石灰土强度的因素

1) 土质

各种成因的土都可以用石灰来稳定,但效果却不相同。生产实践说明,黏性土较好,其稳定的效果显著,强度也高。当采用高液限黏土时,施工不易粉碎;采用粉性土的石灰土,早期强度较低,但后期强度也可满足使用要求;采用低液限土质时,易拌和,但难以碾压成型,稳定的效果不显著。采用的土质,既要考虑其强度,还要考虑到施工时易于粉碎,便于碾压成型。塑性指数为 15~20 的黏性土以及含有一定数量黏性土的中粒土和粗粒土均适宜用石灰稳定。塑性指数偏大的黏性土要加强粉碎,粉碎后,土块的最大尺寸不应大于 15mm。塑性指数在 10 以下的亚砂土和砂土用石灰稳定时,应采取适当的措施或采用水泥稳定。硫酸盐含量超过 0.8% 或有机质含量超过 10% 的土,不宜用石灰稳定。石灰稳定土用作高速公路和一级公路的底基层时,颗粒的最大粒径不应超过 37.5mm,用作其他等级公路的底基层时,颗粒的最大粒径不应超过 53mm,石灰稳定土用作基层时,颗粒的最大粒径不应超过 37.5mm。

2)灰质

石灰技术指标应符合表 2-2-18 的规定。应尽量缩短石灰的存放时间。石灰在野外堆放时间较长时,应覆盖防潮。对于高速公路和一级公路的基层,宜采用磨细生石灰粉。高速公路和一级公路用石灰应不低于 Ⅱ 级技术要求,二级公路用石灰应不低于 Ⅲ 级技术要求,二级以下公路用石灰宜不低于 Ⅲ 级技术要求。等外石灰用于二级以下公路时,有效氧化钙含量应在 20% 以上,且混合料强度应满足要求。

石灰的技术指标　　　　表 2-2-18

项目	钙质生石灰			镁质生石灰			钙质消石灰			镁质消石灰		
	等级											
	Ⅰ	Ⅱ	Ⅲ	Ⅰ	Ⅱ	Ⅲ	Ⅰ	Ⅱ	Ⅲ	Ⅰ	Ⅱ	Ⅲ
有效氧化钙加氧化镁含量(%) ≥	85	80	70	80	75	65	65	60	55	60	55	50
未消化残渣含量(%) ≤	7	11	17	10	14	20						
含水率(%) ≤							4	4	4	4	4	4
细度	0.60mm 方孔筛的筛余(%) ≤							0	1	1	0	1	1
	0.15mm 方孔筛的累计筛余(%) ≤							13	20	—	13	20	—
氧化镁含量(%)	≤5			>5			≤4			>4		

3)石灰剂量

石灰剂量是石灰质量占全部土颗粒的干质量的百分率,即石灰剂量 = 石灰质量/干土质量。

石灰剂量对石灰土强度影响显著,石灰剂量较低(小于 3%~4%)时,石灰主要起稳定作用,土的塑性、膨胀、吸水量减小,使土的密实度、强度得到改善。随着剂量的增加,强度和稳定性均提高,但剂量超过一定范围时,强度反而降低。生产实践中常用的最佳剂量范围,对于黏性土及粉性土为 8%~14%;对砂性土则为 9%~16%。剂量的确定应根据结构层技术要求进行混合料组成设计。

4) 含水率

水是石灰土的重要组成部分。它促使石灰土发生物理化学变化,形成强度;便于土的粉碎、拌和与压实,并且有利于养生。不同土质的石灰土有不同的最佳含水率,需通过标准击实试验确定,并用以控制施工中的实际加水量。符合现行《生活饮用水卫生标准》(GB 5749—2006)的饮用水可直接用于石灰稳定土施工。非饮用水用于石灰稳定土的拌和使用时应进行水质检验,技术要求应符合表2-2-12的规定。非饮用水用于石灰稳定土的养生时,可不检验不溶物含量,其他技术指标应符合表2-2-12的规定。

5) 密实度

石灰土的强度随密实度的增加而增长。实践证明,石灰土的密实度每增减1%,强度约增减4%左右。而密实的石灰土,其抗冻性、水稳定性也好,缩裂现象也少。

6) 龄期

石灰土强度具有随龄期增长的特点。一般石灰土初期强度低,前期(1~2个月)增长速率较后期快。

7) 养生条件

养生条件主要指温度与湿度。养生条件不同,其强度也有差异。当温度高时,物理化学反应、硬化、强度增长快,反之强度增长慢,在负温条件下甚至不增长。因此,要求施工期的最低温度应在5℃以上,并在第一次重冰冻(-3~-5℃)到来之前1~1.5个月完成。

多年的施工经验证明,热季施工的灰土强度高,质量可以保证,一般在使用中很少损坏。养生的湿度条件对石灰土的强度也有很大影响。实践证明:在一定潮湿条件下养生强度的形成比在一般空气中要好。

3. 石灰土混合料设计

石灰稳定土由石灰、土和水组成,因此石灰稳定土的组成设计应根据强度标准,通过试验选取最适宜于稳定的土,确定必需的或最佳的石灰剂量和混合料的最佳含水率,在需要改善混合料的物理力学性质时,还应确定掺加料的比例。石灰稳定土的强度标准根据相应的公路等级和在路面结构中的层位而定,其7d无侧限抗压强度标准如表2-2-19所示。石灰稳定砾石土或碎石土材料可仅对其中公称最大粒径小于4.75mm的石灰土进行7d龄期无侧限抗压强度验证,且无侧限抗压强度应不小于0.8MPa。石灰稳定土的混合料设计基本与水泥稳定土相同。

石灰稳定土的抗压强度标准 表2-2-19

层 位	公 路 等 级	
	二级和二级以下公路	高速公路和一级公路
基层(MPa)	≥0.8①	—
底基层(MPa)	0.5~0.7②	≥0.8

注:石灰土强度达不到表2-2-19要求的抗压强度标准时,可添加部分水泥,或改用另一种土。塑性指数过小的土,不宜用石灰稳定,宜改用水泥稳定。
① 低塑性土(塑性指数小于7)地区,石灰稳定砂砾土和碎石土的7d龄期无侧限抗压强度应大于0.5MPa(100g平衡锥测液限)。
② 低限用于塑性指数小于7的黏性土,且低限值仅宜用于二级以下公路。高限用于塑性指数大于7的黏性土。

4. 石灰土施工

石灰土的施工同样分为路拌法施工和集中厂拌法施工两种。其工艺流程与水泥土基本相同,稍有不同的是石灰不存在初、终凝时间的限制,施工节奏比水泥土宽松。

四、石灰(水泥)工业废渣稳定土基层

随着工业的发展,工业废渣逐渐增多,怎样综合利用工业废渣引起了国内外重视。近年来,我国利用工业废渣铺筑路面基层,取得显著成效,不但提高了路面使用品质,而且降低了工程造价,变废为宝,具有很大的经济意义。

公路上常用的工业废渣有:火力发电厂的粉煤灰和煤渣、钢铁厂的高炉渣和钢渣(已经过崩解达到稳定)、其他冶金矿渣以及煤矿的煤矸石等。粉煤灰和煤渣中含有较多的二氧化硅、氧化钙或氧化铝等活性物质。用石灰稳定工业废渣时,石灰在水的作用下形成饱和的$Ca(OH)_2$溶液,废渣的活性氧化硅和氧化铝在$Ca(OH)_2$溶液中产生火山灰反应,生成水化硅酸钙和铝酸钙凝胶,把颗粒胶凝在一起,随水化物不断产生而结晶硬化,具有水硬性。温度较高时,强度增长快,因此,石灰稳定工业废渣最好在热季施工,并加强保湿养生。

一定数量的石灰和粉煤灰或石灰和煤渣与其他集料相配合,加入适量的水(通常为最佳含水率),经拌和、压实及养生后得到的混合料,当其抗压强度符合规定的要求时,称为石灰工业废渣稳定土(简称石灰工业废渣)。

一定数量的石灰和粉煤灰,一定数量的石灰、粉煤灰和土以及一定数量的石灰、粉煤灰和砂相配合,加入适量的水(通常为最佳含水率),经拌和、压实及养生后得到的混合料,当其抗压强度符合规定的要求时,分别简称为二灰、二灰土、二灰砂。

石灰工业废渣混合料采用质量配合比计算,以石灰、粉煤灰、被稳定材料的质量比表示。石灰稳定工业废渣基层具有水硬性、缓凝性、强度高、稳定性好,成板体,且强度随龄期不断增加,抗水、抗冻、抗裂而且收缩性小,适应各种气候环境和水文地质条件等特点。石灰工业废渣稳定粒料可适用于各级公路的基层和底基层,但二灰、二灰土和二灰砂不应用作二级和二级以上公路路面的基层。

一定数量的水泥和粉煤灰或水泥和煤渣与其他集料相配合,加入适量的水(通常为最佳含水率),经拌和、压实及养生后得到的混合料,当其抗压强度符合规定的要求时,称为水泥工业废渣稳定土(简称水泥工业废渣)。

水泥钢渣和水泥煤矸石可用于各级公路的基层和底基层。在实际工程中,一般较少采用水泥工业废渣稳定细粒土。

1. 石灰(水泥)工业废渣的材料要求

(1)石灰

石灰工业废渣稳定土所用石灰质量应符合表2-2-18的规定。对于高速公路和一级公路的基层,宜采用磨细生石灰粉。高速公路和一级公路用石灰应不低于Ⅱ级技术要求,二级公路用石灰应不低于Ⅲ级技术要求,二级以下公路用石灰宜不低于Ⅲ级技术要求。等外石灰用于二级以下公路时,有效氧化钙含量应在20%以上,且混合料强度应满足要求。

(2) 水泥

要求同水泥稳定类基层材料。

(3) 粉煤灰等工业废渣

干排或湿排的硅铝粉煤灰和高钙粉煤灰等均可作为基层或底基层的结合料。粉煤灰应满足表2-2-20的规定。用于各等级公路底基层、二级和二级以下公路基层的粉煤灰不符合表2-2-20的规定时,应进行混合料强度试验,达到表2-2-21和表2-2-22规定的强度标准时方可使用。

粉煤灰技术要求 表2-2-20

检查项目	技术要求	试验方法
SiO_2、Al_2O_3和Fe_2O_3总含量(%)	>70	T 0816
烧失量(%)	≤20	T 0817
比表面积(cm^2/g)	>2500	T 0820
0.3mm 筛孔通过率(%)	≥90	T 0818
0.075mm 筛孔通过率(%)	≥70	T 0818
湿粉煤灰含水率(%)	≤35	T 0801

石灰粉煤灰稳定材料的 7d 龄期无侧限抗压强度标准 R_d(单位:MPa) 表2-2-21

公路等级	结构层	极重、特重交通	重交通	中、轻交通
高速公路和一级公路	基层	≥1.1	≥1.0	≥0.9
	底基层	≥0.9	≥0.8	≥0.7
二级和二级以下公路	基层	≥0.8	≥0.7	≥0.6
	底基层	≥0.7	≥0.6	≥0.5

水泥粉煤灰稳定材料的 7d 龄期无侧限抗压强度标准 R_d(单位:MPa) 表2-2-22

公路等级	结构层	极重、特重交通	重交通	中、轻交通
高速公路和一级公路	基层	4.5~5.0	3.5~4.5	3.0~4.0
	底基层	3.5~4.5	3.0~4.0	2.5~3.5
二级和二级以下公路	基层	2.5~3.5	2.0~3.0	1.5~2.5
	底基层	2.0~3.0	1.5~2.5	1.0~2.0

用于修筑基层或底基层的煤矸石、煤渣、高炉矿渣、钢渣及其他冶金矿渣等工业废渣,使用前应崩解稳定,且通过不同龄期条件下的强度和模量试验以及温度收缩和干湿收缩试验等评价混合料的性能。水泥稳定煤矸石不宜用于高速公路和一级公路。

工业矿渣类作为集料使用时,公称最大粒径应不大于31.5mm,颗粒组成宜有一定级配,且不宜含杂质。

(4) 粒料(砾料)

高速公路和一级公路用于极重、特重交通的基层集料的压碎值应不大于22%,高速公路和一级公路用于重、中、轻交通的基层集料的压碎值应不大于26%,高速公路和一级公路的底基层集料的压碎值应不大于30%;二级和二级以下公路基层的集料的压碎值应不大于35%,二级和二级以下公路底基层的集料的压碎值应不大于40%。高速公路和一级公路采用石灰粉煤灰综合稳定时,有机质含量不宜超过10%,塑性指数宜满足12~20。高速公路和一级公路采用水泥粉煤灰综合稳定时,有机质含量应小于2%,硫酸盐含量宜不大于0.25%。

2. 二灰稳定粒料基层

1) 二灰类材料的强度形成特点

石灰粉煤灰稳定土的强度形成,除了石灰的结晶反应、石灰的碳酸化反应和石灰与粉煤灰的离子交换反应以外,还有石灰与粉煤灰之间的火山灰反应,这是二灰材料所具有的一大特性。所谓火山灰反应指的是粉煤灰中的活性硅、铝等矿物在石灰的碱性激发下解离,在水的参与下和$Ca(OH)_2$反应,生成含水的硅酸钙和铝酸钙的过程。其反应式如下:

$$SiO_2 + xCa(OH)_2 + (n-x)H_2O = xCaO \cdot SiO_2 \cdot nH_2O$$

$$Al_2O_3 + xCa(OH)_2 + (n-x)H_2O = xCaO \cdot Al_2O_3 \cdot nH_2O$$

随着火山灰反应的进行,二灰内部开始产生水化硅酸钙和水化铝酸钙物质,这些水化产物外观像是"糨糊"的凝胶体,该凝胶体与水泥水解后的产物相类似。由于是在不断吸收水分的情况下逐渐产生的,因此该凝胶具有水硬性质。在这种凝胶物的胶联下,二灰材料被胶结在一起形成凝胶结构。粉煤灰与石灰在反应期间,随着龄期的延长,在生成凝胶物的同时,开始出现一些纤维状或棒状的结晶体,结晶体的来源一方面是二灰之间进一步反应的结果,另一方面是原有凝胶物的转化,因此仍是一些具有一定结晶度的火山灰反应的水化产物。此时,二灰材料中又产生了第三种结构——凝胶晶体缩合结构。由于依附于凝胶物质的纤维和棒状晶体能够相对远程的相互交织、缔结,构成了网架结构的结晶体,因而在进一步强化材料相互连接性的同时,又提高了凝胶结构的密实性。依赖于上述的三种结构,二灰材料的强度开始形成,并随着这些结构的不断积累和发展,表现出材料的各种力学性质相应地产生和提高。但由于粉煤灰结构上的稳定性、与石灰反应的缓慢长期性,要形成和完善这三种结构,并随之达到较高的强度,必然需要经历一段较长的时间过程,所以实践中,二灰材料早期强度较低是一种普遍的看法。在实际施工当中,解决二灰类基层材料早期强度偏低的方法包括使用粉煤灰活性激发剂以及通过掺加一定量的水泥组成水泥石灰粉煤灰混合料,以利于强度的早日形成。

2) 二灰稳定粒料的材料要求

(1) 二灰稳定材料用作高速公路和一级公路的基层时,石灰粉煤灰总质量宜占15%~20%,粒料颗粒的最大粒径不应超过26.5mm,并符合表2-2-23的级配范围2号和4号的规定。

(2) 用于高速公路和一级公路的二灰稳定土用作底基层时,粒料总质量宜不小于80%,并符合表2-2-23的级配范围1号和3号的规定。对极重、特重交通荷载等级,其级配范围应符合表2-2-23中2号和4号的规定。

(3) 二灰稳定土用作二级和二级以下公路的基层时,石料颗粒的最大粒径不应超过31.5mm,并符合表2-2-23的级配范围6号和8号的规定。

(4) 用于二级和二级以下公路的二灰稳定土用作底基层时,粒料总质量宜不小于70%,并符合表 2-2-23 的级配范围 5 号和 7 号的规定。对极重、特重交通荷载等级,其级配范围应符合表 2-2-23 中 6 号和 8 号的规定。

二灰稳定级配碎石或砾石的推荐级配范围(单位:%)　　表 2-2-23

筛孔尺寸(mm)	高速公路和一级公路				二级和二级以下公路			
	稳定碎石		稳定砾石		稳定碎石		稳定砾石	
	1	2	3	4	5	6	7	8
37.5	—	—	—	—	100	—	100	—
31.5	100	—	100	—	90~100	100	90~100	100
26.5	91~95	100	93~96	100	81~94	90~100	84~95	90~100
19	76~85	82~89	81~88	86~91	67~83	73~87	72~87	77~91
16	69~80	73~84	75~84	79~87	61~78	65~82	67~83	71~86
13.2	62~75	65~78	69~79	72~82	54~73	58~75	62~79	65~81
9.5	51~65	53~67	60~71	62~73	45~64	47~66	54~72	55~74
4.75	35~45	35~45	45~55	45~55	30~50	30~50	40~60	40~60
2.36	22~31	22~31	27~39	27~39	19~36	19~36	24~44	24~44
1.18	13~22	13~22	16~28	16~28	12~26	12~26	15~33	15~33
0.6	8~15	8~15	10~20	10~20	8~19	8~19	9~25	9~25
0.3	5~10	5~10	6~14	6~14	—	—	—	—
0.15	3~7	3~7	3~10	3~10	—	—	—	—
0.075	2~5	2~5	2~7	2~7	2~7	2~7	2~10	2~10

(5)高速公路和一级公路用于极重、特重交通的碎石或砾石的压碎值应不大于 22%,高速公路和一级公路用于重、中、轻交通的碎石或砾石的压碎值应不大于 26%,高速公路和一级公路的底基层碎石或砾石的压碎值应不大于 30%;二级和二级以下公路基层的碎石或砾石的压碎值应不大于 35%,二级和二级以下公路底基层的碎石或砾石的压碎值应不大于 40%。

3)二灰粒料的配比组成

二灰稳定粒料的混合料配合比,可根据当地的实践经验参照下述配比选用。

(1)采用硅铝粉煤灰的二灰类做基层或底基层时,石灰与粉煤灰之比,常用 1:2~1:9。

(2)采用二灰土做基层与底基层时,石灰与粉煤灰之比可以是 1:2~1:4(粉土宜为 1:2),石灰粉煤灰与细粒材料的比值宜为 30:70~10:90。采用 30:70 时,石灰与粉煤灰之比宜为 1:2~1:3。

(3)采用二灰稳定级配碎石或砾石做基层时,石灰与粉煤灰之比可以是 1:2~1:4,石灰粉煤灰与被稳定材料的比值宜为 20∶80～15∶85。在这种配比的混合料中,粒料形成骨架,石灰粉煤灰起着填充空隙和胶结的作用。

3. 石灰煤渣类基层

石灰煤渣(简称二渣)基层是用石灰和煤渣按一定配合比,加水拌和、摊铺、碾压、养生而成型的基层。二渣中如掺入一定量的粗骨料便称三渣;掺入一定量的土,便称为石灰煤渣土。各地可根据当地气候、水文地质条件,公路等级及实践经验参照如下配比选用。

(1)采用石灰煤渣做基层或底基层时,石灰与煤渣的比例可以是 20∶80～15∶85。

(2)采用石灰煤渣土做基层或底基层时,石灰与煤渣的比例可选用 1∶1～1∶4,石灰煤渣与细粒土的比例可以是 1∶1～1∶4。采用 1∶4 比例时,混合料中石灰应不少于 10%,可通过试验选取强度较高的配合比。

(3)采用石灰煤渣稳定材料做基层或底基层时,石灰∶煤渣∶被稳定材料可选用 (7～9)∶(26～33)∶(67～58)。

石灰煤渣、石灰煤渣土和三渣皆具有水硬性,物理力学性质基本上与石灰土相似,但其强度与水稳性都比石灰土好。石灰煤渣的 28d 强度可达 1.5～3.0MPa,并随龄期增长而增长。初期强度增长慢,尚有一定的塑性,但达到一定龄期后,处于弹性工作状态,成板体,具有刚性,当冷缩和干缩时,易产生裂缝。研究表明,当采用石灰煤渣粒料时,抗缩裂能力有所改善。

施工程序和方法基本上与石灰土基层相同。但要加强养生,重视提高初期强度,防止早期重交通量下出现早期破坏现象。

4. 水泥粉煤灰基层

1)水泥粉煤灰基层的材料要求

(1)水泥粉煤灰稳定材料用作高速公路和一级公路的基层时,水泥粉煤灰总质量宜为 12%,应不大于 18%,各档被稳定材料总质量宜不小于 85%,其公称最大粒径应不超过 26.5mm,并符合表 2-2-24 的级配范围 2 号和 4 号的规定。

(2)用于高速公路和一级公路的水泥稳定材料用作底基层时,各档被稳定材料总质量宜不小于 80%,并符合表 2-2-24 的级配范围 1 号和 3 号的规定。对极重、特重交通荷载等级,其级配范围应符合表 2-2-24 中 2 号和 4 号的规定。

(3)水泥粉煤灰稳定材料用作二级和二级以下公路的基层时,被稳定材料的最大粒径应不超过 31.5mm,其总质量宜不小于 80%,并符合表 2-2-24 的级配范围 6 号和 8 号的规定。

(4)用于二级和二级以下公路的水泥粉煤灰稳定材料用作底基层时,各档被稳定材料总质量宜不小于 75%,并符合表 2-2-24 的级配范围 5 号和 7 号的规定。对极重、特重交通荷载等级,其级配范围应符合表 2-2-24 中 6 号和 8 号的规定。

(5)高速公路和一级公路用于极重、特重交通的碎石或砾石的压碎值应不大于 22%,高速公路和一级公路用于重、中、轻交通的碎石或砾石的压碎值应不大于 26%,高速公路和一级公路的底基层碎石或砾石的压碎值应不大于 30%;二级和二级以下公路基层的碎石或砾石的压碎值应不大于 35%,二级和二级以下公路底基层的碎石或砾石的压碎值应不大于 40%。

水泥粉煤灰稳定级配碎石或砾石的推荐级配范围（单位:%）　　　　表 2-2-24

筛孔尺寸 (mm)	高速公路和一级公路				二级和二级以下公路			
	稳定碎石		稳定砾石		稳定碎石		稳定砾石	
	1	2	3	4	5	6	7	8
37.5	—	—	—	—	100	—	100	—
31.5	100	—	100	—	90~100	100	90~100	100
26.5	90~95	100	91~95	100	80~93	90~100	81~94	90~100
19	72~84	79~88	76~85	82~89	64~81	70~86	67~83	73~87
16	65~79	70~82	69~80	73~84	57~75	62~79	61~78	65~82
13.2	57~72	61~76	62~75	65~78	50~69	54~72	54~73	58~75
9.5	47~62	49~64	51~65	53~67	40~60	42~62	45~64	47~66
4.75	30~40	30~40	35~45	35~45	25~45	25~45	30~50	30~50
2.36	19~28	19~28	32~22	32~22	31~16	31~16	19~36	19~36
1.18	12~20	12~20	13~24	13~24	11~22	11~22	12~26	12~26
0.6	8~14	8~14	8~18	8~18	7~15	7~15	8~19	8~19
0.3	5~10	5~10	5~13	5~13	—	—	—	—
0.15	3~7	3~7	3~10	3~10	—	—	—	—
0.075	2~5	2~5	2~7	2~7	2~5	2~5	2~7	2~7

2) 水泥粉煤灰稳定土的配比

水泥粉煤灰混合料的配比组成，可根据当地的实践经验参照如下配比选用。

(1) 采用硅铝粉煤灰的水泥粉煤灰类做基层或底基层时，水泥与粉煤灰之比，常用 1:3~1:9。

(2) 采用水泥粉煤灰土做基层与底基层时，水泥与粉煤灰之比可以是 1:3~1:5，水泥粉煤灰与细粒材料的比值宜为 30:70~10:90。采用 30:70 时，水泥与粉煤灰之比宜为 1:2~1:3。

(3) 采用水泥粉煤灰稳定级配碎石或砾石做基层时，水泥与粉煤灰之比可以是 1:3~1:5，水泥粉煤灰与被稳定材料的比值宜为 20:80~15:85。在混合料中，粒料形成骨架，水泥粉煤灰起着填充空隙和胶结的作用。

5. 水泥煤渣类基层

水泥煤渣类基层是用水泥和煤渣按一定配合比，加水拌和、摊铺、碾压、养生而成型的基层。各地可根据当地气候、水文地质条件、公路等级及实践经验参照如下配比选用。

(1) 采用水泥煤渣稳定材料做基层或底基层时，水泥与煤渣的比可以是 5:95~15:85。

(2) 采用水泥煤渣土做基层或底基层时，水泥与煤渣的比例可选用 1:2~1:5，水泥煤渣与细粒土的比例可以是 1:2～1:5。采用 1:5 比例时,混合料中水泥应不少于 4%,可通过试验选取强度较高的配合比。

(3) 采用水泥煤渣被稳定材料做基层或底基层时,水泥:煤渣:被稳定材料可选用(3～5):(26～33):(71～62)。

第四节 试验段的铺筑

在底基层和基层正式开工之前,应铺筑试验段。试验段应设置在生产路段上,长度为 200～300m。全部施工人员已经到场,施工机械已经进场并调试完毕,有完整的目标配合比和生产配合比报告,则可以进行试验段的施工。在施工期间,应及时检测原材料的全部技术指标、拌和时的结合料剂量、含水率及级配、不同松铺系数下的实际压实厚度、不同碾压工艺下的压实度、混合料压实后的含水率,以及进行混合料击实试验。养生 7d 后,测定标准养护试件的 7d 无侧限抗压强度,检测弯沉指标和承载比。对于非整体性材料结构层,试验段铺设完成以后应及时进行承载板试验。试验结果需满足相关规定,如不满足相关技术要求,应重新铺筑试验段。

通过铺筑无结合料的集料基层试验段,应对下列关键工序、工艺进行评价。
(1) 拌和设备各档材料的进料比例、速度及精度。
(2) 结合料的进料比例和精度。
(3) 含水率的控制精度。
(4) 松铺系数合理值。
(5) 拌和、运输、摊铺和碾压机械的协调和配合。
(6) 压实机械的选择和组合,压实的顺序、速度和遍数。
(7) 对人工拌和工艺,应确定合适的拌和设备、方法、深度和遍数。
(8) 对于人工摊铺碾压工艺,应确定适宜的整平和整形机具和方法。

试验段各项指标合格后,应对试验段结果进行及时总结,并推荐适合施工关键参数的具体值,确定每一作业段的合适长度,才能进行基层和底基层的正式施工。

第五节 施工质量标准与控制

基层和底基层在施工过程中要加强质量检测和控制,主要包括原材料检验、施工参数确定和施工过程中质量检验与验收。高速公路和一级公路采用拌和厂拌和时,应在拌和厂内或者距离不超过 1km 范围内设置功能完备的试验室。通过试验段确定施工关键参数。在施工过程中应对基层和底基层的外形尺寸和内在质量进行检验。不同材料组成的基层和底基层实测项目和质量标准如下所述。检验的过程中发现质量缺陷时,应加大检测频率,必要时应停工整顿,查找原因。

一、填隙碎石(矿渣)基层和底基层

(1)粗粒料应为质坚、无杂质的轧制石料或分解稳定的轧制矿渣,填缝料应为5mm以下的轧制细料或粗砂。

(2)应用振动压路机碾压,使填缝料填满粗粒料空隙。

实测项目见表2-2-25。

填隙碎石(矿渣)基层和底基层实测项目 表2-2-25

项次	检查项目		规定值或允许偏差				检查方法和频率
			基层		底基层		
			高速公路一级公路	其他公路	高速公路一级公路	其他公路	
1	固体体积率(%)	代表值	—	≥98	≥96		密度法:每200m每车道2处
		极值	—	≥82	≥80		
2	弯沉值(0.01mm)		符合设计要求		符合设计要求		按路基、粒料类基层和底基层、沥青路面弯沉值评定检查
3	平整度(mm)		—	≤12	≤12	≤15	3m直尺:每200m测2处×5尺
4	纵断高程(mm)		—	+5,−15	+5,−15	+5,−20	水准仪:每200m测2断面
5	宽度(mm)		符合设计要求		符合设计要求		尺量:每200m测4处
6	厚度(mm)	代表值	—	−10	−10	−12	按路面结构层厚度评定检查,每200m每车道2处
		合格值	—	−20	−25	−30	
7	横坡(%)		±0.5	±0.3	±0.5		水准仪:每200m测2断面

填隙碎石(矿渣)基层与底基层表面应松散、无坑洼、无碾压轮迹,连续离析不得超过10m,累计离析不得超过50m。

二、级配碎(砾)石基层和底基层

(1)选用质地坚韧、无杂质碎石、砂砾、石屑或砂,级配应符合要求。

(2)配料必须准确,塑性指数必须符合规定。

(3)混合料应拌和均匀,无明显离析现象。

(4)碾压应遵循先轻后重的原则,洒水碾压至要求的密实度。

(5)其外观质量表面应松散、无坑洼、无碾压轮迹,连续离析不得超过10m,累计离析不得超过50m。

实测项目见表2-2-26。

级配碎(砾)石基层和底基层   表 2-2-26

项次	检查项目		规定值或允许偏差				检查方法和频率
			基层		底基层		
			高速公路一级公路	其他公路	高速公路一级公路	其他公路	
1	压实度(%)	代表值	≥98	≥98	≥96	≥96	按路基、路面压实度评定检查,每200m每车道2处
		极值	≥94	≥94	≥92	≥92	
2	弯沉值(0.01mm)		符合设计要求		符合设计要求		按路基、粒料类基层和底基层、沥青路面弯沉值评定检查
3	平整度(mm)		—	≤12	≤12	≤15	3m直尺;每200m测2处×5尺
4	纵断高程(mm)		—	+5,−15	+5,−15	+5,−20	水准仪;每200m测2个断面
5	宽度(mm)		符合设计要求		符合设计要求		尺量;每200m测4处
6	厚度(mm)	代表值	—	−10	−10	−12	按路面结构层厚度评定检查,每200m每车道2处
		合格值	—	−20	−25	−30	
7	横坡(%)		—	±0.5	±0.3	±0.5	水准仪;每200m测2断面

三、无机结合料稳定类材料基层的质量评定

1. 稳定土基层和底基层

(1)石灰应充分消解,路拌深度应达到层底。

(2)石灰类材料应处于最佳含水率状态下碾压,水泥类材料碾压终了时间不应超过水泥的终凝时间。

(3)碾压检查合格后应立即覆盖或洒水养护,养生期符合规范规定。

(4)外观质量表面应无松散、无坑洼、无轮胎碾压轮迹。

实测项目见表2-2-27。

稳定土基层和底基层实测项目   表 2-2-27

项次	检查项目		规定值或允许偏差				检查方法和频率
			基层		底基层		
			高速公路一级公路	其他公路	高速公路一级公路	其他公路	
1	压实度(%)	代表值	—	≥95	≥95	≥93	按路基、路面压实度评定检查,每200m每车道2处
		极值	—	≥91	≥91	≥89	
2	平整度(mm)		≤12	≤12	≤12	≤15	3m直尺;每200m测2处×5尺
3	纵断高程(mm)		—	+5,−15	+5,−15	+5,−20	水准仪;每200m测2个断面
4	宽度(mm)		符合设计要求		符合设计要求		尺量;每200m测4处
5	厚度(mm)	代表值	—	−10	−10	−12	按路面结构层厚度评定检查,每200m每车道2处
		合格值	—	−20	−25	−30	

续上表

项次	检查项目	规定值或允许偏差				检查方法和频率
		基层		底基层		
		高速公路一级公路	其他公路	高速公路一级公路	其他公路	
6	横坡(%)	—	±0.5	±0.3	±0.5	水准仪:每200m测2个断面
7	强度(MPa)	符合设计要求		符合设计要求		按无机结合料稳定材料强度评定检查

2. 稳定粒料(碎石、砂砾或矿渣等)基层和底基层

(1)应选择质坚干净的粒料,石灰应充分消解,矿渣应分解稳定,未分解渣块应予以剔除。

(2)路拌深度要达到层底。

(3)石灰类材料应处于最佳含水率状态下碾压,水泥类材料碾压终了时间不应超过水泥的终凝时间。碾压检查合格后应立即覆盖或洒水养护,养生期符合规范规定。

(4)对于高速公路和一级公路,7~10d龄期的水泥稳定碎石基层代表弯沉值宜为:对于极重、特重交通荷载等级,应不大于0.15mm;对于重交通荷载等级,应不大于0.20mm;对于中等交通荷载等级,应不大于0.25mm。

(5)外观质量表面应无松散、无坑洼、无轮胎碾压轮迹;表面连续离析不得超过10m,累计离析不得超过50m。

实测项目见表2-2-28。

稳定粒料基层和底基层实测项目表 表2-2-28

项次	检查项目		规定值或允许偏差				检查方法和频率
			基层		底基层		
			高速公路一级公路	其他公路	高速公路一级公路	其他公路	
1	压实度(%)	代表值	≥98	≥97	≥96	≥95	按路基、路面压实度评定检查,每200m每车道2处
		极值	≥94	≥93	≥92	≥91	
2	平整度(mm)		≤8	≤12	≤12	≤15	3m直尺:每200m测2处×5尺
3	纵断高程(mm)		+5,-10	+5,-15	+5,-15	+5,-20	水准仪:每200m测2个断面
4	宽度(mm)		符合设计要求		符合设计要求		尺量:每200m测4处
5	厚度(mm)	代表值	-8	-10	-10	-12	按路面结构层厚度评定检查,每200m每车道2处
		合格值	-10	-20	-25	-30	
6	横坡(%)		±0.3	±0.5	±0.3	±0.5	水准仪:每200m测2个断面
7	强度(MPa)		符合设计要求		符合设计要求		按无机结合料稳定材料强度评定检查

思考题

1. 碎(砾)石路面基层的强度构成有何特点？选择时应注意什么？
2. 常见的碎(砾)石路面基层有哪些类型？各有什么特点？施工时应注意什么？
3. 试分析比较石灰土和水泥土的强度形成原理。它们对土的类型和性质有何不同要求？其中石灰和水泥的剂量是如何确定的？施工时应注意什么？
4. 哪些工业废渣可作为路面材料？其依据是什么？
5. 何时进行试验段的铺筑？铺筑试验段的目的是什么？

第三章 CHAPTER THREE
沥青路面设计

主要掌握沥青路面设计的基本概念和我国的沥青路面设计方法。

第一节 概述

为贯彻"精心设计、质量第一"的方针,使路面在设计年限内满足各级公路相应的承载力、耐久性、舒适性和安全性的要求,工程技术人员应提高路面设计质量,并尽可能地降低工程造价。

目前国际上沥青路面设计法基本上可分为两类:经验、理论法。前者是以使用经验或试验路试验结果为依据;后者则是以弹性理论为基础并由试验确定计算参数的力学方法,此方法综合考虑了车辆荷载、交通量、环境因素以及材料特性的影响。我国的沥青路面设计方法基本属于理论法。

沥青路面设计包括交通量实测、分析与预测,材料选择,混合料配合比设计,设计参数的测试与确定,路面结构组合设计与厚度验算,路面排水系统设计和其他路面工程设计等。此外,还需进行路面结构方案的技术经济综合比较,提出推荐方案。本章重点介绍行车道沥青路面的结构组合设计和路面结构层厚度验算。

路面设计应综合考虑技术先进、经济节省、安全适用和环境协调等因素,为此需遵守下列设计原则。

(1)开展现场资料调查和收集工作,做好交通荷载分析与预测,按照全寿命周期成本的理念进行路面设计。

(2)调查掌握沿线路基特点,查明土质、路基干湿类型,在对不良地质路段处理的基础上,进行路基路面综合设计。

（3）遵循因地制宜、合理选材、节约资源的原则，选择技术先进、经济合理、安全可靠、方便施工的路面结构方案。

（4）结合当地条件，积极、慎重地推广新技术、新结构、新材料、新工艺，并认真铺筑试验路段，总结经验，不断完善，逐步推广。

（5）符合国家环境保护的有关规定，保护相关人员的安全和健康，重视材料的再生利用与废弃料的处理。

（6）高速公路和一级公路的沥青路面不宜分期修建。软土地区或高填方路基、黄土湿陷地区等可能产生较大沉降的路段，以及初期交通量较小的公路可"一次设计、分期修建"。

目前，对路面结构进行分析时，可将路面简化为由若干弹性层组成的半无限体。上面各层是具有一定的厚度的弹性体，而最下一层为弹性半空间体。描述材料的参数为弹性模量（回弹模量）和泊松比，如图 2-3-1 所示。

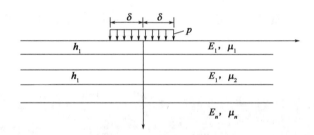

图 2-3-1　弹性层状体系示意图

第二节　我国的沥青路面设计方法

我国现行《公路沥青路面设计规范》（JTG D50—2017）中，沥青路面设计理论采用双圆垂直均布荷载作用下的多层弹性连续体系理论，分别采用 5 个单项的设计指标来控制路面相应的损坏状态。以沥青混合料层层底拉应变来控制其疲劳开裂、无机结合料稳定层层底拉应力控制其疲劳开裂、沥青混合料层永久变形量、路基顶面竖向压应变、沥青面层低温开裂指数来控制季节性冰冻地区路面的低温开裂，以此计算路面结构厚度，并以路基顶面弯沉和路表弯沉作为路基和路面的交工验收指标。其主要设计步骤如下。

1. 标准轴载及设计交通量

路面设计年限应根据当地的经济、交通发展情况以及该公路在路网中的地位，综合考虑环境和投资条件来确定。新建沥青路面结构设计使用年限应不低于表 2-3-1 的要求，改建路面结构设计可根据工程实际情况选取适宜的设计使用年限。

各级公路的沥青路面设计年限　　　　　　　　　　　　　表 2-3-1

公 路 等 级	设计年限(年)	公 路 等 级	设计年限(年)
高速公路和一级公路	15	三级公路	10
二级公路	12	四级公路	8

我国路面设计是以双轮组单轴 100kN 为标准轴载,用 BZZ-100 来表示,其计算设计参数如表 2-3-2 所示。

标准轴载计算参数　　　　　　　　　　　　　表 2-3-2

标 准 轴 载	BZZ-100	标 准 轴 载	BZZ-100
标准轴载 $P(kN)$	100	单轮传压面当量圆直径 $d(cm)$	21.3
轮胎接地压强 $p(MPa)$	0.7	两轮中心距(cm)	31.95(1.5d)

按照中华人民共和国行业标准《公路沥青路面设计规范》(JTG D50—2017),车辆轴型按轮组和轴组类型分为 7 类,如表 2-3-3 所示。

轴 型 分 类　　　　　　　　　　　　　表 2-3-3

轴型编号	轴 型 说 明	轴型编号	轴 型 说 明
1	单轴(每侧单轮胎)	5	双联轴(每侧双轮胎)
2	单轴(每侧双轮胎)	6	三联轴(每侧单轮胎)
3	双联轴(每侧单轮胎)	7	三联轴(每侧双轮胎)
4	双联轴(每侧各一单轮胎、双轮胎)		

车辆类型按表 2-3-4 所列轴型组合分为 11 类。

车 辆 类 型 分 类　　　　　　　　　　　　　表 2-3-4

车型编号	说　　明	主要车型及图示	其他车型
1 类	2 轴 4 轮车辆	11 型车	
2 类	2 轴 6 轮及以上客车	12 型客车	15 型客车
3 类	2 轴 6 轮整体式货车	12 型货车	

续上表

车型编号	说　　明	主要车型及图示	其他车型
4 类	3 轴整体式货车(非双前轴)	15 型	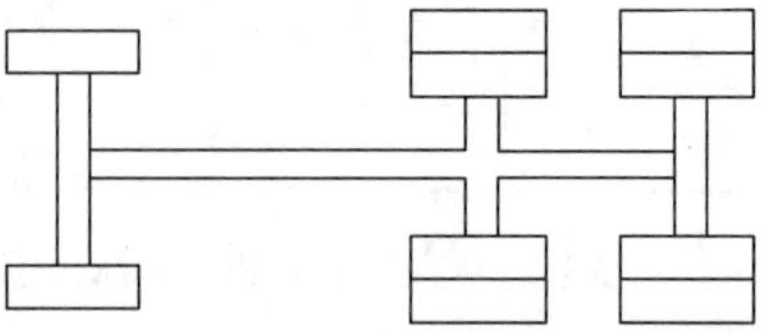
5 类	4 轴及以上整体式货车(非双前轴)	17 型	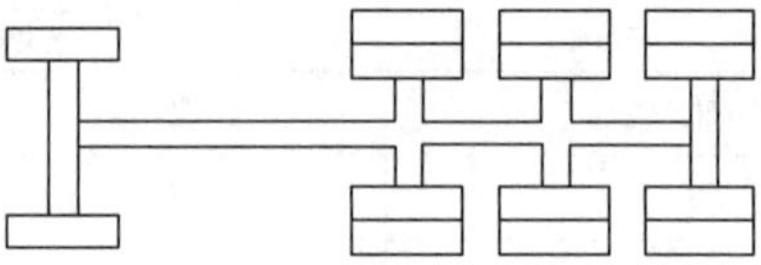
6 类	双前轴整体式货车	112 型 115 型	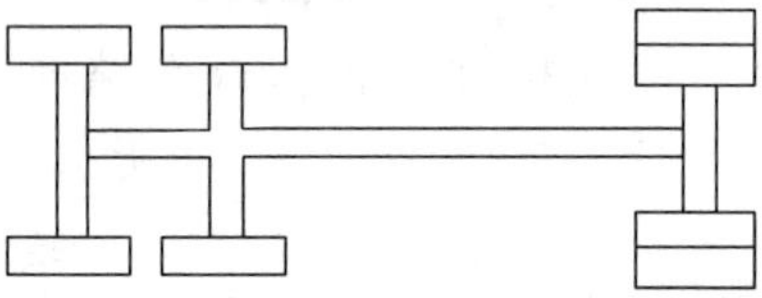 117 型
7 类	4 轴及以下半挂货车(非双前轴)	125 型	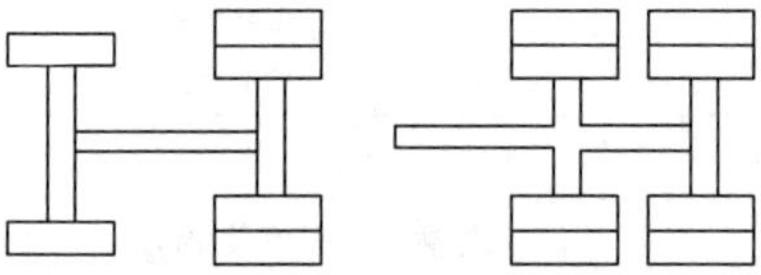 122 型
8 类	5 轴半挂货车(非双前轴)	127 型 155 型	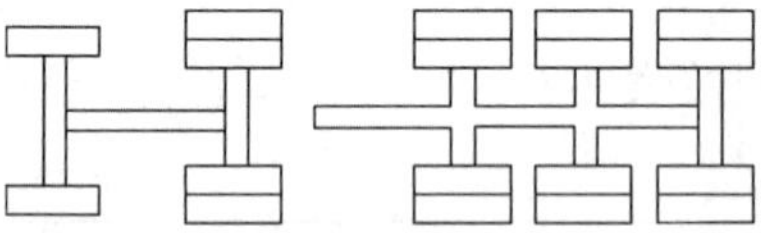
9 类	6 轴及以上半挂货车(非双前轴)	157 型	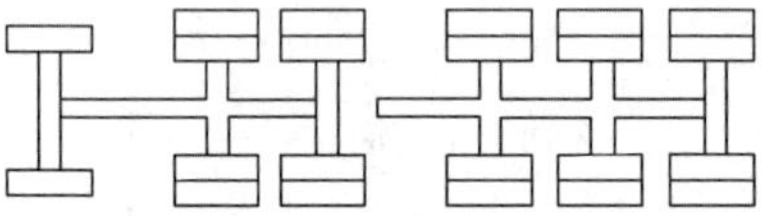
10 类	双前轴半挂式货车	1127 型	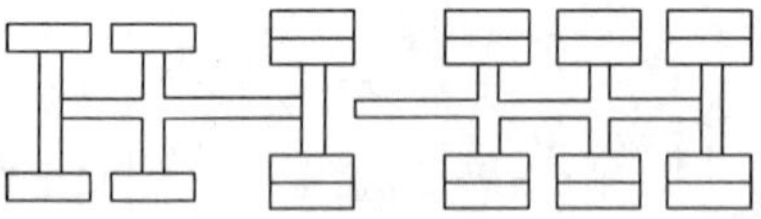 1122 型 1125 型 1155 型 1157 型
11 类	全挂货车	1522 型 1222 型	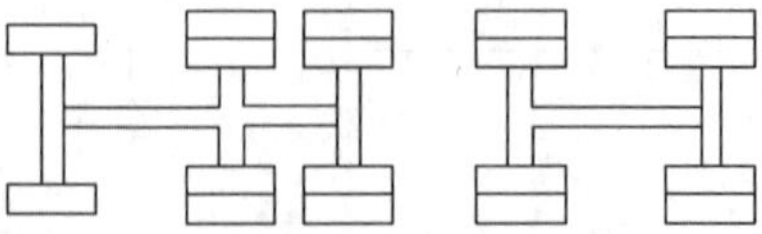

路面设计的交通数据调查与路线设计的调查有所不同,它不只关心总的车辆数,更关心车辆轴重对路面结构的破坏。针对路面设计的交通数据调查项目主要包括交通量及其增长率、

方向不均匀系数、车道分配系数、车辆组成、轴组组成和轴重等几个方面。

对于比较重要的公路,方向系数可根据不同方向交通量实测确定,没有实测数据时,可据经验在 0.5~0.6 之间取值。

车道系数是指设计车道上大型客车和货车数量与该方向上大型客车和货车总数交通量的比值,按照中华人民共和国行业标准《公路沥青路面设计规范》(JTG D50—2017),车道系数和车辆类型分布系数按三个水平确定,改建设计采用水平一,新建路面设计采用水平二或水平三。

对于车道系数:

水平一,根据现场交通量观测资料统计设计方向不同车道上车辆的数量,确定车道系数。

水平二,采用当地的经验值。

水平三,采用表 2-3-5 的推荐值。

车 道 系 数　　　　　　　　　　　　　　表 2-3-5

公 路 等 级	单向车道数			
	1	2	3	≥4
高速公路	—	0.70~0.85	0.45~0.60	0.40~0.50
其他等级公路	1.00	0.50~0.75	0.50~0.75	—

注:交通受非机动车和行人影响严重时取低限,反之取高值。

对于车辆类型分布系数:

水平一,根据交通观测资料分析 2~11 类车型所占的百分比,得到车辆类型分布系数。

水平二,根据交通历史数据或经验数据按表 2-3-6 确定公路货车类型分布系数 TTC,采用该 TTC 分类车辆类型分布系数当地经验值。

公路 TTC 分类标准(单位:%)　　　　　　表 2-3-6

TTC 分 类	整体式货车比例	半挂式货车比例
TTC1	<40	>50
TTC2	<40	<50
TTC3	40~70	>20
TTC4	40~70	<20
TTC5	>70	—

注:表中整体式货车为表 2-3-4 中的 3~6 类车,半挂式货车为表 2-3-4 中的 7~10 类车。

水平三,根据交通历史数据或经验数据按表 2-3-6 确定公路 TTC 分类,采用表 2-3-7 规定的车辆类型分布系数。

不同 TTC 分类车辆类型分布系数(单位:%)　　　　表 2-3-7

车辆类型	2类	3类	4类	5类	6类	7类	8类	9类	10类	11类
TTC1	6.4	15.3	1.4	0	11.9	3.1	16.3	20.4	25.2	0
TTC2	22.0	23.3	2.7	0	8.3	7.5	17.1	8.5	10.6	0
TTC3	17.8	33.1	3.4	0	12.5	4.4	9.1	10.6	8.5	0.7
TTC4	28.9	43.9	5.5	0	9.4	2.0	4.6	3.4	2.3	0.1
TTC5	9.9	42.3	14.8	0	22.7	2.0	2.3	3.2	2.5	0.2

设计车道的交通量即为断面交通量乘以方向系数和车道系数。

各类车辆当量设计轴载换算系数按下列三个水平确定,高速公路和一级公路的改建设计采用水平一,其他情况采用水平二或水平三。

水平一,采用称重设备连续采集设计车道上的车辆类型、轴型组成和轴重数据,按下列步骤分析各类车辆当量换算系数。

(1)分别统计 2~11 类车辆单轴单胎、单轴双胎、双联轴和三联轴的数量,除以各类车辆总量,按式(2-3-1)计算各类车辆中不同轴型的平均轴数。

$$\text{NAPT}_{mi} = \frac{\text{NA}_{mi}}{\text{NT}_m} \tag{2-3-1}$$

式中:NAPT_{mi}——m 类车辆中 i 种轴型的平均轴数;

NA_{mi}——m 类车辆中 i 种轴型的总数;

NT_m——m 类车辆总数;

i——单轴单胎、单轴双胎、双联轴和三联轴;

m——表 2-3-4 所列 2~11 类车。

(2)按式(2-3-2)计算 2~11 类车辆不同轴型在不同轴重区间所占的百分比,得到不同轴型的轴重分布系数,即轴载谱。确定轴载谱时,单轴单胎、单轴双胎、双联轴和三联轴应分别间隔 2.5kN、4.5kN、9.0kN 和 13.5kN 划分轴重区间。

$$\text{ALDF}_{mij} = \frac{\text{ND}_{mij}}{\text{NA}_{mi}} \tag{2-3-2}$$

式中:ALDF_{mij}——m 类车辆中 i 种轴型在 j 级轴重区间的轴重分布系数;

ND_{mij}——m 类车辆中 i 种轴型在 j 级轴重区间的数量;

NA_{mi}——m 类车辆中 i 种轴型的数量;

其他符号意义同式(2-3-1)。

(3)按式(2-3-3)计算 2~11 类车辆各种轴型在不同轴重区间的当量设计轴载换算系数,计算时取各轴重区间中点值作为该轴重区间代表轴重。按式(2-3-4)计算各类车辆当量设计轴载换算系数:

$$\text{EALF}_{mij} = c_1 c_2 \left(\frac{P_{mij}}{P_s}\right)^b \tag{2-3-3}$$

式中:P_s——设计轴载(kN);

P_{mij}——m 类车辆中 i 种轴型在 j 级轴重区间的单轴轴载(kN),对双联轴和三联轴,为平均分配到每根单轴的轴载重量;

b——换算指数,分析沥青混合料层疲劳和沥青混合料层永久变形时,$b=4$;分析路基永久变形时,$b=5$;分析无机结合料稳定层疲劳时,$b=13$;

c_1——轴组系数,前后轴间距大于 3m 时,分别按单个轴计算,轴间距小于 3m 时,按表 2-3-8 取值;

c_2——轮组系数,双轮时取 1.0,单轮时取 4.5。

轴型系数取值 表 2-3-8

设计指标	轮—轴型	c_1 取值
沥青混合料层层底拉应变、沥青混合料层永久变形量	双联轴	2.1
	三联轴	3.2
路基顶面竖向压应变	双联轴	4.2
	三联轴	8.7
无机结合料稳定层层底拉应力	双联轴	2.6
	三联轴	3.8

$$\mathrm{EALF}_m = \sum_i \left[\mathrm{NAPT}_{mi} \sum_j (\mathrm{EALF}_{mij} \times \mathrm{ALDF}_{mij}) \right] \tag{2-3-4}$$

式中：EALF_m——m 类车辆的当量设计轴载换算系数；

NAPT_{mi}——m 类车辆中 i 种轴型的平均轴数；

ALDF_{mij}——m 类车辆中 i 种轴型在 j 级轴重区间的轴重分布系数；

EALF_{mij}——m 类车辆中 i 种轴型在 j 级轴重区间当量设计轴载换算系数，根据式(2-3-3)计算确定。

水平二和水平三，按式(2-3-5)确定各类车辆的当量设计轴载换算系数。式(2-3-5)中非满载车和满载车的比例和当量设计轴载换算系数，水平二时取当地经验值，水平三时取表 2-3-9 和表 2-3-10 所列全国经验值。

$$\mathrm{EALF}_m = \mathrm{EALF}_{ml} \times \mathrm{PER}_{ml} + \mathrm{EALF}_{mh} \times \mathrm{PER}_{mh} \tag{2-3-5}$$

式中：EALF_{ml}——m 类车辆中非满载车的当量设计轴载换算系数；

EALF_{mh}——m 类车辆中满载车的当量设计轴载换算系数；

PER_{ml}——m 类车辆中非满载车所占的百分比；

PER_{mh}——m 类车辆中满载车所占的百分比。

2~11 类车辆非满载车与满载车比例 表 2-3-9

车 型	非满载比例	满载比例
2 类	0.80~0.90	0.10~0.20
3 类	0.85~0.95	0.05~0.15
4 类	0.60~0.70	0.30~0.40
5 类	0.70~0.80	0.20~0.30
6 类	0.50~0.60	0.40~0.50
7 类	0.65~0.75	0.25~0.35
8 类	0.40~0.50	0.50~0.60
9 类	0.55~0.65	0.35~0.45
10 类	0.50~0.60	0.40~0.50
11 类	0.60~0.70	0.30~0.40

2～11 类车辆当量设计轴载换算系数　　　　　　　　　表 2-3-10

车　型	沥青混合料层层底拉应变、沥青混合料层永久变形量		无机结合料稳定层层底拉应力		路基顶面竖向压应变	
	非满载车	满载车	非满载车	满载车	非满载车	满载车
2 类	0.8	2.8	0.5	35.5	0.6	2.9
3 类	0.4	4.1	1.3	314.2	0.4	5.6
4 类	0.7	4.2	0.3	137.6	0.9	8.8
5 类	0.6	6.3	0.6	72.9	0.7	12.4
6 类	1.3	7.9	10.2	1505.7	1.6	17.1
7 类	1.4	6.0	7.8	553.0	1.9	11.7
8 类	1.4	6.7	16.4	713.5	1.8	12.5
9 类	1.5	5.1	0.7	204.3	2.8	12.5
10 类	2.4	7.0	37.8	426.8	3.7	13.3
11 类	1.5	12.1	2.5	985.4	1.6	20.8

根据上述确定的车辆当量设计轴载换算系数,按式(2-3-6)确定初始年设计车道日平均当量轴次 N_1。

$$N_1 = \text{AADTT} \times \text{DDF} \times \text{LDF} \times \sum_{m=2}^{11}(\text{VCDF}_m \times \text{EALF}_m) \quad (2\text{-}3\text{-}6)$$

式中:AADTT——2 轴 6 轮及以上车辆的双向年平均日交通量(辆/d);

　　　DDF——方向系数;

　　　LDF——车道系数;

　　　m——车辆类型编号;

　　　VCDF_m——m 类车辆类型分布系数;

　　　EALF_m——m 类车辆的当量设计轴载换算系数。

根据初始年设计车道日平均当量轴次 N_1、设计使用年限等,按式(2-3-7)计算设计车道上的当量设计轴载累计作用次数 N_e。

$$N_e = \frac{[(1+\gamma)^t - 1] \times 365}{\gamma} N_1 \quad (2\text{-}3\text{-}7)$$

式中:N_e——设计使用年限内设计车道上的当量设计轴载累计作用次数(次);

　　　t——设计使用年限(年);

　　　γ——设计使用年限内交通量的年平均增长率;

　　　N_1——初始年设计车道日平均当量轴次(次/d)。

根据设计使用年限内设计车道的累计大型客车和货车交通量,路面结构所承受的交通荷载等级可分为轻、中等、重、特重和极重 5 个等级(表 2-3-11)。

设计交通荷载等级　　　　　　　　　表 2-3-11

设计交通荷载等级	极重	特重	重	中等	轻
设计使用年限内设计车道的累计大型客车和货车交通量($\times 10^6$ 辆)	≥50.0	50.0～19.0	19.0～8.0	8.0～4.0	<4.0

注:大型客车和货车为表 2-3-4 所列的 2～11 类车。

2. 结构层与组合设计

根据当地的气候、水文、材料供应、经济发达程度、交通特征以及以前的经验,具体选择适合本地区的路面结构。在设计使用年限内,路面结构不应发生因层底弯拉而产生的结构性疲劳破坏,对于车辙、路表面抗滑能力不足及裂缝等表面性的病害,可进行表面功能修复。

路面结构层由面层、基层、底基层和必要的功能层组合而成,路面结构组合设计应针对各种路面结构组合的力学特性、功能特性、材料特性及其长期性能衰变规律和损坏特点,遵循路基路面综合设计的理念,保证路面结构在整个全寿命周期内安全、耐久和经济。

必须强调的一点是,路面结构层设计需紧密结合当地气候条件、地质地貌情况、当地地方材料的使用、已有工程的实际现状以及项目投资状况进行综合设计,必须考虑材料、结构、功能及经济合理性的统一,路面结构设计必须考虑后期可能的养护状况,任何只限于行业规范及软件计算的形式设计是远远不够的。

路面结构的目标可靠度和目标可靠指标应不低于表 2-3-12 中的规定。

目标可靠度和目标可靠指标 表 2-3-12

公路等级	高速公路	一级公路	二级公路	三级公路	四级公路
目标可靠度(%)	95	90	85	80	70
目标可靠指标 β	1.65	1.28	1.04	0.84	0.52

路面结构类型按基层材料性质可分为无机结合料稳定类基层沥青路面、粒料类基层沥青路面、沥青结合料类基层沥青路面和水泥混凝土基层沥青路面 4 类。无机结合料稳定类基层沥青路面适用于各种交通荷载等级,粒料类基层沥青路面适用于重及以下交通荷载等级,沥青结合料类基层沥青路面适用于各种交通荷载等级,水泥混凝土基层沥青路面适用于重及以上交通荷载等级。

近年来,路面再生技术得到很大的发展,沥青路面的再生利用,能够节约大量的沥青、砂石等原材料,节省工程投资,同时有利于处理废料、保护环境,因而具有显著的经济和社会效益。再生沥青混合料是将旧沥青路面经过翻挖、回收、破碎、筛分后,与再生剂、新沥青材料、新集料等按一定比例重新拌和而成的混合料。使其能满足一定的路用性能并重新铺筑于路面的一整套工艺称为沥青路面的再生利用。

再生技术可分为冷再生和热再生技术,并有就地冷再生和厂拌冷再生、就地热再生和厂拌热再生之分。就地冷再生技术是在常温下使用冷再生专用机械,连续完成铣刨和破碎包括面层和基层在内的旧路面结构层、添加再生材料、拌和、摊铺、碾压等作业过程,重新形成具有一定承载能力的结构层的一种工艺。厂拌冷再生技术是将旧路面翻挖后运回拌和场,在常温下集中破碎,根据混合料配合比设计进行配料拌和后,重新铺筑路面结构。冷再生所用的材料可以是水泥、乳化沥青及泡沫沥青。就地热再生技术是采用专用再生设备,将原有沥青面层加热、翻松、添加新料、就地拌和、摊铺、碾压而形成再生沥青面层。厂拌热再生是将旧沥青路面经过翻挖后运回拌和厂,再集中破碎。根据路面不同层次的质量要求,进行配合比设计,确定旧沥青混合料的使用比例,添加再生剂、新沥青结合料、新集料等在拌和机中按一定比例重新拌和成新的热沥青混合料,从而获得优良的再生沥青混凝土,铺筑成再生沥青路面。冷再生沥青混合料和无机结合料稳定材料可用于各交通荷载等级的基层和底基层,厂拌热再生沥青混合料可用于极重、特重和重交通荷载等级的基层,也可以用于重交通以下荷载等级的面层。

对于不同交通荷载等级,沥青路面结构初步选择方案可根据当地工程实际经验确定,也可参照表 2-3-13 ~ 表 2-3-18 选用。

无机结合料稳定类基层(粒料类底基层)路面厚度范围(单位:mm) 表 2-3-13

交通荷载等级	极重、特重	重	中等	轻
面层	250 ~ 150	250 ~ 150	200 ~ 100	150 ~ 20
基层(无机结合料稳定类)	600 ~ 350	550 ~ 300	500 ~ 250	450 ~ 150
底基层(粒料类)	200 ~ 150			

无机结合料稳定类基层(底基层)路面厚度范围(单位:mm) 表 2-3-14

交通荷载等级	极重、特重	重	中等	轻
面层	250 ~ 120	250 ~ 100	200 ~ 100	150 ~ 20
基层(无机结合料稳定类)	500 ~ 250	450 ~ 200	400 ~ 150	500 ~ 200
底基层(无机结合料稳定类)	200 ~ 150		—	

粒料类基层(粒料类底基层)路面厚度范围(单位:mm) 表 2-3-15

交通荷载等级	重	中等	轻
面层	350 ~ 200	300 ~ 150	200 ~ 100
基层(粒料类)	450 ~ 350	400 ~ 300	350 ~ 250
底基层(粒料类)	200 ~ 150		

沥青结合料类基层(粒料底基层)路面厚度范围(单位:mm) 表 2-3-16

交通荷载等级	重	中等	轻
面层	150 ~ 120	120 ~ 100	80 ~ 40
基层(沥青结合料类)	250 ~ 200	220 ~ 180	200 ~ 120
底基层(粒料类)	400 ~ 300	400 ~ 300	350 ~ 250

沥青结合料类基层(底基层)路面厚度范围(单位:mm) 表 2-3-17

交通荷载等级	极重、特重	重	中等	轻
面层	120 ~ 100	120 ~ 100	100 ~ 80	80 ~ 40
基层(沥青结合料类)	180 ~ 120	150 ~ 100	150 ~ 100	100 ~ 80
底基层(无机结合料稳定类)	600 ~ 300	600 ~ 300	550 ~ 250	450 ~ 200

沥青结合料类基层(粒料 + 无机结合料底基层)路面厚度范围(单位:mm) 表 2-3-18

交通荷载等级	极重、特重	重	中等	轻
面层	120 ~ 100	120 ~ 100	100 ~ 80	80 ~ 40
基层(沥青结合料类)	240 ~ 160	180 ~ 120	160 ~ 100	100 ~ 80
底基层(粒料类)	200 ~ 150	200 ~ 150	200 ~ 150	200 ~ 150
底基层(无机结合料类)	400 ~ 200	400 ~ 200	350 ~ 200	250 ~ 150

(1) 沥青面层

沥青层的设计主要包括各沥青层厚度及混合料的选择与设计,根据级配类型、结构组合及施工条件等确定。面层是与外界环境和车辆荷载紧密相关的特殊层次,因此要求其具有较高的荷载承载能力,能够抗车辙、抗疲劳开裂等,同时表面层具备良好的平整性、抗水损坏及抗滑性能等,整个沥青层要有一定的防水能力,保证雨水较少渗入基层,密级配沥青混合料和沥青玛蹄脂碎石表面层应具有低透水性能。

面层材料类型应结合交通荷载等级及在路面结构中不同的层位具体选择,如表 2-3-19 所示。

面层材料的交通荷载等级和层位 表 2-3-19

材料类型	适用交通荷载等级和层位
连续级配沥青混合料	各交通荷载等级的表面层、中面层和下面层
沥青玛蹄脂碎石混合料	极重、特重和重交通荷载等级的表面层,对抗滑有特殊要求的表面层
厂拌热再生沥青混合料	各交通荷载等级的表面层、中面层和下面层
上拌下贯沥青碎石	中等、轻交通荷载等级的面层
沥青表面处治	中等、轻交通荷载等级的表面层

为了保证沥青混合料具有良好的压实性,减少施工过程中的离析,规范规定了沥青混合料的层厚与公称最大粒径的最小比例,连续级配沥青混合料的结构层厚度不宜小于集料公称最大粒径的 2.5 倍,沥青玛蹄脂碎石混合料的结构层厚度不宜小于集料公称最大粒径的 3 倍,开级配沥青混合料的结构层厚度不宜小于集料公称最大粒径的 2 倍,具体如表 2-3-20 所示。

不同粒径沥青混合料层厚 表 2-3-20

沥青混合料类型	以下集料公称最大粒径沥青混合料的层厚(mm) 不小于					
	4.75	9.5	13.2	16	19	26.5
连续级配沥青混合料	15	25	35	40	50	75
沥青玛蹄脂碎石	—	30	40	50	60	—
开级配沥青混合料	—	20	25	30	—	—

沥青贯入碎石层的厚度宜为 40~80mm,乳化沥青贯入式路面的厚度不宜超过 50mm。上拌下贯式路面的拌和层厚度不宜小于 25mm。

层铺法沥青表处可分为单层、双层和三层。单层表处厚度宜为 10~15mm,双层表处厚度宜为 15~25mm,三层表处厚度宜为 25~30mm。

从行车安全的角度出发,各级公路都应注意面层的抗滑特性。对于高速公路、一级公路的沥青表面层,应选择抗滑、耐磨石料。抗滑面层宜选用沥青玛蹄脂碎石 SMA、连续级配粗型沥青混合料 AC-C,有条件时可用开级配抗滑面层 OGFC。高速公路、一级公路以及山岭重丘区二级和三级公路的路面,在交工验收时需测定沥青面层横向力系数 SFC_{60}、路面宏观构造深度 TD(单位:mm),应符合表 2-3-21 的规定。

抗 滑 技 术 指 标　　　　　　　　表 2-3-21

年平均降雨量 (mm)	交工检测指标值	
	横向力系数 SFC_{60}	构造深度 TD(mm)
>1000	≥54	≥0.55
500～1000	≥50	≥0.50
250～500	≥45	≥0.45

注：1. 横向力系数 SFC_{60} 用横向力系数测试车，在(60±1)km/h 的车速下测定。
　　2. 路面宏观构造深度 TD(单位：mm)用铺砂法测定。

面层可为单层、双层或三层。双层结构分为表面层、下面层。三层结构分为上面层、中面层、下面层。表面层应具有平整密实、抗滑耐磨、抗裂耐久的性能；中、下面层应具有高温抗车辙、抗剪切、密实、基本不透水的性能；下面层应具有耐疲劳开裂的性能。在各沥青层中至少有一层应为密级配沥青混合料。

(2)基层与底基层

基层和底基层要具有足够的承载能力、抗疲劳开裂性能、足够的耐久性和水稳定性。对沥青结合料类和粒料类材料基层，还应具有足够的抗永久变形能力。基层是主要的承重层，应具有稳定、耐久、较高的承载能力，可分为单层或双层。无论是沥青料、粒料类柔性基层，还是半刚性基层、刚性基层，均要求具有较高的物理力学性能指标。底基层是设置在基层之下，并与面层、基层一起承受车轮荷载反复作用的次承重层，底基层应充分利用沿线地方材料，可采用无机结合料稳定细粒土类或粒料类等。

基层和底基层的材料类型可根据当地材料的供应、交通荷载等级、路面结构的不同层位、当地气候条件及地质地貌情况等具体确定，也可参照表2-3-22选用。

基层和底基层材料的适用交通荷载等级和层位　　　　表 2-3-22

类　　型	材料类型	适用交通荷载等级和层位
无机结合料稳定类	水泥稳定级配碎石或砾石水泥粉煤灰稳定级配碎石或砾石石灰粉煤灰稳定级配碎石或砾石	各交通荷载等级的基层和底基层
	水泥稳定未筛分碎石或砾石石灰粉煤灰稳定未筛分碎石或砾石石灰稳定未筛分碎石或砾石	轻交通荷载等级的基层各交通荷载等级的底基层
	水泥稳定土、石灰稳定土、石灰粉煤灰稳定土	轻交通荷载等级的基层各交通荷载等级的底基层
粒料类	级配碎石	重及以下交通荷载等级的基层各交通荷载等级的底基层
	级配砾石未筛分碎石、天然砂砾填隙碎石	中等和轻交通荷载等级的基层各交通荷载等级的底基层
沥青结合料类	密级配沥青碎石半开级配沥青碎石开级配沥青碎石	极重、特重和重交通荷载等级的基层
	沥青贯入碎石	重及重以下交通荷载等级的基层
水泥混凝土	水泥混凝土或贫混凝土	极重、特重交通荷载等级的基层

不同材料基层和底基层的厚度应符合表2-3-23的规定。

基层和底基层厚度　　　　　　　　　　表2-3-23

材料种类	集料公称最大粒径（mm）	厚度(mm)不小于
密级配沥青碎石 半开级配沥青碎石 开级配沥青碎石	19.0	50
	26.5	80
	31.5	100
	37.5	120
沥青贯入碎石	—	40
贫混凝土	31.5	120
无机结合料稳定类	19.0、26.5、31.5、37.5	150
	53.0	180
级配碎石 级配砾石 未筛分碎石、天然砂砾	26.5、31.5、37.5	100
	53.0	120
填隙碎石	37.5	75
	53.0	100
	63.0	120

我国传统采用无机结合料稳定类基层路面结构，此类基层在施工完成后一段时间容易产生横向等收缩裂缝，有时致使路面产生反射裂缝，这些现象都可能使雨水下渗到基层表面，而无机结合料稳定类基层水稳定性极差，对水的敏感性较高，容易导致基层裂缝处等位置或部位产生水损坏。因此，可以采取一些措施减少基层收缩开裂和路面反射裂缝，比如选用抗裂性好的无机结合料稳定类基层，也可以通过增加沥青混合料层厚度减少反射裂缝的产生，有时在无机结合料稳定类基层上设置沥青碎石层或级配碎石层，或者在无机结合料稳定类基层上设置改性沥青应力吸收层或敷设土工合成材料等。

在多雨地区，无机结合料稳定类基层和水泥混凝土基层沥青路面应采取措施控制唧泥、脱空等水损坏。

碎石等粒状类材料基层在我国一些地方得到应用，有时采用全厚度粒状类材料基层，有时在无机结合料稳定类基层上设置粒状类材料层。从一些试验段实际使用情况来看，如果注重路面结构的设计，精心选择原材料和配合比设计，保证施工质量，此类基层的路面实际使用效果还是非常好的。

(3) 路面基层

路面基层应具有一定的水稳定性，应精心施工，以保证路面基层密实和均匀，使路面基层具有足够的承载能力。

在多雨地区土质路堑和强风化岩石路段，必须加强填挖交界处及路堑段的排水设计，采取一定的措施防止地表水或地下水对路面基层的侵入,使路基处于干燥或中湿状态。在岩石或填石路基顶面需设置厚度为 200~300mm 的整平层。

为了提高路面基层的强度,有时可以在底基层与土基之间设置加强层,加强材料可选用粗砂、砂砾、碎石、煤渣、矿渣等粒料以及水泥或石灰煤渣稳定类、石灰粉煤灰稳定类等。

(4) 功能层

对于季节性冻土地区路面厚度不满足防冻要求时,需增设砂砾及碎石等粒料类防冻层,防冻层所用砂砾、碎石材料的最大粒径应不超过 53mm。在地下水位高、排水不良的路段,有裂隙水、泉眼等水文条件不良的岩石挖方路段,基层和底基层为非粒料类材料时,可在基层或底基层与路床间设置粒料层。粒料层应与路面基层边缘或与边沟下的渗沟相连接,厚度宜不小于 150mm。

沥青混合料层之间应设置黏层,黏层材料可选用乳化沥青、改性乳化沥青、道路石油沥青或改性沥青等。极重、特重和重交通荷载等级路面的黏层宜采用改性乳化沥青、改性沥青或环氧沥青。水泥混凝土板与沥青面层间的黏层宜采用改性沥青或环氧沥青。

无机结合料稳定类或冷再生类材料结构层与沥青类结构层之间要设置封层,封层可采用单层沥青表面处治或稀浆封层等,单层表面处治封层的结合料可采用改性沥青、道路石油沥青或乳化沥青。当设置改性沥青应力吸收层时,可不再设封层,改性沥青应力吸收层宜采用橡胶沥青。

粒料类基层和无机结合料稳定类基层顶面宜设置透层,透层沥青应具有良好的渗透性,可采用稀释沥青、乳化沥青或煤沥青等。

对于功能层的设计(包括材料的选择等)与施工等,绝对不能掉以轻心。

3. 路面结构层材料设计参数

路面结构层材料设计参数的确定可分为下列三个水平:

水平一,通过室内试验实测确定。

水平二,利用已有经验关系式确定。

水平三,参照典型数值确定。

高速公路和一级公路的施工图设计阶段采用水平一,其他设计阶段采用水平二或水平三;二级和二级以下公路采用水平二或水平三。

(1) 路面基层

路基顶面回弹模量应符合表 2-3-24 的规定。不满足要求时,应采取改变填料、设置粒料类或无机结合料稳定类垫层,或采用石灰或水泥处理等措施提高路基顶面回弹模量。

路面基层顶面回弹模量要求(单位:MPa) 表 2-3-24

交通荷载等级	极重	特重	重	中等、轻
回弹模量不小于	70	60	50	40

(2) 粒料类材料

在结构验算时,粒料层的回弹模量应采用最佳含水率和与压实度要求相应的干密度条件下的粒料回弹模量乘以湿度调整系数后得到,湿度调整系数可在1.6~2.0范围内选取。

水平一,采用重复加载三轴压缩试验测定,取回弹模量试验结果的均值。

水平三,按粒料类型和层位参照表2-3-25确定粒料回弹模量取值。

粒料回弹模量取值范围(单位:MPa)　　　　　　　　　　　　　表2-3-25

材料类型和层位	最佳含水率和与压实度要求相应的干密度条件下的值	经湿度调整后的值
级配碎石基层	200~400	300~700
级配碎石底基层	180~250	190~440
级配砾石基层	150~300	250~600
级配砾石底基层	150~220	160~380
未筛分碎石层	180~220	200~400
天然砂砾层	105~135	130~240

注:材料性能好、级配好或压实度大时取高值,反之取低值。

(3)无机结合料稳定类材料

无机结合料稳定类材料的弯拉强度和弹性模量应依据相应水平确定。

水平一,采用中间段法单轴压缩试验测定。测试时水泥稳定类、水泥粉煤灰稳定类材料试件的龄期应为90d,石灰稳定类、石灰粉煤灰稳定类材料试件的龄期应为180d。弯拉强度和弹性模量应取用测试数据的平均值。

水平三,参照表2-3-26确定弯拉强度和弹性模量。

无机结合料类材料的弯拉强度和弹性模量取值范围(单位:MPa)　　表2-3-26

材　料	弯拉强度	弹性模量
水泥稳定粒料、水泥粉煤灰稳定粒料、石灰粉煤灰稳定粒料	1.5~2.0	18000~28000
	0.9~1.5	14000~20000
水泥稳定土、水泥粉煤灰稳定土、石灰粉煤灰稳定土	0.6~1.0	5000~7000
石灰土	0.3~0.7	3000~5000

注:结合料用量高、材料性能好、级配好或压实度大时取高值,反之取低值。

无机结合料稳定类结构层的弹性模量在结构验算时,应由无机结合料稳定类材料弹性模量值乘以结构层模量调整系数0.5。

(4)沥青结合料类材料

沥青混合料动态压缩模量依据相应的水平确定:

水平一,沥青混合料动态压缩模量应在试验温度选用20℃,面层沥青混合料加载频率采用10Hz,基层沥青混合料加载频率采用5Hz时取其试验均值。

水平二,采用式(2-3-8)计算确定沥青混合料动态压缩模量,适用于采用道路石油沥青和常规级配的沥青混合料。

$$\lg E_a = 4.59 - 0.02f + 2.58G^* - 0.14P_a - $$
$$0.041V - 0.03\text{VCA}_{\text{DRC}} - 2.65 \times 1.1^{\lg f}G^* \cdot f^{-0.06} - $$
$$0.05 \times 1.52^{\lg f}\text{VCA}_{\text{DRC}} \cdot f^{-0.21} + 0.0031f \cdot P_a + 0.0024V \quad (2\text{-}3\text{-}8)$$

式中：E_a——沥青混合料动态压缩模量(MPa)；

f——试验频率(Hz)；

G^*——60℃、10rad/s下沥青动态剪切复数模量(kPa)；

P_a——沥青混合料的油石比(%)；

V——压实沥青混合料的空隙率(%)；

VCA_{DRC}——捣实状态下粗集料的松装间隙率(%)。

水平三，参照表2-3-27确定动态压缩模量。

常用沥青混合料20℃条件下动态压缩模量取值范围(单位:MPa)　　表2-3-27

沥青混合料类型	70号 道路石油沥青	90号 道路石油沥青	110号 道路石油沥青	SBS 改性沥青
SMA10／SMA13／SMA16	—	—	—	7500~12000
AC10／AC13	8000~12000	7500~11500	7000~10500	8500~12500
AC16／AC20／AC25	9000~13500	8500~13000	7500~12000	9000~13500
ATB25	7000~11000	—	—	—

注：1. ATB25为5Hz条件下的动态压缩模量，其他沥青混合料为10Hz条件下的动态压缩模量。
　　2. 沥青黏度大、级配好或空隙率小时取高值，反之取低值。

(5)泊松比

各类材料的泊松比按表2-3-28确定。

泊松比取值　　表2-3-28

材料类别	路基	粒料	无机结合料	密级配沥青混合料	开级配沥青混合料 半开级配沥青混合料
泊松比	0.40	0.35	0.25	0.25	0.40

(6)温度调整系数和等效温度

①温度调整系数。

路面结构沥青面层或基层由2层或2层以上不同材料结构层组成时，应按式(2-3-9)和式(2-3-10)分别换算成当量沥青面层和当量基层，采用沥青结合料类基层的路面，将基层换算至当量沥青面层。超过2层时，重复利用式(2-3-9)和式(2-3-10)自上而下逐层换算，简化为由当量沥青面层、当量基层和路基构成的3层路面结构。

$$h_i^* = h_{i.1} + h_{i.2} \quad (2\text{-}3\text{-}9)$$

$$E_i^* = \frac{E_{i.1}h_{i.1}^3 + E_{i.2}h_{i.2}^3}{(h_{i.1} + h_{i.2})^3} \frac{3}{h_{i.1} + h_{i.2}} \left(\frac{1}{E_{i.1}h_{i.1}} + \frac{1}{E_{i.2}h_{i.2}}\right)^{-1} \quad (2\text{-}3\text{-}10)$$

式中：h_i^*、E_i^*——当量层厚度（mm）和模量（MPa），下标 $i=a$ 为沥青面层，$i=b$ 为基层。

不同气温状况下基准路面结构的损坏，转换成标准温度（20℃）条件下基准路面结构的等效损坏，得到基准路面结构温度调整系数。部分地区各类路面结构设计指标的基准结构温度调整系数，可参照表 2-3-29 取用。其他地区的基准结构温度调整系数，可按气温条件相近地区的系数值取用，气温资料宜取连续 10 年的平均值。

各地气温统计资料及相应的基准路面结构温度调整系数和等效温度　　表 2-3-29

地名	省（自治区、直辖市）	最热月平均气温（℃）	最冷月平均气温（℃）	年平均气温（℃）	温度调整系数		基准等效温度（℃）
					沥青混合料层层底拉应变、无机结合料稳定层层底拉应力	路基顶面竖向压应变	
北京	北京	26.9	-2.7	13.1	1.23	1.09	20.1
济南	山东	28.0	0.2	15.1	1.32	1.17	21.8
日照	山东	26.0	-2.0	12.7	1.21	1.06	19.4
太原	山西	23.9	-5.2	10.5	1.12	0.98	17.3
大同	山西	22.5	-10.4	7.5	1.01	0.89	15.0
侯马	山西	26.8	-2.3	13.0	1.23	1.08	19.9
西安	陕西	27.5	0.1	14.3	1.28	1.13	20.9
延安	陕西	23.9	-5.3	10.5	1.12	0.98	17.3
安康	陕西	27.3	3.7	15.9	1.35	1.19	21.7
上海	上海	28.0	4.7	16.7	1.38	1.23	22.5
天津	天津	26.9	-3.4	12.8	1.22	1.08	20.0
重庆	重庆	28.3	7.8	18.4	1.46	1.31	23.6
台州	浙江	27.7	6.9	17.5	1.42	1.26	22.8
杭州	浙江	28.4	4.5	16.9	1.40	1.25	22.8
合肥	安徽	28.5	2.9	16.3	1.37	1.22	22.6
黄山	安徽	27.5	4.4	16.6	1.38	1.23	22.3
福州	福建	28.9	11.3	20.2	1.55	1.40	24.9
建瓯	福建	28.2	8.9	19.1	1.49	1.35	24.1
敦煌	甘肃	25.1	-8.0	9.9	1.10	0.97	17.6
兰州	甘肃	22.9	-4.7	10.5	1.12	0.98	17.0
酒泉	甘肃	22.2	-9.1	7.8	1.02	0.90	15.0
广州	广东	28.7	14.0	22.4	1.66	1.52	26.5
汕头	广东	28.6	14.4	22.1	1.64	1.50	26.1
韶关	广东	28.5	10.3	20.4	1.56	1.42	25.2
河源	广东	28.4	13.1	21.9	1.63	1.49	26.1
连州	广东	27.6	11.0	20.3	1.55	1.40	24.8
南宁	广西	28.4	13.2	22.1	1.64	1.51	26.3

续上表

地名	省(自治区、直辖市)	最热月平均气温(℃)	最冷月平均气温(℃)	年平均气温(℃)	温度调整系数 沥青混合料层层底拉应变、无机结合料稳定层层底拉应力	温度调整系数 路基顶面竖向压应变	基准等效温度(℃)
桂林	广西	28.0	8.1	19.1	1.49	1.35	24.2
贵阳	贵州	23.7	4.7	15.3	1.31	1.15	20.1
郑州	河南	27.4	0.6	14.7	1.30	1.15	21.2
南阳	河南	27.3	1.7	15.2	1.32	1.17	21.4
固始	河南	28.1	2.6	16.0	1.36	1.21	22.3
黑河	黑龙江	21.5	-22.5	1.0	0.80	0.77	10.7
漠河	黑龙江	18.6	-28.7	-3.9	0.67	0.73	6.4
齐齐哈尔	黑龙江	23.0	-19.7	3.5	0.88	0.81	13.0
沈阳	辽宁	24.9	-11.2	8.6	1.06	0.94	16.9
大连	辽宁	24.8	-3.2	11.6	1.16	1.02	18.2
朝阳	辽宁	25.4	-8.7	9.8	1.10	0.97	17.7
二连浩特	内蒙古	24.0	-17.7	4.8	0.92	0.84	14.2
东胜	内蒙古	21.7	-10.1	6.9	0.98	0.87	14.2
额济纳旗	内蒙古	27.4	-10.3	9.5	1.10	0.97	18.2
海拉尔	内蒙古	20.5	-24.1	0	0.77	0.76	9.8
科右前旗	内蒙古	20.8	-16.7	3.0	0.86	0.79	11.4
通辽	内蒙古	24.3	-12.5	7.3	1.01	0.90	15.7
锡林浩特	内蒙古	21.5	-18.5	3.3	0.87	0.80	12.2
石家庄	河北	26.9	-2.4	13.3	1.24	1.10	20.3
承德	河北	24.4	-9.1	9.1	1.07	0.95	16.8
邯郸	河北	26.9	-2.3	13.5	1.25	1.10	20.5
武汉	湖北	28.9	4.2	17.2	1.41	1.27	23.3
宜昌	湖北	27.5	5.0	17.1	1.40	1.25	22.7
长沙	湖南	28.5	5.0	17.2	1.41	1.26	23.1
常宁	湖南	29.1	6.0	18.1	1.45	1.31	23.9
湘西	湖南	27.2	5.3	16.9	1.39	1.24	22.4
长春	吉林	23.6	-14.5	6.3	0.97	0.87	14.9
延吉	吉林	22.2	-13.1	5.9	0.95	0.86	13.9
南京	江苏	28.1	2.6	15.9	1.35	1.20	22.1
南通	江苏	26.8	3.6	15.5	1.33	1.17	21.2
南昌	江西	28.8	5.5	18.0	1.45	1.30	23.8
赣州	江西	29.1	8.3	19.6	1.52	1.38	25.0

续上表

地名	省(自治区、直辖市)	最热月平均气温(℃)	最冷月平均气温(℃)	年平均气温(℃)	温度调整系数		基准等效温度(℃)
					沥青混合料层层底拉应变、无机结合料稳定层层底拉应力	路基顶面竖向压应变	
银川	宁夏	23.8	-7.5	9.5	1.08	0.95	16.8
固原	宁夏	19.6	-7.9	6.9	0.97	0.86	13.2
西宁	青海	17.3	-7.8	6.1	0.94	0.84	11.9
海北	青海	11.3	-13.6	0	0.74	0.74	5.5
格尔木	青海	18.2	-8.9	5.7	0.93	0.83	11.9
玉树	青海	12.9	-8.0	3.5	0.85	0.78	8.2
果洛	青海	9.9	-12.9	-0.3	0.73	0.74	4.7
成都	四川	25.5	5.8	16.5	1.37	1.21	21.5
峨眉山	四川	11.7	-5.8	3.4	0.84	0.77	7.4
甘孜州	四川	13.9	-4.6	5.7	0.92	0.82	10.0
阿坝州	四川	11.0	-10.0	1.7	0.79	0.75	6.4
泸州	四川	27.0	7.6	17.9	1.43	1.28	22.9
绵阳	四川	26.2	5.5	16.7	1.38	1.22	21.9
攀枝花	四川	26.4	12.8	20.8	1.57	1.42	24.6
拉萨	西藏	16.2	-0.9	8.4	1.01	0.88	12.5
阿克苏	新疆	24.2	-7.7	10.6	1.13	0.99	18.0
阿勒泰	新疆	22.0	-15.4	5.0	0.92	0.84	13.4
哈密	新疆	26.3	-10.0	10.1	1.12	0.99	18.5
和田	新疆	25.7	-4.1	12.9	1.22	1.08	20.0
喀什	新疆	25.4	-5.0	11.9	1.18	1.04	19.1
若羌	新疆	27.9	-7.2	12.0	1.19	1.06	20.2
塔城	新疆	23.3	-10.0	7.7	1.02	0.90	15.3
吐鲁番	新疆	32.3	-6.4	15.0	1.34	1.21	24.1
乌鲁木齐	新疆	23.9	-12.4	7.4	1.01	0.90	15.7
焉耆	新疆	23.4	-11.0	8.9	1.06	0.94	16.8
伊宁	新疆	23.4	-8.3	9.4	1.08	0.95	16.8
昆明	云南	20.3	8.9	15.6	1.30	1.13	18.7
腾冲	云南	19.9	8.5	15.4	1.29	1.12	18.5
蒙自	云南	23.2	12.7	18.8	1.46	1.29	21.9
丽江	云南	18.7	6.2	12.8	1.18	1.02	16.1
景洪	云南	26.3	17.2	22.7	1.66	1.51	25.6
海口	海南	28.9	18.4	24.6	1.77	1.65	27.9

续上表

地名	省(自治区、直辖市)	最热月平均气温(℃)	最冷月平均气温(℃)	年平均气温(℃)	温度调整系数		基准等效温度(℃)
					沥青混合料层层底拉应变、无机结合料稳定层层底拉应力	路基顶面竖向压应变	
三亚	海南	29.1	22.0	26.2	1.85	1.74	28.8
西沙	海南	29.3	23.6	27.0	1.89	1.79	29.3

路面结构的温度调整系数,应根据式(2-3-11)~式(2-3-25)计算。

$$k_{Ti} = A_h A_E \hat{k}_{Ti}^{1+B_h+B_E} \tag{2-3-11}$$

式中: k_{Ti}——温度调整系数;下标 $i=1$ 对应沥青混合料层疲劳开裂分析,$i=2$ 对应无机结合料稳定层疲劳开裂分析,$i=3$ 对应路基顶面竖向压应变分析;

$\hat{k}_{Ti}$——基准路面结构温度调整系数,按所在地查表2-3-29取用;

A_h、B_h、A_E、B_E——与面层、基层厚度和模量有关的函数,按式(2-3-12)~式(2-3-23)计算。

沥青混合料层疲劳开裂:

$$A_E = 0.76\lambda_E^{0.09} \tag{2-3-12}$$

$$A_h = 1.14\lambda_h^{0.17} \tag{2-3-13}$$

$$B_E = 0.14\ln\left(\frac{\lambda_E}{20}\right) \tag{2-3-14}$$

$$B_h = 0.23\ln\left(\frac{\lambda_h}{0.45}\right) \tag{2-3-15}$$

无机结合料稳定层疲劳开裂:

$$A_E = 0.10\lambda_E + 0.89 \tag{2-3-16}$$

$$A_h = 0.73\lambda_h + 0.67 \tag{2-3-17}$$

$$B_E = 0.15\ln\left(\frac{\lambda_E}{1.14}\right) \tag{2-3-18}$$

$$B_h = 0.44\ln\left(\frac{\lambda_h}{0.45}\right) \tag{2-3-19}$$

路基顶面竖向压应变:

$$A_E = 0.006\lambda_E + 0.89 \tag{2-3-20}$$

$$A_h = 0.67\lambda_h + 0.70 \tag{2-3-21}$$

$$B_E = 0.12\ln\left(\frac{\lambda_E}{20}\right) \tag{2-3-22}$$

$$B_h = 0.38\ln\left(\frac{\lambda_h}{0.45}\right) \tag{2-3-23}$$

式中:λ_E——面层与基层当量模量之比,按式(2-3-24)计算:

$$\lambda_E = \frac{E_a^*}{E_b^*} \tag{2-3-24}$$

λ_h——面层与基层当量厚度之比,按式(2-3-25)计算:

$$\lambda_h = \frac{h_a^*}{h_b^*} \qquad (2\text{-}3\text{-}25)$$

式中符号意义同式(2-3-10)。

②等效温度。

分析沥青混合料层永久变形量时,沥青混合料层的等效温度应按式(2-3-26)计算。

$$T_{pef} = T_\xi + 0.016 h_a \qquad (2\text{-}3\text{-}26)$$

式中:T_{pef}——沥青混合料层等效温度(℃);

h_a——沥青混合料层厚度(mm);

T_ξ——基准等效温度,按所在地查表 2-3-29 取用。

4. 路面结构验算

沥青路面结构力学指标的计算基于层间为完全连续接触时,双圆均布垂直荷载作用下的多层弹性体系理论。

路面结构验算指标的选择见表 2-3-30。

不同结构组合路面的设计指标　　表 2-3-30

基层类型	底基层类型	设计指标①
无机结合料稳定类	粒料类	无机结合料稳定层层底拉应力、沥青混合料层永久变形量
	无机结合料稳定类	
沥青结合料类	粒料类	沥青混合料层层底拉应变、沥青混合料层永久变形量、路基顶面竖向压应变
	无机结合料稳定类	沥青混合料层永久变形量、无机结合料稳定层层底拉应力
粒料类②	粒料类	沥青混合料层层底拉应变、沥青混合料层永久变形量、路基顶面竖向压应变
	无机结合料稳定类	沥青混合料层层底拉应变、沥青混合料层永久变形量、无机结合料稳定层层底拉应力
水泥混凝土③	—	沥青混合料层永久变形量

注:①在季节性冻土地区,应增加沥青面层低温开裂验算和防冻厚度验算。
②在沥青面层与无机结合料稳定类基层间设置粒料层时,应验算沥青混合料层疲劳开裂寿命。
③水泥混凝土基层应按现行《公路水泥混凝土路面设计规范》(JTG D40—2011)设计。

路面结构验算时,不同设计指标应选用表 2-3-31 规定的竖向位置处的力学响应,并应按图 2-3-2 所示计算点位置,分别计算 A、B、C 和 D 点的最大力学响应量。

各设计指标对应的力学响应及其竖向位置　　表 2-3-31

设计指标	力学响应	竖向位置
沥青混合料层层底拉应变	沿行车方向的水平拉应变	沥青混合料层层底
无机结合料稳定层层底拉应力	沿行车方向的水平拉应力	无机结合料稳定层层底
沥青混合料层永久变形量	竖向压应力	沥青混合料层各分层顶面
路基顶面竖向压应变	竖向压应变	路基顶面

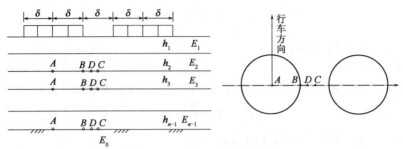

图 2-3-2 力学响应计算点位置图示

(1) 沥青混合料层疲劳开裂验算

沥青混合料层的疲劳开裂寿命应根据路面结构分析得到的沥青混合料层层底拉应变,按式(2-3-27)计算。

$$N_{fl} = 6.32 \times 10^{(15.9-0.37\beta)} k_a k_b k_{T1}^{-1} \left(\frac{1}{\varepsilon_a}\right)^{3.97} \left(\frac{1}{E_a}\right)^{1.58} VFA^{2.72} \quad (2\text{-}3\text{-}27)$$

式中:N_{fl}——沥青混合料层疲劳开裂寿命(轴次);
β——目标可靠指标,根据公路等级按表 2-3-12 取值;
k_a——季节性冻土地区调整系数,按表 2-3-32 采用内插法确定;
k_b——疲劳加载模式系数,按式(2-3-28)计算:

$$k_b = \left[\frac{1 + 0.3 E_a^{0.43} VFA^{-0.85} e^{(0.024 h_a - 5.41)}}{1 + e^{(0.024 h_a - 5.41)}}\right]^{3.33} \quad (2\text{-}3\text{-}28)$$

式中:E_a——沥青混合料 20℃ 时的动态压缩模量(MPa);
VFA——沥青混合料的沥青饱和度(%),根据混合料设计结果或按现行《公路沥青路面施工技术规范》(JTG F40—2004)的有关规定确定;
h_a——沥青混合料层厚度(mm);
k_{T1}——温度调整系数;
ε_a——沥青混合料层层底拉应变(10^{-6}),根据弹性层状体系理论,按规定选取计算点,按式(2-3-29)计算:

$$\varepsilon_a = p \bar{\varepsilon}_a \quad (2\text{-}3\text{-}29)$$

$$\bar{\varepsilon}_a = f\left(\frac{h_1}{\delta}, \frac{h_2}{\delta}, \cdots, \frac{h_{n-1}}{\delta}; \frac{E_2}{E_1}, \frac{E_3}{E_2}, \cdots, \frac{E_0}{E_{n-1}}\right)$$

式中:$\bar{\varepsilon}_a$——理论拉应变系数;
p、δ——标准轴载的轮胎接地压强(MPa)和当量圆半径(mm);
E_0——路基顶面回弹模量(MPa);
$h_1, h_2, \cdots, h_{n-1}$——各结构层厚度(mm);
$E_1, E_2, \cdots, E_{n-1}$——各结构层模量(MPa)。

季节性冻土地区调整系数 k_a 表 2-3-32

冻区	重冻区	中冻区	轻冻区	其他地区
冻结指数 $F(℃ \cdot d)$	≥2000	2000~800	800~50	≤50
k_a	0.60~0.70	0.70~0.80	0.80~1.00	1.00

沥青混合料层的疲劳开裂寿命应大于设计使用年限内设计车道的当量设计轴载累计作用次数。否则,应调整路面结构方案,重新验算,直至满足要求。

(2)无机结合料稳定层疲劳开裂验算

无机结合料稳定层的疲劳开裂寿命应根据路面结构分析得到的各无机结合料稳定层层底最大拉应力,按式(2-3-30)计算。

$$N_{f2} = k_a k_{T2}^{-1} 10^{[a - b(\frac{\sigma_t}{R_s}) + k_c - 0.57\beta]} \tag{2-3-30}$$

式中:N_{f2}——无机结合料稳定层的疲劳开裂寿命(轴次);
k_a——季节性冻土地区调整系数,按表2-3-32确定;
k_{T2}——温度调整系数;
R_s——无机结合料稳定类材料的弯拉强度(MPa);
a、b——疲劳试验回归参数,按表2-3-33确定;
k_c——现场综合修正系数,按式(2-3-31)确定。

$$k_c = c_1 e^{c_2(h_a + h_b)} + c_3 \tag{2-3-31}$$

式中:c_1、c_2、c_3——参数,按表2-3-34取值;
h_a、h_b——沥青混合料层和计算点以上无机结合料稳定层厚度(mm);
β——目标可靠指标,根据公路等级按表2-3-12取值;
σ_t——无机结合料稳定层的层底拉应力(MPa),根据弹性层状体系理论,按规定选取计算点,按式(2-3-32)计算:

$$\sigma_t = p \overline{\sigma_t} \tag{2-3-32}$$

$$\overline{\sigma_t} = f\left(\frac{h_1}{\delta}, \frac{h_2}{\delta}, \cdots, \frac{h_{n-1}}{\delta}; \frac{E_2}{E_1}, \frac{E_3}{E_2}, \cdots, \frac{E_0}{E_{n-1}}\right)$$

式中:$\overline{\sigma_t}$——理论拉应力系数;
其他符号意义同式(2-3-29)。

无机结合料稳定层疲劳破坏模型参数 表2-3-33

材料类型	a	b
无机结合料稳定粒料	13.24	12.52
无机结合料稳定土	12.18	12.79

现场综合修正系数 k_c 相关参数 表2-3-34

材料类型	新建路面结构层或改建工程既有路面结构层		改建工程加铺层	
	无机结合料稳定粒料	无机结合料稳定土	无机结合料稳定粒料	无机结合料稳定土
c_1	14	35	18.5	21
c_2	−0.0076	−0.0156	−0.01	−0.0125
c_3	−1.47	−0.83	−1.32	−0.82

无机结合料稳定层的疲劳开裂寿命应大于设计使用年限内设计车道的当量设计轴载累计作用次数。否则,应调整路面结构组合或层厚,重新验算,直至满足要求。

(3) 沥青混合料层永久变形量验算

对沥青混合料层进行分层,分别计算各分层的永久变形量。

表面层,采用 10~20mm 为一分层;第二层沥青混合料层,每一分层厚度应不大于 25mm;第三层沥青混合料层,每一分层厚度应不大于 100mm;第四层及其以下沥青混合料层,作为一个分层。

根据标准条件下的车辙试验,获取各类沥青混合料的车辙试验永久变形量,按式(2-3-33)计算各分层得永久变形量和沥青混合料层总的永久变形量。

$$R_a = \sum_{i=1}^{n} R_{ai} \tag{2-3-33}$$

$$R_{ai} = 2.31 \times 10^{-8} k_{Ri} T_{pef}^{2.93} p_i^{1.80} N_{e3}^{0.48} (h_i/h_0) R_{0i}$$

式中:R_a——沥青混合料层永久变形量(mm);

R_{ai}——分层 i 永久变形量(mm);

n——分层数;

T_{pef}——沥青混合料层永久变形等效温度(℃);

N_{e3}——设计使用年限内或通车至首次针对车辙维修的期限内,设计车道上当量设计轴载累计作用次数(轴次);

h_i——i 分层厚度(mm);

h_0——车辙试验试件的厚度(mm);

R_{0i}——i 分层沥青混合料在试验温度为 60℃,压强为 0.7MPa,加载次数为 2520 次时,车辙试验永久变形量(mm);

k_{Ri}——综合修正系数,按式(2-3-34)至式(2-3-36)计算:

$$k_{Ri} = (d_1 + d_2 \cdot z_i) \times 0.9731^{z_i} \tag{2-3-34}$$

$$d_1 = -1.35 \times 10^{-4} h_a^2 + 8.18 \times 10^{-2} h_a - 14.50 \tag{2-3-35}$$

$$d_2 = 8.78 \times 10^{-7} h_a^2 - 1.50 \times 10^{-3} h_a + 0.90 \tag{2-3-36}$$

z_i——沥青混合料层第 i 分层深度(mm),第一分层取为 15mm,其他分层为路表距沥青分层中点的深度;

h_a——沥青混合料层厚度(mm),h_a 大于 200mm 时,取 200mm;

p_i——沥青混合料层第 i 分层顶面竖向压应力(MPa),根据弹性层状体系理论,按规定选取计算点,按式(2-3-37)计算:

$$p_i = p \bar{\rho}_t \tag{2-3-37}$$

$$\bar{\rho}_t = f\left(\frac{h_1}{\delta}, \frac{h_2}{\delta}, \cdots, \frac{h_{n-1}}{\delta}; \frac{E_2}{E_1}, \frac{E_3}{E_1}, \cdots, \frac{E_0}{E_{n-1}}\right)$$

$\bar{\rho}_t$——理论压应力系数;

其他符号意义同式(2-3-29)。

验算所得的沥青混合料层永久变形量应满足表 2-3-35 的容许永久变形量要求。否则,应调整沥青混合料设计,直至满足要求。

沥青混合料层容许永久变形量(单位:mm)　　　　表 2-3-35

基层类型	沥青混合料层容许永久变形量	
	高速、一级公路	二级、三级公路
无机结合料稳定类基层、水泥混凝土基层和底基层为无机结合料稳定类的沥青混合料基层	15	20
其他基层	10	15

(4)路基顶面竖向压应变验算

路基顶面的容许竖向压应变应按式(2-3-38)计算确定。

$$[\varepsilon_z] = 1.25 \times 10^{4-0.1\beta}(k_{T3}N_{e4})^{-0.21} \tag{2-3-38}$$

式中:$[\varepsilon_z]$——路基顶面容许竖向压应变(10^{-6});

　　　β——目标可靠指标,根据公路等级,按表 2-3-12 取值;

　　　N_{e4}——设计期内设计车道上的当量设计轴载累计作用次数(轴次);

　　　k_{T3}——温度调整系数。

按规定选取计算点,根据弹性层状体系理论,按式(2-3-39)计算路基顶面竖向压应变。路基顶面竖向压应变应小于容许压应变值。否则,调整路面结构方案,重新验算,直至满足要求。

$$\varepsilon_z = p\,\overline{\varepsilon}_z \tag{2-3-39}$$

$$\overline{\varepsilon}_z = f\left(\frac{h_1}{\delta}, \frac{h_2}{\delta}, \cdots, \frac{h_{n-1}}{\delta}; \frac{E_2}{E_1}, \frac{E_3}{E_2}, \cdots, \frac{E_0}{E_{n-1}}\right)$$

式中:$\overline{\varepsilon}_z$——理论竖向压应变系数;

　　　其他符号意义同式(2-3-29)。

(5)沥青面层低温开裂指数验算

季节性冻土地区沥青面层,应按式(2-3-40)验算其低温开裂指数 CI。

$$CI = 1.95 \times 10^{-3}S_t \lg b - 0.075(T + 0.07h_a)\lg S_t + 0.15 \tag{2-3-40}$$

式中:CI——沥青面层低温开裂指数;

　　　T——路面低温设计温度(℃),为连续 10 年年最低气温平均值;

　　　S_t——在路面低温设计温度加10℃试验温度条件下,表面层沥青弯曲梁流变试验加载 180s 时的蠕变劲度(MPa);

　　　h_a——沥青混合料层厚度(mm);

　　　b——路基类型参数,砂 $b=5$,粉质黏土 $b=3$,黏土 $b=2$。

沥青面层的低温开裂指数值,应满足表 2-3-36 的要求。否则,应改变所选用的沥青材料,直至满足要求。

低温开裂指数要求　　　　表 2-3-36

公路等级	高速公路、一级公路	二级公路	三级公路、四级公路
低温开裂指数 CI 不大于	3	5	7

注:低温开裂指数 CI 为竣工验收时 100m 调查单元内横向裂缝条数,贯穿全幅的裂缝按 1 条计,未贯穿且长度超过一个车道宽度的裂缝按 0.5 条计,不超过一个车道宽度的裂缝不计入。

(6) 防冻厚度验算

季节性冻土地区路基为中湿或潮湿状态时,应按式(2-3-41)计算公路多年最大冻深,根据公路多年最大冻深,按表 2-3-40 的规定验算路面的防冻厚度。路面结构厚度小于表 2-3-40 规定的最小防冻厚度时,应增设防冻层,使其满足最小防冻厚度的要求。

$$Z_{\max} = abcZ_d \tag{2-3-41}$$

式中:$Z_{\max}$——公路多年最大冻深(mm);
Z_d——大地多年最大冻深(mm),根据调查资料确定;
a——大地冻深范围内路基、路面各层材料热物性系数按表 2-3-37 确定;
b——路基湿度系数,按表 2-3-38 确定;
c——路基断面形式系数,根据表 2-3-39 按内插法确定。

路基、路面材料热物性系数 a 表 2-3-37

路基材料	黏质土	粉质土	粉土质砂	细粒土质砂、黏土质砾	含细粒土质砾(砂)
热物性系数	1.05	1.10	1.20	1.30	1.35
路面材料	水泥混凝土	沥青混合料	级配碎石	二灰或水泥稳定粒料	二灰土及水泥土
热物性系数	1.40	1.35	1.45	1.40	1.35

路基湿度系数 b 表 2-3-38

干湿类型	干燥	中湿	潮湿
湿度系数	1.0	0.95	0.90

路基断面形式系数 c 表 2-3-39

填挖形式和高(深)度	路基填土高度(m)				路基挖方深度(m)			
	零填	<2	2~4	4~6	>6	<2	2~4	4~6	>6
断面形式系数	1.0	1.02	1.05	1.08	1.10	0.98	0.95	0.92	0.90

沥青路面结构最小防冻厚度(单位:cm) 表 2-3-40

路基土质	基层、底基层材料类型	对应于以下公路多年最大冻深 $Z_{\max}$(cm)和路基干湿类型的最小防冻厚度							
		中湿				潮湿			
		50~100	100~150	150~200	>200	50~100	100~150	150~200	>200
黏性土、细亚砂土	粒料类	40~45	45~50	50~60	60~70	45~55	55~60	60~70	70~80
	水泥或石灰稳定类、水泥混凝土	35~40	40~45	45~55	55~65	40~50	50~55	55~65	65~75
	水泥粉煤灰或石灰粉煤灰稳定类、沥青结合料类	30~35	35~40	40~50	50~55	35~45	45~50	50~55	55~70

续上表

路基土质	基层、底基层材料类型	对应于以下公路多年最大冻深 Z_{max}(cm)和路基干湿类型的最小防冻厚度							
		中湿				潮湿			
		50~100	100~150	150~200	>200	50~100	100~150	150~200	>200
粉性土	粒料类	45~50	50~60	60~70	70~75	50~60	60~70	70~80	80~100
	水泥或石灰稳定类、水泥混凝土	40~45	45~50	50~60	60~70	45~55	55~65	65~70	70~90
	水泥粉煤灰或石灰粉煤灰稳定类、沥青结合料类	30~40	40~45	45~50	50~65	40~50	50~60	60~65	65~80

注:1. 在现行《公路自然区划标准》(JTJ 003—1986)中,对潮湿系数小于0.5的地区,Ⅱ、Ⅲ、Ⅳ等干旱地区的防冻厚度可比表中值减少15%~20%。
2. 对Ⅱ区砂性土路基,防冻厚度应相应减少5%~10%。
3. 公路多年最大冻深大时,靠近上限取值,反之靠近下限取值。
4. 基层、底基层采用不同材料类型时,按厚度较大的材料类型确定。

(7)设计路面结构的验收弯沉值

路基顶面验收弯沉值 l_g,应采用平衡湿度状态下路基顶面回弹模量,按式(2-3-42)计算。

$$l_g = \frac{17cpr}{E_0} \tag{2-3-42}$$

式中:l_g——路基顶面验收弯沉值(0.01mm);
p——落锤式弯沉仪承载板施加荷载(MPa);
r——落锤式弯沉仪承载板半径(mm);
E_0——平衡湿度状态下路基顶面回弹模量(MPa)。

路基验收宜采用落锤式弯沉仪进行,落锤式弯沉仪荷载为50kN,荷载盘半径应为150mm。路基顶面实测代表弯沉值 l_0 应符合式(2-3-43)的要求。

$$l_0 \leq l_g \tag{2-3-43}$$

式中:l_g——路基顶面验收弯沉值(0.01mm);
l_0——路段内实测的路基顶面弯沉代表值(0.01mm),以1~3km为一评定路段,按式(2-3-44)计算:

$$l_0 = (\bar{l}_0 + \beta \cdot s)K_1 \tag{2-3-44}$$

式中:$\bar{l}_0$——路段内实测路基顶面弯沉平均值(0.01mm);
s——路段内实测路基顶面弯沉标准差(0.01mm);
β——可靠度指标,根据公路等级按表2-3-12取值;
K_1——路基顶面弯沉湿度影响系数,根据当地经验确定。

路表验收弯沉值 l_a,应根据设计路面结构,根据弹性层状体系理论按式(2-3-45)计算。路面结构层参数应与路面结构验算时相同。路基顶面回弹模量应采用平衡湿度状态下路基顶面回弹模量乘以模量调整系数 k_1。

$$l_a = p\,\bar{l}_a \tag{2-3-45}$$

$$\bar{l}_a = f\left(\frac{h_1}{\delta},\frac{h_2}{\delta},\cdots,\frac{h_{n-1}}{\delta};\frac{E_2}{E_1},\frac{E_3}{E_2},\cdots,\frac{k_1 E_0}{E_{n-1}}\right)$$

式中：$\bar{l}_a$——理论弯沉系数；

k_1——路基顶面回弹模量调整系数。采用无机结合料稳定类基层以及水泥混凝土基层沥青路面，取 0.5；粒料类基层沥青路面和沥青结合料类基层沥青路面，当采用无机结合料稳定底基层时，取 0.5，否则取 1.0；

E_0——平衡湿度状态下路基顶面回弹模量(MPa)；

其他符号意义同式(2-3-29)。

路面交(竣)工时应对路表弯沉值进行检测。落锤式弯沉仪中心点弯沉代表值应符合式(2-3-46)的要求：

$$l_0 \leqslant l_a \tag{2-3-46}$$

式中：l_a——路表验收弯沉值(0.01mm)；

l_0——路段内实测路表弯沉代表值(0.01mm)，以 1~3km 为一个评定路段，按(2-3-47)计算：

$$l_0 = (\bar{l}_0 + \beta \cdot s) K_1 K_3 \tag{2-3-47}$$

$\bar{l}_0$——路段内实测路表弯沉平均值(0.01mm)；

s——路段内实测路表弯沉标准差(0.01mm)；

β——可靠度指标，根据公路等级按表 2-3-12 取值；

K_1——路表弯沉湿度影响系数，根据实测弯沉值通过反算得到路基模量值，再对路基模量值进行修正得到结构模量值，最后得出测试状态下弯沉湿度修正系数 K_1，或者根据当地经验确定；

K_3——路表弯沉温度影响系数，按式(2-3-48)确定：

$$K_3 = e^{[9 \times 10^{-6}(\ln E_0 - 1) h_a + 4 \times 10^{-3}](20-T)} \tag{2-3-48}$$

T——弯沉测定时沥青层中点实测或预估温度(℃)；

h_a——沥青结合料类材料层厚度(mm)；

E_0——平衡湿度状态下路基顶面回弹模量(MPa)。

(8)路面结构验算流程(图 2-3-3)

①调查分析交通参数，确定交通荷载等级。

②根据路基土类、地下水位高度确定路基干湿类型和湿度状况，并结合现行《公路路基设计规范》(JTG D30—2015)的有关规定确定路基顶面回弹模量及必要的路基改善措施。

③根据设计要求，收集所在地区的常用路面结构组合和材料性质要求，分析影响路面结构设计的其他因素，初拟路面结构组合与厚度方案，选取设计指标。

④确定各结构层模量等设计参数，并检验材料性能等要求(如粒料的 CBR 值、无机结合料稳定类材料的无侧限抗压强度、沥青低温性能要求、沥青混合料的低温破坏应变、动稳定度、贯入强度和水稳定性等)。

⑤收集工程所在地区气温资料，确定各设计指标对应的温度调整系数或等效温度。

⑥采用多层弹性体系理论程序计算各设计指标的力学响应量。

⑦进行路面结构验算,不符合时,调整路面结构方案重新验算,直至符合为止。
⑧对通过结构验算的路面结构进行技术经济分析,选定路面结构方案。
⑨计算设计路面结构的验收弯沉值。

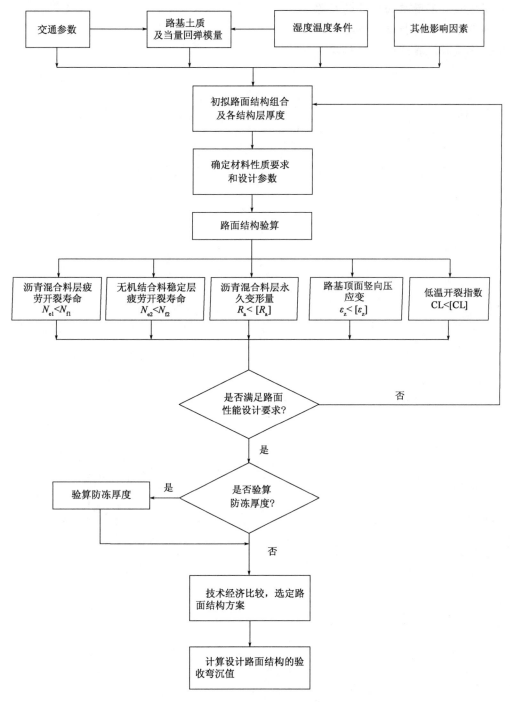

图 2-3-3　路面结构验算流程图

思考题

1. 沥青路面设计的原则是什么？
2. 简述我国沥青路面设计的步骤。
3. 沥青路面设计指标有哪些？
4. 什么是标准轴载和当量轴次？

第四章
CHAPTER FOUR
沥青路面施工

主要掌握沥青路面对材料的基本要求、沥青混合料配合比设计方法、沥青路面常用的施工机械、沥青路面的施工工艺及质量管理和检验方法。

第一节 概述

沥青路面是指铺筑了沥青混合料面层的路面结构。

由于使用了黏结力较强的沥青材料,使集料间的黏结力大大增强,因而提高了沥青混合料的强度和稳定性,使路面的行驶质量和耐久性都得到提高。与水泥路面相比,沥青路面具有表面平整、无接缝、行车平稳、振动小、噪声低、施工期短、养护方便等优点,比较适宜于分期修建。而且,由于沥青材料的掺入,使得混合料较为致密,尤其是密实型沥青混凝土,其透水性更小,能大大防止雨水等路表水进入基层和路基,提高了路面结构的整体强度和稳定性。但由于施工和设计等原因,水分进入基层和路基后很难排出去,如采用了水温稳定性较差的基层材料或遇上对含水率比较敏感的路基并处理不当的,将导致路面的破坏。在温度较低的地区,为了防止土基的不均匀冻胀而使沥青路面产生损坏,需考虑设置防冻层的要求。沥青路面适宜于机械化施工,厂拌沥青混合料的质量易得到保证,而且施工速度较快,无论是新建或维修沥青路面,其开放交通都较快。但沥青路面也有一些缺点,如对温度敏感性较强,夏季容易发软,冬季容易开裂,而且在低温季节和雨季,热拌沥青混合料路面很能正常施工。

第二节　影响沥青路面稳定性及耐久性的因素

由于沥青路面的高温稳定性、低温抗裂性、水稳定性及耐久性对路面的使用性能有极大的影响,故本节对影响这些性能的各种因素作详细的论述。

一、影响沥青路面高温稳定性的因素

沥青路面的高温稳定性主要是指沥青混合料于高温季节在车辆荷载作用下抵抗变形的能力。如沥青路面在夏季出现的车辙、拥抱、泛油等病害基本上属于高温稳定性的范畴,造成的原因主要是在高温时沥青混合料的抗剪切能力不够。

目前,随着交通量的不断增大,汽车行驶的渠化性增强,沥青路面在车辆荷载的反复作用下,加上沥青混合料在高温时抵抗外力的能力下降,极易造成路面永久变形的累积而使路面出现车辙等现象。过大的车辙,严重影响路面的平整度,尤其是在雨天,极易形成路面积水,在行驶时容易漂滑,影响了高速行驶的安全性,而且使车辆在超车或更换车道时出现方向失控,也影响车辆操纵的稳定性。因此,人们常常限制车辙的深度在一定范围内,一旦车辙深度超过规定的要求值,就应采取措施修整。从运输安全和路面全过程寿命分析的角度出发,这是比较经济适用的。在英国,当行车道上的路面车辙深度达到或超过10mm时,就认为路面开始进入破坏或不安全的临界状态,应该采用加铺面层来恢复路面原有的使用品质,延长其使用寿命;当车辙深度达到20mm时,就认为路面已经进入破坏状态。美国沥青协会(AI)的设计方法中对车辙的容许深度(临界状态)定为13mm;美国AASHTO路面设计方法中,对主要干道的现时服务能力指数PSI定为大于2.5,而北美的大量路况调查表明,当PSI等于2.5时,路面的平均车辙深度达15mm,与AI设计方法中的临界值极为相近。

综合分析表明,沥青路面车辙的产生原因主要有:一是车辆荷载的重复作用,诱发车辙产生;二是高温季节,沥青混合料的高温稳定性较差,致使材料的抗剪切强度不足,而产生流变变形;还有一个容易忽略的因素就是路面结构的合理组合,及各层材料的精心设计与施工。在鉴别辙槽时主要区分以下三种类型:

(1)由于车辆荷载反复碾压使路面上部产生过大的固结和塑性形变;
(2)由于沥青混合料稳定性不佳引起塑性形变;
(3)由表层沥青剥落及磨耗引起的辙槽。

从施工质量控制的角度出发,除强调沥青混合料的均匀性等方面外,施工碾压时的压实度越小,由进一步压密产生的永久形变就越大。近年来,人们要求沥青混凝土面层的压实度为98%以上,其有利于减少路面的永久变形。

从以上分析可以得出,影响车辙的因素主要有沥青混合料的抗剪切强度、车辆荷载、外界环境因素和路面结构组合等,如表2-4-1所示。

影响沥青路面车辙的主要因素 表 2-4-1

影响因素		因素变化趋势	车辙深度
集料	表面纹理	表面粗糙度增大	减小
	颗粒形状	接近正立方体	减小
	尺寸大小	颗粒的最大粒径增大,或 4.75mm 以上的碎石含量增加	减小
沥青	劲度	增加	减小
	含量	增加	增加
	黏度	增加	减小
混合料	空隙率	增加	增加
	VMA	增加	增加
	压实程度	适当高的压实度	减小
车辆荷载	荷载大小	增大	增加
	重复作用次数	增加	增加
气候条件	温度	提高	增加
	湿度	加大	一般增加

沥青混合料的黏结力和内摩擦角决定了沥青混凝土的抗剪切强度。影响沥青混合料的黏结力的主要因素有沥青的稠度和性质、沥青与矿粉比例及其间的相互作用能力,而影响沥青混合料摩擦角的主要因素是矿料的性质、级配等,沥青含量过多也将使混合料的内摩擦角降低。一般来讲,采用稠度较大和黏结力较强的沥青,混合料的抗剪切强度也较高,因此,为了解决辙槽问题,在沥青混合料发展方面主要有两个趋势:一是使用较黏稠的沥青,二是明显降低沥青用量,沥青用量的降低同时要考虑混合料的低温稳定性。另外,矿料的级配组成、矿料颗粒形状和表面性质也影响混合料的内摩擦角,矿料的颗粒尺寸增加,针片状含量减小都可使混合料的内摩擦角增大。因此,使用接近立方体的具有尖锐棱角和表面粗糙的碎石以及增加碎石用量等都可以提高沥青混凝土的高温抗车辙能力。

针对上述影响车辙的因素,主要采取下列措施来减轻沥青路面的车辙:
(1)选用黏度较高的优质沥青;
(2)对沥青进行改性。如使用合成橡胶、聚合物或树脂、SBS 等进行改性;
(3)严格控制中、下层沥青混凝土中的沥青含量;
(4)采用粒径较大、碎石含量较高的破碎矿料;
(5)采用足够数量的矿粉,保持矿粉与沥青的一定比例;
(6)采用具有一定粗糙度的机制砂作为细集料;
(7)在保证混合料中碎石不被压坏的条件下,采用较高的压实度。

沥青路面低温缩裂的机理

二、影响沥青路面低温抗裂性的因素

沥青路面不仅要具有足够的高温稳定性,而且还应具有一定的低温抗裂性,以减少路面在冬季低温时产生的裂缝。

一些研究表明,沥青路面的低温开裂主要有两种形式:一种是由于气温骤降造成面层温度收缩,在有约束的沥青面层内产生的温度应力超过沥青混合料的抗拉强度而形成的低温开裂;另一种形式是由于一年四季气候的变化,使沥青面层产生温度疲劳裂缝。无论哪种裂缝,从内因看是沥青混合料的性质决定的,从外因看主要是外界环境温度的变化所诱发,车辆荷载的作用,从近年来的观测结果分析起次要作用。由于温度的下降,沥青混合料的刚度大大增加,在温差较大或路表结构层产生较大的温度梯度时,较易在沥青路面表层先产生开裂,继而发展到面层深部,其裂缝形式一般为从上到下,而且裂缝一般为等间距。

使用稠度较低、温度敏感性低的沥青,可以减少或延缓路面的开裂。路面所在地区的温度越低,开裂一般越严重。沥青材料的老化,致使混合料变硬、变脆,因此对低温更为敏感,使路面产生开裂的可能性增大。人们运用能量法对影响沥青路面开裂的因素进行了极差分析,结果表明,面层厚度对开裂率影响的显著性远高于其他因素的影响,当面层厚度由 6cm 增至 16cm 时,开裂率可下降约 60% 以上。此外,基层导热性能与基层厚度对开裂率影响的显著性大致相同。

近几年来,技术人员提出在沥青路面面层中采用橡胶沥青(黏稠沥青 75% + 磨细硫化橡胶粉 25%)铺设一层厚约 10~20mm 的薄层,构成应力吸收薄膜,以提高路面的抗拉强度和减小温度对路面开裂的影响。在路面面层与基层之间,用橡胶沥青铺设一层应力吸收薄膜夹层,也能有效地防止路面的反射开裂。

评价沥青混合料低温开裂性能的主要方法为预估开裂温度法。累计温度应力与沥青混合料的极限抗拉强度相比较,二者相等时的温度,即为开裂温度。

美国公路战略研究计划(SHRP)的研究工作者开发了一个直接确定断裂温度的方法,提出了名为 TSRST(Thermal Stress Restrained) 的试验,在试验过程中,通过指定的降温速率,利用 TSRST 试验,可以在工程建设前,通过保证实验过程中出现的断裂温度小于现场的预计温度来进行混合料设计。

在季节性冻土地区,我国现行规范采用沥青面层低温开裂指标作为路面竣工时的验收指标,但它只计入路面低温缩裂产生的裂缝。

三、影响沥青路面水稳定性的因素

高速公路、一级公路、二级公路的沥青混凝土应具有良好的水稳定性。沥青混凝土的水稳定性指标,除通常采用的浸水马歇尔试验和沥青与矿料的黏附性试验,检验沥青混合料受水损害时的抗剥落性能外,对年最低气温低于 -21.5℃ 的寒冷地区,还应增加沥青混合料冻融劈裂残留强度试验。该试验是采用简化的洛特曼试验,用两面击实 50 次的马歇尔试件,在常温下浸水 20min,0.09MPa 抽真空 15min 后,在 -18℃ 冰箱中冷冻 16h,再在 60℃ 水浴中放置 24h 完成一次冻融循环,然后在 25℃ 水中浸泡 2h 后测试劈裂强度。将这一测试结果与未经冻融的劈裂强度进行比较,得出冻融劈裂强度比。以此指标作为年最低气温低于 -21.5℃ 的地区沥青混合料水稳性指标。

改善沥青混合料水稳性的措施主要有使用水泥或消石灰处理集料表面,也可掺加抗剥落剂来提高沥青结合料与矿料之间的黏附性,国内外的经验证明,使用消石灰的效果较好,而且比较经济。

四、影响沥青路面耐疲劳性能的因素

同其他路面材料一样，沥青混合料的变形和破坏，不仅与荷载应力水平大小有关，而且与荷载的重复作用次数也有很大的关系。路面材料在低于极限抗拉强度下，受重复荷载的作用而导致的破坏，称为疲劳破坏，导致疲劳破坏最终的荷载作用次数就为材料的疲劳寿命。

影响沥青路面疲劳特性的因素很多，除了与材料的性质（种类、组成等）、环境因素（温度、湿度等）、加荷方式等因素有关外，还取决于沥青混合料的劲度。

沥青混合料的油石比和压实度直接决定着沥青混凝土的稳定度和劲度，也决定着混合料中的孔隙率。增加沥青混凝土层中的孔隙率会增加沥青的氧化速度，增大与水的接触面积，因而降低其耐疲劳寿命。除此以外，采用优质的沥青材料也可以提高沥青混合料的稳定度与劲度，从而提高其耐疲劳寿命。因此，保证混合料具有较高的压实度、采用优质的沥青黏结料和适度富足的油石比，对增加沥青混凝土的使用寿命意义重大。

五、影响沥青路面耐老化性的因素

沥青材料在沥青混合料的拌和、摊铺、碾压以及运营后的使用中，都存在老化问题。从大的方面看，主要是施工过程中的高温加热造成的短期老化和使用过程中的空气及紫外线照射等而引起的长期老化。

在施工期间，影响沥青混合料老化特性的主要因素是混合料的温度，无论是运输和贮存期、拌和过程以及拌和后的施工期，沥青混合料的温度控制均必须执行规范中的相关规定。在路面通车后，由于沥青路面长期暴露在自然环境中，阳光、空气等作用使沥青老化，在车辆荷载作用下，路面的使用状况开始恶化。

对于沥青材料来说，评价其抗热老化的能力一般用蒸发损失、薄膜烘箱及旋转薄膜烘箱试验，而评价长期老化的性能则用压力老化试验等。

美国 SHRP 将评价沥青混合料老化效果的方法分为两大类，一是老化后沥青混合料的力学性能试验；二是老化后沥青混合料回收沥青的性能试验。对于沥青混合料老化的研究，我国正处于深入研究到初步应用阶段，常用的评价方法是阿布森法回收沥青的性能试验。

第三节 沥青路面对材料的要求

我国地域辽阔，各地的气候相差较大，因此沥青路面的材料设计应结合当地的气候特点进行。采用近 30 年内的最热月平均最高气温、年极端最低气温、年降雨量三项指标，沥青及沥青混合料气候分区如表 2-4-2 所示。

沥青及沥青混合料气候分区指标　　　　　表 2-4-2

气候区名		温度(℃)		雨量(mm)
		最热月平均最高气温	年极端最低气温	年降雨量
2-1-1-4	夏炎热冬严寒干旱	>30	<-37.0	<250
2-1-2-2	夏炎热冬寒湿润	>30	-37.0 ~ -21.5	500 ~ 1000
2-1-2-3	夏炎热冬寒半干旱	>30	-37.0 ~ -21.5	250 ~ 500
2-1-2-4	夏炎热冬寒干旱	>30	-37.0 ~ -21.5	<250
2-1-3-1	夏炎热冬冷潮湿	>30	-21.5 ~ -9.0	<1000
2-1-3-2	夏炎热冬冷湿润	>30	-21.5 ~ -9.0	500 ~ 1000
2-1-3-3	夏炎热冬冷半干旱	>30	-21.5 ~ -9.0	250 ~ 500
2-1-3-4	夏炎热冬冷干旱	>30	-21.5 ~ -9.0	<250
2-1-4-1	夏炎热冬温潮湿	>30	>-9.0	>1000
2-1-4-2	夏炎热冬温湿润	>30	>-9.0	500 ~ 1000
2-2-1-2	夏热冬严寒湿润	20 ~ 30	<-37.0	500 ~ 1000
2-2-1-3	夏热冬严寒半干旱	20 ~ 30	<-37.0	250 ~ 500
2-2-1-4	夏热冬严寒干旱	20 ~ 30	<-37.0	<250
2-2-1	夏热冬寒潮湿	20 ~ 30	-37.0 ~ -21.5	<1000
2-2-2	夏热冬寒湿润	20 ~ 30	-37.0 ~ -21.5	500 ~ 1000
2-2-3	夏热冬寒半干旱	20 ~ 30	-37.0 ~ -21.5	250 ~ 500
2-2-4	夏热冬寒干旱	20 ~ 30	-37.0 ~ -21.5	<250
2-3-1	夏热冬冷潮湿	20 ~ 30	-21.5 ~ -9.0	>1000
2-3-2	夏热冬冷湿润	20 ~ 30	-21.5 ~ -9.0	500 ~ 1000
2-3-3	夏热冬冷半干旱	20 ~ 30	-21.5 ~ -9.0	250 ~ 500
2-3-4	夏热冬冷干旱	20 ~ 30	-21.5 ~ -9.0	<250
2-4-1	夏热冬温潮湿	20 ~ 30	>-9.0	<1000
2-4-2	夏热冬温湿润	20 ~ 30	>-9.0	500 ~ 1000
2-4-3	夏热冬温半干旱	20 ~ 30	>-9.0	250 ~ 500
3-2-1	夏凉冬寒潮湿	<20	-37.0 ~ -21.5	>1000
3-2-2	夏凉冬寒湿润	<20	-37.0 ~ -21.5	500 ~ 1000

注:1. 取 30 年内每年最热月份的日最高气温的平均值作为一年最热月份的月均最高气温,求取其平均值作为最热月份平均最高气温为设计高温分区指标;

2. 取 30 年内每年中最冷月份的极端最低气温,求其最小值作为设计低温分区指标;

3. 取 30 年内每年的年降雨量,求其平均值作为设计雨量分区指标。

一、沥青

根据交通量、气候条件、施工方法、沥青面层类型和材料的来源等,沥青材料可以选择道路石油沥青、煤沥青、乳化石油沥青、液体石油沥青等种类。根据不同的公路等级和使用条件,道路石油沥青分为 A、B、C 三个等级,其适用范围如表 2-4-3。

道路石油沥青的适用范围　　　　　表 2-4-3

沥青等级	适用范围
A 级沥青	各个等级的公路,适用于任何场合和层次
B 级沥青	1. 高速公路、一级公路沥青下面层及以下的层次,二级及二级以下公路的各个层次; 2. 用做改性沥青、乳化沥青、改性乳化沥青、稀释沥青的基质沥青
C 级沥青	三级及三级以下公路的各个层次

沥青路面采用的沥青标号,要根据公路等级、气候条件、交通条件、路面类型及在结构层中的层位和受力特点,结合当地的使用经验,经技术论证后确定。对高速公路、一级公路,及夏季温度高、高温持续时间长、重载交通、山区及丘陵区上坡路段、服务区、停车场等行车速度慢的路段,尤其是汽车荷载剪应力大的层次,需采用稠度大、60℃黏度大的沥青,也可根据高温气候分区的温度水平选用沥青标号;对冬季寒冷的地区或交通量小的公路、旅游公路可选择稠度小、低温延度大的沥青;对日温差、年温差大的地区可注意选用针入度指数大的沥青;当高温要求与低温要求发生矛盾时应优先考虑满足高温性能的要求。热拌沥青混合料路面的表面层不宜采用煤沥青。在沥青贮运站和沥青混合料的拌和厂,沥青材料要按来源、标号分别存放,沥青使用期间,在沥青罐或贮油池中的温度不低于130℃,并不高于170℃,长期存放未使用的沥青在重新使用前,应再次检查沥青的各项性能指标,使之符合要求。沥青表面处治、沥青贯入式路面、常温沥青混合料路面,以及透层、黏层与封层等可以使用乳化沥青材料;对于酸性石料,或当石料处于潮湿状况下或在低温下施工时,宜采用阳离子乳化沥青;对于碱性石料或与水泥、石灰、粉煤灰共同使用时,宜采用阴离子乳化沥青。制成后的乳化沥青应及时使用,长期存放后再使用前需重新进行检验。液体石油沥青适用于透层、黏层及拌制常温沥青混合料。而煤沥青主要用于透层及黏层,三级及三级以下公路铺筑沥青面层时也可采用。除此以外,为了提高沥青及沥青混合料的使用性能,可以单独或复合采用高分子聚合物、天然沥青及其他添加材料制作成改性沥青,亦可采用相关工艺制作的改性乳化沥青。

对于极重、特重和重交通荷载等级公路、气候条件严酷地区公路,以及连续长陡纵坡路段,中面层和表面层宜采取优化混合料级配、选用改性沥青或添加外掺剂等措施。开级配沥青混合料表面层宜采用高黏沥青或橡胶沥青,并采用适量消石灰或水泥替代矿粉。

季节性冻土地区高速公路和一级公路表面层沥青低温性能应满足下列指标要求:

(1)分析连续10年年最低气温平均值,作为路面低温设计温度。在路面低温设计温度提高10℃的试验条件下,沥青弯曲梁流变试验蠕变劲度S_t不宜大于300MPa,且蠕变曲线斜率m不宜大于0.30。

(2)当蠕变劲度S_t在300~600MPa范围内,且蠕变曲线斜率m大于0.30时,增加沥青直接拉伸试验,其断裂应变不宜小于1%。

(3)以上都不满足时,采用弯曲梁流变试验和直接拉伸试验确定沥青临界开裂温度,临界开裂温度不宜高于路面低温设计温度。

二、粗集料

表面层沥青混合料公称最大粒径不宜大于16.0mm,中面层和下面层沥青混合料公称最大粒径不宜小于16.0mm,基层沥青碎石公称最大粒径不宜小于26.5mm。

沥青路面可以选用的粗集料包括碎石、破碎砾石、筛选砾石和矿渣等。粗集料应该洁净、干燥、无风化、无杂质,并具有足够的强度,其规格见表2-4-4。用于沥青面层的碎石不宜采用颚式破碎机加工,以保证具有良好的颗粒形状。表面抗滑层选用强度高、耐磨、抗冲击性好的碎石或破碎砾石,使用酸性岩石的石料时,应采取一些抗剥离措施(如用干燥的磨细消石灰或生石灰粉或水泥作为填料的一部分,在沥青中掺加抗剥离剂,将粗集料用石灰浆处理后使用等),保证集料与沥青间的良好黏附性。用于轧制破碎的砾石必须采用粒径大于50mm的颗粒,破碎砾石中的 4.75mm 及以上颗粒的破碎面积要符合有关要求。筛选砾石不得用于贯入式路面及拌合法施工的沥青面层的中、下面层,仅适用于三级或三级以下公路的沥青表面处治或拌合法施工中的沥青下面层。三级和三级以下公路可采用破碎后有 6 个月存放期的钢渣作为粗集料。粗集料质量技术要求见表 2-4-5。

沥青混合料用粗集料规格　　　　表 2-4-4

规格	公称粒径（mm）	通过下列筛孔的质量百分率(%)											
		106	75	63	53	37.5	31.5	26.5	19.0	13.2	9.5	4.75	2.36	0.6
S1	40~75	100	90~100	—	—	0~15	—	0~5						
S2	40~60		100	90~100	—	0~15	—	0~5						
S3	30~60		100	90~100	—	—	0~15	—	0~5					
S4	25~50			100	90~100	—	—	0~15	—	0~5				
S5	20~40				100	90~100	—	—	0~15	—	0~5			
S6	15~30					100	90~100	—	—	0~15	—	0~5		
S7	10~30					100	90~100	—	—	0~15	—	0~5		
S8	10~25						100	90~100	—	0~15	—	0~5		
S9	10~20							100	90~100	—	0~15	—	0~5	
S10	10~15								100	90~100	0~15	0~5		
S11	5~15								100	90~100	40~70	0~15	0~5	
S12	5~10									100	90~100	0~15	0~5	
S13	3~10									100	90~100	40~70	0~20	0~5
S14	3~5										100	90~100	0~15	0~3

沥青混合料用粗集料质量技术要求　　　　表 2-4-5

指　　标	高速公路及一级公路		其他等级公路
	表面层	其他层次	
石料压碎值,不大于(%)	26	28	30
洛杉矶磨耗损失,不大于(%)	28	30	35
表观相对密度,不小于	2.60	2.50	2.45
吸水率,不大于(%)	2.0	3.0	3.0
坚固性,不大于(%)	12	12	—
针片状颗粒含量(混合料),不大于(%)	15	18	20
其中粒径大于 9.5mm,不大于(%)	12	15	—
其中粒径小于 9.5mm,不大于(%)	18	20	—
水洗法<0.075mm 颗粒含量,不大于(%)	1	1	1
软石含量,不大于(%)	3	5	5

注:1. 坚固性试验可根据需要进行;
　　2. 用于高速公路、一级公路时,多孔玄武岩的视密度可放宽至 2.45t/m³,吸水率可放宽至 3%,但必须得到建设单位的批准,且不得用于 SMA 路面;
　　3. 对 S14 即 3~5mm 规格的粗集料,针片状颗粒含量可不予要求,<0.075mm 含量可放宽到 3%。

高速公路、一级公路和二级公路沥青表面层用粗集料应选用硬质、耐磨碎石,其石料磨光值应符合表 2-4-6 规定。

石料磨光值(PSV)的技术要求　　　　　　　　　　　　　　　表 2-4-6

年降雨量(mm)	>1000	500~1000	250~500	<250
高速公路和一级公路	>42	>40	>38	>36
二级公路	>40	>38	>36	—

粗集料与沥青应具有良好的黏附性,对年平均降雨量在 1000mm 以上地区的高速公路和一级公路,表面层所用集料与沥青的黏附性需达到 5 级,其他情况黏附性不宜低于 4 级。当黏附性达不到要求时,应掺入高温稳定性好的抗剥落剂或选用改性沥青提高粗集料与沥青的黏附性。

三、细集料

组成沥青面层的细集料有天然砂、机制砂和碎石。细集料应洁净、干燥、无风化、无杂质,并有适当的颗粒组成,其规格见表 2-4-7 和表 2-4-8。

沥青混合料用天然砂规格　　　　　　　　　　　　　　　　　表 2-4-7

筛孔(mm)	通过各筛孔的质量百分率(%)		
	粗砂	中砂	细砂
9.5	100	100	100
4.75	90~100	90~100	90~100
2.36	65~95	75~100	85~100
1.18	35~65	50~90	75~100
0.6	15~30	30~60	60~84
0.3	5~20	8~30	15~45
0.15	0~10	0~10	0~10
0.075	0~5	0~5	0~5

沥青混合料用机制砂或碎石规格　　　　　　　　　　　　　　表 2-4-8

规格	公称粒径(mm)	通过下列筛孔的质量百分率(%)							
		9.5	4.75	2.36	1.18	0.6	0.3	0.15	0.075
S15	0~5	100	90~100	60~90	40~75	20~55	7~40	2~20	0~10
S16	0~3	—	100	80~100	50~80	25~60	8~45	0~25	0~15

注:当生产碎石采用喷水抑制扬尘工艺时,应特别注意含粉量不得超过表中要求。

热拌沥青混合料中的细集料应优先选用优质的机制砂,热拌密级配沥青混合料中天然砂的用量以少于集料总量的 20% 为宜,SMA 和 OGFC 混合料一般不宜使用天然砂。当碎石用于高速公路、一级公路沥青混凝土面层及抗滑表层时,其用量不宜超过天然砂和机制砂的用量。用于高速公路、一级公路沥青面层的细集料,若与沥青黏结力不好,如使用了与沥青黏结性能很差的天然砂及用花岗岩、石英岩等酸性石料破碎而成的机制砂或碎石,必须采取抗剥离措施。细集料质量技术要求见表 2-4-9。

沥青混合料用细集料质量技术要求　　　　　表2-4-9

项　目	高速公路、一级公路	其他等级公路
表观相对密度,不小于	2.50	2.45
坚固性(>0.3mm),不小于(%)	12	—
含泥量(<0.075mm),不大于(%)	3	5
砂当量,不小于(%)	60	50
亚甲蓝值,不大于(g/kg)	25	—
棱角性(流动时间),不小于(s)	30	—

注：坚固性试验可根据需要进行。

四、填料

沥青混合料的填料主要为矿粉，其必须采用石灰石等碱性石料经磨细得到的石粉，对于原石料中的泥土杂质应清除干净，矿粉要求干燥、洁净。粉煤灰作为填料时，烧失量应小于12%，与矿粉混合后的塑性指数应小于4%，粉煤灰的用量不宜超过填料总量的50%，并与沥青有良好的黏结力，满足沥青混凝土水稳性要求。对于高速公路、一级公路的沥青混凝土面层不宜采用粉煤灰作填料。矿粉质量技术要求见表2-4-10。

沥青面层用矿粉质量技术要求　　　　　表2-4-10

指　标		高速公路、一级公路	其他等级公路
表观密度,不小于(t/m³)		2.50	2.45
含水率,不大于(%)		1	1
粒度范围	<0.6mm (%)	100	100
	<0.15mm (%)	90~100	90~100
	<0.075mm (%)	75~100	70~100
外观		无团粒结块	—
亲水系数		<1	T 0353
塑性指数(%)		<4	T 0354
加热安定性		实测记录	T 0355

拌和机采用干法除尘的粉尘也可作为矿粉的一部分回收使用；采用湿法除尘的粉尘回收使用时应经干燥粉碎处理，且不得含有杂质。每盘回收粉尘的用量不得超过填料总量的25%，掺有粉尘的填料塑性指数不得大于4%。

五、纤维稳定剂

在沥青混合料中可以掺加木质素纤维、矿物纤维等纤维稳定剂，形成具有一定特性的沥青混合料（比如SMA混合料等）。

所用纤维需在250℃的干拌温度下不变质、不发脆，并且能够保证混合料在拌和过程中分散均匀。

纤维稳定剂的掺加比例以沥青混合料总量的质量百分率计算。一般情况下，SMA混合料中的木质素纤维不应低于0.3%，使用矿物纤维时要大于0.4%，纤维掺加量的允许误差需控制在±5%以内。

沥青混合料中所采用的纤维还应符合环境和人身安全的要求,木质素纤维质量技术要求见表2-4-11。

木质素纤维质量技术要求　　　　　　　　　表2-4-11

项　目	指　标	试验方法
纤维长度,不大于(mm)	6	水溶液用显微镜观测
灰分含量(%)	18±5	高温590~600℃燃烧后测定残留物
pH值	7.5±1.0	水溶液用pH试纸或pH计测定
吸油率,不小于	纤维质量的5倍	用煤油浸泡后放在筛上经振敲后称量
含水率(以质量计),不大于(%)	5	105℃烘箱烘2h后冷却称量

第四节　沥青混合料的配合比设计法

热拌沥青混合料配合比设计方法可参考高职高专规划教材《道路建筑材料》,关于SMA、OGFC、冷拌沥青混合料的配合比设计方法请参阅《公路沥青路面施工技术规范》(JTG F40—2004)。

沥青混合料必须在对同类公路配合比设计和使用情况调查研究的基础上,充分借鉴成功的经验,选择符合上节要求的材料,采用马歇尔试验方法进行级配和油石比设计,并应满足沥青混合料的低温破坏应变、动稳定度、贯入强度和水稳定性等要求。

沥青混合料马歇尔试验的技术要求如表2-4-12。

密级配沥青混凝土混合料马歇尔试验技术标准
(适用于公称最大粒径≤26.5mm的密级配沥青混凝土混合料)　　表2-4-12

试验指标		单位	高速公路、一级公路				其他等级公路	行人道路
			夏炎热区		夏热区及夏凉区			
			中轻交通	重在交通	中轻交通	重在交通		
击实次数(双面)		次	75				50	
试件尺寸		mm	φ101.6mm×63.5mm					
空隙率VV	深90mm以内		3~5	4~6	2~4	3~5	3~6	2~4
	深90mm以下		3~6		2~4	3~6	3~6	—
稳定度MS,不小于		kN	8				5	3
流值FL		mm	2~4	1.5~4	2~4.5	2~4	2~4.5	2~5
矿料间隙率VMA(%),不小于	设计空隙率(%)	相应于以下公称最大粒径(mm)的最小VMA及VFA技术要求(%)						
		26.5	19	16	13.2	9.5	4.75	
	2	10	11	11.5	12	13	15	

续上表

试验指标		单位	高速公路、一级公路				其他等级公路	行人道路
			夏炎热区		夏热区及夏凉区			
			中轻交通	重在交通	中轻交通	重在交通		
矿料间隙率 VMA(%)，不小于	3		11	12	12.5	13	14	16
	4		12	13	13.5	14	15	17
	5		13	14	14.5	15	16	18
	6		14	15	15.5	16	17	19
沥青饱和度 VFA(%)			55~70		65~75		70~85	

注：1. 当设计空隙率不是整数时，由内插确定要求的 VMA 最小值。
　　2. 对改性沥青混合料，马歇尔试验的流值可适当放宽。
　　3. 对空隙率大于5%的夏炎热区重载交通路段，施工压实度应提高至少1个百分点。

二级以上公路公称最大粒径不大于19.0mm 的沥青混合料，宜在温度为 -10℃、加载速率为 50mm/min 条件下进行小梁弯曲试验。沥青混合料的破坏应变宜符合表 2-4-13 的规定。

沥青混合料低温弯曲试验破坏应变技术要求　　表 2-4-13

气候条件与技术指标	相应于下列气候分区所要求的破坏应变(με)				试验方法
年极端最低气温(℃)及气候分区	< -37.0	-37.0 ~ -21.5	-21.5 ~ -9.0	> -9.0	
	1. 冬严寒区	2. 冬寒区	3. 冬冷区	4. 冬温区	
	1-1　2-1	1-2　2-2　3-2	1-3　2-3	1-4　2-4	
普通沥青混合料　不小于	2600	2300	2000		T 0715
改性沥青混合料　不小于	3000	2800	2500		

高速公路和一级公路沥青混合料应在规定的试验条件下进行车辙试验，并应符合表2-4-14的要求。二级公路可参照执行。

沥青混合料车辙试验动稳定度技术要求(次/mm)　　表 2-4-14

气候条件与技术指标	相应于以下气候分区所要求的动稳定度技术要求								试验方法
七月平均最高气温(℃)及气候分区	>30				20~30			<20	
	1. 夏炎热区				2. 夏热区			3. 夏凉区	
	1-1	1-2	1-3	1-4	2-1	2-2	2-3	2-4	3-2
普通沥青混合料，不小于	800		1000		600		800		600
改性沥青混合料，不小于	2800		3200		2000		2400		1800
SMA混合料，不小于	普通沥青	1500							T 0719
	改性沥青	3000							
OGFC混合料，不小于	1500(中等、轻交通荷载等级)、3000(重及以上交通荷载等级)								

注：1. 气候分区的确定应符合现行《公路沥青路面施工技术规范》(JTG F40—2004)的有关规定。
　　2. 当其他月份的平均最高气温高于七月时，可使用该月平均最高气温。
　　3. 在特殊情况下，对钢桥面铺装、重载车特别多或纵坡较大的长距离上坡路段、厂矿专用道路，可酌情提高动稳定度要求。
　　4. 对炎热地区或特重及以上交通荷载等级公路，可根据气候条件和交通状况适当提高试验温度或增加试验荷载。

沥青混合料贯入强度采用单轴贯入试验方法测定。无机结合料稳定类基层沥青路面、底基层采用无机结合料稳定类材料的沥青结合料类基层沥青路面和水泥混凝土基层沥青路面的沥青混合料贯入强度，宜满足式(2-4-1)的要求。

$$R_{\tau s} \geq \left(\frac{0.311 \lg N_{e5} - 0.68}{\lg [R_a] - 1.311 \lg T_d - \lg \psi_s + 2.50} \right)^{1.86} \quad (2\text{-}4\text{-}1)$$

式中：$[R_a]$——沥青混合料层容许永久变形量(mm)，根据公路等级，参照表2-3-35确定；

N_{e5}——设计使用年限内或通车至首次针对车辙维修的期限内，月平均气温大于0℃的月份，设计车道当量累计设计轴载作用次数(轴次)；

T_d——设计气温(℃)，为所在地区月平均气温大于0℃的各月份气温平均值(℃)；

ψ_s——路面结构系数，根据式(2-4-2)计算：

$$\psi_s = (0.52 h_a^{-0.003} + 317.59 h_b^{-1.32}) E_b^{0.1} \quad (2\text{-}4\text{-}2)$$

式中：h_a——沥青混合料层的厚度(mm)；

h_b——无机结合料稳定层或水泥混凝土层的厚度(mm)；

E_b——无机结合料稳定层或水泥混凝土层的模量(MPa)；

$R_{\tau s}$——各沥青混合料层的综合贯入强度，根据式(2-4-3)确定：

$$R_{\tau s} = \sum_{i=1}^{n} w_{is} R_{\tau i} \quad (2\text{-}4\text{-}3)$$

式中：$R_{\tau i}$——第i层沥青混合料的贯入强度(MPa)，普通沥青混合料一般为0.4~0.7MPa，改性沥青混合料一般为0.7~1.2MPa；

n——沥青混合料层的层数；

w_{is}——第i层沥青混合料的权重，为第i层厚度中点剪应力与各层厚度中点剪应力之和的比值($w_{is} = \dfrac{\tau_i}{\sum_{i=1}^{n} \tau_i}$)。沥青混合料层为1层时，$w_1$取1.0；沥青混合料层2层时，自上而下，$w_1$可取0.48，$w_2$可取0.52；沥青混合料层为3层时，自上而下，$w_1$、$w_2$和$w_3$可分别取0.35、0.42和0.23。

粒料类基层沥青路面和底基层采用粒料的沥青结合料类基层沥青路面，沥青混合料贯入强度应满足式(2-4-4)的要求。

$$R_{\tau g} \geq \left(\frac{0.35 \lg N_{e5} - 1.16}{\lg [R_a] - 1.62 \lg T_d - \lg \psi_g + 2.76} \right)^{1.38} \quad (2\text{-}4\text{-}4)$$

式中：ψ_g——路面结构系数，根据式(2-4-5)计算：

$$\psi_g = 20.16 h_a^{-0.642} + 820916 h_b^{-2.84} \quad (2\text{-}4\text{-}5)$$

$R_{\tau g}$——路面各层沥青混合料的综合贯入强度，根据式(2-4-6)确定：

$$R_{\tau g} = \sum_{i=1}^{n} w_{ig} R_{\tau i} \quad (2\text{-}4\text{-}6)$$

w_{ig}——第 i 层沥青混合料的权重,为第 i 层厚度中点的剪应力与各层厚度中点剪应力之和的比值($w_{ig} = \dfrac{\tau_i}{\sum_{i=1}^{n} \tau_i}$)。沥青混合料层为 1 层时,$w_1$ 取 1.0;沥青混合料层 2 层时,自上而下,w_1 可取 0.44,w_2 可取 0.56;沥青混合料层为 3 层时,自上而下,w_1、w_2 和 w_3 可分别取 0.27、0.36 和 0.37;

其他符号意义同式(2-4-1)~式(2-4-3)。

沥青混合料应检验其水稳定性。测试浸水马歇尔试验残留稳定度和冻融劈裂试验残留强度比,两项指标应符合表 2-4-15 规定。水稳定性不满足要求时,可采取掺入消石灰、水泥或抗剥落剂,或更换集料等措施。

沥青混合料水稳定性技术要求　　　　表 2-4-15

沥青混合料类型		相应于以下年降雨量(mm)的技术要求(%)		试验方法
		≥500	<500	
浸水马歇尔试验残留稳定度(%)				
普通沥青混合料,不小于		80	75	T 0709
改性沥青混合料,不小于		85	80	
SMA 混合料,不小于	普通沥青	75		
	改性沥青	80		
冻融劈裂试验的残留强度比(%)				
普通沥青混合料,不小于		75	70	T 0729
改性沥青混合料,不小于		80	75	
SMA 混合料,不小于	普通沥青	75		
	改性沥青	80		

第五节　沥青路面的施工机械

一、沥青的储存、运输与加热设备

1. 沥青的储运

沥青储存装置是存放大量沥青的专用设备,它主要有下列用途:
(1)储存各种不同标号的沥青,便于沥青的输入和输出;
(2)避免沥青发生污染,以防影响沥青的使用;
(3)防止沥青外溢或渗漏,造成环境污染。

按结构形式,沥青储存装置分为池式沥青储存装置、箱式沥青储存装置、罐式沥青储存装置,其中罐式沥青储存装置也称为沥青罐,为圆柱形或椭圆形金属结构,其制作简单、密封性好、输入输出方便等优点,在国内外普遍采用。沥青罐一般由罐体、罐盖、保温层、外壳、输送系统、加热系统及其他附属设备组成。按包装方式,又可分为散装沥青、桶装沥青和袋装沥青等。加热系统是沥青库的重要组成部分,由热源、热能输送、加热管路和控制操作等部分组成,大中型固定式沥青库大都采用蒸汽、中压水或导热油等介质进行加热,而小型沥青库则多采用火力、电力、太阳能加热或导热的介质进行加热。其中导热油加热是较为先进的沥青加热设备,已经大面积在我国使用。

为了减少沥青热量的散失,节省能源和保证沥青工作温度,通常在罐壁外侧设置保温层。

2. 沥青的运输

我国现在主要采用罐装沥青运输。沥青罐车是运输液态沥青、乳化沥青、煤焦油的专用设备,可采用汽车运输和铁路运输两种方式。目前,国内罐装沥青汽车运输的装载质量在 5~20t 之间,主要用于液态沥青的短途运输,其中半挂式液态沥青运输罐车具有容量大、运输效率高等特点,因此被广泛应用,它主要由半挂汽车牵引车、沥青罐车和加热装置等组成。

采用罐装沥青运输的优点主要有:

(1)简化沥青运输和使用程序,避免对沥青的再次加热造成的老化,从而保证了沥青材料的使用品质;

(2)保护环境,防止沥青的再次加热造成的污染;

(3)节省了运输固态沥青使用的包装和加热沥青使用的燃料;

(4)改善了工人的工作环境,提高了效率。

3. 沥青的加热

明火加热属于较为原始的加热方式,由于污染环境、工作量大、不安全等缺点,现大面积使用沥青已不采用此种加热方式。中压水加热属于间接加热方式,是一种闭式循环加热系统,它是在系统的加热管道内充填着作为加热载体的软化水,系统中不存在空气,但有一定的未被水充满的空间。导热油加热也属于间接加热方式,是通过导热油这个传热介质来实现沥青的预热、脱水并加热到使用温度,导热油加热方式已在国内外普遍使用。除此以外,还有以太阳能为热源的沥青加热装置等。

二、沥青混合料的拌和设备

沥青混合料拌和设备主要完成如下工作:

(1)对冷集料进行配比控制和输送;

(2)对配比好的冷集料进行烘干、加热和计量;

(3)沥青的加热、保温、输送和计量;

(4)按照设计的混合料配合比,把热集料、矿粉、沥青及添加材料集中拌和成所需沥青混合料。

沥青混合料的拌和设备分为间歇式强制拌与设备与连续式滚筒拌和设备两类。从我国近几年道路施工方面来看,主要以第一种为主。其工艺流程见图 2-4-1。

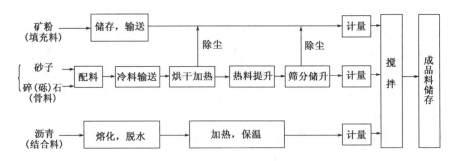

图 2-4-1　间歇式强制拌和设备工艺流程图

间歇式沥青混合料强制拌和设备的特点是集料的烘干、加热、与热沥青的拌和,是先后在不同设备中完成。首先按照马歇尔试验得到的目标配合比,对冷集料进行初步计量、混合,并输送到干燥滚筒内烘干、加热,再通过二次筛分、储存和计量后,在拌和器内,与单独计量的矿粉和单独计量的热沥青按照施工配合比进行强制拌和,成品料从出料斗卸出。间歇式沥青混合料强制拌和设备构造见图 2-4-2。

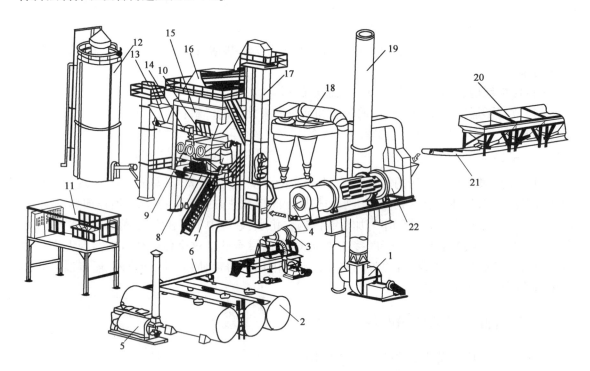

图 2-4-2　间歇式沥青混合料强制拌和设备示意图

1-引风机;2-沥青保温罐;3-鼓风机;4-燃烧器;5-导热油加热装置;6-沥青输送泵;7-沥青称量桶;8-热矿料称量斗;9-矿粉称量斗;10-拌和器;11-操纵控制室;12-矿粉筒仓;13-矿粉提升机;14-矿粉输送机;15-热矿料储存仓;16-振动筛;17-热矿料提升机;18-集尘器;19-烟囱;20-冷矿料储存及配料装置;21-冷矿料输送机;22-干燥滚筒

目前,国际上能够生产的这种设备品种比较齐全,从生产规模来看,有 30～45t/h、60～80t/h、90～120t/h 等中小型拌和设备,也有 160t/h、240t/h 乃至 450t/h 的较大型拌和设备。在我国,已经有 30～45t/h、60～80t/h、90～120t/h、160～180t/h 等设备,最大可达 300t/h,在近几十年来,间歇式沥青混合料强制拌和设备一直朝着降低能耗、减少公害、便于操作、实现完全自动化方向发展。

需要指出的是,冷集料的现场堆放要防止各种规格材料间的互相污染,由于集料含水率偏大时,会增加烘筒内加热的时间,降低生产量,因此,要加强料场的防雨措施,尤其是细集料。一般来讲,干燥滚筒的烘干能力与拌和设备的生产能力有直接的关系。在一般情况下,烘干细集料时,烘干能力降低15%~20%,若矿料的含水率增加1%,则烘干能力大约降低10%,而排气中的水蒸气将增加20%。为此,西方许多国家非常重视控制冷料的原始含水率,尤其是一些生产商品沥青混凝土的拌和站,逐步将冷矿料的露天堆放改为库房存放,特别注意细集料的存放问题。

间歇式沥青混合料强制拌和设备一个很大的缺点是在工作中产生大量粉尘,造成环境的严重污染,污染程度较多时候超过了各国环境保护法所规定的范围。但若要提高除尘效果,使之达到很高的净化标准,势必大大增加除尘设施的投资,这种投资通常可达到拌和设备总造价的30%~40%,从而使其成本剧增。此外,该种拌和设备组成部分较多,结构复杂,设备庞大,建设投资也大,能耗也高。

为了解决上述拌和设备粉尘污染和能耗高的问题,在20世纪60年代末,国外开始重新研究拌和工艺,并研制出连续式滚筒沥青拌和设备,其工艺流程见图2-4-3。该种设备的工艺特点是:骨料的烘干、加热及同沥青的拌和是在同一个装置(滚筒)内完成的,即骨料烘干与加热后未出滚筒就被沥青裹覆,从而避免了粉尘的飞扬和逸出,其设备构造见图2-4-4。这种设备自研制成功以来,具有结构简单、投资小、能耗低和污染少等优点。据有关资料介绍,同等生产能力的拌和设备,尤其是高生产率的拌和设备,连续式滚筒的设备投资成本可节约15%~20%,设备的操作、维修等费用可降低5%~12%,动力消耗可降低25%~30%;而且,该种设备能够快速拆装,搬迁便利,大大提高了设备的移动性,降低了设备的运输和安装费。连续式滚筒拌和设备还可以采用较简单的除尘设施达到较为严格的环保标准,并且它实现了在低温、高含水率的情况下快速拌制沥青混合料,从而使燃料费和生产成本费得到进一步降低。目前,我国已能生产出60~120t/h、180~240t/h的连续式滚筒拌和设备。

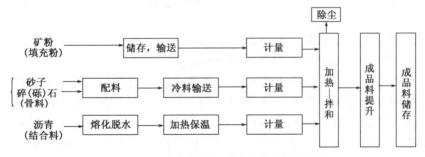

图2-4-3 连续式滚筒拌和设备工艺流程方框图

另外,连续式滚筒拌和设备的核心部分——烘干拌和滚筒的工作方式,对旧沥青混合料的回收再生极为有利,大多数的连续式滚筒拌和设备开发了这一功能。它是在滚筒的中部增加了旧沥青混合料的喂料环,环上开了一些投料口,旧料投入筒内,被热气流加热,原有沥青逐渐软化并与旧矿料脱离,同时与新矿料和其后加入的新沥青重新拌和而成为新的沥青混合料。该种设备的环保功能确实是间歇式强制拌和设备所不能比拟的,而且经济实用。在考虑采用

此类设备拌和旧沥青混合料时,须注意以下几点:

(1)旧沥青混合料要有一定的再生价值。老化的原有沥青可以重新利用。

(2)根据实验结果,确定新旧沥青、矿料等的配合比。

(3)在不破坏旧沥青混合料中矿料的情况下,投料前,尽量使颗粒减小,有利于沥青的熔化和拌和。

(4)为了使沥青从旧矿料表面脱离,需提高沥青混合料的加热温度(大约6℃~17℃)。

对于使用以新料为主的这类拌和设备,以往旧料所占比例不得超过30%,否则将会排出大量黑烟,造成周围环境的严重污染,而且沥青混合料的质量难以保证。目前,最新的这类拌和设备可以实现以旧料为主的大比例(大于70%)再生利用。

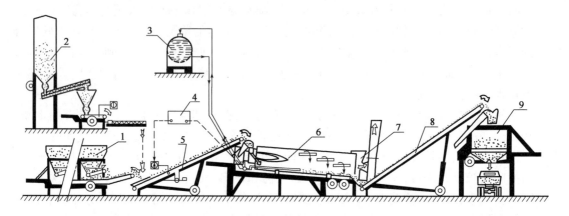

图 2-4-4　连续式滚筒拌和设备简图

1-冷矿料储存和配料装置;2-矿粉供给系统;3-沥青供给系统;4-操作、控制中心;5-冷矿料称重皮带输送机;6-烘干—拌和滚筒;7-集尘装置;8-成品料输送机;9-成品料储存仓

随着世界各国对环保方面的严格要求,目前已研制成功了双滚筒拌和设备(图2-4-5),该设备与以前的拌和设备相比,主要有以下一些特点:

(1)回收材料的利用率可高达70%以上,实现无污染排放,而且可以使用多种再生料和较软沥青;

(2)较高的砂石料加热温度(可达到170℃);

(3)节省燃料达10%,粉尘排放可降低至95mg/m³。

表2-4-16和表2-4-17分别列出意大利 MARINI 公司和美国 Caterpillar-CMI 公司的部分沥青混合料拌和设备的主要性能。在我国,已有部分此类产品应用。随着我国沥青路面再生应用的推广和制造技术的发展,国产双滚筒连续式拌和设备也应运而生,目前已可制造 60~240t/h 型号的产品。加热温度可以达到 165~170℃,性能明显优于国外同类产品。

MARINI 公司部分拌和设备的生产能力(t/h)　　　表2-4-16

型　号	3%含水率,沥青混合料140℃	5%含水率,沥青混合料140℃
M95E160	95	72
M95E190	95	95

续上表

型 号	3%含水率,沥青混合料140℃	5%含水率,沥青混合料140℃
M95E160	121	105
M121E220	121	121
M160E220	160	150
M160E250	160	160

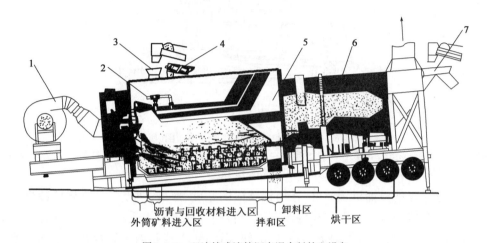

图 2-4-5 双连续式滚筒沥青混合料拌和设备
1-燃烧器;2-新沥青入口;3-回收材料入口;4-矿粉入口;5-外筒;6-内滚筒;7-新矿料入口

Caterpillar-CMI 公司连续式滚筒沥青混合料拌和设备生产能力(t/h,含水率5%) 表 2-4-17

型 号	沥青混合料115℃	沥青混合料137℃
UDM-60	100	85
UDM-700	160	145
UDM-1200	330	300
UDM-1900	450	359
PDM-936	560	495

三、沥青混合料的摊铺设备

沥青混合料摊铺机是用来摊铺沥青混合料、碾压混凝土(RCC)、基层稳定土、级配碎石等筑路材料的专用机械,它是将拌制好的各种沥青混合料、稳定土材料等均匀地摊铺在已修建好的路基或基层上,并对其进行一定程度预压和整形的专用机械,其结构见图2-4-6。目前,国外已生产出能一次铺成并压实好的沥青混合料摊铺机(即不需再进行碾压就达到规定密实度)。按行走方式,摊铺机分为自行式和拖式两种,其中拖式现在较少采用。自行式摊铺机又可分为履带式、轮胎式、复合式三种。在我国常用的是履带式摊铺机。

摊铺机的工作装置主要由螺旋布料器、振捣梁、熨平装置组成。熨平装置包括熨平板、厚度调节器、路拱调节器、加热器几部分组成。厚度调节器为一手摇调节螺杆,用来调整熨平板底面的纵向仰角,以改变铺装厚度。路拱调节器是一种位于熨平板中部的螺旋调节装置,用来改变熨平板底面左右两半部分的横向倾角,以保证摊铺出符合给定路拱的铺装层。加热器用来加热熨平板的底板,使之不与沥青混合料相黏,保证铺层平整,以便在较低温度时也能施工。

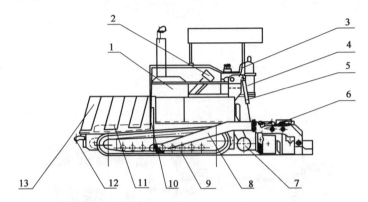

图 2-4-6 沥青混合料摊铺机基本结构示意图(履带式)

1-柴油机及其动力传动系统;2-驾驶控制台;3-座椅;4-加热丙烷气罐;5-大臂液压油缸;6-熨平装置;7-螺旋布料器;8-大臂;9-行走机构;10-调平系统液压油缸;11-刮板输送器;12-顶推辊;13-受料斗

作业前,首先要把摊铺机调整好,按所铺路段的宽度、厚度、拱度等调整好摊铺机的各有关机构和装置,装有拌和好混合料的运输车把混合料卸入摊铺机的受料斗,位于受料斗底部的刮板输送器在动力传动系统的驱动下,以一定的转速运转,将料斗内的混合料连续均匀地向后输送到螺旋布料器前通道内的路基或基层上,螺旋布料器将这些混合料沿摊铺机的整个摊铺宽度向左右横向输送,摊铺在路基或基层上,初步摊铺好的混合料经熨平装置的振动梁初步捣实,振动熨平板的再次振动预压、整形和熨平而成为一条平整的有一定密实度的铺层,最后经过压路机碾压而成为合格的基层和面层。

现在在摊铺机上大量使用的自动调平装置,其主要功能是使熨平板不受外界条件变化的干扰,始终保持平行于纵、横基准而运动,而与机械本身的垂直运动无关。到目前为止,已有"电—机"式、"电—液"式、"液压"式、"激光"式四种,其中"电—液"式应用最为广泛。

在我国引进的摊铺机中,以德国的 ABG 等摊铺机所占的比例较多,表 2-4-18 为国外一些摊铺机的主要技术性能。

德国沥青混合料摊铺机主要技术性能　　　　表 2-4-18

国家	公司	机 型	摊铺宽度(m)		摊铺厚度(cm)	摊铺速度(m/min)	行驶速度(km/h)	斗容量(t)
			标准	最大				
德国	ABG	TITAN-280(履)	2.50	5.00	15~30	2.25~15.0	2.8	12
		TITAN-355(轮)	2.50	8.00	0~30	0.9~2.0	—	12
		TITAN-420(履)	3.00	12.50	0~30	2.71~8	3.25	15
		TITAN-411(履)	3.00	12.00	0~30	0~54	—	14
	Vögele	Super-1500(履)	4.75	6.00	0~25	0~15	4.5	12
		Super-1700(履)	2.50	8.00	0~30	0~18	5.0	12
		Super-2000(履)	3.00	12.00	0~30	0.5~20	3.6	15
		Super-1502(轮)	4.75	6.00	0~25	0~18	20.0	12
		Super-1702(轮)	2.50	8.00	0~30	0~18	20.0	12

我国高等级公路沥青路面90%以上是采用履带式摊铺机铺筑,而且其熨平装置采用高密实度机械加长的形式,这样的组合可保证机械摊铺后有足够的压实度,从而提高了平整度和压路机压实的效果。有时根据路面的宽度,可采用一次性摊铺的方式,但路面过宽时,可以考虑两次摊铺,即使用两台摊铺机一前一后的梯状式摊铺,两台摊铺机之间距从理论上讲越近越好,可以减缓或消除纵向接缝,提高沥青路面的使用性能。摊铺机的速度要根据机械性能、摊铺厚度、拌和设备的工作能力、运输车的数量等综合确定。一般尽量保证摊铺机以匀速、不间断地摊铺下去,减少中间停顿或在运行中的速度变化,保证摊铺质量。沥青混合料摊铺过程中出现的离析等现象有时是很难控制的,离析可分为温度离析和材料离析,为了减小离析并提高生产效率,美国的一些生产商研制出专用的摊铺作业转运车,它将自卸车运来的混合料倒入转运车的车斗内,然后再由皮带输送机均匀、连续地输送到摊铺机接受料斗内,专用的转运车是与摊铺机同步行驶的。

摊铺机每天工作完毕后,应对其进行清洗和整理工作。尤其是与摊铺材料有接触的部件,如刮板输送器、螺旋摊铺器、振捣梁、料斗等,对于摊铺沥青混合料,需采用柴油等方式清理。开工前,应对熨平板底部、振捣梁等部位预热,在环境温度许可的情况下,也可采用热沥青混合料对有关部件进行预热。

四、沥青表面处治(层铺法)设备

沥青洒布车与碎石撒布机等都是沥青表面处治(层铺法)所需的主要设备。

1. 沥青洒布车

沥青洒布车是沥青路面施工和养护的机械。在沥青贯入式和沥青表面处治施工和养护中,可用来运输和洒布液态沥青(包括热沥青、乳化沥青、液体沥青等)。沥青洒布车按用途分为筑路用和养路用两种,筑路用的洒布车沥青装载容量要大些;按运行方式,可分为自行式和拖式;按喷洒方式,可分为气压洒布式和泵压洒布式等。根据路面施工之要求,对沥青洒布车主要有下列要求:

(1)能够把储存装置中的沥青吸入洒布车上的沥青箱中,并保持其工作温度(150℃~170℃)迅速送往工地,而且有加热、保温装置。

(2)洒布时有一定的喷洒压力(300~500kPa),洒布均匀,洒布量可调节,洒布结束时,要抽尽管路中的残余沥青。

要做好均匀洒布,保证施工质量,首先要确保沥青在其工作要求的温度范围喷洒,并调整好喷嘴槽口与喷管中心线的夹角(20°~30°)和离地高度(25cm左右),保证洒布宽度和相邻喷嘴喷射的重叠量(三层重叠洒布);其次因为喷嘴喷洒锥角是靠一定压力来维持的,洒布时要保证沥青泵的转速恒定。在工作中,还要注意环境保护和施工安全。

2. 碎石撒布机

碎石撒布机是一种可撒布石料直径在40mm以下的专用机械,为沥青表面处治施工的一种主要配套机械。它的主要功能是把石料均匀、定量、连续地撒布在已喷洒好的沥青层上。碎石撒布机按其不同的结构形式分为自行式、悬挂式、拖式三种,其中自行式碎石撒布机结构复杂、造价高,但操作和施工性能效果良好,是大规模施工的理想机械;其他两种碎石撒布机构造简单、易于操作和维修,而且造价低,一般用于小规模的路面修筑和养护工程中。

碎石撒布机在正式施工前,要进行试撒,以确定撒布各种规格石料时应控制的供料量和撒布料门间隙。要改变撒布石料的规格时,需对撒布机的料斗、皮带输送机、撒布装置等进行清理,不得留有残余剩料。

随着设备制造技术的发展,目前,国内外已经有同步碎石洒布车用于工程建设,该设备将沥青喷洒与碎石撒布全部由一台设备来完成,不仅可以提高工作效率,更重要的是可以避免施工准备在撒布碎石时对已经喷洒沥青的表面造成碾压破坏。

第六节 沥青路面的施工工艺

一、层铺法沥青面层的施工

层铺法沥青面层主要包括沥青表面处治、封层和沥青贯入式路面。

1. 沥青表面处治与封层

1) 沥青表面处治

根据洒布沥青和撒布集料的次数,沥青表面处治又可分为单层、双层、三层式表面处治路面。沥青表面处治主要适用于三级、三级以下公路、各级公路施工便道、旧沥青面层上加铺罩面层或磨耗层。宜选择在干燥和较热的季节施工,并应在雨季前和日最高温度低于15℃到来前半个月结束,这样便于沥青路面通过开放交通压实、成形稳定。

沥青表面处治所采用的集料最大粒径应与处治层的厚度相等,当采用乳化沥青时,为减少乳液流失,可在主层集料中掺加20%以上的较小粒径的集料。沥青表面处治所使用的材料规格和用量应符合表2-4-19的要求。

沥青表面处治材料规格和用量 表2-4-19

沥青种类	类型	厚度(cm)	集料($m^3/1000m^2$)						沥青或乳液用量(kg/m^2)				合计用量
			第一层		第二层		第三层		第一次	第二次	第三次	
			规格	用量	规格	用量	规格	用量				
石油沥青	单层	1.0	S12	7~9					1.0~1.2			1.0~1.2
		1.5	S10	12~14					1.4~1.6			1.4~1.6
	双层	1.5	S10	12~14	S12	7~8			1.4~1.6	1.0~1.2		2.4~2.8
		2.0	S9	16~18	S12	7~8			1.6~1.8	1.0~1.2		2.6~3.0
		2.5	S8	18~20	S12	7~8			1.8~2.0	1.0~1.2		2.8~3.2
	三层	2.5	S8	18~20	S12	12~14	S12	7~8	1.6~1.8	1.2~1.4	1.0~1.2	3.8~4.4
		3.0	S6	20~22	S12	12~14	S12	7~8	1.8~2.0	1.2~1.4	1.0~1.2	4.0~4.6

续上表

沥青种类	类型	厚度(cm)	集料(m³/1000m²) 第一层 规格 用量	集料(m³/1000m²) 第二层 规格 用量	集料(m³/1000m²) 第三层 规格 用量	沥青或乳液用量(kg/m²) 第一次	沥青或乳液用量(kg/m²) 第二次	沥青或乳液用量(kg/m²) 第三次	合计用量
乳化沥青	单层	0.5	S14 7~9			0.9~1.0			0.9~1.0
乳化沥青	双层	1.0	S12 9~11	S14 4~6		1.8~2.0	1.0~1.2		2.8~3.2
乳化沥青	三层	3.0	S6 20~22	S10 9~11	S12 4~6 S14 3.5~4.5	2.0~2.2	1.8~2.0	1.0~1.2	4.8~5.4

注:1. 表中的乳液用量按乳化沥青的蒸发残留物含量60%计算,如沥青含量不同应予折算;
　　2. 在高寒地区及干旱风沙大的地区,可超出高限5%~10%。

沥青表面处治层的施工一般采用所谓的"先油后料"原则,以三层式沥青表面处治为例,介绍其施工程序及要求。

(1)施工准备

主要包括机械准备和基层准备。

施工前,先检查沥青洒布车的油泵系统、输油管道、油量表、保温设备等,并将一定数量的沥青装入罐中,进行试洒,确定施工所需的喷洒速度和油量。每次喷洒前要保持喷油嘴干净,管道畅通,喷油嘴的角度一致,并与洒油管成15°~25°的夹角,洒油管的高度应保证同一地点得到两个或三个喷油嘴喷洒的沥青,不得出现花白条。集料撒布机在使用前先检查传动和液压调整系统,并进行试撒布,来确定撒布各种规格集料时应控制的下料间隙和行驶速度。同步封层设备应同时检查喷油嘴和集料撒布装置的工作可靠性。

沥青表面处治应在安装路缘石后进行,基层表面预先清理干净,不得含有泥土等杂质污染基层。除阳离子乳化沥青外,不得在潮湿的集料或基层和旧路上浇洒沥青。

(2)洒布沥青

当透层沥青充分渗透,或清扫干净完已作透层或封层的基层后,就可按试洒沥青速度浇洒第一层沥青。

石油沥青的洒布温度需控制在130℃~170℃,使用煤沥青时控制在80℃~120℃间,乳化沥青需在适宜的温度下施工,但乳液的加热温度最高不得超过60℃。沥青的浇洒速度应与石料撒布机的能力相匹配。当洒布沥青后发现空白、缺边时,要立即进行人工补洒,沥青积聚时应予刮除。

对于前后两车喷洒的接茬搭接处要处理好。在每段接茬处,可用铁板或建筑纸等横铺在本段起洒点前及终点后,长度为1~1.5m。如需分数幅浇洒时,纵向搭接宽度宜为10~15cm,浇洒第二、三层沥青的搭接缝应错开。

(3)撒布集料

洒布沥青后要尽快趁热及时撒布集料。集料的撒布要均匀、不重叠、不得使沥青露出,当局部集料过多或过少时,应采用人工方法,清扫多余集料或适当找补。使用乳化沥青时,集料的撒布应在乳液破乳前完成。

在两幅搭接处,第一幅浇洒沥青后需暂留10~15cm宽度不撒石料,待第二幅浇洒沥青后一起撒布集料。

(4) 碾压

撒布第一层集料后应立即用 6～8t 钢筒双轮压路机碾压，碾压时轮迹重叠约 30cm，从路边逐渐移至路中心，然后再从另一边开始移向路中心，为一遍，宜碾压 3～4 遍，碾压刚开始时速度慢一点，一般不超过 2km/h，以后适当增加。铺完第二、三层时，可以采用 8～10t 压路机进行碾压。

(5) 初期养护

除乳化沥青表面处治要等破乳后水分蒸发并基本成形后可通车外，沥青表面处治在碾压结束后即可开放交通。但应限制行车速度不超过 20km/h，需设专人指挥交通，使路面全宽均匀碾压。如发现局部有泛油现象时，可在泛油处补撒与最后撒布集料相同的缝料并扫均匀。

沥青表面处治施工后，需在路侧另备 S12(5～10mm) 碎石或 S14(3～5mm) 碎石、粗砂或小砾石 $2～3m^3/1000m^2$ 作为初期养护用料。

单层或双层沥青表面处治的施工方法与三层类似，只是洒布沥青和集料的次数减少了。

2) 封层

封层是指为封闭表面空隙、防止水分浸入面层或基层而铺筑的沥青类薄层。其中铺筑在面层表面的为上封层，铺筑在面层下面的为下封层。上封层根据情况可以选择微表处、乳化沥青稀浆封层、改性沥青集料封层、薄层磨耗层或其他适宜的材料，主要根据使用目的和路面实际状况选用。下封层可以采用层铺法表面处治或乳化沥青、改性乳化沥青作结合料的稀浆封层。微表处是指用具有一定级配的碎石或砂、填料（水泥、石灰、粉煤灰、石粉等）与聚合物改性乳化沥青、外掺剂和水，按一定比例拌制成的半流动型沥青混合料，均匀摊铺于路面表层的上封层。稀浆封层是指用具有一定级配的碎石或砂、填料（水泥、石灰、粉煤灰、石粉等）与乳化沥青、外掺剂和水，按一定比例拌制成半流动型沥青混合料，均匀摊铺于路面结构中的薄层，稀浆封层既可以做上封层也可以做下封层。改性沥青集料封层既可以采用层铺法表面处治工艺施工，也可以采用沥青集料同步封层机具一次完成。用于封层的层铺法表面处治一般为单层。

微表处和稀浆封层必须使用专用的摊铺机进行摊铺。（根据铺筑厚度、处治目的、公路等级等条件），并应符合表 2-4-20 和表 2-4-21 所列级配和混合料的技术要求。

微表处和稀浆封层的矿料级配　　　　表 2-4-20

筛孔尺寸(mm)	不同类型通过各筛孔的百分率(%)				
	微表处		稀浆封层		
	MS-2 型	MS-3 型	ES-1 型	ES-2 型	ES-3 型
9.5	100	100	—	100	100
4.75	95～100	70～90	100	95～100	70～90
2.36	65～90	45～70	90～100	65～90	45～70
1.18	45～70	28～50	60～90	45～70	28～50
0.6	30～50	19～34	40～65	30～50	19～34
0.3	18～30	12～25	25～42	18～30	12～25
0.15	10～21	17～18	15～30	10～21	17～18
0.075	5～15	5～15	10～20	5～15	5～15
一层的适宜厚度(mm)	4～6	8～10	2.5～3	4～6	8～10

稀浆混合料技术指标 表2-4-21

试验项目		标　准		
		微表处	稀浆封层	
			快开放交通型	慢开放交通型
可拌和时间(25℃)　不小于　(s)		120	120	180
黏聚力试验　不小于(N·m)				
30min(初凝时间)		1.2	1.2	—
60min(开放交通时间)		2.0	2.0	—
负荷车轮黏附砂量　不大于(g/m²)		450	450[①]	
湿轮磨耗损失　浸水1h　不大于(g/m²)		540	800	
浸水6d　不大于(g/m²)		800	—	
轮辙变形试验的宽度变化率[②]　不大于(%)		5	—	

注：①用于轻交通量道路的罩面和下封层时，可不要求黏附砂量指标。
　　②微表处混合料用于修复车辙时，需进行轮辙试验。

除新建的高速公路、一级公路的沥青路面上不宜采用稀浆封层铺筑上封层外，其他情况的上、下封层均可采用单层式沥青表面处治或乳化沥青稀浆封层。

稀浆封层和微表处的最低施工温度需大于10℃，严禁在雨天施工。在施工前，应清除干净原路表面，修补其中的坑槽、裂缝等病害，在水泥路面上铺筑微表处时还应洒布黏层油，过于光滑的表面要做拉毛处理，以增加新旧路面间的结合力。

稀浆封层和微表处两幅纵缝搭接的宽度要小于8cm，横向宜做成对接缝。分两层摊铺时，第一层摊铺后至少需在开放交通24h后方可进行第二层的摊铺。铺设后的表面不得有超粒径颗粒的严重拖痕。

2.沥青贯入式路面

沥青贯入式路面是在初步压实的碎石上，分层浇洒沥青、撒布嵌缝料，经压实而成的沥青面层。它主要适用于二级及二级以下的公路，也可作为沥青混凝土路面的连接层。沥青贯入式路面的厚度宜为4~8cm，对于乳化沥青贯入式路面的厚度不宜超过5cm，沥青贯入式路面的最上层应撒布封层料或加铺拌和层，乳化沥青贯入式路面铺筑在半刚性基层上时，应铺筑下封层，沥青贯入层作为连接层使用时，可不撒表面封层料，其材料规格和用量见表2-4-22。在沥青贯入式上部再铺筑热拌沥青混合料封层的，称之为"上拌下贯"式沥青路面。上拌下贯的总厚度为6~10cm，其中拌和层的厚度宜为2~4cm，其材料规格和用量见表2-4-23。沥青贯入式路面适宜的施工季节与沥青表面处治相同。

沥青贯入式路面的施工程序及要求如下：

(1)施工准备

施工机械和基层准备与层铺法表面处治基本相同。对于主层集料的施工可采用碎石摊铺机，使用钢筒式压路机碾压。乳化沥青贯入式路面必须浇洒透层或黏层沥青。当沥青贯入式路面厚度小于或等于5cm时，也应浇洒透层或黏层沥青。

(2)主层集料撒布和碾压

先撒布主层集料，撒布后严禁车辆在铺好的主层集料上通行。使用与层铺法沥青表面处治相同的机械和方法碾压,碾压一遍后,检验路拱和纵向坡度,如不符合要求,先调整找平再碾压,至集料无显著推移为止。然后再用重型的钢筒压路机(如10~12t压路机)进行碾压,每次轮迹重叠1/2左右,需4~6遍,直至主层集料稳定并无显著轮迹为止。

沥青贯入式面层材料规格和用量　　　　　表2-4-22

沥青品种	石油沥青					
厚度(mm)	40		50		60	
规格与用量	规格	用量	规格	用量	规格	用量
封层料	S14	3~5	S14	3~5	S13(S14)	4~6
第三遍沥青		1.0~1.2		1.0~1.2		1.0~1.2
第二遍嵌缝料	S12	6~7	S11(S10)	10~12	S11(S10)	10~12
第二遍沥青		1.6~1.8		1.8~2.0		2.0~2.2
第一遍嵌缝料	S10(S9)	12~14	S8	16~18	S8(S6)	16~18
第一遍沥青		1.8~2.1		2.4~2.6		2.8~3.0
主层石料	S5	45~50	S4	55~60	S3(S2)	66~76
沥青总用量		4.4~5.1		5.2~5.8		5.8~6.4

沥青品种	石油沥青				备注
厚度(mm)	70		80		
规格与用量	规格	用量	规格	用量	
封层料	S13(S14)	4~6	S13(S14)	4~6	
第三遍沥青		1.0~1.2		1.0~1.2	1. 在高寒地区及干旱风沙大的地区,可超出高限,再增加5%~10%。
第二遍嵌缝料	S10(S11)	11~13	S10(S11)	11~13	
第二遍沥青		2.4~2.6		2.6~2.8	2. 集料用量单位为 $m^3/1000m^2$,沥青及沥青乳液用量单位为 kg/m^2。
第一遍嵌缝料	S6(S8)	18~20	S6(S8)	20~22	
第一遍沥青		3.3~3.5		4.0~4.2	
主层石料	S3	80~90	S1(S2)	95~100	
沥青总用量		6.7~7.3		7.6~8.2	

(3)洒布沥青并撒嵌缝料

主层集料完成后即洒第一层沥青,施工方法与层铺法沥青表面处治基本相同。当主层沥青浇洒后,应立即均匀撒布第一层嵌缝料,不足处应找补;然后立即用8~12t钢筒式压路机进行碾压,轮迹重叠1/2左右,碾压4~6遍,直至稳定为止。如因气温过高使碾压过程中发生较大推移现象时,要立即停止碾压,待气温稍低时再继续碾压。

(4)第二、三层施工

第二、三层沥青与嵌缝料的施工基本与第一层类似。当撒布完封层料后,最后碾压,宜采用6~8t压路机碾压2~4遍,然后开放交通。

其他施工程序和要求基本与层铺法表面处治相同,要协调和处理好各道工序之间的紧凑性,当天已开工的路段当天完成,并应注意保持施工现场的整洁和干净。

上拌下贯式路面贯入层部分的材料规格和用量　　　　　　表2-4-23

沥青品种	石油沥青					
厚度(mm)	40		50		60	
规格与用量	规格	用量	规格	用量	规格	用量
第二遍嵌缝料	S12	5~7	S12(S11)	7~9	S12(S11)	7~9
第二遍沥青		1.4~1.6		1.6~1.8		1.6~1.8
第一遍嵌缝料	S10(S9)	12~14	S8	16~18	S8(S7)	16~18
第一遍沥青		2.0~2.3		2.6~2.8		3.2~3.4
主层石料	S5	45~50	S4	55~60	S3(S2)	66~76
沥青总用量		3.4~3.9		4.2~4.6		4.8~5.2
沥青品种	石油沥青		备 注			
厚度(mm)	70					
规格与用量	规格	用量				
第二遍嵌缝料	S10(S11)	8~10				
第二遍沥青		1.7~1.9	在高寒地区及干旱风沙大的地区,可超出高限,再增加5%~10%。			
第一遍嵌缝料	S6(S8)	18~20				
第一遍沥青		4.0~4.2				
主层石料	S2(S3)	80~90				
沥青总用量		5.7~6.1				

二、热拌沥青混合料面层的施工

热拌沥青混合料面层是指沥青与矿料在热态下施工的沥青路面,它适用于各种等级公路的沥青面层。对于高速公路、一级公路沥青面层的上、中、下面层和其他等级公路的沥青面层的上面层宜采用沥青混凝土铺筑,沥青碎石混合料仅适用于基层、过渡层和整平层。

面层用热拌沥青混合料按设计空隙率可分为密级配、开级配和半开级配三种类型,参见表2-4-24。

热拌沥青混合料的类型　　　　　　表2-4-24

混合料类型	最大粒径(mm)	公称最大粒径(mm)	级配类型与设计空隙率(%)				半开级配
			密级配		开级配		
			连续级配	间断级配	间断级配		沥青碎石
			3~5	3~6	3~4	>18	>18	6~12
砂粒式	9.5	4.75	AC-5				AM-5
细粒式	13.2	9.5	AC-10	SMA-10	OGFC-10		AM-10
	16.0	13.2	AC-13	SMA-13	OGFC-13		AM-13
中粒式	19.0	16	AC-16	SMA-16	OGFC-16		AM-16
	26.5	19	AC-20	SMA-20			AM-20

续上表

混合料类型	最大粒径（mm）	公称最大粒径（mm）	级配类型与设计空隙率(%)			
			密级配		开级配	半开级配
			连续级配	间断级配	间断级配	沥青碎石
			3~5 / 3~6	3~4	>18	>18	6~12
粗粒式	31.5	26.5	AC-25			ATPB-25
	37.5	31.5	ATB-30			ATPB-30
特粗式	53.0	37.5	ATB-40			ATPB-40

注：SMA 用于夏热区或重交通、特重交通公路时，设计空隙率高限可适当放宽至 4.5%。

沥青面层的集料最大粒径宜从上至下逐渐增大，并与压实层厚度相匹配。对于热拌热铺密级配沥青混合料，沥青层一层的压实厚度要大于集料公称最大粒径的 2.5~3 倍，对于 SMA 和 OGFC 等嵌挤型混合料大于公称最大粒径的 2~2.5 倍，以减少离析，便于压实。

热拌沥青混合料的施工主要包括施工准备、拌制和运输、铺筑等几道工序。

1. 施工准备

对于施工机械的性能及数量等要提前规划，并符合上阶段机械施工的要求。

路基和基层的平整度与沥青面层紧密相关，因此，对于基层的准备工作要严格，并符合有关规定。正式摊铺前，要清扫干净基层，泥块等杂质和松散的路面材料不得留在基层表面，不得进行薄层找平。保持基层的干燥和清洁。

热拌沥青混合料的施工过程中，要根据沥青品种、标号、黏度、气候条件及铺筑层的厚度选择沥青加热温度和沥青混合料施工温度。并应符合表 2-4-25 和表 2-4-26 的要求。

热拌沥青混合料的施工温度（单位：℃）　　表 2-4-25

施工工序		石油沥青的标号			
		50 号	70 号	90 号	110 号
沥青加热温度		160~170	155~165	150~160	145~155
矿料加热温度	间隙式拌和机	集料加热温度比沥青温度高 10~30			
	连续式拌和机	矿料加热温度比沥青温度高 5~10			
沥青混合料出料温度		150~170	145~165	140~160	135~155
混合料贮料仓贮存温度		贮料过程中温度降低不超过 10			
混合料废弃温度，高于		200	195	190	185
运输到现场温度，不低于		150	145	140	135
混合料摊铺温度，不低于	正常施工	140	135	130	125
	低温施工	160	150	140	135
开始碾压的混合料内部温度，不低于	正常温度	135	130	125	120
	低温施工	150	145	135	130

续上表

施工工序		石油沥青的标号			
		50 号	70 号	90 号	110 号
碾压终了的表面温度,不低于	钢轮压路机	80	70	65	60
	轮胎压路机	85	80	75	70
	振动压路机	75	70	60	55
开放交通的路表温度,不高于		50	50	50	45

注:表中未列入的130号、160号及30号沥青的施工温度由试验确定。

聚合物改性沥青混合料的正常施工温度范围(单位:℃)　　表 2-4-26

工序	聚合物改性沥青品种		
	SBS 类	SBR 胶乳类	EVA、PE 类
沥青加热温度	160～165		
改性沥青现场制作温度	165～170	—	165～170
成品改性沥青加热温度,不大于	175	—	175
集料加热温度	190～220	200～210	185～195
改性沥青 SMA 混合料出厂温度	170～185	160～180	165～180
混合料最高温度(废弃温度)	195		
混合料贮存温度	拌和出料后降低不超过10		
摊铺温度,不低于	160		
初压开始温度,不低于	150		
碾压终了的表面温度,不低于	90		
开放交通时的路表温度,不高于	50		

注:当采用表列以外的聚合物或天然沥青改性沥青时,施工温度由试验确定。

2. 沥青混合料的拌制与运输

(1)拌制

从国家有关环境保护、消防、安全、施工质量等要求出发,沥青混合料必须在沥青拌和厂采用拌和机械拌制。拌和机械可以采用间歇式或连续式拌和机拌制,按照《中华人民共和国环境保护法》和公路施工法的要求,各类拌和机均应有防止矿粉飞扬散失的密封性能及除尘设备。

为了保证施工质量和施工和易性,拌和机械还需有检测拌和温度的装置。对于连续式拌和机也应具备根据材料含水率变化调整矿料上料比例、上料速度、沥青用量的装置。从我国公路工程施工的现状来看,对于高速公路和一级公路的沥青混凝土宜采用间歇式拌和机拌制。

对于材料来源、质量等不稳定的工程,不得使用连续式拌和机。

在正式拌制沥青混合料之前,需根据确定的配合比进行试拌,也就是确定施工配合比,由于我国材料供应的不均匀性较大,这道工序很重要,而且每隔一定的时间需重新试拌来确定由于材料规格等的变化而需改变的新配合比。试拌时,对所有的冷料(包括粗、细集料等)和沥青应严格计量,通过试拌及实验确定每盘热料的配合比及其总质量(间歇式拌和机)、或各种矿料进料口开启的大小及沥青和矿料进料的速度(连续式拌和机)、适宜的沥青用量、平均拌和时间、矿料和沥青加热温度、沥青混合料的出场温度等各项施工指标。混合料的拌和时间直接影响到路面的施工效率,对于混合料的拌制要求,以其拌和均匀、所有矿料颗粒全部裹覆沥青结合料为度。一般而言,在正常的拌和情况下,间歇式拌和机每锅拌和时间宜为30~50s(其中干拌时间不得少于5s),连续式拌和机的拌和时间需根据上料速度及拌和温度试拌确定。改性沥青和SMA混合料的拌和时间应适当延长。

拌和好的沥青混合料需符合出厂温度要求,混合料应均匀一致、无花白料、无结团成块或严重的粗细料分离现象。当混合料出厂温度过高,已影响沥青黏结力时,应当废弃,已铺筑的沥青路面应予铲除,并及时调整。如施工等原因,不能立即使用的沥青混合料,可采取保温措施或放入成品储料仓储存,但储存时间应以符合摊铺温度或不超过72h为准。

(2)运输

热拌沥青混合料的运输一般采用较大吨位的自卸汽车。在装料前,车箱应打扫干净,为了防止沥青与车箱板的黏结,需在车箱侧板和底板涂一薄层隔离剂(柴油与水按1∶3比例混合),但不得有余液积聚在车箱底部。

为了减少在装料过程中的粗细集料离析,自卸车每装一斗混合料宜挪动一下位置。运料车应有篷布准备,如遇可能引起降温、污染、雨淋、运输时间超过30min时,应用篷布覆盖。

沥青混合料运输车的运量应和拌和能力、摊铺速度相协调,并有所富余。一般情况下,对于高速公路、一级公路,开始摊铺时,施工现场等候卸料的运料车不宜少于5辆。连续摊铺过程中,运料车应在摊铺机前10~30cm处停住,卸料过程中应挂空挡,靠摊铺机推动前进,卸料过程中,严禁撞击摊铺机。

SMA混合料的拌制和运输稍有不同。由于SMA为间断级配,粗集料及矿粉较多,细集料较少,还掺加纤维,故在拌和过程中,特别要注意冷料仓的搭配和纤维投入的均匀性,防止粗集料、矿粉供应不足,而细集料又过剩的现象发生。从原则上讲,SMA是不能使用回收粉尘的,而且SMA拌和后不能贮存太长时间,当天拌和的需当天使用完。

由于SMA混合料中的沥青玛蹄脂黏性较大,故运料车需涂刷较多的油水混合物。同时为了防止SMA混合料表面结成硬壳,在运输过程中,车辆顶面需加盖篷布,而且同等情况下,使用SMA的还需增加车辆。其施工温度通过试验路铺筑确定。

表2-4-27为SMA路面的施工温度范围建议值,可供参考。

SMA 路面施工温度控制表(单位:℃)　　　　表 2-4-27

施工阶段	不使用 改性沥青	使用改性沥青			测温部位
		SBS 类	SBR 类	EVA、PE 类	
沥青加热温度	150~160	160~165	160~165	150~160	沥青加热罐

续上表

施工阶段	不使用改性沥青	使用改性沥青			测温部位
		SBS 类	SBR 类	EVA、PE 类	
集料加热温度	185~195	190~200	200~210	180~190	热料提升斗
SMA 出厂温度	160~170	175~185	175~185	170~180	运料车
混合料最高温度	195	不高于 195			运料车
混合料贮存温度	降低不超过 10				贮料仓及运料车
摊铺温度	不低于 150	不低于 160			摊铺机
初压温度	不低于 140	不低于 150			碾压层内部
复压温度	不低于 120	不低于 130			碾压层内部
终压温度	不低于 110	不低于 120			碾压层内部
开放交通温度	不高于 50	不高于 60			路面内部或表面

3. 路面铺筑

(1) 摊铺

按要求做好基层、透层、封层、黏层合格后,才可进行沥青混合料的铺筑。摊铺机在开始受料前需在料斗内涂刷少量防止黏料用的柴油。对于高速公路和一级公路,根据摊铺宽度,宜采用两台以上的摊铺机成梯队作业进行联合摊铺,相邻两幅的重叠摊铺宽度为 3~6cm,并躲开车道轮迹带,上、下层的搭接位置需错开 20cm 左右。为了减小温度差等原因造成的材料离析和碾压质量等问题,摊铺机间距应以不得造成前面摊铺的混合料冷却为准,如条件允许,也可使用全宽度摊铺机一幅摊铺。沥青混合料摊铺操作如图 2-4-7 所示。

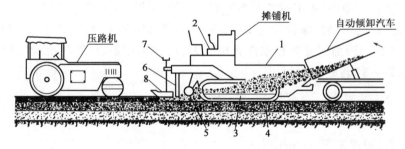

图 2-4-7 沥青混合料摊铺作业示意图
1-料斗;2-驾驶台;3-送料器;4-履带;5-螺旋布料器;6-振捣器;7-厚度调节螺杆;8-熨平板

摊铺机开工前应使熨平板的预热温度不低于 100℃,摊铺过程中需选择好熨平板的振捣或夯锤压实装置,以提高路面的初始压实度,并仔细调节熨平板加宽连接使铺后混合料不出现明显的离析现象。

为了提高沥青路面的施工质量,摊铺机应具有自动找平的装置,中、下面层需采用一侧钢丝绳引导的高程控制方式,表面层宜采用摊铺层前后保持相同高差的雪橇式或平衡梁摊铺厚度控制方式,以保证摊铺机初步压实的摊铺层符合平整度、横坡的规定要求。

摊铺机必须缓慢、均匀、连续不间断地摊铺,摊铺速度需控制在 2~6m/min 的范围内,对于改性沥青混合料及 SMA 混合料需放慢至 1~3m/min。并按计算结果综合确定。

热拌沥青混合料应在较高气温时施工。高速公路和一级公路当气温低于 10℃、其他等级公路气温低于 5℃时,不宜摊铺热拌沥青混合料,如因其他原因必须摊铺时,应采取相应的保温和压实措施,确保施工质量。

沥青混合料的松铺系数应根据试验路的情况综合确定,表 2-4-28 可供参考。在摊铺过程中,应随时检查摊铺层厚及路拱、横坡,并按下式由使用的混合料总量与面积校验平均厚度,不符合要求时,应根据铺筑情况及时调整。

沥青混合料的松铺系数参考值　　　　　　　　　　　表 2-4-28

种类	机械摊铺	人工摊铺
沥青混凝土混合料	1.15~1.35	1.25~1.50
沥青碎石混合料	1.15~1.30	1.20~1.45

摊铺层压实成型的平均厚度如式(2-4-7)所示:

$$T = \frac{100M}{DLW} \tag{2-4-7}$$

式中:T——摊铺层压实成型后的平均厚度(cm);
　　　M——摊铺的沥青混合料总质量(t);
　　　D——压实成型后沥青混合料的密度(t/m³);
　　　L——摊铺段长度(m);
　　　W——摊铺宽度(m)。

摊铺机的摊铺速度影响沥青路面的施工质量和效率。沥青混合料必须缓慢、均匀、连续不间断地摊铺,如无特殊原因,施工过程中不得随意变换摊铺速度或中途停顿。摊铺机的螺旋送料器应不停顿地转动,两侧要保持有不少于送料器高度 2/3 的混合料,并保证在摊铺机全宽度断面上不发生离析。摊铺速度要根据拌和机能力、运输车运量、压路机配套情况及摊铺层厚度、宽度,按式(2-4-8)确定:

$$v = \frac{100Q}{60DWT} \cdot C \tag{2-4-8}$$

式中:v——摊铺机摊铺速度(m/min);
　　　D——压实成形后沥青混合料的密度(t/m³);
　　　Q——拌和机产量(t/h);
　　　W——摊铺宽度(m);
　　　T——摊铺层压实成型后的平均厚度(cm);
　　　C——效率系数,取 0.6~0.8。根据材料供应、运输能力等配套情况确定。

机械摊铺时,尽量少用人工反复修整。当遇下列情况时,可人工局部找补或更换混合料:

①如发现摊铺后的路面横断面不符合要求、表面明显不平整、局部混合料明显离析、摊铺机后有明显的拖痕、构造物接头部位或摊铺带边缘局部缺料等情况,可采用人工进行局部找补

或更换混合料,缺陷较严重时,应予铲除,并调整摊铺机或改进摊铺工艺。

②路面狭窄部分、平曲线半径过小的匝道或加宽部分、小规模工程等可用人工摊铺。半幅施工时,路中一侧宜事先设置挡板,沥青混合料卸在铁板上,撒料用的铁锹等工具加热使用,也可沾轻柴油或油水混合液,以防黏结混合料,摊铺时扣锹摊铺,不能扬锹远甩。摊铺要连续进行,摊铺好的混合料应紧跟碾压,对于混合料温度低于施工要求或受雨淋湿的,要坚决铲除,以保证施工质量。

(2)碾压

根据试验路的情况,确定钢筒式静态压路机与轮胎压路机或振动压路机的合理组合方式及碾压步骤,压路机的数量要根据摊铺的速度而定,沥青混凝土的分层压实厚度不得大于10cm,沥青稳定碎石层的压实厚度不得大于12cm。压路机应以慢而均匀的速度碾压,沥青混合料的压实分为初压、复压、终压三个阶段,各个阶段的碾压速度需符合表2-4-29的要求。

压路机碾压速度(km/h)　　　　表2-4-29

压路机类型	初压		复压		终压	
	适宜	最大	适宜	最大	适宜	最大
钢轮压路机	2~3	4	3~5	6	3~6	6
轮胎压路机	2~3	4	3~5	6	4~6	8
振动压路机	2~3(静压或振动)	3(静压或振动)	3~4.5(振动)	5(振动)	3~6(静压)	6(静压)

摊铺好的沥青混合料要及时碾压。初压一般在混合料处于较高温度下进行,应选用轻型钢轮压路机或关闭振动装置的振动压路机碾压2遍。压路机应从外侧向中心碾压,相邻碾压带重叠1/3~1/2轮宽,最后碾压路中心部分。当边缘有挡板、路缘石、路肩等支挡时,压路机应紧靠支挡碾压;当边缘无支挡时,可把边缘混合料稍稍耙高,然后将压路机的外侧轮伸出边缘10cm以上碾压,也可在边缘先空出宽30~40cm,待压完第一遍后,将压路机大部分重力位于已压实过的混合料面上再压边缘,以减少沥青混合料向外推移或发裂。压路机在起动、停止时必须减速缓慢进行,碾压时应将驱动轮面向摊铺机碾压,碾压路线和方向不得突然改变。初压结束时,应检查平整度和路拱,必要时予以适当修整。

复压紧跟在初压后进行,要组合好压路机并使每台都能全幅碾压,以保证压实的均匀性。对于密级配沥青混凝土,优先选择重型的轮胎压路机进行搓揉碾压,以增加密实性,其总质量要大于25t,每个轮胎的压力不小于15kN,冷态时轮胎充气压力不小于0.55MPa,轮胎发热后不小于0.6MPa。对于粗集料为主的较大粒径混合料,尤其是大粒径沥青稳定碎石基层,优先选用振动压路机复压,振动频率宜为35~50Hz,振幅宜为0.3~0.8mm,相邻碾压带重叠宽度为10~20cm。当采用三轮钢筒式压路机时,总重量不小于12t,重叠宽度为1/2,并不少于20cm。OGFC需采用小于12t的钢筒式压路碾压,以防压碎粗集料。

复压结束后要立即进行终压。终压时可选用双轮钢筒式压路机或关闭振动的振动压路机碾压。一般需两遍以上,并无轮迹。路面混合料摊铺温度与压实成形的终了表面温度应符合有关规定。

在碾压过程中,压路机每次应由两端折回的位置阶梯形的随摊铺机向前推进,使折回处不在同一横断面上。在摊铺机连续摊铺的过程中,压路机不得随意停顿。当沥青混合料黏轮时,可向碾压轮洒少量水或加洗衣粉的水,严禁洒柴油。压路机不得在未碾压成形的路段上转向、调头或停车等候。振动压路机在已成形的路面上行驶时需关闭振动。

对于压路机无法压实的拐弯、死角或各种检查井的边缘等,可采用振动夯板或人工夯锤压实。在尚未冷却的沥青混合料路面上,不得行驶或停放任何机械或车辆。

由于 SMA 混合料拌和效率较低,因此摊铺机供料不足的问题比较突出,所以摊铺机的速度需放慢。同时,对于 SMA 混合料可压实余地也不大,松铺系数要比传统的沥青混合料小得多,例如,对于德国的 ABG 摊铺机摊铺,松铺系数有时竟不超过 1.05,因此需通过试验路总结确定。

由于轮胎式压路机的搓揉使沥青玛蹄脂产生上浮,极易使路面抗滑能力下降,有时甚至造成泛油,故 SMA 路面的碾压必须采用钢轮碾压,不得使用轮胎式压路机。实践经验证明,SMA 路面的碾压可以使用振动压路机,但要避免粗集料的碾碎和泛油现象发生,一些试验路情况表明,使用高频率低振幅尤其重要,一般初压用 10t 钢轮紧跟摊铺机后碾压 1~2 遍,复压再静碾 3~4 遍或振动碾压 2~3 遍,最后用较宽的钢轮终压一遍即可,切忌过碾。

(3)接缝处理

沥青路面的各种施工缝(包括纵缝、横缝、与结构物或新旧路面的接缝等)处,往往压实不足,容易产生台阶、裂缝、松散等病害,影响路面的平整度和耐久性,也常常是沥青路面产生早期破坏的一个主要因素。接缝处理的总原则是使相邻沥青混合料均匀、无离析、密实和平顺。它可分为纵向接缝和横向接缝两种。

①纵缝处理

当使用两台或两台以上摊铺机成梯队作业时,可采用热接缝形式。施工时,需将已摊好的混合料部分预留 10~20cm 宽暂不碾压,作为后摊铺部分的高程基准面,最后作跨缝碾压以消除缝迹。对于半幅施工的路面,不能采用热接缝时,可加设挡板或采用切刀切齐,在摊铺另半幅时,须仔细地清扫接缝处,并涂洒少量黏层沥青,摊铺时应重叠在已铺层上 5~10cm,铺后人工将铺在前半幅上的混合料铲走,碾压时,先在已压实路面上行走,碾压新铺层 10~15cm,然后压实新铺部分,再伸过已压实路面 10~15cm,充分将接缝压实紧密。对于上下层的纵缝需错开 15cm 以上,表层的纵缝应顺直,且宜留在车道画线位置上,减少由于接缝处强度不足车辆荷载造成的损害。

②横缝处理

在相邻两幅和上下层之间设置的横向接缝均应错位 1m 以上。对于高速公路和一级公路中下层的横向接缝可采用斜接缝形式,面层应采用垂直的平接缝形式。其他等级公路各层均可采用斜接缝。铺筑接缝时,为了加强新旧混合料的黏结,可在已压实好的上面铺设一些热混合料,在碾压开始时,再将预热料铲除。斜接缝的搭接长度与层厚有关,一般为 0.4~0.8m,搭接处需清扫干净,并洒黏层油。平接缝施工起来比斜接缝麻烦一些,它要求在已压实好并符合路面平整度要求的断面垂直切下,在摊铺时,断面端部洒黏层沥青后再接着铺筑。成形垂直缝的方法很多,有趁沥青混合料未冷时沿不符合平整度的断面接头垂直刨除;也有在预定的摊铺段末段先撒一薄层砂带或铺上一层麻袋或牛皮纸,以利于端部刨除。切除后,应对接头处清扫干净,保持干燥状态。

横向接缝的碾压非常重要,接头处理好的话,可使沥青路面平整、密实、平顺,如处理不好,可能引起接头处松散、剥落、跳车等现象,极宜产生路面的早期破坏。横向接缝的碾压应先使用双轮或三轮钢筒式压路机进行横向碾压,碾压带的外侧需放置供压路机行驶的垫木,碾压时压路机应位于已压实的混合料层上,伸入新铺层的宽度为15cm。然后每压一遍向新铺混合料移动15~20cm,直至全部在新铺层上为止,再改为纵向碾压。当相邻摊铺层已经成型,同时又有纵缝时,可先用钢筒式压路机沿纵缝碾压一遍,其碾压宽度为15~20cm,然后再沿横缝做横向碾压,最后进行正常的纵向碾压。

热拌沥青混合料摊铺后待摊铺层完全自然冷却,混合料表面温度低于50℃后,可以开放交通。

三、冷拌沥青混合料路面的施工

冷拌沥青混合料可采用乳化沥青或液体沥青拌制,适用于三级及三级以下的公路沥青面层、二级公路的罩面层以及各级公路的基层、连接层或整平层。其中在施工中用的最多的为乳化沥青冷拌混合料。

乳化沥青碎石混合料是采用乳化沥青与矿料在常温状态下拌和而成,压实后剩余空隙率在10%以上的常温沥青混合料。适用于三级和三级以下公路的沥青面层、二级公路的罩面层施工以及各级公路沥青路面的联结层或整平层。乳化沥青碎石混合料路面的沥青面层需采用双层式:上层使用中粒式或细粒式沥青碎石混合料,下层使用粗粒式沥青碎石混合料。在少雨干燥地区或半刚性基层上也可使用单层式。为了减少雨水对于路面结构层的浸蚀,在多雨潮湿地区必须做上封层或下封层。

使用阳离子乳化沥青时,混合料可在下层潮湿的情况下施工,但应防止雨水的冲刷。在与乳液拌和前需用水湿润集料,使集料总含水率达到5%左右。混合料的拌和时间应保证乳液与集料的拌和均匀,一般情况下,机械拌和不宜超过30s(自矿料中加进乳液的时间算起);人工拌和不宜超过60s。混合料应具有充分的施工和易性,其拌和、运输、摊铺都应在乳液破乳前结束,在施工过程中如遇破乳的沥青混合料,应予废弃。如条件允许,拌制好的沥青混合料应尽量使用摊铺机摊铺,乳化沥青碎石混合料的碾压可以按照热拌沥青混合料的要求执行,混合料摊铺后,可采用6t左右的轻型压路机初压,碾压1~2遍,再用轮胎压路机或轻型钢筒式压路机碾压1~2遍。当乳化沥青开始破乳,混合料由褐色转为黑色时,可用较重的12~15t轮胎压路机或10~12t钢筒式压路机复压,一般2~3遍后立即停止,待晾晒一段时间,水分蒸发后,再补充复压至密实为止。对于局部松散或开裂的混合料,应予挖除并补换新料,整平压至密1实。

压实成型好的路面需做好早期养护,封闭交通2~6h。初期开放交通时,车速不得超过20km/h。

四、透层、黏层施工

透层、黏层与封层一样虽不参与路面结构厚度的计算,但亦起着重要的功能性作用。设计合理且正确施工的透层、黏层对沥青路面的使用质量非常重要。

1. 透层

为使沥青面层与非沥青材料基层结合良好,宜在基层上浇洒慢裂的洒布型乳化沥青、煤沥青或中慢凝液体石油沥青而形成的透入基层表面的薄层,称为透层。良好的层间结合,可以减少沥青面层在外荷载作用下产生剪切等破坏。

沥青路面的级配砂砾、级配碎石基层及水泥、石灰、粉煤灰等无机结合料稳定土或粒料的半刚性基层上必须浇洒透层沥青。待基层完工后即可浇洒透层沥青,沥青的洒布尽可能使用沥青洒布车喷洒,浇洒透层沥青时,应均匀、不遗漏、不多余,并应防止周围的路缘石及人工构造物被污染。在无机结合料稳定半刚性基层上浇洒透层沥青后,需立即撒布用量为 $2\sim3m^3/1000m^2$ 的碎石或粗砂。在无结合料粒料基层上洒布沥青后,如不能及时铺筑面层而且需通车时,也应撒铺适量的碎石或粗砂,此时透层沥青的用量可增加10%。待撒布完后,可使用 $6\sim8t$ 的钢筒式压路机稳压一遍,通行车辆时,需控制车速。

透层沥青洒布后应尽早铺筑沥青面层。使用乳化沥青时,应待其充分渗透、水分蒸发后方可铺筑沥青面层,一般不小于24h。

2. 黏层

为加强在路面的沥青层与沥青层之间、沥青层与水泥混凝土路面之间的黏结而洒布的沥青材料薄层,称为黏层。它也是为了加强层间结合的一种措施。黏层的沥青材料可使用快裂的洒布型乳化沥青、快中凝液体石油沥青或煤沥青。其施工程序和要求与透层基本相同,但可不撒布碎石或粗砂等集料。其材料的规格与用量见表2-4-30。

沥青路面透层及黏层材料的规格与用量 表2-4-30

用途		乳化沥青		液体石油沥青		煤沥青	
		规格	用量(L/m²)	规格	用量(L/m²)	规格	用量(L/m²)
透层	无结合料粒料基层	PC-2 PA-2	1.0~2.0	AL(M)-1或2 AL(S)-1或2	1.0~2.3	T-1 T-2	1.0~1.5
	半刚性基层	PC-2 PA-2	0.7~1.5	AL(M)-1或2 AL(S)-1或2	0.6~1.5	T-1 T-2	0.7~1.0
黏层	下卧层为沥青层	PC-3 PA-3	0.3~0.6	AL(R)-3~6 AL(M)-3或6	0.3~0.5		
	下卧层为水泥混凝土	PC-3 PA-3	0.3~0.5	AL(M)-3或6 AL(S)-3或6	0.2~0.4		

注:表中用量是指包括稀释剂和水分等在内的液体沥青、乳化沥青的总量。乳化沥青中的残留物含量以50%为基准。

五、其他工程的施工

其他工程主要包括非机动车道、重型车停车场、公共汽车站、水泥混凝土桥面的沥青铺装层、钢桥面铺装、公路隧道沥青路面、路缘石与拦水带等项目。

1. 非机动车道

非机动车道主要供行人、自行车、非机动车等轻型交通使用。其沥青面层的材料要求应与车行道的相同,人行道、自行车道、园林绿道等可铺筑单层细粒式或砂粒式沥青混凝土面层、沥青表面处治或空隙率大的沥青碎石混合料透水性面层;三幅道以上公路的非机动车道、广场采用的沥青混合料宜分双层铺筑,上面层应采用细粒式或砂粒式沥青混凝土混合料。铺筑贯入式路面时宜加铺拌和层。为了景观等需要,可采用彩色沥青混凝土铺筑。对于此类路面的碾压,不得损坏其他公共设施,压实有困难时,可使用小型振动压路机或振动夯板压实,必要时,也可采用人工夯实。

2. 停车场、公交车站

重型车停车场、公共汽车站等,由于车辆启动、制动频繁,因此要求沥青混合料具有较高的抗剪切强度,以抵抗车辆水平力的作用。

3. 桥面铺装

水泥混凝土桥面的沥青铺装非常重要。若处理不当的话,往往造成沥青混合料的剥落,在水、车辆荷载等作用下,桥面铺装很容易被破坏掉,使行车极不安全。沥青铺装一般由黏层、防水层、保护层、沥青混凝土组成,厚度为 6~10cm 为宜。在多雨、纵坡大、设计车速过高的高架桥、立交桥桥面上还需铺设抗滑表层。黏层的施工方法可按前面介绍的规定执行。防水层的厚度取 1~1.5mm,防水层必须全桥面铺装,用于防水层的材料较多,归纳起来主要有:

(1) 分两次洒布总用量为 0.4~0.5kg/m² 的基质沥青或改性沥青黏层,再撒布一层中砂或细集料,碾压形成的沥青涂胶类下封层。

(2) 涂刷聚氨酯胶泥、环氧树脂沥青、改性乳化沥青等高分子聚合物涂胶。采用上述材料做防水层时,涂料必须均匀,并用 1.18mm 筛过滤后使用。

(3) 铺设沥青或改性沥青防水卷材,或浸渗沥青的无纺布,通过沥青黏层与桥面黏结。在铺设沥青卷材时,除预制梁拼缝两侧 5~10cm 范围内不粘贴外,均应用黏结剂或防水涂料将卷材与基面密贴,并用滚筒碾平压实。应沿水流方向将上层卷材压住下层卷材,上下层的搭接缝应错开半幅,纵缝搭接 8~10cm,横缝搭接不少于 10cm。

由于防水卷材施工后不容易保证沥青铺装层与基底层的充分结合,从而会引起早期损坏,近年来已很少在高等级公路桥梁上使用。

为保护防水层,必要时可在其上铺设保护层。保护层的材料主要采用 AC-5 型砂粒式沥青混凝土或单层式沥青表面处治,厚度为 1cm。保护层一般使用人工铺筑,采用 6~8t 轻型压路机以较慢的速度碾压。

为了提高沥青面层的高温稳定性,桥面铺装的面层宜采用 AC-16 及 AC-20 型中粒式热拌热铺改性沥青混凝土铺筑,厚度采用 4~10cm,双层式面层的表面层厚度不小于 2.5cm。对重要桥梁的桥面铺装也采用环氧沥青混凝土或浇筑式沥青混凝土。施工碾压可使用轮胎压路机复压和轻型钢筒式压路机终压的方式,不得采用有可能损坏桥梁的大型振动压路机或重型钢筒式压路机。

钢桥面铺装结构一般分为防锈层、防水黏结层、沥青面层等。防水黏结层需采用高黏度的改性沥青、环氧沥青、防水卷材等,要紧跟在防锈层后涂刷。钢桥面沥青铺装层多采用环氧沥青混凝土、浇筑式沥青混凝土、SMA 混合料等。

4. 隧道路面

公路隧道沥青路面的施工要特别注意安全。尤其是隧道有可能的漏水、冒水、隧道防火等安全特点。同时要做好隧道底部的地下水疏导和隧道内的通风工作。

隧道内沥青路面施工宜采用温拌沥青混合料,以减少高温沥青混合料的烟雾等恶劣施工条件对施工人员的危害,并确保施工安全性。

5. 路缘石与拦水带

沥青路面路缘石的材料主要有水泥混凝土预制块和沥青混凝土两种。铺筑沥青混凝土路缘石时,应采用路缘石成形机在沥青面层铺筑后连续铺设。沥青混凝土的混合料矿料级配要符合表2-4-31的要求,沥青用量需较马歇尔试验配合比设计的最佳用量增加0.5%~1%,双面击实50次的设计空隙率为1%~3%,基底应洒布0.25~0.5kg/m²的黏层沥青。

沥青混凝土拦水带矿料级配范围 表2-4-31

筛孔(mm)	16	13.2	4.75	2.36	0.3	0.075
通过质量百分率(%)	100	85~100	65~80	50~65	18~30	5~15

第七节 沥青面层施工质量评定标准

沥青路面施工应根据全面质量管理的要求,建立健全有效的质量保证体系,实行严格的目标管理、工序管理与岗位责任制度,对施工各阶段的质量进行检查、控制、评定,达到所规定的质量标准,确保施工质量的稳定性。

施工质量管理与检查验收应包括工程施工前、施工过程中的质量管理与质量控制,以及各施工工序间的检查及工程交工后的检查验收。

一、沥青混凝土面层和沥青碎(砾)石面层

沥青混凝土面层和沥青碎(砾)石面层施工结束后,表面裂缝、松散、推挤、碾压轮迹、油丁、泛油、离析的累计长度不得超过50%,搭接处烫缝应无枯焦,路面应无积水。

沥青混凝土面层和沥青碎(砾)石面层实测项目应符合表2-4-32的规定。

沥青混凝土面层和沥青碎(砾)石面层实测项目 表2-4-32

项次	检查项目	规定值或允许偏差		检查方法和频率
		高速公路一级公路	其他公路	
1	压实度①(%)	≥试验室标准密度的96%(*98%) ≥最大理论密度的92%(*94%) ≥试验段密度的98%(*99%)		每200m测1点。核子(无核)密度仪每200m测1处,每处5点

续上表

项次	检查项目		规定值或允许偏差		检查方法和频率
			高速公路一级公路	其他公路	
2	平整度	σ(mm)	≤1.2	≤2.5	平整度仪：全线每车道连续检测，按每100m计算IRI或σ
		IRI(m/km)	≤2.0	≤4.2	
		最大间隙h(mm)	—	≤5	3m直尺：每200m测2处×5尺
3	弯沉值(0.01mm)		不大于设计验收弯沉值		
4	渗水系数(mL/min)	SMA路面	≤120	—	渗水试验仪：每200m测1处
		其他沥青混凝土路面	≤200		
5	摩擦系数		满足设计要求	—	摆式仪：每200m测1处 横向力系数检测车：全线连续检测
6	构造深度		满足设计要求	—	铺砂法：每200m测1处
7	厚度② (mm)	代表值	总厚度：-5%H 上面层：-10%h	-8%H	每200m测1点
		合格值	总厚度：-10%H 上面层：-20%h	-15%H	
8	中线平面偏位(mm)		20	30	全站仪：每200m测2点
9	纵断高程(mm)		±15	±20	水准仪：每200m测2个断面
10	宽度(mm)	有侧石	±20	±30	尺量：每200m测4个断面
		无侧石	不小于设计值		
11	横坡(%)		±0.3	±0.5	水准仪：每200m测2个断面
12	矿料级配		满足生产配合比要求		T 0725，每台班1次
13	沥青含量		满足生产配合比要求		T 0722、T 0721、T 0735，每台班1次
14	马歇尔稳定度		满足生产配合比要求		T 0709，每台班1次

注：①表内压实度，高速公路、一级公路应选用2个标准评定，以合格率低的作为评定结果；其他公路选用1个标准进行评定。带＊号者是指SMA路面。

②表列沥青层厚度仅规定负允许偏差。H为沥青层总厚度，h为沥青上面层厚度；其他公路的厚度代表值和合格值允许偏差按总厚度计，当H≤60mm时，允许偏差分别为-5mm和-10mm；当H>60mm时，允许偏差分别为-8%H和-15%H。

二、沥青贯入式面层(或上拌下贯式面层)

沥青贯入式面层(或上拌下贯式面层)不得松散，不得漏洒，无波浪、油包，路面无积水。
沥青贯入式面层(或上拌下贯式面层)实测项目应符合表2-4-33的规定。

沥青贯入式面层(或上拌下贯式面层)实测项目　　　　表2-4-33

项次	检查项目		规定值和允许偏差	检查方法和频率
1	平整度	σ(mm)	≤3.5	平整度仪:全线每车道连续按每100m计算IRI或σ
		IRI(m/km)	≤5.8	
		最大间隙h(mm)	≤10	3m直尺:每200m测2处×5尺
2	弯沉值(0.01mm)		不大于设计验收弯沉值	
3	厚度①(mm)	代表值	-8%H 或 -5	每200m测2点
		合格值	-15%H 或 -10	
4	沥青总用量		±0.5%	每台班每层洒布检查1次
5	中线平面偏位(mm)		30	全站仪:每200m测2点
6	纵断高程(mm)		±20	水准仪:每200m测2个断面
7	宽度(mm)	有侧石	±30	尺量:每200m测4点
		无侧石	不小于设计值	
8	横坡(%)		±0.5	水准仪:每200m测2个断面
9	矿料级配		满足生产配合比要求	T 0725,每台班1次
10	沥青含量		满足生产配合比要求	T 0722、T 0721、T 0735,每台班1次

注:①H为设计厚度。当$H \geq 60$mm时,按厚度百分率计算;当$H < 60$mm时,直接选用固定值。

三、沥青表面处置面层

沥青表面处置面层应无拖痕、松散、推挤、油丁、泛油、离析的累计长度不得超过50m,路面无积水。

沥青表面处置面层实测项目应符合表2-4-34的规定。

沥青表面处置面层实测项目　　　　表2-4-34

项次	检查项目		规定值和允许偏差	检查方法和频率
1	平整度	σ(mm)	≤4.5	平整度仪:全线每车道连续按每100m计算IRI或σ
		IRI(m/km)	≤7.5	
		最大间隙h(mm)	≤10	3m直尺:每200m测2处×5尺
2	弯沉值(0.01mm)		不大于设计验收弯沉值	
3	厚度(mm)	代表值	-5	每200m每车道测1点
		合格值	-10	
4	沥青用量		±0.5%	每工作日每层洒布检查1次
5	中线平面偏位(mm)		30	全站仪:每200m测2点
6	纵断高程(mm)		±20	水准仪:每200m测2个断面
7	宽度(mm)	有侧石	±30	尺量:每200m测4处
		无侧石	不小于设计值	
8	横坡(%)		±0.5	水准仪:每200m测2个断面

第八节　沥青路面施工中的一些问题及原因

一、沥青混合料拌和中的异常现象

沥青混合料在拌和施工过程中容易出现的问题及解决办法如下：

（1）每天拌和的第一盘沥青混合料易出现废料

主要原因是拌和设备刚开始启动，骨料和沥青预加热没有达到规定的温度。解决措施是适当减少进入烘干筒的混合料数量和提高开始时火焰温度，保证在开机时，粗、细集料和沥青的加热温度略高于规定值。

（2）热料仓集料出现超尺寸颗粒

主要原因可能是最大筛孔的振动筛破损或振动筛上超尺寸颗粒从边框空隙落到下层筛网。有时也极易造成"油包"等现象。解决措施是检查振动筛，调整冷料仓上料速度。

（3）出现花白料

主要原因可能是料温偏低、拌和时间偏短或除尘不理想，无形中造成填充料的量偏多。解决的办法是根据检查确定的原因，或升高集料加热温度，或增加拌和时间，或减少矿粉用量。

（4）枯料

原因可能是原材料中细集料的含水率偏大，造成在烘干筒中细集料加热温度达到规定值，而粗集料的温度大大超过了规定值。避免料场中细集料受雨淋，对于含水率大于7%的细集料不允许使用。

（5）混合料没有色泽

主要原因是沥青加热温度过高，一般的石油沥青当温度超过180℃时，沥青极宜老化。措施当然是控制沥青的加热温度到施工规定的温度界限内。

（6）矿料颗粒组成明显变化

引起的原因可能是冷料颗粒组成发生了大变化或振动筛网上热料过多，来不及正常筛分就进入热料仓，最终导致热料仓中集料颗粒组成发生了大的变化。检查原因或采取相应的措施，或经试验重新确定混合料配合比。

（7）溢料口出现过多的溢料

主要原因是冷料仓配比不准确或者是原材料规格发生较大的变化，也可能是冷料仓"串料"或是某个料仓出料口不工作。措施是检查、调整各冷料仓的出料速度，检查冷料仓装料情况，检验原材料规格并调整集料配合比。

二、沥青混合料运输、摊铺和压实中的异常现象

（1）混合料离析现象

沥青混合料的离析一般分为集料离析和温度离析两种。它们是造成沥青混凝土不均匀性

的一个主要原因。

集料离析现象(主要是粗集料或细集料分别过于集中)从路面的表面看有片状的也有条状的。如果表面粗集料过分集中,致使其周围细集料不够,混合料的空隙率增大,雨水很容易渗入,表面层上的粗集料集中处在快速行车荷载作用下容易遭到破坏。如细集料过分集中,粗集料减少,将使混合料的高温稳定性不足,易产生车辙或抗滑能力下降等。因此,需十分重视并消除离析现象,尤其是表面层离析现象。

产生离析的原应较多,概括起来主要有混合料的级配问题、拌和温度问题、混合料装车和卸料问题、摊铺过程操作问题等。可以讲,每一个施工环节都可能造成集料离析,这也可能是以粒状为主的路面材料的一个施工共性。一般来说,混合料的油石比愈小、细集料或填料愈少,沥青混合料黏性就愈小,愈容易产生离析;沥青混合料矿料最大粒径愈大,愈容易产生离析现象;从拌和楼向自卸车装载时,混合料下落的高度愈大,大碎石愈容易溜到料堆的四周下部;如混合料下落到车厢的固定位置,堆料愈高,其四周的大碎石愈多;在摊铺机受料斗中,通常两侧大碎石较多,卸料车开离摊铺机后,如摊铺机受料斗两块侧板收起较晚,则侧板上大碎石较多的混合料将集中到已有很少混合料的送料链板上,如下一车料又不能及时向受料器喂料,链板将把大碎石较多的混合料输送到分料室,而造成粗集料集中现象。另外,混合料温度过高容易降低沥青黏度,如装料、卸料不当,也易引起离析现象。这些都是产生局部片状离析现象的主要原因。

预防集料离析问题发生,应根据产生离析的诸因素进行分析,采取有效措施。例如:确保混合料级配、油石比恰当,注意向自卸车装料及向摊铺机卸料方法,准确控制拌和温度等。

条带状离析现象有时只有一条,有时可能有2~3条以上。产生条带状离析现象的原因主要是在摊铺机的螺旋分料器和熨平板安装的不协调或有了小问题,或与螺旋分料器的固定杆有关。

混合料摊铺后出现粗集料集中的离析现象时,可在初压后适当地采用人工补撒细料的方法予以补救。

温度离析现象,是指沥青混合料的温度不均匀现象。混合料温度离析,可能引起摊铺、碾压作业难度,如摊铺厚度不好控制,平整度不易保证,压实度不均匀等问题。温度离析的原因可能有如下几方面,集料含水率过大且反复波动,烘干加热装置温度不稳定,气温较低时运输混合料覆盖不好或运输距离过远,拌和设备与摊铺机以及运输车数量不匹配而造成摊铺机不能连续作业等等。

为了避免温度离析现象发生,应从原材料、拌和设备、运输和摊铺组织管理等各方面入手,确保整个施工过程有一个连续、稳定的施工节奏。

(2)混合料摊铺后的表面异常现象

①在摊铺层表面有时可能出现个别超尺寸颗粒被熨平板拖动而形成或长或短的小沟,或者出现小坑洞。出现这类问题时,可采用人工及时补撒适量的细集料予以消除。

消除这类缺陷的根本办法是分析拌和场超尺寸颗粒进入混合料的原因。可能是热料二次筛分用的最大筛孔尺寸偏大,也可能是最大筛孔尺寸的筛网有破洞或其周边有较大缝隙所致。

②摊铺机后面局部出现一片或一条较宽的带内沥青混合料中的大碎石被挤碎。其原因可能是下层的平整度不好,一片或一条较宽的带下承层高程超出容许误差过多,致使该处摊铺层

过薄以及混合料中矿料的粒径过大。可将较大粒径碎石被挤碎的混合料铲除,人工用合适的沥青混合料补平和整平。

思考题

1. 影响沥青路面稳定性和耐久性的因素有哪些?
2. 什么是沥青路面的温度稳定性?如何提高?
3. 水对沥青路面有何破坏作用?如何防治?
4. 什么是沥青混合料的疲劳寿命?
5. 选择沥青混凝土填料时应注意什么事项?
6. 为提高沥青混合料内摩阻力,对材料有何要求?
7. 透层、黏层与封层的主要作用是什么?使用哪些材料?
8. 什么是 SMA 路面结构?SMA 路面施工与 AC 路面施工有何区别?
9. 简述三层式沥青表面处治的施工程序。
10. 沥青混合料拌和设备哪有几种形式?各有什么特点?
11. 沥青混凝土摊铺施工时需注意哪些问题?
12. 沥青混凝土路面的碾压分为几个阶段,各阶段的作用是什么?
13. 如何解决沥青混合料施工过程中的离析?

第五章 CHAPTER FIVE
水泥混凝土路面设计

主要掌握水泥混凝土路面设计的基本概念和我国水泥混凝土路面设计方法与步骤。

第一节 概述

以水泥混凝土做面层(配筋或不配筋)的路面,叫作水泥混凝土路面,也称刚性路面。它包括普通混凝土路面、钢筋混凝土路面、连续配筋混凝土路面、钢纤维混凝土路面、复合式路面、碾压混凝土路面、水泥混凝土预制块路面等。

水泥混凝土路面面板具有较高的力学强度,在车辆荷载的作用下产生的变形微小,同时按照现行的路面设计理论,水泥混凝土路面板基本处于弹性工作阶段。也就是讲,水泥路面在设计车辆荷载的作用下,板内所产生的最大应力低于水泥混凝土的破坏极限应力。当水泥混凝土板在弹性工作阶段时,基层和路基内部所受到的单位应力和变形更是极其微小,它们也工作于弹性阶段,因此,从水泥混凝土路面的受力特性来看,可以把其路面结构看作为弹性层状体系进行分析。

刚性较大的水泥路面与沥青路面相比,具有自己独特的一些特性。首先,从水泥混凝土路面的结构来看,混凝土路面板的弹性模量及力学强度远远大于基层和路基的相应弹性模量和力学强度;其次,水泥混凝土的抗弯拉强度远小于抗压强度,试验结果为 $1/7 \sim 1/6$,而且水泥路面在荷载和温度的综合作用下,混凝土板主要承受弯拉作用,因此决定混凝土板尺寸的强度指标是抗弯拉应力;同时,由于混凝土板与基层或路基之间的摩阻力不大,所以从力学角度可把水泥混凝土路面结构看作是弹性地基板,在进行路面结构设计和分析时,可运用弹性地基板理论。

水泥混凝土的抗弯拉强度与其抗压强度相比要小得多,在车辆荷载的作用下,混凝土板的弯拉应力超过其极限抗弯拉强度时,路面板便会产生断裂破坏,如果在重复荷载的不断作用下,路面板产生破坏的应力要比极限弯拉应力还要低,也就是我们所讲的疲劳破坏。除了车辆荷载的作用,混凝土板还要受到温度翘曲应力的作用,产生温度翘曲应力的原因主要是板顶面和底面的温差,板的平面尺寸越大,翘曲应力也将越大。另外,水泥混凝土又是一种脆性材料,它在断裂时的相对拉伸变形很小,因此,在荷载作用下路基和基层的变形情况对混凝土板的影响很大,不均匀的基础变形会使混凝土板与基层脱空,在车辆荷载作用下板产生过大的弯拉应力而遭破坏。

水泥混凝土路面设计方案根据公路的使用任务、性质和要求,结合当地气候、水文、土质、材料、施工技术、实践经验以及环境保护要求等,通过技术经济分析进行确定。水泥混凝土路面设计包括路面结构组合设计、混凝土面层厚度设计、各结构层材料组成设计、面层接缝设计、路面排水设计等。

第二节 水泥混凝土路面结构组合设计

路面结构层由面层、基层、底基层和垫层等结构层次组成,对各个结构层次有不同的功能要求,选择和组合结构层时,应考虑结构层上下层次的相互作用,以及层间结合条件和要求,如:上下层的刚度(模量)比,是否会引起上层底面产生过大的拉应力;无结合料的上层和下层的集料粒径和级配,是否会引起水和细粒土的渗漏;下面层的透水性,是否会引起渗入水的积滞和下层表面的冲刷等。

一、路基

水泥混凝土路面的路基应稳定、密实、均质,对路面结构提供均匀的支承,应满足以下要求:

(1)高液限黏土及含有机质细粒土,不能用作高速公路、一级公路的路床填料或二级及以下公路的上路床填料。

高液限粉土及塑性指数大于16或膨胀率大于3%的低液限黏土,不能作高速公路、一级公路的上路床填料。必须采用上述土做填料时,应掺入石灰、粉煤灰或水泥等结合料进行改善。

(2)路床顶面的综合回弹模量值,轻交通荷载等级时不低于40MPa,中等或重交通荷载等级时不低于60MPa,特重或极重交通荷载等级时不低于80MPa。不满足要求时,应选用粗粒土或低剂量无机结合料稳定土作路床或上路床填料。当路基工作区地面接近或低于地下水位时,可采用更换填料、设置排水渗沟等措施。

(3)季节性冰冻地区的中湿类、潮湿类和过湿类路基,当冰冻线深度达到路基易冻胀土层时,应设置防冻垫层或用不易冻胀的土置换冰冻深度下易冻胀的土。

(4)填挖交界或新老路基结合路段,应采取防止差异沉降的技术措施。路堤下软弱地基进行处理后,施工后沉降量应符合《公路路基设计规范》(JTG D30—2015)的要求,并宜在路床顶部铺筑粒料层。

(5) 石质挖方或填石路床顶面应铺设整平层。整平层可采用碎石或低剂量水泥稳定粒料,其厚度视路床顶面不平整程度而定,最小厚度不小于100mm。

二、垫层

水泥路面在下述情况下需在基层下设置垫层:

(1) 季节性冰冻地区,路面总厚度小于最小防冻厚度时,差值以垫层厚度补足。最小防冻厚度需满足表2-5-1;

(2) 水文地质条件不良的土质路堑,路床土湿度较大时,宜设置排水垫层;

(3) 路基可能产生不均匀沉降时,可设半刚性垫层。

垫层宽度应与路基同宽,最小厚度为15cm。防冻垫层和排水垫层宜采用砂、砂砾等颗粒材料。半刚性垫层可采用低剂量无机结合料稳定粒料或土。

水泥混凝土路面结构层最小防冻厚度(m) 表2-5-1

路基干湿类型	路基土类型	当地最大冰冻深度			
		0.50~1.00	1.00~1.50	1.50~2.00	>2.00
中湿路基	易冻胀土	0.30~0.50	0.40~0.60	0.50~0.70	0.60~0.95
	很易冻胀土	0.40~0.60	0.50~0.70	0.60~0.85	0.70~1.10
潮湿路基	易冻胀土	0.40~0.60	0.50~0.70	0.60~0.90	0.75~1.20
	很易冻胀土	0.45~0.70	0.55~0.80	0.70~1.00	0.80~1.30

注:1. 易冻胀土:细粒土质砾、除极细粉土质砂外的细粒土质砂、塑性指数小于12的黏质土。
2. 极易冻胀土:粉质土、极细粉土质砂、塑性指数在12~22之间的黏质土。
3. 冻深小或填方路段,或基层、垫层采用隔温良好的材料,可采用低值;冻深大或挖方和地下水位高的地段,或基层、垫层采用隔温差的材料,应采用高值。
4. 冻深小于0.50m的地区,可不考虑结构层防冻厚度。

三、基层

水泥混凝土路面的基层应具有足够的抗冲刷能力和一定的刚度,基层、底基层类型宜依照交通等级按表2-5-2选用。基层采用无机结合料稳定类材料且上路床由细粒土组成时,底基层宜选用小于0.075mm颗粒含量少于7%的粒料类基层。

适宜各交通等级的基层、底基层材料类型 表2-5-2

交 通 等 级	基层材料类型	底基层材料类型
极重、特重交通	贫混凝土、碾压混凝土或沥青混凝土基层	级配碎石,水泥稳定碎石,石灰、粉煤灰稳定碎石
重交通	水泥稳定碎石或密级配沥青稳定碎石	
中等或轻交通	水泥稳定碎石、石灰、粉煤灰稳定碎石	未筛分碎石、级配砾石或不设

湿润和多雨地区路基为低透水性细粒土的高速公路和一级公路,或者承受极重或特重交通的二级公路,宜采用排水基层。排水基层可选用多孔隙的开级配水泥稳定碎石、沥青稳定碎石或碎石,其计算厚度应满足排除表面设计渗入量的需求。排水基层的设计厚度依据计算厚度按10mm向上取整。底基层顶面宜铺设沥青封层或防水土工织物。

贫混凝土或碾压混凝土基层上应铺设厚度不小于40mm的沥青混凝土夹层。贫混凝土或碾压混凝土基层的计算厚度应满足设计基准期内行车荷载不产生疲劳断裂。设计厚度依据计算厚度按10mm向上取整。贫混凝土基层弯拉强度大于1.5MPa时应设置于混凝土面层的横向缩缝，一次摊铺宽度大于7.5m时，应设置纵向接缝。

硬路肩采用混凝土面层时，基层的结构和厚度与行车道相同。基层的宽度应比混凝土面层每侧至少宽出300mm(小型机具施工)或650mm(滑模式摊铺机施工)。

四、面层

水泥混凝土面层应具有足够的强度、耐久性，表面抗滑、耐磨、平整。

面层一般采用设接缝的普通混凝土；面层板的平面尺寸较大或形状不规则，路面结构下埋有地下设施，高填方、软土地基、填挖交界段的路基等有可能产生不均匀沉降时，应采用设接缝和设置传力杆的钢筋混凝土面层。其他面层类型可根据适用条件按表2-5-3选用。

其他面层类型选择 表2-5-3

面 层 类 型	适 用 条 件
连续配筋混凝土面层	高速公路
沥青上面层与连续配筋混凝土或横缝设传力杆的普通混凝土下面层组成的复合式路面	特重交通的高速公路
碾压混凝土面层	二级及二级以下公路、服务区停车场
钢纤维混凝土面层	高程受限路段、收费站、混凝土加铺层和桥面铺装
矩形或异形混凝土预制块面层	服务区停车场、二级及二级以下公路桥头引道沉降未稳定段

普通混凝土、钢筋混凝土、碾压混凝土和连续配筋混凝土面层计算厚度应依据计算厚度加6mm磨耗层后，按10mm向上取整。钢纤维混凝土的钢纤维体积率宜为0.6%~1.0%，按钢纤维掺量确定面层厚度，宜为普通混凝土0.65~0.75倍，特重或重交通荷载时，其最小厚度应为180mm；中等或轻交通荷载时，其最小厚度应为160mm。复合式路面的沥青混凝土上面层厚度宜小于40mm。下面层厚度可通过计算得到。沥青混凝土上面层和水泥混凝土下面层之间应设置黏层。矩形混凝土预制块的长度宜为200~250mm，宽度宜为100~125mm，厚度宜为80~150mm。预制块下砂垫层的厚度宜为30~50mm。

水泥混凝土面板的抗滑标准以构造深度为指标。表面构造应采用刻槽、压槽、拉槽或拉毛等方法制作。构造深度在使用初期应满足表2-5-4的要求。

各级公路水泥混凝土面层的表面构造深度(mm)要求 表2-5-4

公路等级	高速公路、一级公路	二、三、四级公路
一般路段	0.70~1.10	0.50~1.00
特殊路段	0.80~1.20	0.60~1.10

说明：1. 特殊路段：高速公路、一级公路指立交、平交或变速车道；其他道路指急弯、陡坡、交叉口或集镇附近。
    2. 年降水量600mm以下地区，可适当降低。

第三节　水泥混凝土路面板厚设计

我国《公路水泥混凝土路面设计规范》(JTG D40—2011)中,对混凝土路面设计引入了目标可靠度、材料性能和结构尺寸参数的变异水平等级等指标来进行设计。

路面结构可靠度是指在规定的时间内,在规定的条件下,路面使用性能满足预定水平要求的概率,即在规定的设计基准期内和规定的交通、环境条件下,路面结构完成预定功能(形成荷载疲劳应力和温度梯度疲劳应力的总和不超过混凝土弯拉强度)的概率。

材料性能和结构尺寸参数的变异水平等级,按施工技术、施工质量控制和管理水平分为低、中、高三级。

水泥混凝土路面板厚计算流程图如图 2-5-1 所示。

1. 交通分析

水泥混凝土路面结构设计是以 100kN 的单轴双轮组荷载为标准轴载的。不同轴轮型和轴载的作用次数按下表换算为标准轴载的作用次数:

$$N_s = \sum_{i=1}^{n} \delta_i N_i \left(\frac{P_i}{100}\right)^{16} \tag{2-5-1}$$

式中:N_s——100kN 的单轴双轮组标准轴载的作用次数;

P_i——单轴单轮、单轴双轮、双轴双轮、三轴双轮轴型 i 级轴载的总重(kN);

n——轴型及轴载级位数;

N_i——各类轴型 i 级轴载的作用次数;

δ_i——轴轮型系数,单轴双轮组时,$\delta_i = 1$;单轴单轮时,$\delta_i = 2.22 \times 10^3 P_i^{-0.43}$;双轴双轮组时,$\delta_i = 1.07 \times 10^{-5} P_i^{-0.22}$;三轴双轮组时,$\delta_i = 2.24 \times 10^{-8} P_i^{-0.22}$。

设计基准期内水泥混凝土面层临界荷位处所承受的标准轴载累计作用次数如下:

$$N_e = \frac{N_s \times [(1+g_r)^t - 1] \times 365}{g_r} \eta \tag{2-5-2}$$

式中:N_e——标准轴载累计作用次数;

t——设计基准期;

g_r——交通量年平均增长率;

η——临界荷位处的车辆轮迹横向分布系数,如表 2-5-5 所示。

车辆轮迹横向分布系数　　　　　　　　　表 2-5-5

公路等级		纵缝边缘处
高速公路、一级公路、收费站		0.17~0.22
二级及二级以下公路	行车道宽>7m	0.34~0.39
二级及二级以下公路	行车道宽≤7m	0.54~0.62

注:车道或行车道宽或者交通量较大者,取高值;反之,取低值。

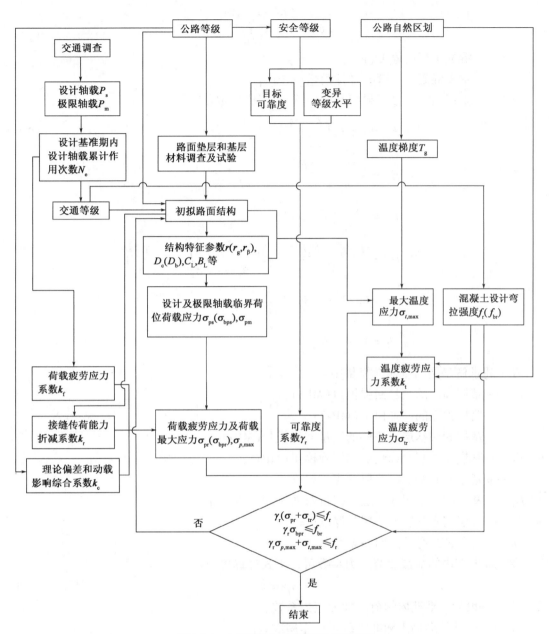

图 2-5-1 水泥混凝土面板厚度计算流程图

2. 荷载应力计算

经过计算分析,选取混凝土板的纵向边缘中部作为产生最大荷载和温度梯度综合疲劳破坏的临界荷位。

标准轴载在四边自由板临界荷位处产生的荷载应力按下式计算:

$$\sigma_{ps} = 0.077 r^{0.60} h^{-2} \tag{2-5-3}$$

式中:σ_{ps}——标准轴载 P_s 在四边自由板临界荷位处产生的荷载应力(MPa);

r——混凝土板的相对刚度半径(m);

$$r = 0.537h\left(\frac{E_c}{E_t}\right)^{1/3}$$

h——混凝土板的厚度(m);
E_c——水泥混凝土的弯拉弹性模量(MPa);
E_t——基层顶面当量回弹模量(MPa),按下式确定:

$$E_t = ah_x^b E_0 \left(\frac{E_x}{E_0}\right)^{1/3} \tag{2-5-4}$$

$$E_x = \frac{h_1^2 E_1 + h_2^2 E_2}{h_1^2 + h_2^2}$$

$$h_x = \left(\frac{12 D_x}{E_x}\right)^{1/3}$$

$$D_x = \frac{E_1 h_1^3 + E_2 h_2^3}{12} + \frac{(h_1 + h_2)^2}{4}\left(\frac{1}{E_1 h_1} + \frac{1}{E_2 h_2}\right)^{-1}$$

$$a = 6.22\left[1 - 1.51\left(\frac{E_x}{E_0}\right)^{-0.45}\right]$$

$$b = 1 - 1.44\left(\frac{E_x}{E_0}\right)^{-0.55}$$

在上述求解基层当量回弹模量中:
E_t——基层顶面的当量回弹模量(MPa);
E_0——路床顶面的回弹模量(MPa);
E_x——基层和底基层或垫层的当量回弹模量(MPa);
E_1、E_2——基层和底基层或垫层的回弹模量(MPa);
h_x——基层和底基层或垫层的当量厚度(m);
D_x——基层和底基层或垫层的当量弯曲刚度(MN·m);
h_1、h_2——基层和底基层或垫层的厚度(m);
a、b——与E_x/E_0有关的回归系数。

设计基准期内的荷载疲劳应力系数可按下式计算确定:

$$k_f = N_e^v \tag{2-5-5}$$

式中:k_f——设计基准期内的荷载疲劳应力系数;
N_e——设计基准期内标准轴载累计作用次数;
v——与混合料性质有关的指数,普通混凝土、钢筋混凝土、连续配筋混凝土,$v = 0.057$;碾压混凝土和贫混凝土,$v = 0.065$;钢纤维混凝土如下式:

$$v = 0.053 - 0.017\rho_f \frac{l_f}{d_f} \tag{2-5-6}$$

式中:ρ_f——钢纤维的体积率(%);
l_f——钢纤维的长度(mm);
d_f——钢纤维的直径(mm)。

因此,标准轴载在临界荷位处产生的荷载疲劳应力可按下式计算:

$$\sigma_{pr} = k_r k_f k_c \sigma_{ps} \tag{2-5-7}$$

式中：σ_{pr}——标准轴载在临界荷位处产生的荷载疲劳应力(MPa)；

σ_{ps}——标准轴载在四边自由板的临界荷位处产生的荷载应力(MPa)；

k_r——考虑接缝传荷能力的应力折减系数，纵缝为设拉杆的平缝时，$k_r = 0.82 \sim 0.92$（刚性和半刚性基层取低值，柔性基层取高值）；纵缝为不设拉杆的平缝或自由边时，$k_r = 1.0$；纵缝为设拉杆的企口缝时，$k_r = 0.76 \sim 0.84$；

k_f——考虑设计基准期内荷载应力累计疲劳作用的疲劳应力系数；

k_c——考虑偏载和动载等因素对路面疲劳损坏影响的综合系数，如表 2-5-6 所示。

综 合 系 数 k_c　　　表 2-5-6

*公路等级	高速公路	一级公路	二级公路	三、四级公路
k_c	1.30	1.25	1.20	1.10

3. 温度应力计算

首先进行最大温度梯度时混凝土的温度翘曲应力计算：

$$\sigma_{tm} = \frac{\alpha_c E_c h T_g}{2} B_x \tag{2-5-8}$$

式中：σ_{tm}——最大温度梯度时混凝土板的温度翘曲应力(MPa)；

α_c——混凝土的线膨胀系数(1/℃)，通常可取为 1×10^{-5}/℃；

h——板长，即横缝间距(m)；

T_g——最大温度梯度，如表 2-5-7 所示；

B_x——综合温度翘曲应力和内应力作用的温度应力系数，可查图 2-5-2 确定。

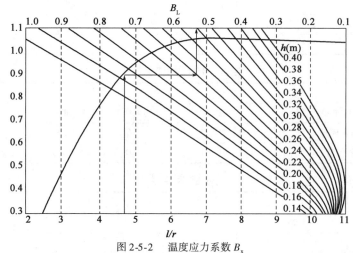

图 2-5-2　温度应力系数 B_x

最大温度梯度标准值 T_g　　　表 2-5-7

公路自然区划	Ⅱ、Ⅴ	Ⅲ	Ⅳ、Ⅵ	Ⅶ
最大温度梯度(℃/m)	83～88	90～95	86～92	93～98

注：海拔高时，取高值；湿度大时，取低值。

其次进行温度疲劳应力系数计算：

$$k_t = \frac{f_r}{\sigma_{tm}}\left[a\left(\frac{\sigma_{tm}}{f_r}\right)^c - b\right] \quad (2\text{-}5\text{-}9)$$

式中：a、b、c——回归系数，按表 2-5-8 确定。

回归系数 a、b、c　　　　表 2-5-8

系数	公路自然区划					
	II	III	IV	V	VI	VII
a	0.828	0.855	0.841	0.871	0.837	0.834
b	0.041	0.041	0.058	0.071	0.038	0.052
c	1.323	1.355	1.323	1.287	1.382	1.270

4. 板厚验算

对于一定厚度板，在行车荷载和温度梯度综合作用下，疲劳破坏应符合下式要求：

$$\gamma_r(\sigma_{pr} + \sigma_{tr}) \leq f_r \quad (2\text{-}5\text{-}10)$$

式中：σ_{pr}——行车荷载疲劳应力（MPa）；

σ_{tr}——温度梯度疲劳应力（MPa）；

γ_r——可靠度系数，依据所选目标可靠度及变异水平等级按表 2-5-9～表 2-5-13 确定；

f_r——水泥混凝土弯拉强度标准值（MPa）。

可靠度设计标准　　　　表 2-5-9

公路技术等级	高速公路	一级公路	二级公路	三、四级公路
安全等级	一级	二级	三级	四级
设计基准期（a）	30	30	20	20
目标可靠度（%）	95	90	85	80
目标可靠指标	1.64	1.28	1.04	0.84
变异水平等级	低	低～中	中	中～高

变异系数 C_v 的变化范围　　　　表 2-5-10

变异水平等级	低	中	高
水泥混凝土弯拉强度、弯拉弹性模量	$C_v \leq 0.10$	$0.10 < C_v \leq 0.15$	$0.15 < C_v \leq 0.20$
基层顶面当量回弹模量	$C_v \leq 0.25$	$0.25 < C_v \leq 0.35$	$0.35 < C_v \leq 0.55$
水泥混凝土面层厚度	$C_v \leq 0.04$	$0.04 < C_v \leq 0.06$	$0.06 < C_v \leq 0.08$

可靠度系数　　　　表 2-5-11

变异水平等级	目标可靠度（%）			
	95	90	85	80
低	1.20～1.33	1.09～1.16	1.04～1.08	—
中	1.33～1.50	1.16～1.23	1.08～1.13	1.04～1.07
高	—	1.23～1.33	1.13～1.18	1.07～1.11

交通等级　　　　表 2-5-12

交通等级	特重	重	中等	轻
设计车道标准轴载累计作用次数 N_e（10^4）	>2000	100～2000	3～100	<3

混凝土弯拉强度标准值　　　　　　　　　　　　　　表 2-5-13

交通等级	特重	重	中等	轻
水泥混凝土的弯拉强度标准值(MPa)	5.0	5.0	4.5	4.0
钢纤维混凝土的弯拉强度标准值(MPa)	6.0	6.0	5.5	5.0

注：水泥混凝土的强度以28d龄期的弯拉强度控制。当混凝土浇筑后90d内不开放交通时，可采用90d龄期的弯拉强度。

对于季节性冰冻地区，除符合上述应力疲劳要求外，路面的总厚度还需不小于表2-5-14规定的最小防冻厚度。

水泥混凝土路面最小防冻厚度　　　　　　　　　　　表 2-5-14

路基干湿类型	路基土质	当地最大冰冻深度(m)			
		0.50~1.00	1.01~1.50	1.51~2.00	>2.00
中湿路基	低、中、高液限黏土	0.30~0.50	0.40~0.60	0.50~0.70	0.60~0.95
	粉土，粉质低、中液限黏土	0.40~0.60	0.50~0.70	0.60~0.85	0.70~1.10
潮湿路基	低、中、高液限黏土	0.40~0.60	0.50~0.70	0.60~0.90	0.75~1.20
	粉土，粉质低、中液限黏土	0.45~0.70	0.55~0.80	0.70~1.00	0.80~1.30

注：1. 冻深小或填方路段，或者基、垫层为隔温性能良好的材料，可采用低值；冻深大或挖及地下水位高的路段，或者基、垫层为隔温性能稍差的材料，可采用高值。
2. 冻深小于0.50m的地区，一般不考虑结构层防冻厚度。

5. 板厚计算示例

拟新修二级公路，公路处于自然区划Ⅱ区，交通调查设计车道使用初期标准轴载日作用次数为2100，交通量年均增长率为5%，车辆轮迹横向分布系数为0.39。路基为黏质土，采用普通混凝土路面，宽为9m。试设计该混凝土路面厚度。

(1) 交通分析

二级公路的设计基准期为20年，安全等级为三级。根据上述交通调查，可计算得设计基准期内设计车道标准荷载累计作用次数为：

$$N_e = \frac{N_s[(1+g_r)^t - 1] \times 365}{g_r} \eta$$

$$= \frac{2100 \times [(1+0.05)^{20} - 1] \times 365}{0.05} \times 0.39$$

$$= 9.885 \times 10^6 (次)$$

因此属于重交通等级。

(2) 初拟路面结构

相应于安全等级三级的变异水平等级为中级，根据二级公路、重交通等级、中级变异等级，初拟垫层为15cm低剂量无机结合料稳定土，基层为18cm水泥稳定粒料（水泥用量为5%），普通混凝土板厚22cm，板长5.0m，宽4.5m。纵缝为设拉杆平缝，横缝为设传力杆的假缝。

(3) 路面材料参数确定

根据上述已知条件，取普通混凝土面层的弯拉强度标准值为5.0MPa，相应弯拉弹性模量标准值为31GPa；路基回弹模量取30MPa；水泥稳定粒料基层回弹模量取1300MPa；低剂量无机结合稳定土垫层回弹模量取600MPa。

首先计算基层顶面当量回弹模量：

$$E_x = \frac{h_1^2 E_1 + h_2^2 E_2}{h_1^2 + h_2^2} = \frac{1300 \times 0.18^2 + 600 \times 0.15^2}{0.18^2 + 0.15^2} = 1013 (\text{MPa})$$

$$D_x = \frac{E_1 h_1^3}{12} + \frac{E_2 h_2^3}{12} + \frac{(h_1 + h_2)^2}{4} \left(\frac{1}{E_1 h_1} + \frac{1}{E_2 h_2} \right)^{-1} = 2.57 (\text{MN} \cdot \text{m})$$

$$h_x = \sqrt[3]{12 D_x / E_x} = 0.312 (\text{m})$$

$$a = 6.22 \left[1 - 1.51 \left(\frac{E_x}{E_0} \right)^{-0.45} \right] = 4.293$$

$$b = 1 - 1.44 \left(\frac{E_x}{E_0} \right)^{-0.55} = 0.792$$

$$E_t = a h_x^b E_0 \left(\frac{E_x}{E_0} \right)^{1/3} = 165 (\text{MPa})$$

$$r = 0.537 h \sqrt[3]{E_c / E_t} = 0.677 (\text{m})$$

(4) 荷载疲劳应力计算

因此，标准轴载在临界荷位处产生的荷载应力为：

$$\sigma_{ps} = 0.077 r^{0.6} h^{-2} = 1.259 (\text{MPa})$$

根据接缝、偏载和动载、标准荷载累计作用次数等情况，应力折减系数、综合系数、疲劳应力系数分别为：

$$k_r = 0.87$$
$$k_c = 1.20$$
$$k_f = N_e^n = 2.504$$

由此可得荷载疲劳应力为：

$$\sigma_{pr} = k_r k_c k_f \sigma_{ps} = 3.29 (\text{MPa})$$

(5) 温度疲劳应力计算

Ⅱ区最大温度梯度为 88(℃/m)，当板长为 5m 时，$l/r = 5/0.677 = 7.39$，由图 2-5-2 可查普通混凝土板厚 $h = 0.22\text{m}$，$B_L = 0.71$。所以，最大温度梯度时混凝土板的温度翘曲应力为：

$$\sigma_{tm} = \frac{\alpha_c E_c h T_g}{2} B_L = 2.13 (\text{MPa})$$

温度疲劳应力系数计算如下：

$$k_t = \frac{f_r}{\sigma_{tm}} \left[a \left(\frac{\sigma_{tm}}{f_r} \right)^c - b \right] = 0.532$$

因此温度疲劳应力计算如下：

$$\sigma_{tr} = k_t \sigma_{tm} = 1.13 (\text{MPa})$$

(6) 板厚验算

由于安全等级为三级，相应的变异水平等级为中级，目标可靠度为 85%。由目标可靠度和变异水平等级可确定可靠度系数为：

$$\gamma_r = 1.13$$

由于：

$$\gamma_r(\sigma_{pr}+\sigma_{tr})=4.99(\mathrm{MPa})\leqslant f_r=5.0(\mathrm{MPa})$$

因而,所选的普通混凝土厚度22cm是合适的。

第四节 水泥混凝土路面接缝设计

混凝土面层是由一定厚度的混凝土板所组成,它具有热胀冷缩的性质。由于一年四季气温的变化,混凝土板会产生不同程度的膨胀和收缩。而在一昼夜中,白天气温升高,混凝土板顶面温度较底面高,这种温度坡差会导致板的中部隆起。夜间气温降低,板顶面温度较底面低,会使板的周边和角隅发生翘起[图2-5-3a)]。这些变形会受到板与基础之间的摩阻力和黏结力,以及板的自重车轮荷载等的约束,致使板内产生过大的应力,造成板的断裂[图2-5-3b)]或拱胀等破坏。从图2-5-3可知,由于翘曲而引起的裂缝,则在裂缝发生后被分割的两块板体尚不致完全分离,倘若板体温度均匀下降引起收缩,则将使两块板体被拉开,见图2-5-3c),从而失去传递荷载的作用。

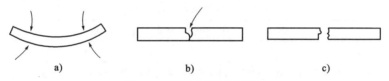

图2-5-3 混凝土板的破坏示意
a)混凝土由于温度坡差引起的变形;b)开裂;c)由于均匀温度下降使板被拉开

为避免这些缺陷,普通混凝土、钢筋混凝土、碾压混凝土或钢纤维混凝土面层板不得不在纵横两个方向设置许多接缝,把整个路面分割成许多矩形板块。按接缝与行车方向之间的关系,把接缝分为纵缝与横缝两大类,其纵向和横向接缝应垂直相交,纵缝两侧的横缝不得相互错位。

纵向接缝的间距按路面宽度在3.0~4.5m范围内确定。碾压混凝土、钢纤维混凝土面层在全幅摊铺时,可不设纵向缩缝。

横向接缝的间距按面层类型和厚度选定:

普通混凝土面层一般为4~6m,面层板的长宽比不宜超过1.35,平面面积不宜大于25m²;碾压混凝土或钢纤维混凝土面层一般为6~10m;钢筋混凝土面层一般为6~15m,面层板的长宽比不宜超过2.5,平面面积不宜大于45m²。

1. 纵向接缝

纵向接缝包括施工缝和缩缝。纵缝应与路线中线平行。在路面等宽的路段内或路面变宽路段的等宽部分,纵缝的间距和形式应保持一致。路面变宽段的加宽部分与等宽部分之间,以纵向施工缝隔开。加宽板在变宽段起终点处的宽度不应小于1m。

纵向接缝的布设应视路面总宽度、行车道及硬路肩宽度和施工铺筑宽度而定:

一次铺筑宽度小于路面宽度时,应设置纵向施工缝。纵向施工缝采用平缝形式,上部应锯切槽口,深度为30~40mm,宽度为3~8mm,槽内灌塞填缝料,构造如图2-5-4a)所示;一次铺筑宽度大于 4.5m 时,应设置纵向缩缝。纵向缩缝采用假缝形式,宽度为 3～8mm,锯切的槽口深度视基层材料而异。采用粒料基层时,槽口深度应为板厚的 1/3;采用半刚性基层时,槽口深度应为板厚的 2/5。其构造如图 2-5-4b)所示。

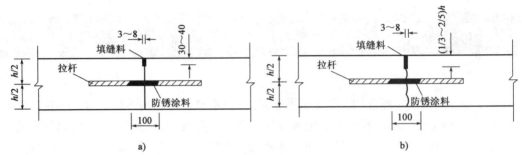

图 2-5-4　纵缝构造(尺寸单位:mm)
a)纵向施工缝;b)纵向缩缝

纵向接缝在板厚中央设置拉杆,拉杆应采用螺纹钢筋,并应对拉杆中部 100mm 范围内进行防锈处理。拉杆的直径、长度和间距,可参照表 2-5-15 选用。施工布设时,拉杆间距应按横向接缝的实际位置予以调整,最外侧的拉杆距横向接缝的距离不得小于 100mm。

拉杆直径、长度和间距(mm)　　　表 2-5-15

面层厚度(mm)	到自由边或未设拉杆纵缝的距离					
	3.00m	3.50m	3.75m	4.5m	6.00m	7.50m
200～250	14×700×900	14×700×800	14×700×700	14×700×600	14×700×500	14×700×400
260～300	16×800×900	16×800×800	16×800×700	16×800×600	16×800×500	16×800×400

2. 横向接缝

横向接缝包括缩缝、胀缝和施工缝。横向接缝和纵向接缝应垂直相交,纵缝两侧的横缝不得相互错位。

横向缩缝可等间距或变间距布置,采用假缝形式。极重、特重和重交通公路的横向缩缝,中等和轻交通荷载公路邻近胀缝或自由端部的 3 条缩缝,收费广场的横向缩缝,应采用设传力杆假缝形式,其构造如图 2-5-5a)所示。其他情况可采用不设传力杆假缝形式,其构造如图 2-5-5b)所示。横向接缝包括缩缝、胀缝和施工缝。横向接缝和纵向接缝应垂直相交,纵缝两侧的横缝不得相互错位。

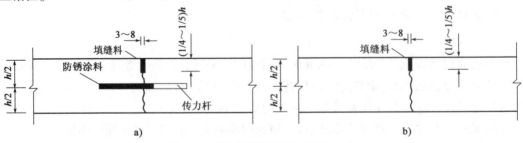

图 2-5-5　横向缩缝构造(尺寸单位:mm)
a)设传力杆假缝型;b)不设传力杆假缝型

横向缩缝顶部应锯切槽口,设置传力杆时槽口深度宜为面层厚度的 1/4～1/3,不设置传力杆时槽口深度宜为面层厚度的 1/5～1/4。槽口宽度根据施工条件、填缝材料性质等因素而定,宽度宜为 3～8mm,槽内填塞填缝料。二级及二级以下公路的槽口可一次成形。高速公路和一级公路槽口宜二次锯切成形,在第一次锯切缝的上部宜增设宽度为 7～10mm 的浅槽口,槽口下部应设置背衬垫条,上部应用填缝材料灌填。其构造如图 2-5-6 所示。

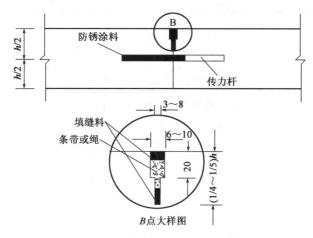

图 2-5-6　二次锯切槽口构造(尺寸单位:mm)

在邻近桥梁或其他固定构造物处或与其他道路相交处应设置横向胀缝。设置的胀缝条数,视膨胀量大小而定。低温浇筑混凝土面层或选用膨胀性高的集料时,宜酌情确定是否设置胀缝。胀缝宽宜 20～25mm,缝内设置填缝板和可滑动的传力杆。胀缝的构造如图 2-5-7 所示。

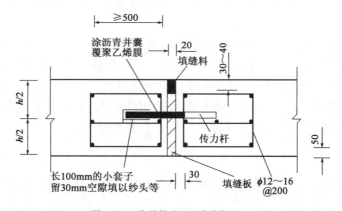

图 2-5-7　胀缝构造(尺寸单位:mm)

每日施工结束或因临时原因中断施工时,必须设置横向施工缝,其位置应尽可能选在缩缝或胀缝处。设在缩缝处的施工缝,应采用加传力杆的平缝形式,其构造如图 2-5-8a)所示;设在胀缝处的施工缝,其构造与胀缝相同。遇有困难需设在缩缝之间时,施工缝采用设拉杆的企口缝形式,其构造如图 2-5-8b)所示。

传力杆应采用光面钢筋。其尺寸和间距可按表 2-5-16 选用。最外侧传力杆距纵向接缝或自由边的距离为 150～250mm。

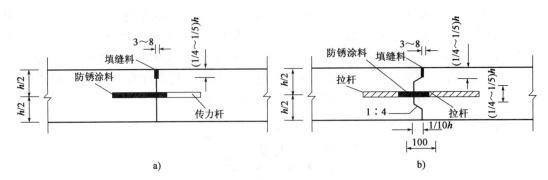

图 2-5-8 横向施工缝构造(尺寸单位:mm)

传力杆尺寸和间距(单位:mm) 表 2-5-16

面层厚度	传力杆直径	传力杆最小长度	传力杆最大间距
220	28	400	300
240	30	400	300
260	32	450	300
280	35	450	300
300	38	500	300

3. 接缝填封材料

胀缝接缝板应选用能适应混凝土板膨胀收缩、施工时不变形、复原率高和耐久性好的材料。高速公路和一级公路宜选用泡沫橡胶板、沥青纤维板；其他等级公路也可选用木材类或纤维类板。

接缝填缝料应选用与混凝土接缝槽壁黏结力强、回弹性好、适应混凝土板收缩、不溶于水、不渗水、高温时不流淌、低温时不脆裂、耐老化,有一定抵抗砂石嵌入的能力、便于施工的材料。常用的填缝材料有聚氨酯焦油类、氯丁橡胶类、乳化沥青类、聚氯乙烯胶泥、沥青橡胶类、沥青玛蹄脂及橡胶嵌缝条等。高速公路、一级公路宜选用硅酮类、聚氨酯类填缝材料,二级及二级以下公路可选用聚氨酯类、橡胶沥青类或改性沥青类填缝材料。

第五节 水泥混凝土路面面层配筋设计

1. 普通钢筋混凝土面层钢筋布置

混凝土面层自由边缘下基础薄弱或接缝为未设传力杆的平缝时,可在面层边缘的下部配置钢筋。通常选用 2 根直径为 12～16mm 的螺纹钢筋,置于面层底面之上 1/4 厚度处并不小于 50mm,间距为 100mm,钢筋两端向上弯起,如图 2-5-9 所示。

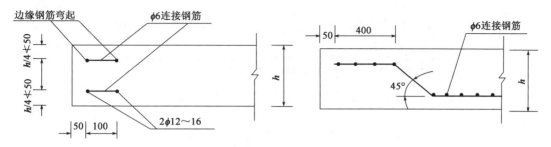

图 2-5-9 边缘钢筋布置(尺寸单位:mm)

承受极重、特重或重交通的胀缝、施工缝和自由边的面层角隅及锐角面层角隅,宜配置角隅钢筋。通常选用 2 根直径为 12～16mm 的螺纹钢筋,置于面层上部,距顶面不小于 50mm,距边缘为 100mm,如图 2-5-10 所示。

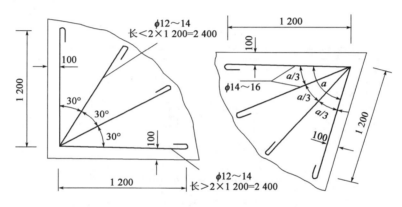

图 2-5-10 角隅钢筋布置(尺寸单位:mm)

混凝土面层下有箱形构造物横向穿越,构造物顶面至面层底面的距离小于 800mm 或嵌入基层时,在构造物顶面及两侧各 $(1.5H+1.5)$m,且不小于 4m 的范围内,混凝土面层内应布设双层钢筋网,上下层钢筋网各距面层顶面和面层底面 $1/4 \sim 1/3$ 厚度处,如图 2-5-11 所示。构造物顶面至面层底面的距离在面层 800～1600mm 时,则在上述长度范围内的混凝土面层中应布设单层钢筋网。钢筋网设在距顶面 $1/4 \sim 1/3$ 厚度处,如图 2-5-12 所示。钢筋直径 12mm,纵向钢筋间距 100mm,横向钢筋间距 200mm。配筋混凝土面层与相邻混凝土面层之间设置传力杆缩缝。

混凝土面层下有圆形管状构造物横向穿越,其顶面至面层底面的距离小于 1200mm 时,在构造物两侧各 $(1.5H+1.5)$m 且不小于 4m 的范围内,混凝土面层内应布设单层钢筋网,钢筋网设在距面层顶面 $1/4 \sim 1/3$ 厚度处,如图 2-5-13 所示。

2. 钢筋混凝土面层钢筋布置

纵向钢筋应设置在面层顶面以下 $1/3 \sim 1/2$ 厚度范围内,在不影响施工时宜设置在接近面层顶面 $1/3$ 厚度处。纵向钢筋的搭接长度宜大于 35 倍钢筋直径,搭接位置应错开,各搭接端连线与纵向钢筋的夹角应小于 60°。横向钢筋应位于纵向钢筋之下。边缘钢筋至纵缝或自由边的距离宜为 100～150mm。

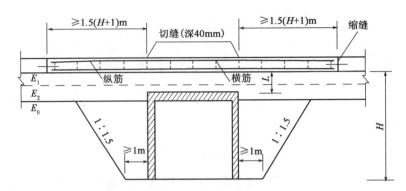

图 2-5-11　箱形构造物横穿公路处的面层配筋（$L<400$mm 或嵌入基层）
H-面层底面到构造物底面的距离；L-面层底面到构造物顶面的距离

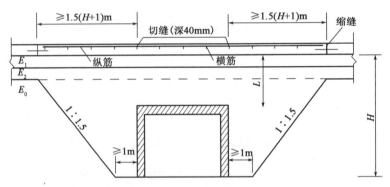

图 2-5-12　箱形构造物横穿公路处的面层配筋（L 为 $400\sim1\,200$mm 或嵌入基层）
H-面层底面到构造物底面的距离；L-面层底面到构造物顶面的距离

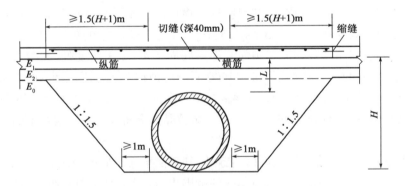

图 2-5-13　圆形管状构造物横穿公路处的面层配筋（$L<1\,200$mm）
H-面层底面到构造物底面的距离；L-面层底面到构造物顶面的距离

3. 连续配筋混凝土面层钢筋布置

连续配筋混凝土钢筋宜采用螺纹钢筋，直径为 $12\sim20$mm。纵向钢筋距顶面不应小于 90mm，最大深度不应大于 1/2 面层厚度，不影响施工时宜接近 90mm；间距不应大于 250mm 且不小于集料最大粒径的 2.5 倍；焊接长度宜不小于 10 倍（单面焊）或 5 倍（双面焊）钢筋直径，焊接位置应错开，各搭接端连线与纵向钢筋的夹角应小于 60°。

横向钢筋应位于纵向钢筋之下,间距宜为 300～600mm,直径大时取大值;横向钢筋宜斜向设置,与纵向钢筋的夹角可取 60°。

边缘钢筋至纵缝或自由边的距离宜为 100～150mm。

思考题

1. 什么是水泥混凝土路面?包括几种类型?
2. 水泥混凝土路面主要的力学特性有哪些?
3. 简述水泥混凝土路面的特点。
4. 水泥混凝土路面设计的主要内容和程序是什么?
5. 水泥混凝土路面纵向接缝有几种?什么情况下设置?
6. 水泥混凝土路面横向接缝有几种?什么情况下设置?

第六章 CHAPTER SIX
水泥混凝土路面施工

主要掌握水泥混凝土路面的特点、构造、施工工艺及质量检测项目与方法。

水泥混凝土路面通常是指水泥与水拌和而成的水泥浆作为结合料,以碎(砾)石、砂为集料,再添加适当的外加剂,有时掺加掺和料拌制成的混凝土铺筑面层路面。它包括普通混凝土路面、钢筋混凝土路面、连续配筋混凝土路面、组合式(双层式)混凝土路面、钢纤维混凝土路面、水泥混凝土预制块铺砌路面、碾压混凝土路面。目前采用最广泛的是就地浇筑的普通混凝土路面,简称混凝土路面,也称为刚性路面。

第一节 水泥混凝土路面对材料组成的要求

一、垫层材料

季节性冰冻地区地下水位较高、粉性土路堤,毛细管水上升高度较大的潮湿、过湿路基段;年降雨量较大的潮湿多雨地区路基两侧可能滞水或有泉眼的路段。当路面结构未采用或不便采用渗透排水基层的场合,应在路基与(底)基层之间,设置开级配碎石、开级配卵石、砂砾、粗砂排水垫层,排水垫层的级配应满足排水和反滤的要求,具有一定的强度和较好的水稳性,在冰冻地区还需具有较好的抗冻性。

用作防冻垫层的材料有砂、砂砾、碎石、炉渣等。防冻垫层的最小厚度,除应满足表 2-6-1 的规定外,还应满足压实后,要求具有不小于土基的强度和较好的抗冻性;

当采用砂或砂砾时,通过 0.075mm 筛孔的颗粒含量不宜大于 5%;当防冻垫层同时有排水要求,应同时满足排水垫层和防冻垫层两者的要求。

路基可能产生不均匀沉降时,可采用水泥、石灰、粉煤灰等胶凝材料制作的半刚性垫层。

二、基层材料

按照《公路水泥混凝土路面设计规范》(JTG D40—2011)的规定,基层和底基层的材料可根据交通荷载等级,结构层组合要求和材料供应条件进行选用。

基层材料在极重、特重交通等级下,应选用贫混凝土、沥青混凝土或碾压混凝土;在重交通等级下,应选用密级配沥青稳定碎石、水泥稳定碎石;中、轻交通等级下,应选用级配碎石、水泥稳定碎石或石灰、粉煤灰稳定碎石。

底基层材料在极重、特重、重交通等级下,应选用级配碎石、水泥稳定碎石或石灰、粉煤灰稳定碎石;中、轻交通等级下,应选用未筛分碎石、水泥稳定碎石、级配砾石或不设。

贫混凝土集料公称最大粒径不宜大于 31.5mm,水泥用量在不掺粉煤灰时不得少于 $170 kg/m^3$,28d 弯拉强度标准值宜控制在 2.0~2.5MPa 范围内。碾压混凝土集料公称最大粒径不得大于 26.5mm。

沥青混凝土基层宜采用集料公称最大粒径为 19.0mm 或 26.5mm 的混合料。沥青碎石基层宜采用集料公称最大粒径为 26.5mm 或 31.5mm 的混合料,沥青混凝土夹层宜采用集料公称最大粒径为 9.5mm 或 13.2mm 的混合料。各种沥青混凝土的沥青用量宜适当增大。

水泥稳定粒料、级配碎石或砾石的集料公称最大粒径宜为 26.5mm 或 19.0mm。小于 0.075mm 的细粒含量不得大于 5%,小于 4.75mm 的颗粒含量不宜大于 50%,细粒土的液限应小于 28%,塑性指数应小于 5。承受极重、特重和重交通时,水泥剂量宜为 4%~6%;中等和轻交通时,水泥剂量宜为 4%。

石灰粉煤灰稳定粒料的集料公称最大粒径宜为 26.5mm。小于 0.075mm 的细粒含量不得大于 7%;小于 4.75mm 的颗粒含量不宜大于 52%。石灰与粉煤灰的配比宜为 1:2~1:4;粒料与石灰粉煤灰的配比宜为 85:15~80:20。

开级配水泥稳定碎石的集料公称最大粒径宜为 26.5mm 或 31.5mm。小于 0.075mm 的细粒含量不得大于 2%;小于 2.36mm 的颗粒含量不宜大于 5%;小于 4.75mm 的颗粒含量不宜大于 10%。水泥剂量宜为 9.5%~11%。

开级配沥青稳定碎石的集料公称最大粒径宜为 19.0mm 或 26.5mm。小于 0.075mm 的细粒含量不得大于 2%;小于 0.6mm 的颗粒含量不宜大于 5%;小于 2.36mm 的颗粒含量不宜大于 15%;小于 4.75mm 的颗粒含量不宜大于 20%。沥青标号应选用 50A 或 70A,沥青剂量宜为 2.5%~3.5%。

三、面层材料

1. 水泥

水泥是水泥混凝土路面中最重要的胶凝材料,其质量直接影响水泥混凝土路面弯拉强度、抗冲击振动性能、疲劳寿命、稳定性和耐久性等关键性能,必须引起高度重视。

高速公路水泥混凝土路面所用水泥应满足抗折强度高、耐疲劳、收缩小、耐磨性强、抗冻性好的要求。

常用的路用水泥有道路硅酸盐水泥、硅酸盐水泥、普通硅酸盐水泥、矿渣硅酸盐水泥等。

极重、特重、重交通路面宜使用旋窑道路硅酸盐水泥,也可采用旋窑硅酸盐水泥或普通硅酸盐水泥;中等轻交通也可采用矿渣硅酸盐水泥;高温期施工宜采用普通型水泥,低温期施工宜采用早强水泥。面层水泥混凝土所用水泥的技术要求除应满足现行《道路硅酸盐水泥》(GB 13639)或《通用硅酸盐水泥》(GB 175)的要求外,各龄期的实测抗折强度、抗压强度应符合表2-6-1的规定。

面层水泥混凝土用水泥各龄期的实测抗折强度、抗压强度　　　表2-6-1

设计弯拉强度标准值(MPa)	5.5		5.0		4.5		4.0	
龄期(d)	3	28	3	28	3	28	3	28
抗压强度(MPa)≥	23.0	52.5	17.0	42.5	17.0	42.5	10.0	32.5
抗折强度(MPa)≥	5.0	8.0	4.5	7.5	4.0	7.0	3.0	6.5

水泥进场时每批量应附有物理性能、化学成分、力学指标合格的检验证明。各交通等级路面所使用水泥的化学成分、物理性能等路用品质要求应符合表2-6-2的规定。

各交通等级路面用水泥的化学成分、物理指标　　　表2-6-2

水泥性能	极重、特重、重交通路面	中等、轻交通路面
铝酸三钙含量	≤7.0%	≤9.0%
铁铝酸四钙含量	15.0%~20.0%	12.0%~20.0%
熟料游离氧化钙含量	≤1.0%	≤1.8%
氧化镁含量	≤5.0%	≤6.0%
三氧化硫含量	≤3.5%	≤4.0%
碱含量 $Na_2O + 0.658K_2O$	≤0.6%	怀疑有碱活性集料时,≤0.6%; 无碱活性集料时,≤1.0%
混合料种类	不得掺窑灰、煤矸石、火山灰和黏土, 有抗盐冻要求时不得掺石灰、石粉	不得掺窑灰、煤矸石、火山灰和黏土, 有抗盐冻要求时不得掺石灰、石粉
出磨时安定性	雷氏夹和蒸煮法检验均必须合格	蒸煮法检验必须合格
标准稠度需水量	≤28%	≤30%
烧失量	≤3.0%	≤5.0%
比表面积	宜在300~450m²/kg	宜在300~450m²/kg
细度(80μm)	筛余量不大于10%	筛余量不大于10%
初凝时间	不早于1.5h	不早于0.75h
终凝时间	不迟于10h	不迟于10h
28d干缩率	≤0.09%	≤0.10%
耐磨性	≤2.5kg/m²	≤3.0kg/m²

注:28d干缩率和耐磨性试验方法采用现行《道路硅酸盐水泥》(GB 13693)标准。

选用水泥时,除满足表2-6-2的各项规定外,还应对拟采用厂家水泥进行混凝土配合比对比试验,根据其配制弯拉强度、耐久性、工作性优选适宜的水泥品种、强度等级。

采用滑模摊铺机摊铺时,宜选用散装水泥。高温施工时,散装水泥的入罐最高温度不宜高于60℃;低温施工时,水泥进入搅拌缸前的温度不宜低于10℃。

2. 粗集料

集料是混凝土中分量最大的组成材料,粒径 5mm 以上者,称为粗集料;粒径 5mm 以下者,称为细集料。粗细集料在混凝土中占有 4/5 的比例,可见其重要性。

为获得密实、高强、耐久性好、耐磨耗的混凝土,粗集料(碎石、碎卵石或卵石)必须质地坚硬、耐久、洁净,有良好的级配。

粗集料的粒状以接近正方体为佳。长度大于平均粒径 2.4 倍的称针状颗粒,厚度小于平均粒径 0.4 倍的称片状颗粒。表面粗糙且多棱角的粗集料,同水泥浆的黏附性好,配制的混凝土具有较高的强度,在相同水泥浆用量条件下,砾石配制的混凝土具有较好的和易性。

这里应指出的是:选用含有非晶质活性二氧化硅岩石作粗集料时,如果水泥中碱性氧化物含量较高(大于 0.6%),并且混凝土长期处于潮湿环境,则水泥中的碱性氧化物水解后生成的氢氧化钠和氢氧化钾会同集料中的活性二氧化硅发生化学反应,在集料表面生成一种碱—硅酸凝胶体。这种凝胶体吸水后体积膨胀,造成混凝土结构破坏,出现较深的网裂。这种损坏现象称为碱—集料反应,选用集料时应注意避免。目前已确定含非晶质二氧化硅的岩石有:蛋白石、玉髓、鳞石英、方石英、硬绿泥岩、硅镁石灰岩、玻璃质或隐晶铳纹岩、安山岩和凝灰岩等。粗集料的技术指标应符合表 2-6-3 的要求。

用作路面和桥面混凝土的粗集料不得使用不分级的统料,应按最大公称粒径的不同采用 2~4 个粒级的集料进行掺配,并应符合表 2-6-4 的合成级配要求。卵石最大公称粒径不宜大于 19.0mm;碎卵石最大公称粒径不宜大于 26.5mm;碎石最大公称粒径不宜大于 31.5mm;贫混凝土基层粗集料最大公称粒径不宜大于 31.5mm;钢纤维混凝土与碾压混凝土粗集料最大公称粒径不宜大于 19.0mm;碎卵石或碎石中粒径小于 $75\mu m$ 的石粉含量不宜大于 1%。

碎石、碎卵石和卵石技术指标 表 2-6-3

项 目	技 术 要 求		
	Ⅰ级	Ⅱ级	Ⅲ级
碎石压碎指标(%)≤	18.0	25.0	30.0
卵石压碎指标(%)≤	21.0	23.0	26.0
坚固性(按质量损失计%)≤	5.0	8.0	12.0
针片状颗粒含量(按质量计%)≤	8.0	15.0	20.0
含泥量(按质量计%)≤	0.5	1.0	2.0
泥块含量(按质量计%)≤	0.2	0.5	0.7
吸水率[①](按质量计%)≤	1.0	2.0	3.0
洛杉矶[②]磨耗损失	28.0	32.0	35.0
有机物含量(比色法)	合格	合格	合格
硫化物及硫酸盐[③](按 SO_3 质量计%)≤	0.5	1.0	1.0
岩石抗压强度[③]	岩浆岩不应小于 100MPa;变质岩不应小于 80MPa;沉积岩不应小于 60MPa		
表观密度≥	$2\,500kg/m^3$		
松散堆积密度≥	$1\,350kg/m^3$		
空隙率≤	47%		

续上表

项 目	技术要求		
	Ⅰ级	Ⅱ级	Ⅲ级
磨光值≥	35.0%		
碱集料反应	不得有碱活性反应或疑是碱活性反应		

注：①有抗冰冻、抗盐冻要求时，应检测粗集料吸水率。
②洛杉矶磨耗损失、磨光值仅在要求制作露石水泥混凝土面层时检测。
③碳化物及硫酸盐含量、碱活性反应、岩石抗压强度在粗集料使用前应至少检验一次。

粗集料级配范围　　　　　　　　　　　　　表 2-6-4

类型		方筛孔尺寸(mm)							
		2.36	4.75	9.50	16.0	19.0	26.5	31.5	37.5
		累计筛余(以质量计)(%)							
合成级配	4.75~16	95~100	85~100	40~60	0~10				
	4.75~19	95~100	85~95	60~75	30~45	0~5	0		
	4.75~26.5	95~100	90~100	70~90	50~70	25~40	0~5	0	
	4.75~31.5	95~100	90~100	75~90	60~75	40~60	20~35	0~5	0
单粒级配	4.75~9.5	95~100	80~100	0~15	0				
	9.5~16		95~100	80~100	0~15	0			
	9.5~19		95~100	85~100	40~60	0~15	0		
	16~26.5			95~100	55~70	25~40	0~10	0	
	16~31.5			95~100	85~100	55~70	25~40	0~10	0

3. 细集料

细集料应采用质地坚硬、耐久、洁净的天然砂、机制砂，不宜采用再生细集料。极重、特重、重交通混凝土路面用天然砂的质量标准不应低于表 2-6-5 规定的Ⅱ级标准，中等、轻交通等级可使用Ⅲ级天然砂。机制砂宜采用碎石作为原料，并用专用设备生产。极重、特重、重交通水泥混凝土路面用机制砂的质量标准不应低于表 2-6-5 规定的Ⅱ级标准，中等、轻交通等级可使用Ⅲ级机制砂。

细集料技术指标　　　　　　　　　　　　　表 2-6-5

项 目	技术要求		
	Ⅰ级	Ⅱ级	Ⅲ级
机制砂单粒级最大压碎指标(%)≤	20	25	30
天然砂氯化物(氯离子质量计%)≤	0.02	0.03	0.06
机制砂氯化物(氯离子质量计%)≤	0.01	0.02	0.06
机制砂坚固性(按质量损失计)≤	6	8	10
天然砂云母(按质量计%)≤	1.0	1.0	2.0
机制砂云母(按质量计%)≤	1.0	2.0	2.0

续上表

项　目	技术要求		
	Ⅰ级	Ⅱ级	Ⅲ级
天然砂含泥量(按质量计%)≤	1.0	2.0	3.0
天然砂、机制砂泥块含量(按质量计%)≤	0	0.5	1.0
机制砂MB[①]值<1.4或合格的石粉含量(按质量计%)	<3.0	<5.0	<7.0
机制砂MB值≥1.4或不合格的石粉含量(按质量计%)	<1.0	<3.0	<5.0
有机物含量(比色法)	合格	合格	合格
硫化物及硫酸盐(按SO_3质量计%)≤	0.5	0.5	0.5
轻物质(按质量计%)≤	1.0	1.0	1.0
天然砂海砂中贝壳类物质含量(按质量计%)≤	3.0	5.0	8.0
天然砂结晶态二氧化硅含量[②](%)≤	25.0	25.0	25.0
机制砂母岩的磨光值≥	38.0	35.0	30.0
机制砂单粒级最大压碎指标(%)≤	20.0	25.0	30.0
机制砂母岩抗压强度(MPa)≥	80.0	60.0	30.0
吸水率(%)≤	2.0		
表观密度≥	>2 500kg/m³		
松散堆积密度≥	>1 400kg/m³		
空隙率≤	<45.0%		
碱集料反应[③]	不得有碱活性反应或疑是碱活性反应		

注：①亚甲蓝试验MB试验方法见《公路水泥混凝土路面施工技术规范》(JTG F30—2003)。
②按现行《公路工程集料试验规程》(JTC E42—2005)T0324岩相法,测定除陶晶质、玻璃质二氧化硅以外的结晶二氧化硅含量。
③碳化物及硫酸盐含量、碱活性反应、岩石抗压强度在粗集料使用前应至少检验一次。

细集料的级配要求应符合表2-6-6的规定,路面和桥面使用细度模数在2.0~3.7之间的天然砂,使用细度模数宜在2.3~3.1之间的机制砂。同一配合比用砂的细度模数变化范围不应超过0.3;否则,应调整配合比中的砂率后使用。

细集料的级配范围　　表2-6-6

类型	分级	细度模数	方筛孔尺寸(mm)							
			9.5	4.75	2.36	1.18	0.60	0.30	0.15	0.075
			累计筛余(以质量计)(%)							
天然砂	粗砂	3.1~3.7	100	90~100	65~95	35~65	15~30	5~20	0~10	0~5
	中砂	2.3~3.0	100	90~100	75~100	50~90	30~60	8~30	0~10	0~5
	细砂	1.6~2.2	100	90~100	85~100	75~100	60~84	15~45	0~10	0~5

续上表

类型	分级	细度模数	方筛孔尺寸（mm）							
			9.5	4.75	2.36	1.18	0.60	0.30	0.15	0.075
			累计筛余（以质量计）（%）							
机制砂	Ⅰ级	2.3~3.1	100	90~100	80~95	50~85	30~60	10~20	0~10	
	Ⅱ、Ⅲ级	2.8~3.9	100	90~100	50~95	30~65	15~29	5~20	0~10	

细集料除应满足表 2-6-5 和表 2-6-6 的要求外，配筋混凝土路面及钢纤维混凝土路面中不得使用海砂。采用机制砂时，外加剂宜采用引气高效减水剂或聚羧酸高性能减水剂。

4. 水

符合现行《生活饮用水卫生标准》（GB 5749）的饮用水可直接用于混凝土的搅拌与养生。

非饮用水应进行水质检验，满足下列指标的规定，养生用水可不检验不溶物含量和其他杂质。应与蒸馏水进行水泥凝结时间与水泥胶砂强度的对比试验。对比试验的水泥初凝时间和终凝时间差均应不大于 30min，水泥胶砂 3d 和 28d 强度不应低于蒸馏水配置的水泥胶砂 3d 和 28d 强度的 90%。对于钢筋混凝土和钢纤维混凝土质量需满足下列指标：

(1) 硫酸盐含量（按 SO_4^{2-}）不大于 2000mg/L；
(2) 氯离子（按 Cl^-）含量不大于 1000mg/L；
(3) pH 值不小于 5.0；
(4) 碱含量不大于 1500mg/L；
(5) 可溶物含量不大于 5000mg/L，不可溶物含量不大于 2000mg/L；
(6) 不应有漂浮的油脂、泡沫，不应有明显颜色和异味。

素混凝土需满足下列指标：

(1) 硫酸盐含量（按 SO_4^{2-}）不大于 2700mg/L；
(2) 氯离子（按 Cl^-）含量不大于 3500mg/L；
(3) pH 值不小于 4.5；
(4) 碱含量不大于 1500mg/L；
(5) 可溶物含量不大于 10000mg/L，不可溶物含量不大于 5000mg/L；
(6) 不应有漂浮的油脂、泡沫，不应有明显颜色和异味。

5. 外加剂

混凝土外加剂已被列为混凝土混合料的必备成分。外加剂的用量一般不超过水泥用量的 5%，合理掺量应通过与实际工程采用的水泥、集料和拌和用水适配确定。常用的外加剂有引气剂、减水剂、促凝剂、早强剂等。

有抗（盐）冻要求地区、桥面、路缘石、路肩及贫混凝土基层必须使用引气剂，无抗盐（冻）要求地区，二级及二级以上公路路面混凝土中应使用引气剂。引气剂的作用是改善和易性、减少泌水、提高抗渗性、抗冻性，同时有减水作用、增强耐力性、减少干缩和温缩变形、缓解了碱集料反应和化学侵蚀膨胀。

滑模摊铺施工的水泥混凝土路面宜采用引气高效减水剂；高温施工混凝土拌和的初凝时间短于 3h 时，宜采用缓凝引气高效减水剂；低温施工混凝土拌和物终凝时间长于 10h 时，宜掺入早强引气高效减水剂。

由于引用外加剂后会改变混凝土对制备工艺的要求,使用时应特别小心;同时,要特别注意配量正确和在混合料中均匀拌和。可溶性外加剂应按配合比计算的剂量加入并充分溶解,非水溶性的粉状外加剂应保证其分散均匀、搅拌充分且不得结块。

第二节 常用的水泥混凝土路面施工机械

一、拌和设备

拌和设备按拌和过程的生产方式可以分为间歇式拌和设备和连续式拌和设备。间歇楼是每锅单独称料的,因此,搅拌精确度高于连续楼,弃料少,宜优先选配间歇楼。

连续式搅拌楼也能够达到滑模摊铺高速公路水泥混凝土路面的要求,也可用于工程建设。连续搅拌楼应配备两个搅拌锅或一个长度足以搅拌均匀的搅拌锅,并应在搅拌锅上配备电视监控设备。前者是为了保证拌和物匀质性和熟化程度,后者是为了保障安全。高速公路、一级及二级公路水泥混凝土面层施工时,应采用配备计算机自动控制的强制式拌和楼(机)。

二、摊铺成型设备

常见的水泥混凝土路面的摊铺机械有滑模摊铺机、三辊轴机组、小型机具、碾压混凝土摊铺机械等,各种摊铺机械的选用宜符合表2-6-7的要求。

与公路等级相适应的机械装备   表2-6-7

摊铺机械装备	高速公路	一级公路	二级公路	三级公路	四级公路
滑模摊铺机	★	★	★	▲	●
三辊轴机组	●	▲	★	★	★
小型机具	×	●	▲	★	★
碾压混凝土摊铺机	×	●	★	★	▲

注:1. 符号含义:★应使用;▲有条件使用;●不宜使用;×不得使用。
　　2. 碾压混凝土也可用于高速公路、一级公路复合式路面的下面层和贫混凝土基层。

1. 滑模摊铺机

滑模摊铺机可按表2-6-8的基本技术参数选择。

高速公路、一级公路、二级公路普通水泥混凝土面层、配筋混凝土面层、纤维混凝土面层、钢筋混凝土桥面、隧道混凝土面层、混凝土路缘石、路肩石及护栏等均可采用滑模摊铺机施工。上坡纵坡大于5%、下坡纵坡大于6%、半径小于50m或超高超过7%的路段,不宜采用滑模摊铺机摊铺。

滑模摊铺机的基本技术参数 表2-6-8

项目	发动机最小功率(kW)≥	摊铺宽度范围(m)	摊铺最大厚度≤(mm)	摊铺速度范围(m/min)	最大空驶速度(m/min)	最大行走速度(m/min)	履带个数(个)
三车道滑模摊铺机	200	12.5~16.0	500	0.75~3.0	5.0	15	4
双车道滑模摊铺机	150	3.6~9.7	500	0.75~3.0	5.0	18	2~4
多功能单车道滑模摊铺机	70	2.5~6.0	400 护栏最大高度≤1900	0.75~3.0	9.0	15	2~4
小型路缘石滑模摊铺机	60	0.5~2.5	0~450	0.75~2.0	9.0	10	2~3

高速公路、一级公路推荐整幅滑模摊铺机，高速公路、一级公路施工，宜选配能一次摊铺不少于2个车道宽度的滑模摊铺机。二级公路路面的最小摊铺宽度不得小于单个车道设计宽度。硬路肩宜选择可连体摊铺路缘石的中、小型多功能滑模摊铺机。

滑模摊铺机可按特大、大、中、小4个级别的基本技术参数选择。无论是哪种设备，首先必须满足施工路面、路肩、路缘石和护栏等的基本施工要求；其次摊铺机本身的工作配置件要齐全，应配备螺旋或刮板布料器、松方高度控制板、振动排气仓、夯实杆或振动搓平梁、自动抹平板、侧向打拉杆及同时摊铺双车道的中部打拉杆装置等。

2. 三辊轴机组

三辊轴机组是由振捣机、三辊轴整平机等机组组成的。

三辊轴整平机应由振动辊、驱动辊和甩浆辊组成，材质应为具有足够刚度和耐磨性的三根等长度直径的无缝钢管。三辊轴整平机的主要技术参数应符合表2-6-9的规定，并应根据面层厚度、拌和物工作性和施工进展等合理选择。

三辊轴整平机的主要技术参数 表2-6-9

轴直径(mm)	轴速(r/min)	轴长(m)	轴质量(kg/m)	行走速度(m/min)	整平轴距(mm)	振动功率(kW)	驱动功率(kW)	适宜整平路面厚度(mm)
168	300	5~9	65±0.5	13.5	504	7.5	6	200~260
219	380	5~12	77±0.7	13.5	657	17	9	160~240

三辊轴摊铺整平机以轴的直径划分型号，以轴的长度划分规格，应根据摊铺宽度确定规格。从摊平拌和物考虑，轴的直径大比较有利；从有效密实深度考虑，轴的直径较小比较有利。目前市场上的三辊轴摊铺整平机，轴的直径有168mm、219mm和240mm几种。采用较大的轴径施工效率较高，平整度较好，但表面浆体比较容易离析，浆较薄。采用较小的轴径，提浆效果较好，但轴易变形，应注意校正。板厚200mm以上宜采用直径168mm的辊轴；桥面铺装或厚度较小的路面可采用直径219mm的辊轴。轴长宜比路面宽度长出600~1200mm。

振动轴的转速有300r/min和380r/min两种，宜采用较小的转速，以保证有效振实和提浆。振动轴的转速不宜大于380r/min。

振动功率宜大于7.5kW;驱动轴的最大行驶速度不大于13.5m/min,驱动功率不小于6kW。保证振轴和驱动轴有足够大的功率,以克服混合料和模板的阻力,实现摊铺、振动密实及整平功能。

三辊轴机组铺筑混凝土面板时,应同时配备一台振捣机,尽量使用同时安装有辅助摊铺的螺旋布料器和松方控制刮板形式。并具有自动行走功能。

3. 小型机具

小型机具包括固定模板、手持振捣棒、振动板或振捣梁振实、棍杠、修整尺、抹平刀等。

4. 碾压混凝土摊铺机械摊铺机

碾压混凝土摊铺机械摊铺机包括沥青摊铺机摊铺、压路机械等。

碾压混凝土路面施工最好选择带自动找平系统和高密实度烫平板的大型沥青摊铺机,摊铺密实度不应小于85%。根据路面摊铺宽度可选用1~2台。压实机械采用自重10~12t的振动压路机1~2台;15~25t的轮胎压路机1台,用于路面碾压。1~2t的小型振动压路机1台,用于边缘压实。

第三节 水泥混凝土路面的施工

一、施工准备

1. 选择施工机械

目前,我国在实际水泥混凝土路面工程建设中,高速公路、一级公路基本上使用滑模摊铺装备和工艺;二级及二级以下公路水泥混凝土路面的施工,大多采用三辊轴机组施工设备与工艺;小型机具施工工艺多用于三级、四级公路水泥混凝土路面的施工。

2. 施工组织

施工单位应根据设计图纸、合同文件、摊铺方式、施工条件等,确定水泥混凝土路面施工工艺流程、施工方案,编制详细的切实可行的施工组织设计;对平面和高程进行复测和恢复性测量;建立具备资质要求的现场实验室;铺设必要的施工便道及对相关的技术人员进行技术交底,并对技术人员进行相关培训。

3. 选择混凝土拌和场地

拌和站的选址应防止噪声扰民和粉尘污染,距离摊铺路段的最长距离不宜超过20km。根据施工路线的长短和所采用的运输工具,混凝土可集中在一个场地拌制,也可以在沿线选择几个场地,随工程进展情况迁移,拌和场地的选择首先要考虑使运送混合料的运距最短;同时拌和场还要接近水源和电源。此外,拌和场应有足够的面积,以供堆放砂石材料和搭建水泥库房。拌和站内的运输道路及拌和楼设置处应做路面硬化处理,其结构和强度应满足施工车辆行驶的需要。

4. 原材料试验和设备检查

根据技术设计要求与当地材料供应情况,做好混凝土各组成材料的试验,检验合格并经配合比试验确定满足要求方可使用。在此基础上进行路面混合料配合比设计试验,确定施工配合比。施工前对施工机械设备、测量仪器、基准线或模板、机具工具及各种试验仪器等进行全面检查、调试、校核、标定,并适量储备主要施工机械易损零件。

5. 基层的检查与整修

基层的宽度、路拱与高程、表面平整度和压实度,均应检查其是否符合要求。如有不符之处,应予整修;否则,将使面层的厚度变化过大,而增加其造价或减少其使用寿命。半刚性基层的整修时机很重要,过迟难以修整且很费工。当在旧砂石路面上铺筑混凝土路面时,所有旧路面的坑洞、松散等损坏,以及路拱横坡或宽度不符合要求之处,均应事先翻修调整压实。混凝土摊铺前,基层表面应洒水润湿,以免水混凝土底部的水分被干燥的基层吸去,变得疏松以致产生细裂缝,有时也可在基层和水混凝土之间铺设薄层沥青混合料或塑料薄膜。

6. 安全防护准备

应严格执行《公路工程施工安全技术规程》(JTG 076)的规定要求,加强安全生产管理,落实安全生产责任,提高作业人员的安全意识,准备好各种安全防护设施和劳动防护用品,正确使用安全防护用品。

二、混凝土搅拌与运输

(一) 拌和

1. 组成材料计量与进料顺序

进行拌和时,掌握好混凝土施工配合比,严格控制加水量,应根据砂、石料的实测含水率,调整拌和时的实际用水量。混合料组成材料的计量允许误差为:高速公路和一级公路水泥 ±1%,掺合料 ±1%,粗细骨料为 ±2%,水为 ±1%,外加剂为 ±1%;其他公路水泥 ±2%,掺合料 ±2%,粗细骨料为 ±3%;水为 ±2%;外加剂为 ±2%。施工中应每 15d 检验一次拌和楼(机)计量精度。

可溶解的外加剂应充分溶解、搅拌均匀后加入搅拌锅,并扣除溶液中的加水量。不可溶解的粉末外加剂加入前应过 0.30mm 筛,可与集料同时加入,并适当延长纯搅拌时间。粉煤灰或其他掺合料应采用与水泥相同的输送、计量方式加入。

2. 拌和时间

拌和时间依赖于叶片总行程。从控制拌和物的黏聚性、匀质性及强度稳定性的角度出发,规定不同搅拌楼的总拌和时间及纯拌和时间。搅拌均匀的核心问题并非取决于时间,而依赖于叶片总行程。由于负载大小不同,叶片行程也不同,因此,时间控制只有在额定容量时才正确,所以也可控制叶片总行程即叶片搅拌总周长。

搅拌时间应根据拌和物的黏聚性、匀质性及搅拌机类型,经试拌确定。对于单立轴式搅拌机的总搅拌时间宜为 80~120s，纯搅拌时间不应短于 40s；行星立轴和双卧轴式搅拌机总搅拌时间宜为 60~90s，纯搅拌时间不应短于 35s；连续双卧轴拌和机（楼）的总搅拌时间宜为 80~120s，纯搅拌时间不应短于 40s。加入粉煤灰的水泥混凝土拌和物的纯搅拌时间应比不掺的延长 15~25s。纤维混凝土的纯搅拌时间应比水泥混凝土规定的纯搅拌时间延长 20~30s。碾压混凝土的最短纯搅拌时间应比水泥混凝土规定的纯搅拌时间延长 15~20s。雨天不得拌和碾压混凝土。

3. 拌和物的质量检验

水泥混凝土拌和物应均匀一致，各拌和机之间，拌和物的坍落度偏差应小于 10mm。拌和物出料温度宜控制在 10℃~35℃ 之间。生料、干料、严重离析的拌和物，或有外加剂团块、粉煤灰团块的拌和物不得用于路面摊铺。混凝土拌和物的质量检测项目及频率见表 2-6-10。

混凝土拌合物的质量检测项目及频率　　表 2-6-10

检测项目	检测频率		试验方法
	高速公路、一级公路	其他等级公路	
水灰比及其稳定性	每 5 000m³ 抽检 1 次，有变化随时测	每 5 000m³ 抽检 1 次，有变化随时测	JTG E30 T0529
坍落度及其损失率	每工班测 3 次，有变化随时测	每工班测 3 次，有变化随时测	JTG E30 T0522
振动黏度系数	试拌、原材料和配合比有变化时测	试拌、原材料和配合比有变化时测	附录 A
纤维体积率	每工班测 2 次，有变化随时测	每工班测 1 次，有变化随时测	附录 D
含气量	每工班测 2 次，有抗冻要求不少于 3 次	每工班测 1 次，有抗冻要求不少于 3 次	JTG E30 T0526
泌水率	每工班测 2 次	每工班测 2 次	JTG E30 T0528
表观密度	每工班测 1 次	每工班测 1 次	JTG E30 T0525
温度、凝结时间、水化发热量	冬、夏季施工，气温最高、最低时，每工班至少测 1~2 次	冬、夏季施工，气温最高、最低时，每工班至少测 1 次	JTG E30 T0527
改进 VC 值	每工班测 3 次，有变化随时测	每工班测 3 次，有变化随时测	JTG E30 T0524
离析	随时观察	随时观察	—
压实度、松铺系数	每工班测 3 次，有变化随时测	每工班测 3 次，有变化随时测	JTG E30 T0525

（二）运输

混合料宜采用翻斗车或自卸车运输，当运距较远时，宜采用水泥混凝土搅拌运输车运输。运送混凝土的车辆装料前，应清洁车厢、车罐，洒水润壁，排干积水。装料时，自卸车应挪动车位，防止离析。搅拌楼卸料落差不应大于 2m。混凝土运输过程中应防止漏浆、漏料和污染路面，途中不得随意耽搁。自卸车运输应减小颠簸，防止拌和物离析。车辆起步和停车应平稳。

运输到现场的拌和物必须具有适宜摊铺的工作性。不同摊铺工艺的混凝土拌和物从搅拌机出料到运输到现场允许的最长时间可根据水泥初凝时间及施工气温确定，且应符合表 2-6-11 的规定。不满足时应通过试验，调整缓凝剂的剂量。混凝土一旦在车内停留超过初凝时间，应采取紧急措施处置，严禁水泥混凝土硬化在车厢（罐）内。使用自卸车运输混凝土最远运输半径不宜超过 20km。

混凝土拌和物出料到运抵现场允许最长时间　　　　表 2-6-11

施工温度(℃)	滑模摊铺(h)	三辊轴机组摊铺、小型机具摊铺(h)	碾压铺筑
5~9	1.5	1.20	1.0
10~19	1.25	1.0	0.8
20~29	1.0	0.75	0.6
30~35	0.75	0.40	0.4

烈日、大风、雨天和低温天气远距离运输时,自卸车运输水泥混凝土应加遮盖措施,罐车宜加保温隔热套。

运输车辆在模板或导线区调头或错车时,严禁碰撞模板或基准线,一旦碰撞,应告知测量人员重新测量纠偏。

车辆倒车及卸料时,应有专人指挥。卸料应到位,严禁碰撞摊铺机和前场施工设备及测量仪器,卸料完毕,车辆应迅速离开。

三、面层铺筑

(一) 安装模板

1. 边侧模板

定模摊铺,使用量最大、最多的是边缘侧向模板。首先要求模板为钢模板,公路水泥混凝土路面板、桥面板和加铺层的施工模板应采用刚度足够的槽钢、轨模或钢制边侧模板,不应使用木模板、塑料模板等其他易变形的模板。原因是木模的刚度偏小,其平整度的表面基准(3m 直尺 5mm)不能满足高速公路、一级公路平整度要求(3m 直尺不大于 3mm)。另外,木模吸水易于变形,周转率低。

模板的高度为面板设计厚度。模板顶面用水准仪检查高程,不符合要求时予以调整。施工时,要经常检查模板平面和高程,并严加控制。模板长度以人工便于架设为准,一般为 3~5m,且不宜短于 3m。小半径弯道为了渐变,可使用较短的模板。横向连接摊铺需设置拉杆时应按设计要求的拉杆距离,在模板上预留拉杆插入孔。为了提高模板的架设稳固性,要求每米模板应设置 1 处支撑固定装置进行水平固定,见图 2-6-1。固定的作用主要是防止振捣机、三辊轴、振捣梁、滚杠振动和重力作用下的向外水平位移。模板垂直度用垫木楔方法调整。模板底部的空隙,宜使用砂浆垫实或铺垫塑料薄膜,以防止振捣漏浆。立好的模板在浇筑混凝土之前,其表面应涂刷肥皂液、废机油等防黏剂,以便拆模。

2. 端头模板

横向施工缝端模板应为焊接钢制或槽钢模板,并按设计规定的传力杆直径和间距设置传力杆插入孔和定位套管。横向施工缝端头模板上的传力杆设置精度要求较高,施工定位精度不足时,传力杆将顶坏水泥路面。两边缘传力杆到自由边距离不宜小于 150mm。每米设置 1 个垂直固定孔套。工作缝端模侧立面见图 2-6-2。

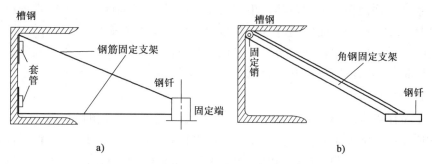

图 2-6-1 （槽）钢模板焊接钢筋或角隅固定示意图
a）焊接钢筋固定支架；b）焊接角钢固定支架

3. 模板的数量

模板或轨模数量应根据施工进度和施工气温确定，并应满足拆模周期内周转需要。一般情况下，模板总量不宜少于 2 次周转的需要。

4. 模板架设与安装

支模前在基层上应进行模板安装及摊铺位置的测量放样，每 20m 应设中心桩；每 100m 宜布设临时水准点；核对路面高程、面板分块、胀缝和构造物位置。测量放样的质量要求和允许偏差应符合相应测量规范的规定。纵横曲线路段应采用短模板，每块模板中点应安装在曲线切点上，以便较圆滑顺畅过渡曲线，并使混凝土用量最省。轨道摊铺应采用长度为 3m 的专用钢制轨模，轨模底面宽度宜为高度的 80%，轨道用螺栓、垫片固定在模板支座上，模板应使用钢钎与基层固定。轨道顶面应高于模板 20~40mm，轨道中心至模板内侧边缘距离宜为 125mm，见图 2-6-3。

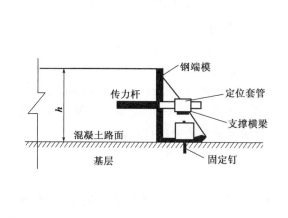

图 2-6-2 工作缝端模侧立面

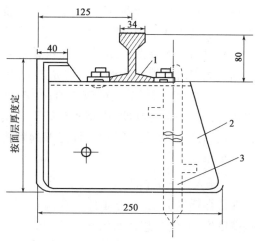

图 2-6-3 轨道模板（尺寸单位：mm）
1-轨道；2-模板；3-钢钎

轨道摊铺机使用的是轨道与模板合一的专用轨模，其尺寸一般由厂家提供。

模板应安装稳固、顺直、平整，无扭曲，相邻模板连接应紧密平顺，底部不得有漏浆、前后错茬、高低错台等现象。模板应能承受摊铺、振实、整平设备的负载行进、冲击和振动时不发生位移。严禁在基层上挖槽，嵌入安装模板。模板架设最主要的要求是稳固，在上部机械和机具的摊铺、振捣、整平及饰面作业下不位移且不妨碍各项作业。规定每米一个固定栓杆,小型机具作业时,稳固性要求低一些,而轨道与三辊轴机组支模稳固性要求高些。

模板安装检验合格后,与混凝土拌和物接触的表面应涂脱模剂、隔离剂或粘贴塑料薄膜;接头应粘贴胶带或塑料薄膜等密封。目的是便于拆模,且防止漏浆、跑料。

5. 模板拆除及矫正

当混凝土抗压强度不小于 8.0 MPa 时,方可拆模。适宜的拆模时间与施工时当地的昼夜平均气温和所用的水泥品种有关。气温高,水泥中掺加的混合材料少,则拆模时间短;反之拆模时间长。当缺乏强度实测数据时,边侧模板的最早拆模时间应符合表 2-6-12 的规定。

水泥混凝土面层的最早允许拆模时间(h)　　　　　表 2-6-12

昼夜平均气温(℃)	-5	0	5	10	15	20	25	≥30
硅酸盐水泥、R 型水泥	240	120	60	36	34	28	24	18
道路、普通硅酸盐水泥	360	168	72	48	36	30	24	18
矿渣硅酸盐水泥	—	—	120	60	50	45	36	24

注:允许最早拆侧模时间从混凝土面层精整成型后开始计算。

拆模不得损坏板边、板角和传力杆、拉杆周围的混凝土,也不得造成传力杆和拉杆松动或变形。模板拆卸宜使用专用拔楔工具,严禁使用大锤强击拆卸模板。主要目的是在拆模时,不得损伤或撬坏路面,同时不得敲打和损坏模板。拆下的模板应将黏附的砂浆清除干净,并矫正变形或局部损坏,不符合要求的模板应废弃,不得再使用。

(二) 摊铺、振实与整平

1. 摊铺

混凝土拌和物摊铺前,应对模板的位置及支撑稳固情况,传力杆、拉杆的安设等进行全面检查。修复破损基层,并洒水润湿。用厚度标尺板全面检测板厚与设计值相符后,方可开始摊铺。卸料时需专人指挥自卸车,尽量准确卸料。人工布料应用铁锹反扣,严禁抛掷和搂耙。人工摊铺水泥混凝土拌和物的坍落度应控制在 5~20 mm 之间,拌和物松铺系数(k)宜控制在 1.10~1.25 之间。料偏干,取较高值;反之,取较低值。松铺系数控制的实际目的是估计布料超出边缘模板的合适高度,小型机具施工与其他定模摊铺的方式一样,均要求布料高度应高出边模一定高度,以便振捣梁和辊杠能够起到挤压、振动及密实饰面的作用。

2. 振实

(1) 插入式振捣棒振实

在待振横断面上,每车道路面应配备不少于 3 根振捣棒,组成横向振捣棒组,沿横断面连续振捣密实,并应注意路面板底、内部和边角处不得欠振或漏振。振捣棒应轻插慢提,不得猛插快拔,严禁在拌和物中推行和拖拉振捣棒振捣。振捣时,应辅以人工补料,应随时检查振实效果、模板、拉杆、传力杆和钢筋网的移位、变形、松动、漏浆等情况,并及时纠正。振捣棒移动距离应小于有效作用半径的 1.5 倍,并不大于 500mm,每处振动时间不宜短于 30s。边角插入式振捣离模板的距离不应大于 150mm,且应避免碰撞模板。

(2) 振动板振实

在振捣棒已完成振实的部位,可开始振动板纵横交错两遍全面提浆振实,每车道路面应配备不少于 2 块振动板。振动板须由两人提拉振捣和移位,不得自由放置或长时间持续振动。移位控制以振动板底部和边缘泛浆厚度 4±1mm 为限。缺料的部位,应辅以人工补料找平。

(3) 振动梁振实

每车道路面宜使用 1 根振动梁。振动梁应具有足够刚度和质量,底部应焊接或安装深度 4mm 左右的粗集料压实齿,保证 4±1mm 的表面砂浆厚度。振动梁应垂直路面中线沿纵向拖行,往返 2~3 遍,使表面泛浆均匀平整。在振动梁拖振整平过程中,缺料处应使用混凝土拌和物填补,不得用纯砂浆填补;料多的部位应铲除。

3. 整平饰面

整平包括滚杠提浆整平、抹面机压浆整平、精整饰面三道工序,此三道整平工序缺一不可。

(1) 滚杠提浆整平

每个作业面应配备 2 根滚杠,一根用于施工,另一根浸泡清洗备用。振动梁振实后,宜拖动滚杠往返 2~3 遍提浆整平。第一遍应短距离缓慢推滚或拖滚,以后应较长距离匀速拖滚,并将水泥浆始终赶在滚杠前方。多余水泥浆应铲除。

(2) 压实整平

拖滚后的表面宜采用 3m 刮尺,纵横各 2~3 遍抄平饰面,或采用叶片式或圆盘式抹面机往返 1~2 遍压实整平饰面。抹面机配备每车道路面不应少于 1 台。

(3) 精平饰面

在抹面机完成作业后,应进行清边整缝,清除粘浆,修补缺边、掉角。应使用抹刀将抹面机留下的痕迹抹平,当烈日曝晒或风大时,应加快表面的修整速度,或在防雨篷遮阴下进行。精平饰面后的面板表面应无抹面印痕,致密均匀,无露骨,平整度应达到规定要求。

四、接缝施工与养生

(一) 纵缝施工

1. 纵向施工缝施工

企口纵缝在滑模或模板上很容易制作,采用滑模施工时,纵向施工缝的中间拉杆可用摊铺机自动拉杆装置插入;侧向拉杆可使用边缘装置插入。采用固定模板施工方式时,应在振实过程中,从侧模预留孔中插入拉杆。

2. 纵向缩缝

纵向缩缝可在摊铺过程中以专用的拉杆插入装置插入拉杆,并用切缝法施工假纵缝。

插入的侧向拉杆应牢固,不得松动、碰撞或拔出。若发现拉杆松脱或漏插,应在横向相邻路面摊铺前,钻孔重新植入。植入拉杆前,在钻好的孔中填入锚固剂,然后打入拉杆,保证锚固牢固。当发现拉杆可能被拔出时,宜进行拉杆拔出力(握裹力)检验。

(二) 横缝施工

1. 设传力杆缩缝

在特重和重交通公路、收费广场、邻近胀缝或路面自由端的 3 条缩缝应采用假缝加传力杆的方式。传力杆设置方式有两种:一是用滑模摊铺机配备的传力杆自动插入装置在摊铺时置入;二是使用前置钢筋支架法施工。后者传力杆设置精确度有保证,但在设有布料机的情况下,影响摊铺速度,且投资增大。使用传力杆自动插入装置时,传力杆插入造成的上部破损缺陷应由振动搓平梁进行彻底修复。支架法的构造中的双U形钢筋支架与梯形钢筋支架图有所不同。双U形钢筋支架是两侧可独立位移的脱离体;而梯形支架有跨越接缝的连接钢筋,使用中几条缩缝仅拉开一条较宽的缩缝,开口位移量较大的宽缝难于防水密封,但梯形支架节省钢筋,并便于加工安装。

钢筋支架应具有足够的刚度,传力杆应准确定位,摊铺之前应在基层表面放样,并用钢钎锚固,宜使用手持振捣棒振实传力杆高度以下的混凝土,然后机械摊铺。传力杆无防黏涂层一侧应焊接,有涂料一侧应绑扎。用 DBI 法置入传力杆时,应在路侧缩缝切割位置作标记,保证切缝位于传力杆中部。

2. 胀缝施工

胀缝应采用前置钢筋支架法施工,也可采用预留两块面板,在气温接近年平均气温时再封铺。前置法施工,应预先加工、安装和固定胀缝钢筋支架,并在使用手持振捣棒振实胀缝板两侧的混凝土后再摊铺。胀缝板应连续贯通整个路面板宽度。胀缝施工的关键技术有两条:一是保证钢筋支架和胀缝板准确定位,使机械或人工摊铺时不产生推移、支架不弯曲、胀缝板不倾斜,要求支架和胀缝板较有力地固定。二是胀缝板上部软嵌入临时木条,胀缝板顶部会提前开裂,来不及硬切(双)缝,已经弯曲断开,缝宽不一致,很难处理。解决办法是临时软嵌 20~25mm×20mm 木条,保持均匀缝宽和边角完好性,直到填缝,剔除木条(施工车辆通行期间不剔除),再粘胀缝多孔,橡胶条或填缝。

3. 横向施工缝

每天摊铺结束或摊铺中断时间超过 30min 时,混凝土已经初凝、中断或结束摊铺应使用端头钢模板设横向施工缝。其位置宜与胀缝或缩缝重合,确有困难不能重合时,施工缝应采用设螺纹传力杆的企口缝形式。这样做的目的是在横向施工缝中不仅保证优良的荷载传递,而且拉成整体板。这种板中施工缝也会由于面板混凝土干缩形成微细裂缝,所以也需要切缝和灌缝。横向施工缝应与路中心线垂直。

(三) 切缝

贫混凝土基层、各种混凝土面层、加铺层、桥面和搭板的纵、横向缩缝均应采用切缝法施工。

1. 横向缩缝切缝

目前水泥混凝土路面切缝技术有很大进展,设备有软切缝机、普通切缝机、支架切缝机等;切缝方式有全部硬切缝、软硬结合切缝和全部软切缝三种。切缝方式的选用,应由施工期间该地区路面摊铺完毕到切缝时的昼夜温差确定。根据我国南北方各地的施工经验观察,给出了在当地日温差条件下适宜的切缝方法和深度。

对分幅摊铺的路面应在先摊铺的混凝土板横缩缝已断开的部位作标记,在后摊铺的路面上应对齐已断开的横缩缝提前软切缝。分幅横向连接摊铺纵缝有拉杆的水泥混凝土路面,对先铺路面已经断开的缩缝,由于拉杆会传递拉应变,导致后铺路面在硬切缝之前就断板了,应特别注意提前软切缝防止断板。

纵向带拉杆假缩缝及横向带传力杆缩缝的切缝应高度重视,近年来,采用滑模摊铺机和三辊轴机组一次摊铺两个车道不小于 7.5m 的路面,由于假纵缝和传力杆缩缝切缝深度过浅和切缝时间太迟,引起了一些拉杆和传力杆端部的纵向开裂现象,因此规定已设置拉杆的假纵缝和设有传力杆的缩缝,切缝深度不应小于 1/3~2/5 板厚,最浅不小于 80mm;无传力杆缩缝的切缝深度应为 1/3~1/4 板厚,最浅不得小于 60mm。最迟切缝时间不宜超过 24h。

2. 施工纵缝处置

各级公路填方高度不小于 10m 的路段、软基路段、填挖方交界路段、桥面、桥头搭板部位的纵向施工缝在涂沥青的基础上,还应硬切缝后灌缝,这是对特殊路段的双重防水保护措施。其目的是要防止水从这些部位的纵缝渗到桥面、易沉降变形的高填方、桥头等基层中去。

3. 切纵缝

纵向缩缝的切缝要求应与横向缩缝相同。对已插入拉杆的纵向假缩缝切缝深度不应小于 1/3~2/5 板厚,最浅切缝深度不小于 80mm,纵横缩缝宜同时切缝。已插入拉杆的假纵缝必须加深切缝以防止传力杆端部混凝土路面断裂。

4. 切缝宽度

切缝宽度应控制在 4~6mm,锯片厚度不宜小于 4mm,切缝时锯片晃度不应大于 2mm。当切缝宽度小于 6mm,可采用 6~8mm 厚锯片二次扩填缝槽或台阶锯片切缝,这有利于将填缝料形状系数控制在 2 左右,接缝断开后适宜的填缝槽宽度宜为 7~10mm,最宽不宜大于 10mm,填缝槽深度宜为 25~30mm。这样既保证了接缝不因嵌入较大粒径的坚硬石子而崩碎边角;又兼顾了填缝材料不致因拉应变过大而过早拉裂失去密封防水效果。施工中应注意区分切缝、断开缝与填缝槽的宽度与深度,见图 2-6-4。

5. 变宽路段切缝

在变宽度路面上,宜先切缝划分板宽。匝道上的纵缝宜避开轮迹位置,横缝应垂直于每块面板的中心线。变宽度路面缩缝,允许切割成小转角的折线,相邻板的横向缩缝切口必须对齐,允许偏差不得大于 5mm。在弯道加宽段、渐变段、平面交叉口和匝道进出口横向加宽或变宽路面上,横向缩缝切缝必须缝对缝,无法对齐时,可采用小转角折线缩缝。其原因是纵缝有拉杆传递拉开变形,将未对缝的面板拉断。若不对缝,又不允许拉断,变宽路面纵缝两侧应采用钢筋混凝土或配边缘补强钢筋。

(四) 灌缝

1. 灌缝技术要求

采用飞缝机清除接缝中砂石、凝结的泥浆等杂物,确保缝壁及内部清洁、干燥。具体要求是缝壁检验以擦不出水、泥浆及灰尘为灌缝标准。

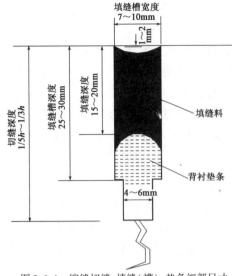

图 2-6-4 缩缝切缝、填缝(槽)、垫条细部尺寸

使用常温聚氨酯和硅树脂等填缝料时,应按规定比例将两组分材料按 1h 灌缝量混拌均匀后使用;使用加热填缝料时应将填缝料加热至规定温度。加热过程中应将填缝料彻底融化,搅拌均匀,并保温使用。

水泥混凝土路面缩缝的灌缝的形状系数宜为 1.5,钢筋混凝土、连续配筋混凝土面层、过渡板、搭板与桥面的灌缝形状系数宜为 1.0。灌缝深度宜为 15~20mm,最浅不得小于 15mm 见图 2-6-4。先挤压嵌入直径 9~12mm 多孔泡沫塑料背衬条,再灌缝。灌缝材料应混拌均匀后灌缝,每次准备量不宜超过 1h,且不应超过材料规定的操作时间。高温时,灌缝顶面应与板面齐平;一般天气时,应填为凹液面,中心低于板面 3mm。填缝必须饱满、均匀、厚度一致并连续贯通,填缝料不得缺失、开裂和渗水。

高速公路、一级公路推荐使用树脂、橡胶和改性沥青类填缝材料,二、三级公路可用热灌沥青和胶泥类填缝材料。

常温施工式填缝料的养生期,低温天宜为 24h,高温天宜为 10h。加热施工式填缝料的养生期,低温天宜为 2h,高温天宜为 6h。在灌缝料养生期间应封闭交通,常温反应固化型及加热施工填缝料均需要封闭交通养生。

2. 胀缝填缝

路面胀缝和桥台隔离缝等应在填缝前,凿去接缝板顶部嵌入的木条,涂黏结剂后,嵌入胀缝专用多孔橡胶条或灌进适宜的填缝料,当胀缝的宽度不一致或有啃边、掉角等现象时,应采用灌料填缝,不应采用多孔橡胶条填缝。

从胀缝很大的变形量来看,胀缝中的填缝料不宜使用各种密实型填缝材料,因为填料在热天容易被挤出、带走或磨掉,而冬季则会收缩成槽,所以推荐上表面较厚的几重防护的多孔橡胶条。桥面伸缩缝应按伸缩缝厂商提供的配套填缝材料(一般为特种橡胶带)和要求填缝。

常温施工填缝的养生期低温时宜为 24h,高温时宜为 10h。加热施工填缝料的养生期,低温时宜为 2h,高温时宜为 6h。

(五)抗滑构造施工

1. 拉毛处理

人工修整表面时,宜使用木抹。用钢抹修整过的光面,必须再拉毛处理,以恢复细观抗滑构造。

2. 塑性拉槽

当工程量较小时,可使用人工拉槽施工。当工程量较大,施工速度较快时,宜采用拉毛机施工。即日施工进度超过500m,抗滑沟槽制作宜选用拉毛机械施工。没有拉毛机时,可采用人工拉槽方式。在混凝土表面泌水完毕20~30min内应及时进行拉槽。拉槽深度应为3~4mm,槽宽3~5mm,每耙之间距离与槽间距15~25mm,槽深基本均匀。

3. 硬刻槽

极重、特重和重交通混凝土路面宜采用硬刻槽,凡使用圆盘、叶片式抹面机整平后的混凝土路面、钢纤维混凝土路面必须采用硬刻槽方式制作抗滑沟槽。可采用等间距刻槽,其几何尺寸同上,为降低噪声宜采用非等间距刻槽,尺寸宜为:槽深3~5mm,槽宽3mm,槽间距在12~24mm之间随机调整。对路面结冰地区,硬刻槽的形状宜使用上宽6mm、下窄3mm的梯形槽;硬刻槽机重量宜重不宜轻,一次刻槽最小宽度不应小于500mm,硬刻槽时不应掉边角,也不得中途抬起或改变方向,并保证硬刻槽刻到面板边缘。抗压强度达到40%后可开始硬刻槽,并宜在两周内完成。硬刻槽后应随即冲洗干净路面,并恢复路面的养生。

4. 抗滑构造的恢复

新建路面或旧路面抗滑构造不满足要求时,可使用磨平后,再采用硬刻槽或喷砂打毛等方法加以恢复。

(六) 混凝土路面养生

混凝土路面铺筑完成或软作抗滑构造完毕后应立即开始养生。机械摊铺的各种混凝土路面、桥面及搭板宜采用喷洒养生剂同时保湿覆盖的方式养生。在雨天或养生用水充足的情况下,也可采用覆盖保湿膜、土工毡、土工布、麻袋、草袋、草帘等洒水湿养生方式,不宜使用围水养生方式。

养生时间应根据混凝土弯拉强度增长情况而定,不宜小于设计弯拉强度的80%,应特别注重前7d的保湿(温)养生。一般养生天数宜为14~21d,高温天不宜少于14d,低温天不宜少于21d。掺粉煤灰的混凝土路面,最短养生时间不宜少于28d,低温天应适当延长。

混凝土板养生初期,严禁人、畜、车辆通行,在达到设计强度40%后,行人方可通行。

在路面养生期间,平交道口应搭建临时便桥。面板达到设计弯拉强度后,方可开放交通。

五、其他混凝土路面铺筑

(一) 钢筋混凝土路面铺筑

1. 钢筋网安装

钢筋网应采用预先架设安装方式。单层钢筋网的安装,在确保精度的条件下,可采用两次摊铺,中间摆设钢筋网的安装方式。

单层钢筋网的安装高度应在面板下(1/3~1/2)h处,外侧钢筋中心至接缝或自由边的距离不宜小于100mm,并应配置4~6个/m^2焊接支架或三角形架立钢筋支座,保证在拌和物堆压下钢筋网基本不下陷、不移位。单层钢筋网不得使用砂浆或混凝土垫块架立。

钢筋网的主受力钢筋应设在弯拉应力最大的位置。单层钢筋网纵筋应安装在底部,双层钢筋网纵筋应分别安装在上层顶部、下层底部。双层钢筋网上、下层之间不应少于 4~6 个/m² 焊接支架或环形绑扎箍筋。双层钢筋网底部可采用焊接架立钢筋或用 30mm 厚的混凝土垫块支撑,数量不少于 4~6 个/m²。双层钢筋网底部到基层表面应有不小于 30mm 的保护层,顶部离面板表面应有不小于 50mm 的耐磨保护层。

横向连接摊铺的钢筋混凝土路面之间的拉杆数量应比普通混凝土路面加密 1 倍。双车道整体摊铺的路面板钢筋网应整体连续,可不设纵缝。

采用滑模摊铺机和三辊轴机组摊铺时,钢筋混凝土路面可采用两次布料,以便在其中摆放间断钢筋网。连续配筋混凝土路面应采用钢筋网预设安装,整体一次布料。

2. 布料要求

混凝土应卸在料斗或料箱内。再由机械从侧边运送到摊铺位置。钢筋网上的拌和物堆不宜过分集中,应尽快布匀。坍落度相同时的布料松铺高度,宜比相应机械施工方式普通混凝土路面大 10mm 左右。

3. 钢筋混凝土路面摊铺作业

钢筋混凝土路面摊铺作业除应符合普通混凝土路面中相应铺筑方式有关规定外,尚应符合下列要求:

(1) 摊铺坍落度

拌和物的坍落度可比相应铺筑方式普通混凝土路面大 10~20mm。钢筋网阻隔对振实有一定影响,为了保证振捣密实度而采取的减小稠度措施,坍落度增大后,由于有钢筋网约束,即使没有模板的滑模摊铺,也不会发生塌边现象。

(2) 振捣要求

振捣棒组横向间距宜比普通混凝土路面适当加密。采用插入振捣时,振捣棒组不应碰撞和扰动钢筋。插入振捣时不得拖行振捣棒组,应依次逐条分别振捣。振捣棒组应轻插慢提,不得猛插急提。振捣的关键是在保证振捣密实效果前提下,不使路表面遗留易于收缩开裂的砂浆暗槽。

(3) 延长振捣时间

滑模摊铺机摊铺钢筋混凝土路面时应适当增大振捣频率或减速摊铺。拌和物坍落度相同时,钢筋混凝土路面的振捣密实持续时间应比普通混凝土路面的规定时间延长 5~10s。

(4) 防止摊铺中断

在一块钢筋网连续面板内,应防止摊铺中断,每块板内不应留施工缝,必须摊铺至横缝位置或钢筋网片的端部,方可停止。应加强对机械装备的维修保养,将故障率降到最低。连续配筋和钢筋混凝土路面要避免在摊铺过程中断施工,虽然可采取中断部位加强配筋的方式,但由于是混凝土面板的冷接头,容易开裂且裂缝宽度较大。

(5) 横向施工缝设置

摊铺被迫中断时,必须设置横向施工缝,纵向钢筋应保持连续穿过接缝;且接缝处应用长度不小于 2m 的纵向钢筋加密 1 倍,横向施工缝距最近横缝的距离不应小于 5m。这是施工中因不可抗拒因素中断摊铺时,不得不采取的加强配筋措施。

4. 切缝与防锈

设接缝的钢筋混凝土路面在摊铺面板时,每张钢筋网片边缘 100mm 须作标记,以便准确对位切纵、横缩缝。纵、横向接缝部位的传力杆、拉杆、钢筋网表面应涂防锈涂层或包裹防锈塑料套管。这是对切缝部位的钢筋采取必要的防锈措施。切缝后的槽口,必须及时填缝。

(二)钢筋混凝土桥面铺装

1. 桥面及搭板钢筋网的施工要求

桥面和搭板钢筋网的加工、焊接和安装的质量要求除应符合规范的各项要求外,尚应符合下列规定:

(1)所有桥梁、通道钢筋混凝土桥面铺装层均应在梁板混凝土顶面安装锚固架立钢筋,再将钢筋网与锚固架立钢筋相焊接,锚固架立钢筋应有 $4\sim8$ 根/m^2。在梁端或支座部位剪应力较大处取大值,反之可取小值。桥面铺装层钢筋网应使用焊接网或预制冷轧带肋钢筋网,不宜使用绑扎钢筋网。

首先是要求将裸梁之间的后浇带钢筋横向连接成整体,其次是按桥梁剪应力分布和大小,加强层间抗剪钢筋的锚固。如果不设抗剪锚固钢筋,铺装层与翼缘板脱离,形成两层独立结构,易发生提早破坏。

(2)钢筋混凝土桥面极限最薄厚度不得小于 90mm。桥面铺装层钢筋网不得紧贴梁板顶面,也不得使用非锚固钢筋网支架和砂浆垫块。

(3)采用双层钢筋网一次铺装时,除底层钢筋网应与梁板锚固焊接外,上下层钢筋网亦应焊接。分双层两次铺装的钢筋混凝土桥面,防水找平层中应设置一层钢筋网,横向钢筋位于纵向钢筋之下,横向钢筋直径、数量和间距不宜小于纵向,并应与梁板锚固筋相焊接。上层钢筋网可不与下层钢筋网焊接,但应与锚固在找平层混凝土中的架立钢筋相焊接。这是两层之间的抗剪要求。

下层钢筋网应以主梁肋为横向支点,将荷载分担到主梁上,并增强横向刚度。因此,下层防水找平层钢筋网横向为主筋,纵向为次配筋。横向配筋宜强不宜弱,钢筋宜粗密不宜细疏。位置宜低不宜高。纵向钢筋除非加强受拉区,在正弯矩受压区,主要应由主梁承担拉应力,受压区增加纵向配筋不仅不必要,而且钢筋自重和压应变比混凝土大得多,有增大挠度之可能。

上层钢筋网的配筋目的是为了防止混凝土表面开裂,因此,上层钢筋网的纵横钢筋均宜细不宜粗,间距宜密不宜疏。

(4)桥面板应在梁端或负弯矩预切缝部位,按设计要求使用接缝钢筋补强。桥面接缝补强钢筋的直径不宜小于 12mm;长度不宜短于 1.2m 或按负弯矩影响范围确定。梁端或负弯矩部位一定要切缝时,此处需要增加接缝补强钢筋,对张开型缩缝进行补强,目的是限制接缝的张开位移量,保持接缝的长期使用性能,并减缓破损。

(5)桥面钢筋网应在整个桥面内纵、横向连成整体。即使不能整体全宽铺装,也应将钢筋网焊接成全桥面宽度内整体连续,不得中断或切断纵、横钢筋。这是保证钢筋混凝土桥面的整体受力、刚度和耐久性对桥面铺装提出的技术要求。

(6)双层钢筋混凝土搭板与过渡板,过渡板与路面应采用胀缝相连接。胀缝补强支架与钢筋网应焊接成整体,焊接点不应少于 4 个/m,或直接利用双层钢筋网,但钢筋数量不得少于胀缝支架钢筋。即可在双层钢筋混凝土搭板一侧取消胀缝支架,直接利用双层钢筋网,并增加箍筋，箍筋数量不得少于胀缝钢筋支架。

2. 桥面及搭板的机械铺装

(1) 铺装前的准备工作

高速公路、一级公路双层钢筋混凝土搭板与普通水泥路面相接时，应设置最短长度不小于 10m 的单层钢筋混凝土过渡板。

桥头搭板有双层钢筋混凝土平厚搭板，厚度一般为 300~450mm。设枕梁和加强肋梁的单层钢筋混凝土薄搭板，薄搭板厚度一般与路面相同，其厚度不宜薄于上基层。枕梁和肋梁一般与上基层等深。但枕梁和加强肋均应按设计计算配置受力钢筋，搭板加枕(肋)梁总厚度一般为 450mm 左右。

桥面铺装层和搭板混凝土强度不应低于主梁翼缘板，路面混凝土抗压强度满足要求时，可直接采用连续摊铺。不符合此要求应使用符合桥面要求的配合比。桥面与主梁在荷载作用下共同联合动作产生挠度时，桥面是受压区最上缘，其拉、压应力最大。当桥面混凝土强度等级低于主梁翼缘板时，桥面将首先被压碎或拉裂。用于桥面铺装的混凝土中不宜掺粉煤灰，但应掺高效减水剂，有抗冰(盐)冻要求时应掺引气(缓凝)高效减水剂。腐蚀环境下宜掺硅灰或磨细矿渣。

待铺装的裸梁表面应清洗干净，并具有足够的粗糙度；防水找平层的表面应进行凿毛或表面缓凝粗糙处理。

用滑模摊铺机连续铺装桥面时，应先验算桥板、翼缘承载能力和桥梁挠度是否满足摊铺机上桥铺装作业的要求。大吨位摊铺机上桥摊铺的挠度及下桥反弹量不宜大于 3mm。

桥梁护栏宜在滑模或轨道摊铺机铺装桥面后施工。履带行走或轨道架设在分幅桥梁中空部位、通信井口或裸染板上时，应采用可靠加固保护措施，可将滑模摊铺机的履带延伸至另一幅桥面上行走。

滑模摊铺机履带上下桥的台阶部位应提前 2~3d 铺设混凝土坡道，长度不宜短于钢筋混凝土搭板。

桥面上的基准线桩可与桥梁上的锚固钢筋暂时焊接固定，间距不大于 10m。滑模连续铺装路面、搭板和桥面时，基准线应连接顺直，精确度应满足规定。

三辊轴机组或小型机具铺装桥面时，模板应采用特制的低矮模板。不能整幅铺装桥面时，接续摊铺一侧的模板宜使用半高型或中空型，以利钢筋穿过，不得用模板将钢筋网压贴到梁板上。搭板的模板可采用路面模板，高程不足时，可提前铺设混凝土底座。

(2) 连续机械铺装

滑模摊铺机应缓慢、匀速、连续不间断地摊铺路面、胀缝、搭板、桥面，保证所铺装桥面混凝土的均匀密实、平整连续。设钢筋网的通道与涵洞顶面层的摊铺应与相应钢筋混凝土路面相同。滑模摊铺机上、下桥面，应及时调整侧模高度，使边缘尽量少振动漏料。三辊轴机组铺装桥面时，与钢筋混凝土路面摊铺要求相同，宜采用间歇插入振捣。

钢筋混凝土桥面铺装层的铺装厚度应采取双控措施：厚度代表值应满足设计厚度；极限最薄厚度不应薄于设计厚度 20mm。

整体摊铺钢筋混凝土搭板(加枕梁或肋梁)的总厚度不得大于 300mm。厚度超过 300mm 时，必须先用人工浇注、振实厚搭板、枕梁和加强肋梁，再摊铺搭板上部。

应精确放样桥台接缝和伸缩缝位置。铺装前宜在伸缩缝、桥台接缝底部设隔离层，应在桥台接缝处安装稳固的胀缝板。待桥面铺装后,剔除伸缩缝位置未硬化混凝土,然后按规定安装伸缩缝。用事先隔离、事后软剔除或硬凿除的方法施工桥梁伸缩缝和台背接缝。

浇筑伸缩缝的混凝土中应加入不少于体积掺量0.8%的钢纤维。伸缩缝部位钢纤维凝土强度等级不宜低于C40,应采用机械强制拌和,并掺加高效减水剂。

斜交桥涵异形混凝土板应全部在桥头搭板内调整。正交和斜交搭板最短边长不宜小于10m。搭板应切缝防开裂,纵、横向切缝距离不宜大于6m。横缝位置应按搭板长短边均分,纵缝宜按路面板宽划分。桥涵与路面斜交时,应全部在双层钢筋混凝土搭板内解决斜交板问题,路面上不出现斜交异形面板,既方便路面摊铺,延长其使用寿命,又将斜交异形板置于配筋最强的双层钢筋混凝土搭板。此处是整个线路面层中钢筋用量最大,补强最充分的部位。搭板的最短长度为10m,目的是为了在桥头沉降时,减缓桥头跳车。桥头搭板纵横向最大边长不大于6m,可不切缩缝;边长大于6m应切缝。斜交搭板应均分短边长边,在两边的中间点画线,并切缝、填缝。

支座和桥面负弯矩部位必须切缝,桥面横向缩缝应以支座或桥台为界,在每跨内均分缩缝间距,最大长度不宜大于6m,最短长度不宜小于4.5m;桥面除停车带外,纵缝宜按路面板宽划分。其目的是将连续配筋混凝土桥面的裂缝由任意裂缝转变为可控、可灌填的接缝,延长其使用寿命。桥面和搭板钢筋防锈及填缝要求与钢筋混凝土路面相同。

(三)钢纤维混凝土路面和桥面铺筑

钢纤维混凝土路面的布料与摊铺除应满足滑模和三辊轴机组摊铺普通混凝土路面的规定外,所采用的各种布料机械与摊铺方式,应保证面板内钢纤维分布的均匀性及结构连续性,在一块板内的浇筑和摊铺不得中断。

布料松铺高度应通过试铺确定。拌和物坍落度相同时,宜比相同机械施工方式的普通混凝土路面松铺高度高10mm左右。

钢纤维混凝土拌和物应与所选定的摊铺方式相适应,钢纤维混凝土拌和物宜使用坍落度较低的拌和物,不得使用钢纤维"结团"的拌和物。

所采用的振捣机械和振捣方式除应保证钢纤维混凝土密实性外,尚应保证钢纤维在混凝土中分布的均匀性。从钢纤维混凝土路面匀质性和抗裂性考虑,要求已振实的钢纤维混凝土面板中,不得遗留振捣棒插振后局部无钢纤维的暗空洞、坑穴或沟槽。

除应满足各交通等级路面平整度要求外,从钢纤维混凝土路面运营安全性和可靠性考虑,规定钢纤维混凝土路面整平后的面板表面10~30mm深度内还应保证钢纤维不直立、不翘头,避免路面磨损后出现裸露的钢纤维,以保证运营安全。

采用滑模摊铺机铺筑钢纤维混凝土路面时,振捣棒组的振捣频率不宜低于10000r/min,振捣棒组底缘应严格控制在面板表面位置,不得将振捣棒组插入路面钢纤维混凝土内部振捣。或在面板内拖行振捣,滑模摊铺机振捣棒底缘应严格控制在面板表面位置;三辊轴机组摊铺仅允许采用大功率平板式振捣器和振动梁振捣密实及整平。精平后的表面不得裸露钢纤维,也不应留浮浆。

采用三辊轴机组摊铺钢纤维混凝土路面时,不得将振捣棒组插入路面钢纤维混凝土内部振捣,也不得使用人工插捣。可采用大功率平板式振捣器振捣密实,再采用振动梁压实整平。振动梁底面应设凸棱以利表层钢纤维和粗集料压入,然后用三辊轴整平机将表面滚压平整,再用 3m 以上刮尺、刮板或抹刀纵横向精平表面。

由于钢纤维混凝土的凝结时间短、硬化快,因此,钢纤维混凝土拌和物从出料到运输、铺筑完毕的允许最长时间不宜超过表 2-6-13 的规定。在浇筑和摊铺过程中严禁因拌和物干涩而加水,但可喷雾防止表面水分蒸发。钢纤维混凝土必须尽量加快施工速度;否则,很快会凝结导致难以摊铺。

钢纤维混凝土拌和物从出料到运输、铺筑完毕允许最长时间　　　表 2-6-13

施工气温① (℃)	到运输完毕允许最长时间(h)		到铺筑完毕允许最长时间(h)	
	滑模	三辊轴机组	滑模	三辊轴机组
5~9	1.25	1.0	1.5	1.25
10~19	0.75	0.5	1.0	0.75
20~29	0.5	0.35	0.75	0.5
30~35	0.35	0.25	0.50	0.35

注:①指施工时间的日间平均气温,使用缓凝剂延长凝结时间后,本表数值可增加 0.20~0.35h。

钢纤维混凝土路面抗滑构造的制作必须使用硬刻槽方式,不得使用粗麻袋、刷子和扫帚制作细观抗滑构造。这是保证抗滑构造施工不对表面造成损伤及钢纤维拖出所采取的措施。

钢纤维混凝土路面的板长,即缩缝切缝间距宜在 6~10m 之间,最大面板尺寸不宜超过 8m×12m。钢纤维掺量较大,可用大值;掺量小,取小值。面板长宽比应符合设计要求。钢纤维路面应先试切缝,在钢纤维不挂坏边缘时,才允许开始切缝。

第四节　水泥混凝土路面的质量控制

水泥混凝土施工质量的监控、管理与检查应贯穿整个施工过程,应对每个施工技术环节严格控制把关,对出现的问题或检验出的问题,立即进行纠正或停工整顿。问题不解决不得开工,确保工程质量,为施工质量验收与评定打好坚实的基础。

各级公路各种混凝土路面铺筑方式的施工均应建立健全质量检测、管理和保证体系。应按铺筑进度做出质检仪器和人员数量动态计划。施工中应按计划落实质量检查仪器和人员,对施工各阶段的各项质量指标应做到及时检查、控制和评定,以达到所规定的质量标准,确保施工质量及其稳定性。

按质量管理体系的规定,事先有检测计划,施工中从人力到设备仪器落实,并及时检测。施工质量检查与验收的内容包括试验路段的铺筑、施工过程中各项质量控制指标的检查、交工验收和竣工验收阶段的质量检查、施工经验总结等。

一、试验路段的铺筑

二级及其以上公路混凝土路面工程,使用滑模、轨道、碾压、三辊轴机组机械施工时,在正式摊铺混凝土路面前,必须铺筑试验路段。试验路段长度不应短于 100m,高速公路、一级公路宜在主线路面以外进行试铺。非在主线上摊铺不可的,应做好准备,及时铲除不合格的路面。路面厚度、摊铺宽度、接缝设置、钢筋设置等均应与实际工程相同。没有经验的施工单位无论摊铺任何等级公路都应做试验路段。有经验的施工单位,由于原材料和混凝土配合比发生了变化,需要检验,同时摊铺机上设定工作参数也必须依据新情况进行调整。

试验路段分为试拌及试铺两个阶段,通过试验路段应达到下述目的:

1. 检验施工设备配套

试拌检验搅拌楼性能及确定合理搅拌制度,试铺检验机械或机具摊铺系统主要机械的性能和生产能力,检验辅助施工机械种类、数量、实际生产能力及配套组合的合理性。提供主要机械性能和生产能力检验结果和改进措施。

2. 试拌检验适宜摊铺的搅拌楼拌和参数

试拌检验搅拌楼拌和的上料速度,拌和容量,搅拌均匀所需时间,新拌混凝土坍落度、振动黏度系数、含气量、泌水离析性、VC值和生产使用的混凝土配合比等。

3. 试铺检验路面摊铺工艺和质量

模板架设固定方式或基准线设置方式,摊铺机械(具)的适宜工作参数,包括松铺高度、摊铺速度、振捣与滚压遍数、碾压遍数、压实度、频率调整范围、中间和侧向拉杆打入情况等。检验整套施工工艺流程。

4. 全体施工人员现场施工培训

使全体工程技术及设备操作人员熟悉并掌握各主要机械(具)正确的操作要领和所有工序、工种正确的施工方法。

5. 检验施工组织形式和人员编制

确定人工辅助施工的修整机具、工具、模具种类和数量,发电机、电焊机、钢筋工、混凝土工、拉毛方式及劳动力数量和定员位置等。按施工工艺要求检验施工组织形式和人员编制。

6. 建立健全路面铺筑系统的质量管理体系

建立健全混凝土原材料和新拌混凝土坍落度、含气量、泌水量,路面弯拉强度、平整度、构造深度、板厚、接缝顺直度等全套技术性能检验手段,熟悉检验方法。建立路面铺筑系统的全面质量管理体系。

7. 检验配套机械系统的实际生产能力

确定现有配套机械系统的实际生产能力、搅拌产量和铺筑进度,制订施工进度计划。与所要求的生产进度相对照,不达标时,应提出按期保质保量完成生产任务的新增设备、人员及施工方案和措施。

8. 确定施工管理调度体系

检验无线通信和快速生产调度指挥系统。确定施工管理体系。

试铺中,施工方应认真做好记录,监理工程师或质监站应监督检查试验段的施工质量,及时与施工方商定有关问题。试验段铺筑后,应由业主、施工方和监理检查试铺效果,提出改进意见和注意事项,施工方应就各项试验结果、改进措施和注意事项提出试验路段总结报告,上报监理和业主批复,取得正式开工资格。目的是发现问题,改进不足,为正式摊铺做好充分准备。

二、施工质量控制内容与要求

(一) 施工质量控制内容

施工单位应随时对施工质量进行自检。自检项目和频率按表 2-6-14 规定进行。混凝土路面铺筑必须得到正式开工许可后方可开工。

混凝土路面的检验项目、方法和频率　　　　表 2-6-14

项次	检查项目	检验方法和频率 高速公路、一级公路	其他公路
1	弯拉强度	每班留 2~4 组试件，日进度 <500m 取 2 组；≥500m 取 3 组；≥1000m 取 4 组；测 f_{cs}、f_{min}、c_v	每班留 1~3 组试件，日进度 <500m 取 1 组；≥500m 取 2 组；≥1000m 取 3 组；测 f_{cs}、f_{min}、c_v
	钻芯劈裂强度	每车道每 3km 钻取 1 个芯样，硬路肩为 1 个车道，测平均 f_{cs}、f_{min}、c_v	每车道每 2km 钻取 1 个芯样，硬路肩为 1 个车道，测平均 f_{cs}、f_{min}、c_v
2	板厚度	路面摊铺宽度内每 100m 左右各 2 处，连续摊铺每 100m 单边 1 处，参考芯样	路面摊铺宽度内每 100m 左右各 1 处，连续摊铺每 100m 单边 1 处，参考芯样
3	3m 直尺平整度	每半幅车道 100m 测 2 处 10 尺	每半幅车道 200m 测 2 处 10 尺
	动态平整度	所有车道连续检测	所有车道连续检测
4	抗滑构造深度	铺砂法：每半幅车道及硬路肩 200m 测 2 处，每处 10 尺	铺砂法：每半幅车道 200m 测 1 处，每处 10 尺
5	相邻板高差	尺测：每 200m 纵横缝 2 条，每条 3 处	尺测：每 200m 纵横缝 2 条，每条 2 处
6	连接摊铺纵缝高差	尺测：每 200m 纵向工作缝，每条 3 处每处间隔 2m 测 3 尺，共 9 尺	尺测：每 200m 纵向工作缝，每条 2 处每处间隔 2m 测 3 尺，共 6 尺
7	接缝顺直度	20m 拉线测：每 200m 测 6 条	20m 拉线测：每 200m 测 4 条
8	中线平面偏位	经纬仪：每 200m 测 6 点	经纬仪：每 200m 测 4 点
9	路面宽度	尺测：每 200m 测 6 处	尺测：每 200m 测 4 处
10	纵断高程	水准仪：每 200m 测 6 点	水准仪：每 200m 测 4 点
11	横坡度	水准仪：每 200m 测 6 个断面	水准仪：每 200m 测 4 个断面
12	断板率	数断板面板块占总块数比例	数断板面板块占总块数比例
13	脱皮裂纹露石缺边掉角	量实际面积，并计算与总面积比	量实际面积，并计算与总面积比
14	路缘石顺直度和高度	20m 拉线测：每 200m 测 4 处	0m 拉线测：每 200m 测 2 处
15	灌缝饱满度	尺测：每 200m 接缝测 6 处	尺测：每 200m 接缝测 4 处
16	切缝深度	尺测：每 200m 测 6 处	尺测：每 200m 测 4 处
17	胀缝表面缺陷	每条接缝啃边、掉角及填缝料缺失	每条接缝啃边、掉角及填缝料缺失
18	胀缝板连浆	每块胀缝板安装时测量	每块胀缝板安装时测量
	胀缝板倾斜	垂线加尺测：每块胀缝板每条两侧	垂线加尺测：每块胀缝板每条两侧

续上表

项次	检查项目	检验方法和频率	
		高速公路、一级公路	其他公路
18	胀缝板弯曲和位移	拉线加尺测:每块胀缝板每条3处	拉线加尺测:每块胀缝板每条3处
19	传力杆偏斜	钢筋保护层仪:每车道4根	钢筋保护层仪:每车道3根

注:路面钻芯劈裂强度应换算为实际面板弯拉强度进行质量评定。

混凝土路面完工后,应根据设计文件、竣工资料和施工单位提供的交工验收申请报告,按国家有关规定组织进行验收。

(二)水泥混凝土面层应满足下列基本要求

(1)基层质量必须符合规定要求,并应进行弯沉测定,验算的基层整体模量应满足设计要求。

(2)水泥强度、物理性能和化学成分应符合国家标准及有关规范的规定。

(3)粗细集料、水、外掺剂及接缝填缝料应符合设计和施工规范要求。

(4)施工配合比应根据现场测定水泥的实际强度进行计算,并经试验,选择采用最佳配合比。

(5)接缝的位置、规格、尺寸及传力杆、拉力杆的设置应符合设计要求。

(6)路面拉毛或机具压槽等抗滑措施,其构造深度应符合施工规范要求。

(7)面层与其他构造物相接应平顺,检查井井盖顶面高程应高于周边路面1~3mm。雨水口标高按设计比路面低5~8mm,路面边缘无积水现象。

(8)混凝土路面铺筑后按施工规范要求养生。

(9)外观质量不应出现《公路工程质量检验评定标准》(JTG F80/1—2017)附录P结构混凝土外观质量规定的限制缺陷。不应有坑穴、鼓包和掉角。

(10)接缝填注不得漏填、松脱,不应污染路面。

(11)路面无积水。

实测项目见表2-6-15。

水泥混凝土面层实测项目　　　　表2-6-15

项次	检查项目		规定值或允许偏差		检查方法和频率
			高速公路一级公路	其他公路	
1△	弯拉强度(MPa)		在合格标准之内		按水泥混凝土弯拉强度评定检查
2△	板厚度(mm)	代表值	−5		按路面结构层厚度评定检查,每200m每车道2处
		合格值	−10		
		极值	−15		
3	平整度①	σ(mm)	≤1.32	≤2.0	平整度仪:全线每车道连续检测;每100m计算σ;IRI
		IRI(m/km)	≤2.2	≤3.3	
		最大间隙h(mm)	3	5	3m直尺:半幅车道板带每200m测2处×5尺

续上表

项次	检查项目	规定值或允许偏差		检查方法和频率
		高速公路 一级公路	其他公路	
4	抗滑构造深度(mm)	一般路段不小于0.7且不大于1.1;特殊路段[②]不小于0.8不大于1.2	一般路段不小于0.5且不大于1.0;特殊路段不小于0.6且不大于1.1	铺砂法:每200m测1处
5	横向力系数SFC	一般路段不小于50;特殊路段不小于55	特殊路段不小于50	按路面横向力系数评定:每20m测1点
6	相邻板高差(mm)	≤2	≤3	尺量:每条胀缝2点;每200m抽纵、横缝各2跳,每条2点
7	纵、横缝顺直度(mm)	≤10		纵缝20m拉线尺量,每200m测4处;横缝沿板宽拉线尺量,每200m测4条
8	中线平面偏位(mm)	20		全站仪:每200m测2点
9	路面宽度(mm)	±20		尺量:每200m测4处
10	纵断高程(mm)	±10	±15	水准仪:每200m测2断面
11	横坡(%)	±0.15	±0.25	水准仪:每200m测4断面
12	断板率[③](%)	≤0.2	≤0.4	目测:全部检查,数断面板面板块数占总块数比例

注:①表中 σ 为平整度仪测定的标准差;IRI为国际平整度指数;h 为3m直尺与面层的最大间隙。
②特殊路段:高速公路、一级公路特殊路段包括立体交叉匝道、平面交叉口、弯道、变速车道、组合坡度不小于3%的坡度段、桥面、隧道路面、收费站广场等处;其他公路特殊路段包括设超高路段、组合坡度大于等于4%的坡度段、交叉路口段、桥面及其上下坡段、隧道路面及集镇附近路段等处。
③断板率中包含断角率,应统计行车道与超车道面板,不计硬路肩板,不计入修复后的面板。

三、施工总结

施工单位应根据国家竣工文件编制规定,提出施工总结报告、质量测试报告或采用新材料新技术研究报告,连同竣工图表,形成完整的施工资料档案,一并交业主及档案管理部门。

施工总结报告的内容应包括工程概况、设计图纸及变更、基层、原材料、施工组织、机械及人员配备、施工工艺、进度、工程质量评价、工程预决算等内容。

施工质量管理与测试报告的内容应包括施工组织设计、质量保证体系、试验段铺筑报告、施工质量达到或超过现行规范规定情况、原材料和混凝土检测结果、施工中路面质量自检结果、交工复测结果、工程质量评价、原始记录相册和录像资料等。

在省内或当地首次采用滑模、碾压、三辊轴机组施工或首次铺筑钢筋混凝土路面、钢纤维混凝土路面等路面结构时,应同时提交试验总结报告。总结成功经验,分析失败的原因,提出改进意见和措施。

思考题

1. 与沥青路面相比，水泥混凝土路面有哪些特点？
2. 水泥混凝土路面在构造上有何特点？
3. 水泥混凝土路面纵向接缝有几种？什么情况下设置？
4. 水泥混凝土路面横向接缝有几种？什么情况下设置？
5. 水泥混凝土路面垫层材料有哪些？有何要求？
6. 水泥混凝土路面基层材料有哪些？有何要求？
7. 水泥混凝土路面对面层材料有哪些要求？
8. 水泥混凝土路面常用的施工方法有哪些？
9. 简述水泥混凝土路面的施工程序？
10. 为什么要铺筑试验路段？什么情况下铺筑？
11. 水泥混凝土路面施工中应注意哪些事项？

第七章 CHAPTER SEVEN
路面排水设计

路面排水设计是路面设计中不可缺少的重要组成部分,而路面排水设计的好坏将直接影响公路的使用寿命,因此,应对路面排水设计加以重视。通过本章的学习,要明确路面排水的目的和设计原则,同时要掌握几种常用的路面排水的方法和设置要求。

第一节 路面排水要求及一般原则

一、路面排水的目的和要求

路面的强度与稳定性同水的关系十分密切。路面的病害有多种,形成病害的因素也很多,但水的作用是主要因素之一,因此路面设计、施工和养护中,必须十分重视路面排水工程。

根据水源的不同,影响路面的水流可分为地面水和地下水两大类,与此相适应的路面排水工程,则分为路面表面排水和路面内部排水。

地面水包括大气降水(雨和雪)以及海、河、湖、水渠及水库水,地下水包括上层滞水、潜水及层间水等。

水对路面的危害可以表现为:降低路面材料的强度,在水泥混凝土路面的接缝和路肩处造成唧泥;移动荷载作用下引起的唧泥和高压水冲刷,造成路面基层承载能力下降;在冻胀地区,融冻季节水会引起路面承载能力的普遍下降,形成冻胀翻浆现象。

路面排水的目的,是迅速排出路面表面的大气降水和渗入路面结构中的水,防止水对路面结构层的损害,即水损害,确保路面结构的强度和稳定度。

路面排水设施设计,按暴雨强度采用当地任意连续 30min 的最大径流厚度。设计降雨重现期是某一预期强度的降雨重复出现的平均周期。重现期高于地区排水标准时,应增设必要的排水设施。路面排水设施重现期规定：高速公路、一级公路宜为5年，二级及以下公路宜为3年，多雨地区的公路或特殊路段可适当提高。高速公路、一级公路应设路面排水设施，路面排水设施由路肩排水和中央分隔带排水设施所组成。二级以下的路面排水设施一般由路肩横坡和边沟组成。

路面设计时，必须考虑将影响路面稳定性的水，排除和拦截于路面范围以外，并防止地面水漫流、滞积或下渗。对于影响路面稳定性的地下水，则应予以隔断、疏干和降低水位，并引导至路基范围以外的适当地点。

路面施工中，首先应校核全线路面排水系统的设计是否完备和妥善，必要时应予以补充或修改，应重视排水工程的质量和使用效果。此外，应根据实际情况与需要，设置施工现场的临时性排水措施，以保证路面及附属结构物在正常条件下进行施工作业，消除水的隐患，保证路面工程质量，提高施工效率。

路面养护中，对排水设施应定期检查与维修，以保证排水设施正常使用，水流畅通，并根据实际情况不断改善路面排水条件。

路面工程的实践证明了路面内部排水的重要性。新建的刚性路面需设置各种接缝，而路面在使用期间又会出现各种裂缝、松散及坑槽等病害。降落在路面表面的雨水，会通过路面接缝或裂缝及松散等病害处或者沥青路面面层孔隙下渗入路面结构内部。此外，道路两侧有滞水时，水分也可能侧向渗入路面结构内部。路面内部排水系统的设计通常需满足三方面的要求：

(1) 各项设施应具有足够的泄水能力，排除渗入路面结构内的自由水；
(2) 自由水在路面结构内的渗流时间不能太长，渗流路径不能太长；
(3) 排水设施要有较好的耐久性。

二、路面排水的原则

路面结构排水的原则如下：
(1) 城市道路排水应按城市排水规划进行，无排水规划时应先做出排水规划。
(2) 城市郊区道路如属城市道路性质者，或目前为公路性质但预计近期将改为城市性质者，均应按城区道路排水要求设计修建。
(3) 城区道路排水一般采用管渠形式。设计修建时应根据道路类别、当地材料供应情况确定。道路路面排水一般由路面径流汇流至偏沟（街沟），再集流至雨水口，由雨水口经连接管至检查井导入排水干管系统。大中城市环境卫生条件要求较高，一般多采用这种形式。小城镇或环境卫生要求较低的郊区城市道路也可采取路面径流汇流至偏沟、边沟、排水沟等明沟（明渠）系统排水。
(4) 公路路面排水一般使路面径流经路肩横坡汇流至路基边沟排出。高速公路和一级公路的路面排水一般由路肩排水和中央分隔带排水组成，特别是当中央分隔带设计成凹形时，经管道向边沟排水。
(5) 立交桥下的地面水，宜采用自流排出。当不能自行排出时，有条件修建蓄水池时，可采用调蓄排水。无调蓄条件是应设泵站排水。
(6) 下穿式立交引道两端纵坡的起点处，应设倒坡，并在道路两侧采取截水措施，以减少坡底的聚水量。纵坡大于2%的坡段内，不宜设雨水口。应在最低点集中收水，两边应各设并联雨水口,其数量应按立体交叉系统的设计流量计算确定。

(7)广场、停车场单向尺寸大于或等于150m,或地面纵坡坡度大于或等于2%且单向尺寸大于或等110m时,宜采用划区分散排水方式。广场、停车场周围的地形较高时,应设截流设施。

(8)广场、停车场宜采用管道排水,并且避免将汇水线布置在车辆停靠或人流集散的地点。

(9)停车场的修车、洗车污水应处理达到排放标准后排入城市污水管道,不得流入树池与绿地。

路面排水布设的基本要求是:

(1)道路排水应与道路平面、纵断面、横断面协调一致。

(2)要严格掌握道路路面的纵坡、横坡和平整度以及偏沟(街沟)的断面形状和纵坡。使排水通畅(高等级道路行车速度快,还要求能迅速排水,不形成水膜),保持规定的流向、不反坡,不积水。

(3)雨水口位置应设置恰当,进水顺畅,有足够的泄水能力,不得堵塞。

第二节 路面表面和中央分隔带排水

一、路面表面排水

路面表面排水的主要任务是迅速把降落在路面和路肩表面的降水排走,以免造成路面积水而影响行车安全。路面表面排水设计应遵循下列原则:

(1)路堑地段路面表面水应通过横向排流的方式汇集于边沟内。

(2)路堤较高且边坡坡面在未做防护,或坡面虽有防护措施但仍有可能受到冲刷的路段,应采用路面集中排水系统排出路面水。

(3)路线纵坡平缓、汇水量不大、路堤较低且边坡坡面不易受到冲刷的路段,以及设置了具有截、排水功能的骨架防护的高填方路段,可采用路面横向分散漫流排水方式排除路表水。

(4)设置拦水带汇集路面表面水时,高速公路及一级公路的设计积水宽带不得超过右侧车道外边缘;二级及二级以下公路不得超过右侧车道中心线。当硬路肩宽度较窄、汇水量大或拦水带形成的过水断面不足时,可采用沿土路肩设置 U 形路肩边沟等措施加大过水断面。路肩边沟宜采用水泥混凝土等预制件铺筑。

(5)采用路面横向分散漫流方式排除路表水时,宜对土路肩及坡面进行加固。

当路基横断面为路堤时,可采用两种方式排除路面表面水:一种是路面分散排水,由路面横坡、路肩和边坡防护组成,适用于路线纵坡平缓、汇水量较小、路堤高度较低的路段;另一种方式是路面集中排水,由路面横坡、拦水缘石或矩形槽、泄水口和急流槽组成,适用于路堤高度较高,或路堤宜受冲刷的粉性土、砂性土路段,凹形曲线底部等。两种排水方式的选择,主要依据表面水是否对路堤坡面造成的冲刷危害。在汇水量不大,路堤不高,路线纵坡不同,坡面耐冲刷能力强的情况下,应优先采用分散排水的方式。而在表面水有可能冲刷路堤坡面的情况下,则采用将路面表面水汇集在拦水带内,通过泄水口和急流槽集中排放的方式。由于修筑拦水带和急流槽需增加工程投资,因而,须对投资的经济性进行分析和比较。当路基横断面为路堑时,横向排流的表面水汇集于边沟内。

1. 拦水带

拦水带设置在硬路肩外侧边缘,用以拦截路面表面水,并通过相隔一定间距设置的泄水口(俗称水簸箕),将水汇入边坡急流槽中,再排到路堤坡脚外的边沟或排水沟中。

拦水带可由水泥混凝土或沥青砂现场浇筑,或者由水泥混凝土预制块铺砌而成。采用水泥混凝土预制块拦水带时,应避免预制块影响路面内部水的排泄。拦水带的横断面尺寸可参考图2-7-1,拦水带的顶面应略高于过水断面的设计水面高(水深)。在低路堤不设防撞护栏的路段上,拦水带的外露高度不宜超过10cm,其迎车面的坡度不宜陡于1:2。

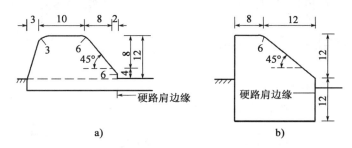

图 2-7-1 拦水带横断面参考尺寸(尺寸单位:cm)
a)沥青混凝土拦水带;b)水泥混凝土拦水带

在道路交叉口、匝道口与桥梁等结构物的连接处,超高路段和一般路段的横坡转换处,应设置泄水口以避免路面表面水横向流过行车道或结构物。在纵坡变换的凹形竖曲线底部,泄水口应设置在最低点,并在其前后相距3~5m处各增设一个泄水口。泄水口的设置间距,以25~50m为宜。拦水带的泄水口可设置成开口(喇叭口)式。设在平坡或缓坡坡段上时,泄水口可做成对称式。设在纵坡较大坡段上的泄水口为提高泄水能力,宜做成不对称的喇叭口式,并在硬路肩边缘的外侧设置逐渐变宽的低凹区,喇叭口上游方向与下游方向的长度之比不宜小于3:1,上游方向渐变段最小半径不宜小于90cm,下游方向最小半径不宜小于60cm。其平面布置可参考图2-7-2。泄水口的泄水量以及开口长度、低凹区宽度和下凹深度等尺寸应按泄水口水力计算确定。

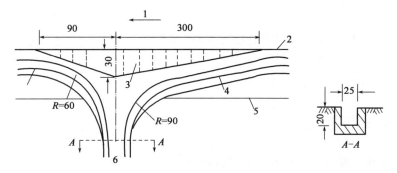

图 2-7-2 纵坡坡段上拦水带不对称泄水口的平面布置示意图(尺寸单位:cm)
1-水流方向;2-硬路肩边缘;3-低凹区;4-拦水带顶;5-路堤边坡坡顶;6-急流槽

2. 急流槽

排出路肩集水用的急流槽,其纵坡度与所在的路基边坡坡度一致,槽身的横断面做成槽形,多由水泥混凝土预制构件拼装砌筑而成。进水口做成喇叭口式的簸箕形,出水口设置消能设施。为便于进水口的汇水和泄水,在进水口处可设置低凹区。

用于高路堤地段的边坡急流槽可参见图2-7-3的结构形式。

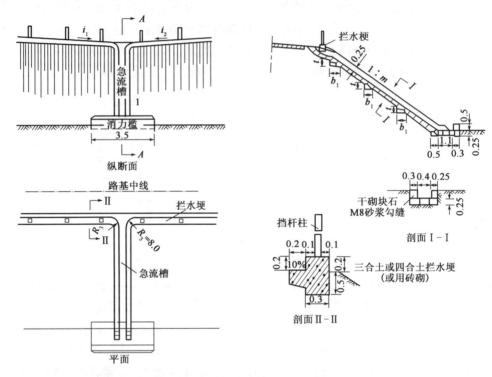

图2-7-3 高路堤地段边坡急流槽(尺寸单位:m)

急流槽设置在计算路面表面水流量与路肩过水断面容许过水量相等的地方,或者在路线凹形竖曲线底部及构造物附近,并考虑地形、边坡形态与其他排水设施的连接,选取设置的最佳位置。一般路段急流槽设置间距以 20~50m 为宜,最大间距不宜超过 100m。

3. 路肩排水沟

当硬路肩汇水量较大时,或硬路肩宽度狭窄,或爬坡车道占用了路肩过水断面等,使得流水断面不足时,可在土路肩上设置路肩排水沟。路肩排水沟采用"U"形水泥混凝土预制构件砌筑,沟底纵坡同路肩纵坡,并不小于0.3%。

二、中央分隔带排水

中央分隔带排水是高速公路及一级公路地表排水的重要组成,应根据分隔带宽度、绿化和交通安全设施的形式和分隔带表面的处理方式等因素选择不同的排水方式。

(1)降雨量较小、中央分隔带较窄时,中央分隔带可采用表面铺面封闭分散排水,分隔带铺面应采用两侧外倾的横坡,降落在分隔带上的表面水排向两侧行车道,其坡度与路面的横坡度相同,见图2-7-4;在超高路段上,可在分隔带上侧边缘处设置缘石或泄水口,或者在分隔带内设置缝隙式圆形集水管或碟形混凝土浅沟和泄水口见图2-7-5,以拦截和排泄上侧半幅路面的表面水。缘石过水断面的泄水口可采用开口式,格栅式或组合式;碟形混凝土浅沟的泄水口采用格栅式。格栅铁条应平行于水流方向,孔口的净泄水面积应占格栅面积的一半以上,泄水口间距和截流量计算以及断面尺寸等可通过计算选取。

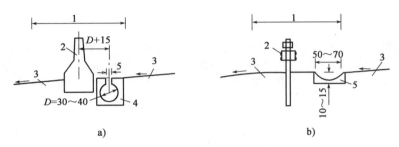

图2-7-4 超高路段上设置缝隙式圆形集水管或碟形浅沟(尺寸单位:cm)
a)缝隙式圆形集水管;b)碟形混凝土浅沟
1-中央分隔带;2-护栏;3-铺面;4-缝隙式圆形集水管;5-碟形混凝土浅沟

(2)宽度大于3m且表面未采用铺面封闭的中央分隔带排水,分隔带表面宜做成浅碟形,使降落在分隔带上的表面水汇集在分隔带中央的低洼处,并通过纵坡排流到泄水口或横穿路界的桥涵水道中。分隔带的横向坡度宜为1:4~1:6;分隔带的纵向排水坡度,在过水断面无铺面时不得小于0.25%,有铺面时不得小于0.12%。当水流速度超过地面土的最大允许流速时,应在过水断面宽度范围内对地面土进行防冲刷处理,做成三角形或U形断面的水沟。防冲刷层可采用石灰咸水泥稳定土,或者采用浆砌片石铺砌,层厚10~15cm。当中央分隔带内的水流流量过大或流速超过允许范围处,或者在分隔带低凹区的流水汇集处,应设置格栅或泄水口,并通过排水管引排到桥涵或路界处。格栅可以同周围地面齐平,也可适当降低,并在其周围一定宽度范围内做成低凹区,见图2-7-6,以增加泄水能力。

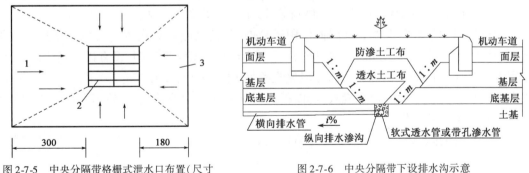

图2-7-5 中央分隔带格栅式泄水口布置(尺寸单位:cm)
1-上游;2-隔栅;3-低凹区

图2-7-6 中央分隔带下设排水沟示意

(3)中央分隔带表面未采用铺面封闭时,降落在分隔带上的表面水下渗,由分隔带内部设置的防水层、纵向排水渗沟、集水槽和横向排水管等组成的防排水系统排除。常用的纵向排水渗沟,见图2-7-7,应隔一定间距通过横向排水管将渗沟内的水排出路界。渗沟宜设置在通信管道之下,渗沟顶部与回填土之间应设置反滤层,以免水携带的细粒将渗沟堵塞,渗沟两侧及底部应设置防水层。中央分隔带回填料与路面结构的交界面宜铺设防水层。横向排水管可采用直径 100~200mm 的塑料管。

在我国,通常采用较窄的中央分隔带,仅在中间设预留车道时才采用宽的中央分隔带。各地在选用排水设施类型时,不应拘泥于把分隔带宽度限值作为唯一的依据,而应结合地区和工程需要来确定。因而,上述分类中的宽度标准并不是绝对的。

第三节 路面内部排水

新建路面需设置各种接缝,而路面在使用期间又会出现各种裂缝、松散、坑槽等病害。降落在路面表面的水,会通过面接缝、裂缝、路面表面孔隙和路肩渗入路面,或是由高水位地下水、截断的含水层和当地泉水进入路面结构。此外,道路两侧有临时积水时,水分也有可能侧向渗入路面结构内部。

被围封在路面结构内的水分,会使路面结构承载力降低,使用寿命缩短。产生的有害影响可归纳如下:

(1)浸湿各结构层材料和路基土,易造成无黏结粒状材料和地基土的强度降低。

(2)使混凝土路面产生唧泥,随之出现错台、开裂和整个路肩破坏。

(3)进入空隙的自由水在行车荷载的作用下,会形成孔隙水压力和高流速的水流,引起路面基层的细颗粒产生唧泥,结果路面失去支撑。

(4)在冰冻深度大于路面厚度的地方,高地下水位会造成冻胀,并在冻融期间降低承载能力。

(5)水使冻胀土产生不均匀冻胀。

(6)与水经常接触将使沥青混合料剥落,影响沥青混凝土耐久性并产生龟裂。

大量的路面损坏状况调查和路面使用经验表明,进入路面结构内的自由水是造成或加速路面损坏的重要原因。国外的一些对比分析和试验段观察结果表明,设有排水基层的路面,其使用寿命要比未设的提高 30%(沥青混凝土路面)和 50%(水泥混凝土路面)左右。因而,采用内部排水设施所增加的资金投入,可以很快从路面使用性能的提高、使用寿命的增加和养护工作的减少中得到补偿。

我国《公路排水设计规范》(JTG/T D33—2012)建议遇有下列情况时,应设置路面内部排水系统:

(1)年降水量为 600mm 以上的湿润和多雨地区,路床由渗透系数不大于 10^{-4}mm/s 细粒土填筑的高速公路和一级公路或重要的二级公路。

(2)路基两侧有滞水,可能渗入路面结构内。

(3)重冰冻地区,路床为粉性土的潮湿路段。

(4)现有公路路面改建或路基改善工程,需排除积滞在路面结构内的水。

同时规定,路面内部排水系统设计应符合下列要求:

(1)路面内部排水系统中各项排水设施的设计排泄量均应不小于路面表面水渗入量的2倍,且下游排水设施的泄水能力应超过上游排水设施的泄水能力。

(2)排水设施应能避免被渗流从路面结构、路基或路肩中带来的细颗粒堵塞。

(3)排水系统能力不应随时间很快降低。

一、路面边缘排水

边缘排水系统是由沿路面边缘设置的透水性填料集水沟、纵向排水沟、横向出水管和过滤织物组成的边缘排水系统。该系统是将渗入路面结构内的自由水,先沿路面结构层间空隙或某一透水层次横向流入由透水性材料组成的纵向集水沟,并汇流入沟中的带孔(或槽口)集水管内,再由间隔一定距离布设的横向出水管排引出路基。透水性材料可由多孔水泥混凝土、水泥处治、沥青处治或未处治的开级配碎石或砾石集料组成。这种方案常用于基层透水性小的水泥混凝土路面,特别是用于改善排水状况不良的旧水泥混凝土路面。水泥混凝土面层板的边缘和角隅处,由于温度和湿度梯度引起的翘曲变形作用以及地基的沉降变形,常出现板底面同基层顶面的脱空。下渗的路表水易积聚在这些脱空内,促使唧泥和错台等损坏的出现。设置边缘排水系统,便于将面层—基层—路肩界面处积滞的自由水排离路面结构。而对于排水状况不良的旧水泥混凝土路面,采用边缘排水设施方案,可以在不改变原路面结构的情况下改善其排水状况,从而提高原路面的使用性能和使用寿命。边缘排水系统的常用形式见图2-7-7。

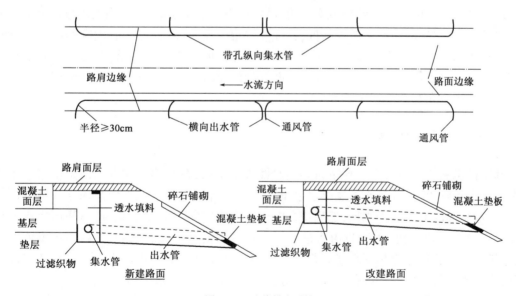

图 2-7-7　边缘排水系统

纵向排水管通常选用聚氯乙烯(PVC)或聚乙烯(PE)塑料管。排水管设3排槽口或孔口,其开口总面积不小于42cm延米。管径按设计流量由水力计算确定,通常在70~150mm范围内选用。排水管的埋设深度,应保证不被车辆或施工机械压裂,并应设置在当地的冰冻深度线以下,集水沟底面的最小宽度应方便施工。在非冰冻地区,新建路面基层、垫层不透水时,排水管管底通常与基层底面齐平;改建路面时,管中心应低于基层顶面,排水管的纵向坡度宜与路线纵坡相同,但不得小于0.3%。

沿纵向集水管,间隔适当距离设置不带孔的横向出水管,将汇集的水排引至路基外,集水管上游起端与横向通气管相接。中间段的出水口采用单根或一对出水管。集水管与出水管端头用半径不小于30cm的弯管联结。横向出水管选用不带槽或孔的聚氯乙烯塑料管,管径与排水管相同。其间距和安全位置由水力计算并考虑邻近地面高程和公路纵横断面情况确定,一般在50～100m范围内选用。出水管的横向坡度不宜小于5%。埋设出水管所开挖的沟,须用低透水性材料回填。出水管的外露端头用镀锌铁丝网或格栅罩住,以防杂物进入或动物侵扰。出水口的下方应铺设水泥混凝土防冲刷垫板或者对泄水道边坡面进行浆砌片石防护,以防止水流冲刷路基边坡和植物生长。出水水流应尽可能排引至排水沟或涵洞内。

透水性填料由水泥处治开级配粗集料组成,其孔隙率约为15%～20%。粗集料最大粒径不大于31.5mm,粒径4.75mm以下的细粒含量不应超过16%,2.36mm以下的细粒含量不应超过6%。为避免带孔排水管被堵塞、透水性填料在通过率为15%时的粒径应比排水管槽口宽或孔口直径大1.0～1.2倍。水泥处治集料的配合比,应按透水性要求和施工要求通过试配确定,水泥同集料的比例可为1:6～1:10,水灰比可为0.35～0.47。

集水沟底面的最小宽度,对新建路面,不应小于30cm;对改建路面,应能保证排水管两侧各有至少10cm宽的透水填料。透水填料的底面和外侧围以反滤织物(土工布),以防垫层、基层和路肩内的细粒侵入而堵塞填料空隙或管孔。反滤织物可选用由聚酯类、尼龙或聚丙烯材料制成的无纺织物,该材料能透水,但细粒土不能随水通过。

对边缘排水所做的使用效果观察表明,设置边缘排水系统后,路基内的水分可以横向移动的纵向排水管内,从而使路基湿度降低,其强度也相应提高,路面的寿命也随之增加。然而,自由水在路面结构层内沿层间渗流的速率要比向下渗流的速率慢许多倍,并且部分自由水仍有可能被阻封在路面结构内,因而,边缘排水系统的渗流时间较长,路面结构处于潮湿状态的时间要比下面将要介绍的排水层排水系统长许多。

二、排水基层的排水

基层排水系统是直接在面层下设置透水性排水基层,在其边缘设置纵向集水沟和排水管以及横向出水管等,组成排水基层排水系统,采用透水性材料作基层,使渗入路面结构内的水分,先通过竖向渗流进入排水层,然后横向渗流进入纵向集水和排水管,再由横向出水管排引出路基。这种排水系统,由于自由水进入排水层的渗流路径短,在透水性材料中渗流的速率快,其排水效果要比边缘排水系统好得多。一般在新建路面时采用此方案。排水基层设在面层下,作为路面结构的基层或基层的一部分,共同承受车辆荷载的作用。

排水层也可采用横贯路基整个宽度的形式,不设纵向集水沟和排水管以及横向出水管渗入排水层内的自由水,横向渗流,直接排泄到路基坡面外如图2-7-8。这种形式便于施工,但其主要缺点是,排水层在坡面出口处易生长杂草或被其他杂物堵塞,从而在使用几年后便不再能排泄渗入水,而集中积滞自由水在排水层内,反而使路面结构特别是路肩部分,更易出现损坏,因而很少采用。较好的方案是设置由纵向集水沟、管及横向出水管等组成排水系统,见图2-7-9。

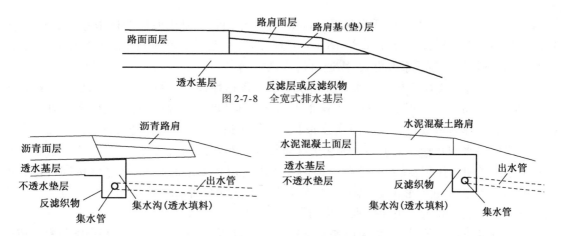

图 2-7-8 全宽式排水基层

图 2-7-9 设纵向集水沟和管的排水基层排水系统

在一些特殊地段,如连续长纵坡坡段、曲线超高过渡段和凹形竖曲线段等,排水层内渗流的自由水有可能被堵封或者渗流路径超过 45~60m。在这些地段,应增设横向排水管以拦截水流,缩短渗流长度。图 2-7-10 为曲线超高段增设横向排水管的布置方案。

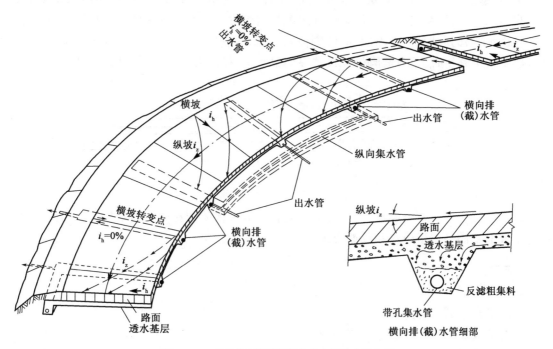

图 2-7-10 曲线超高段增设横向排水管的布置方案

排水层的透水性材料可以采用经水泥或沥青处治,或者未经处治的开级配碎石集料。未处治开级配碎石集料的透水性一般比水泥或沥青处治的要低,其渗透系数大致变动于 60~1000m/d 范围内。而水泥或沥青处治开级配碎石集料的渗透系数则大致在 1000~6000m/d 范围内,其中沥青处治碎石的透水性略高于水泥处治碎石。未经水泥或沥青处治的碎石集料,在施工摊铺时易出现离析,在碾压时不易压实稳定,并且易在施工机械行驶下出现推移变形,因而一般情况下不宜作为排水基层。而用作水泥混凝土面层的排水基层时,宜采用水泥处治开级配碎石集料,其最大粒径可选取用19mm。而用作沥青混凝土面层的排水基层时,则宜采用沥青处治碎石集料,最大粒径宜为16mm。材料的透水性同集料的颗粒组成情况有关,空隙率大的组成材料,其渗透系数也大,需通过透水试验确定。

排水基层厚度按所需排放的水量和透水基层的渗透性而定,通常变动在7.5~15cm范围内(一般为10cm左右),其最小厚度不得小于6cm。其宽度,在上侧方向应超出面层边缘30~90cm。纵向集水沟和管设置在路面横坡的下方。行车道路面采用双向坡路拱时,在路面两侧都设置纵向集水沟和管。集水沟的内侧边缘可设在行车道面层边缘处,但有时为了避免排水管被面层施工机械压裂,或者避免路肩铺面受集水沟沉降变形的影响,将集水沟向外侧移出60~90cm。路肩采用水泥混凝土铺面时,集水沟内侧边缘可外移到路肩面层边缘处。纵向集水沟和管的组成和要求于边缘排水系统相同。

排水基层下的其他基层、垫层或路基含有细粒土时,必须在其间设置有密集配集料组成的不透水垫层或反滤层,以防止表面水向下渗入垫层,浸湿垫层和路基,同时防止垫层或路基土中的细粒进入排水基层而造成堵塞。集水沟的周边也应设置反滤织物,以防止路肩、路面垫层或土基中的细粒土进入。

为拦截地下水、临时滞水或泉水进入路面结构,或者迅速排除负温差作用而积聚在路基上层的自由水,可直接在路基顶面设置由开级配粒料组成的全宽式透水性排水垫层,使过湿路基中的自由水上移到排水垫层内后,向两侧横向渗流。路基为路堤时,水向路基坡面外排流;路基为路堑或半路堑时,挖方坡脚处须设置纵向集水沟、排水管和横向排水管。如图2-7-11。

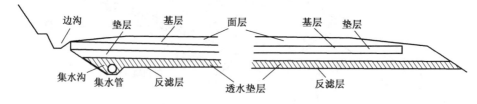

图2-7-11 排水垫层排水系统

排水垫层一方面要能渗水,另一方面要防止渗流带来的细粒堵塞透水材料。为此,在材料级配组成上要满足关于透水和反滤要求。

思考题

1. 路面排水的目的是什么?
2. 路面表面排水设计应遵循哪些原则?
3. 一般采用哪些方式排除路面表面水?
4. 中央分隔带排水的要求都有哪些?
5. 路面内部排水的形式及要求是什么?

课程教学大纲

一、课程简介

本课程是道路桥梁工程技术专业的一门专业必修课程。本课程包括路基工程、路面工程两个模块,具体涉及路基设计、路基施工,路面设计、路面施工方面的内容。

路基工程主要讲授路基、路基强度及稳定性的概念,路基干湿类型及平衡湿度的预估,路基的力学特性及其强度指标,路基主体工程的设计原则、理论、方法与施工,路基稳定性设计的原理和方法,路基防护与加固工程的设计与施工,重力式挡土墙的设计与施工,路基排水工程的设计与施工,湿软地基的加固处治方法,路基工程的质量检验。

路面工程主要讲授路面结构层次的划分,路面的类型及力学特性,路面面层、基层、垫层的作用和要求及常用材料,半刚性基层的应用及材料组成设计,沥青路面和水泥混凝土路面设计的基本原理、内容和设计方法,路面排水设计,沥青路面和水泥混凝土路面的施工及质量检验。

二、先修课程或预备知识

具备"道路工程制图""工程地质与土质""土力学与地基基础""道路工程测量""道路建筑材料"等的知识。

三、课程目标

学完本课程之后,学生能够:

1. 描述路基路面工程的特点和公路对路基路面的基本要求;
2. 解释路基路面工程中的专业名词术语,描述路基路面结构类型和构造组成,叙述路基、路面设计的基本理论、基本方法,以及路基路面施工的基本方法;
3. 综合应用国家和交通运输部颁布的有关技术标准、规范、规程,进行路基路面工程的勘测、设计、施工和质量检验;
4. 按设计图、施工规范及规程,进行路基路面施工放样、施工测量、工程施工、检查验收及施工管理等工作。

四、课时安排

教学时数分配参考表

序号	单元课题	教学时数			
		小计	讲授	实训	机动
一	第一篇 路基工程	56	38	16	2
1	绪论	6	6		

续上表

序号	单元课题	教学时数			
		小计	讲授	实训	机动
2	一般路基设计	4	2	2	
3	边坡稳定性分析	12	6	6	
4	路基防护与加固设计	4	4		
5	挡土墙设计	14	6	8	
6	路基排水设计	4	4		
7	路基施工准备工作	4	4		
8	路基施工	6	6		
9	机动	2			2
二	第二篇 路面工程	42	28	12	2
1	绪论	2	2		
2	路面基层	4	4		
3	沥青路面设计	12	6	6	
4	沥青路面施工	6	6		
5	水泥混凝土路面设计	10	4	6	
6	水泥混凝土路面施工	4	4		
7	路面排水设计	2	2		
8	机动	2			2
	合 计	98	66	28	4

五、说明

1. 本课程包含路基工程、路面工程两部分内容。

2. 本课程与国家和交通运输部颁布实施的公路设计、施工、检测的有关规范、规程关联度较高，应结合现行标准、规范、规程进行教学，使学生能熟悉和运用现行规范、规程，并及时跟踪其变化。

3. 在教学过程中，应重视和利用多媒体教学手段，如结合教学内容和工程实际编制路基路面施工方面的多媒体课件等。重视计算机辅助设计的教学，如公路设计软件、路面设计软件的运用。

4. 本课程实践性较强，教学中应保证足够的实践教学学时。本课程实训项目为课程设计和生产实训。

参 考 文 献

[1] 中华人民共和国行业标准. JTG D30—2015 公路路基设计规范[S]. 北京:人民交通出版社股份有限公司,2015.

[2] 吴万平,等.《公路路基设计规范》释义手册[M]. 北京:人民交通出版社股份有限公司,2015.

[3] 中华人民共和国行业标准. JTG F10—2006 公路路基施工技术规范[S]. 北京:人民交通出版社,2006.

[4] 中华人民共和国行业标准. JTG E60—2008 公路路基路面现场测试规程[S]. 北京:人民交通出版社,2008.

[5] 中华人民共和国行业标准. JTG F80/1—2017 公路工程质量检验评定标准 第一册 土建工程[S]. 北京:人民交通出版社股份有限公司,2017.

[6] 中华人民共和国行业标准. JTG E40—2007 公路土工试验规程[S]. 北京:人民交通出版社,2007.

[7] 中华人民共和国行业标准. JTG B01—2014 公路工程技术标准[S]. 北京:人民交通出版社股份有限公司,2014.

[8] 中华人民共和国行业标准. JTG/T D33—2012 公路排水设计规范[S]. 北京:人民交通出版社,2012.

[9] 中华人民共和国行业推荐性标准. JTG/T F20—2015 公路路面基层施工技术细则[S]. 北京:人民交通出版社股份有限公司,2015.

[10] 中华人民共和国行业标准. JTG D50—2017 公路沥青路面设计规范[S]. 北京:人民交通出版社股份有限公司,2017.

[11] 中华人民共和国行业标准. JTG F40—2004 公路沥青路面施工技术规范[S]. 北京:人民交通出版社,2004.

[12] 中华人民共和国行业标准. JTG D40—2011 公路水泥混凝土路面设计规范[S]. 北京:人民交通出版社,2011.

[13] 中华人民共和国行业推荐性标准. JTG/T F30—2014 公路水泥混凝土路面施工技术细则[S]. 北京:人民交通出版社股份有限公司,2014.

[14] 中华人民共和国行业标准. JTJ/T 037.1—2000 公路水泥混凝土路面滑模施工技术规程[S]. 北京:人民交通出版社,2000.

[15] 中华人民共和国行业标准. JTJ 003—86 公路自然区划标准[S]. 北京:人民交通出版社,1986.

[16] 中华人民共和国行业标准. JTJ 002—87 公路工程名词术语[S]. 北京:人民交通出版社,1987.

[17] 粟振锋,李素梅.路基路面工程[M].2版. 北京:人民交通出版社,2009.

[18] 黄晓明.路基路面工程[M].5版.北京:人民交通出版社股份有限公司,2017.
[19] 栗振锋,李素梅,文德云.路基路面工程[M].北京:人民交通出版社,2005.
[20] 邓学钧.路基路面工程[M].3版.北京:人民交通出版社,2008.
[21] 俞高明,杨仲元.公路施工技术[M].2版.北京:人民交通出版社,2009.
[22] 夏连学,赵卫平.路基路面工程[M].北京:人民交通出版社,2000.
[23] 文德云.公路施工技术[M].北京:人民交通出版社,2003.
[24] 栗振锋,(美)Erol Tutumluer.基于横观各向同性的沥青路面设计理论及方法[M].北京:中国水利水电出版社,2007.
[25] 何兆益,杨锡武.路基路面工程[M].重庆:重庆大学出版社,2001.
[26] 徐培华,陈忠达.路基路面试验检测技术[M].北京:人民交通出版社,2000.
[27] (美)黄仰贤.路面分析与设计[M].北京:人民交通出版社,1998.
[28] 费建国,张兰芳,王建军.公路工程机械化施工[M].北京:人民交通出版社,2001.
[29] 方福森.路面工程[M].北京:人民交通出版社,2001.
[30] 张登良.沥青路面[M].北京:人民交通出版社,1998.
[31] 郝培文.沥青路面施工与维修技术[M].北京:人民交通出版社,2001.
[32] 中国公路学会筑路机械学会.沥青路面施工机械与机械化施工[M].北京:人民交通出版社,1999.
[33] 姚祖康.水泥混凝土路面设计[M].合肥:安徽科技出版社,1999.
[34] 沙庆林.高速公路沥青路面早期破坏现象及预防[M].北京:人民交通出版社,2001.
[35] 沙庆林.高等级公路半刚性基层沥青路面[M].北京:人民交通出版社,1998.
[36] 朱照宏,等.路面力学计算[M].北京:人民交通出版社,1988.
[37] 沈金安.国外沥青路面设计方法总汇[M].北京:人民交通出版,2004.
[38] 邓学钧,黄晓明.路面设计原理与方法[M].北京:人民交通出版社,2001.
[39] 黄晓明,朱湘.公路土工合成材料应用原理[M].北京:人民交通出版社,2001.
[40] 金仲秋,夏连学.公路设计技术[M].北京:人民交通出版社,2007.